Elogios a Andy Greenberg por

SANDWORM

Vencedor da Menção por Excelência do Prêmio Cornelius Ryan do Overseas Press Club of America

"Uma escrita bela e aprofundada... Este livro investigativo incrivelmente detalhado não deixa pedra sobre pedra, revelando o trabalho de um grupo altamente secreto que causou um prejuízo de bilhões de dólares."

—TechCrunch

"[Um] documento histórico fascinante que faz do mundo comumente chato da cibersegurança uma história humana que pede nossa maior atenção."

—*Fast Company*

"[Um] relato assustador sobre o ciberataque do Kremlin, uma nova frente no conflito global."

—*Financial Times*

"Uma importante visão da linha de frente das novas ciberameaças que estão moldando nosso mundo, seus criadores e os profissionais que tentam nos proteger."

—*Nature*

"O relato mais detalhado até agora dos hackers mais destrutivos patrocinados pelo governo da Rússia."

—Axios

"O guia de leitura obrigatória sobre o hacking patrocinado pelo Estado."

—*Business Insider*

"Narrado com o ritmo acelerado de um thriller, este livro é altamente recomendado para todos os fãs de ciberguerra e intriga internacional. Um relato excepcional."

—*Library Journal*

"Greenberg é um investigador hábil e um metaforista talentoso. Sua exposição lúcida e dinâmica é leitura obrigatória."

—*Publishers Weekly*

"Assustador."

—*USA Today*

"*Sandworm* é uma análise sóbria de uma história pouco contada: a ameaça que hackers russos apresentam para a infraestrutura crítica do Ocidente. Com a nuance de um repórter e o ritmo de um autor de thriller, Andy Greenberg nos oferece um vislumbre das ciberguerras do futuro."

—Anne Applebaum, Autora dos livros *Gulag* e *A Fome Vermelha* e ganhadora do Prêmio Pulitzer

"Um olhar aterrorizante e enfurecedor sobre um futuro no qual entusiastas e negacionistas da ciberguerra unem forças para literalmente ameaçar nossa capacidade de continuar a civilização."

—Cory Doctorow, Autor best-seller do *New York Times* dos livros *Pequeno Irmão* e *Radicalized*

"*Sandworm* acerta a medida ao ser tão informativo quanto superdivertido... Greenberg leva os leitores a uma caçada pela rede de hackers russos por trás do ciberataque mais danoso que já aconteceu. Vale muito a leitura."

—P. W. Singer, autor de *Ghost Fleet* e *LikeWar*

"A boa notícia sobre o livro *Sandworm*, de Andy Greenberg, é que ninguém jamais mergulhou tão fundo em um grande hack para iluminar a crise em evolução de uma ciberguerra sem fim. A notícia ruim é que, após terminar essa narrativa envolvente, você não dormirá mais tão bem como antes."

—Steven Levy, autor best-seller do *New York Times* dos livros *In The Plex* e *Hackers*

"Lúcido e atraente, *Sandworm* nos mostra como a guerra high-tech é feita em toda a Europa Oriental: campos de batalha de vírus de computador, vulnerabilidades de software e impressões digitais virtuais falsas."

—Clifford Stoll, autor best-seller do *New York Times* do livro *The Cuckoo's Egg*

ANDY GREENBERG

SANDWORM

Andy Greenberg é escritor sênior para a revista *Wired*, na qual ele escreve sobre segurança, privacidade, liberdade de informação e cultura hacker. Ele é autor do livro *This Machine Kills Secrets* e sua reportagem para *Sandworm*, incluindo excertos publicados na *Wired*, ganhou o Prêmio Gerald Loeb, o Prêmio Sigma Delta Chi da Sociedade de Jornalistas Profissionais, dois Prêmios Deadline Club da Sociedade de Jornalistas Profissionais de Nova York e a Menção por Excelência do Prêmio Cornelius Ryan do Overseas Press Club. Ele mora no Brooklyn, em Nova York, com a esposa, a documentarista Malika Zouhali-Worrall.

SANDWORM

SANDWORM

UMA NOVA ERA NA GUERRA CIBERNÉTICA E A CAÇA PELOS HACKERS MAIS PERIGOSOS DO KREMLIN

ANDY GREENBERG

ALTA BOOKS
EDITORA
Rio de Janeiro, 2021

Sandworm

ISBN: 978-65-5520-494-0

Impresso no Brasil — 1ª Edição, 2021 — Edição revisada conforme o Acordo Ortográfico da Língua Portuguesa de 2009.

Erratas e arquivos de apoio: No site da editora relatamos, com a devida correção, qualquer erro encontrado em nossos livros, bem como disponibilizamos arquivos de apoio se aplicáveis à obra em questão.

Acesse o site **www.altabooks.com.br** e procure pelo título do livro desejado para ter acesso às erratas, aos arquivos de apoio e/ou a outros conteúdos aplicáveis à obra.

Suporte Técnico: A obra é comercializada na forma em que está, sem direito a suporte técnico ou orientação pessoal/exclusiva ao leitor.

A editora não se responsabiliza pela manutenção, atualização e idioma dos sites referidos pelos autores nesta obra.

Dados Internacionais de Catalogação na Publicação (CIP) de acordo com ISBD

G798s Greenberg, Andy

Sandworm: Uma Nova Era na Guerra Cibernética e a Caça aos Hackers mais Perigosos do Kremlin / Andy Greenberg ; traduzido por Debora Ramires. - Rio de Janeiro : Alta Books, 2021.
352 p. ; 16cm x 23cm.

Tradução de: Sandworm
Inclui bibliografia, índice e apêndice.
ISBN: 978-65-5520-494-0

1. Guerra Cibernética. 2. Hackers. 3. Sandworm. I. Ramires, Debora. II. Título.

2021-4007 CDD 355.02
CDU 355.4

Elaborado por Vagner Rodolfo da Silva - CRB-8/9410

ALTA BOOKS EDITORA
Rua Viúva Cláudio, 291 — Bairro Industrial do Jacaré
CEP: 20.970-031 — Rio de Janeiro (RJ)
Tels.: (21) 3278-8069 / 3278-8419
www.altabooks.com.br — altabooks@altabooks.com.br

Produção Editorial
Editora Alta Books

Diretor Editorial
Anderson Vieira

Gerência Comercial
Daniele Fonseca

Coordenação Financeira
Solange Souza

Editor de Aquisição
José Rugeri
acquisition@altabooks.com.br

Coordenação de Eventos
Viviane Paiva

Produtores Editoriais
Illysabelle Trajano
Maria de Lourdes Borges
Thales Silva
Thiê Alves

Assistente Editorial
Caroline David

Marketing Editorial
Livia Carvalho
Thiago Brito
marketing@altabooks.com.br

Equipe Ass. Editorial
Beatriz de Assis
Brenda Rodrigues
Gabriela Paiva
Henrique Waldez
Mariana Portugal
Raquel Porto

Equipe de Design
Larissa Lima
Marcelli Ferreira
Paulo Gomes

Equipe Comercial
Adriana Baricelli
Daiana Costa
Fillipe Amorim
Kaique Luiz
Victor Hugo Morais

Atuaram na edição desta obra:

Tradução
Debora Ramires

Revisão Técnica
Clavis

Copidesque
Matheus Araujo

Revisão Gramatical
Hellen Suzuki
Thais Pol

Diagramação
Joyce Matos

Ouvidoria: ouvidoria@altabooks.com.br

Editora afiliada à:

ASSOCIADO

Em memória de meu pai,
Gary Greenberg

AGRADECIMENTOS

Este livro não seria possível sem a ajuda de Mike Assante, que faleceu em julho de 2019 após batalhar contra a leucemia. Assante era inigualável não apenas em seu conhecimento técnico e em suas análises, mas na profunda generosidade com a qual ele os compartilhava. Mesmo em seus meses finais, Assante nunca hesitou em responder perguntas sobre as minúcias de seu postmortem dos apagões ucranianos ou a mecânica de sua pesquisa Aurora. Com ambas as contribuições e muitas, muitas outras, Assante fez do mundo um lugar mais seguro para todos nós. Espero que, ao compartilhar esses capítulos de sua vida, este livro ajude a homenagear sua memória.

Todas as pessoas centrais de *Sandworm* passaram incontáveis horas me contando suas histórias, pelas quais serei sempre grato. Mas várias outras fontes falaram comigo para compartilhar uma única anedota ou experiência, muitas vezes sob a condição de que seus nomes nunca aparecessem impressos. Em muitos casos, estavam me contando sobre situações altamente sensíveis nas quais elas ou seus empregadores sofreram as consequências de um ciberataque desastroso. Ouvi repetidamente o refrão de que, apesar dos riscos às suas carreiras ou da vergonha em potencial de compartilhar os detalhes de sua vitimização, elas sentiram que essa história "merecia ser contada" — que o valor histórico ou as lições para a segurança de outras pessoas e organizações eram grandes demais para não serem compartilhados. Em uma era marcada por aqueles em posições de poder contando mentiras descaradas e de autopromoção explícita, essa maneira desprovida de ego de dizer a verdade é mais admirável e importante do que nunca.

Meus quatro tradutores e correspondentes da Ucrânia, da Rússia e da Coreia — Grigory Kuznetsov, Margarita Minasyan, Daria Mykhaylova e James Yoo — fizeram um trabalho crucial, me ajudando a encontrar muitas dessas fontes, permitindo que eu ouvisse suas histórias e moldando a narrativa com suas próprias ideias de reportagem. A incrível Chelsea Leu assumiu a tarefa ainda mais difícil e complexa de refazer a reportagem como uma verificadora de fatos. Obrigado em particular, Chelsea, pelos meses ingratos de trabalho corrigindo meus erros e mal-entendidos.

Meus colegas na *Wired* foram todos muito generosos ao me fornecer tempo e flexibilidade para escrever. Entre eles, Jahna Berry, Katie Davies, Erica Jewell, Nick Thompson e Andrea Valdez. Meu editor digital da *Wired*, Brian Barrett, não apenas assinou minha licença para escrever o livro sem hesitação, mas também assumiu uma nova carga de trabalho para ajudar a cobrir por mim, escrevendo mais histórias em minha ausência do que eu jamais poderia. Ele e Susan Murcko também editaram muitas das notícias cujos eventos se tornaram partes da narrativa do livro. Rob Capps merece crédito por sugerir primeiro que eu encontrasse a *maior* história de ciberguerra. John Gravois editou habilmente e com atenção tanto o texto da *Wired* que inspirou este livro quanto o excerto da revista adaptado dele. Acima de tudo, minha colega da *Wired* e escritora de segurança Lily Hay Newman não apenas tomou para si uma quantidade imensa de redação para manter o canal de segurança da *Wired* ativo durante minha ausência, mas também me ajudou a pensar sobre as ideias e a narrativa do livro, fez uma leitura completa e intensa do primeiro rascunho e, o mais heroico, passou um dia na ilha Plum sob um temporal para cobrir um exercício black start da DARPA enquanto eu digitava no conforto de casa.

Um enorme obrigado ao meu agente, Eric Lupfer, que já ouviu muitas ideias pela metade ao longo dos anos, antes que esta se realizasse, e sugeriu primeiro o título *Sandworm*. O editor deste livro na Doubleday, Yaniv Soha, foi um guia tão paciente, crítico e perspicaz ao longo do processo quanto eu poderia ter desejado. A assistente editorial da Doubleday, Cara Reilly, também fez muitas e valiosas edições no livro. Obrigado a ambos — e a Bill Thomas e Edward Kastenmeier — por verem o potencial da proposta tão rápido e escolherem trabalhar comigo nisto. Obrigado a Kathy Hourigan por ficar do lado de fora da porta do escritório de Yaniv para mantê-lo editando rápido. Um obrigado extra a Dan Novack por seu suporte de aço como conselheiro legal e outros na Doubleday/Penguin Random House, incluindo Sean Yule, Beth Pizio, Kate Hughes, Todd Doughty, Michael Goldsmith, Hannah Engler e Ingrid Sterner.

Outros agradecimentos diversos, mas de coração, vão para (sem ordem em particular) Sam Chambers, James Lewis, Kenneth Geers, Alan Paller, Oleh Derevianko e a equipe da ISSP em Kiev, Anne Applebaum, Cliff Stoll, Steven Levy, Alex Gladstein, Maryna Antonova, Khatuna Mshvidobadze, Zurab Akhvlediani, Elena Ostanina, Autumn Maison, Roman Dobrokhotov, Fyodor

Mozgovoy, Adrian Chen, Joshua Corman, Harlo Holmes, Trevor Timm, Ben Wizner, Edward Snowden, Patrick Neighorn, Cristiana Brafman Kittner, Marina Krotofil, Ben Miller, Anna Keeve, Ranson Burkette, Ilina Cashiola, Jessica Bettencourt, Sarah Kitsos, Jaime Padilla, Mike Smith, Walter Weiss, Nadya e Stephan Wasylko, Natalie Jaresko, Tom Mayer, Jasmine Lake, Bryan Fogel, Sarahana Shrestha, Sabrina Bezerra, Sam Greenberg, Naima Zouhali e Steve Worrall, e um obrigado enorme e especial a Bertha Auquilla.

Obrigado Bilal Greenberg, por me manter entretido e por tirar as sonecas épicas que me permitiram escrever. E, por último, um obrigado imensurável para minha esposa, Malika Zouhali-Worrall, minha parceira neste trabalho e em todo o resto.

SUMÁRIO

PREFÁCIO

É com muito orgulho que a Clavis Segurança da Informação finaliza mais um projeto de tradução de livro na área de Segurança Cibernética. Atuando na disseminação da cultura de Segurança da Informação, a Clavis já traduziu para o Português obras relevantes, como:

- *Guerra Cibernética: a próxima ameaça à segurança e o que fazer a respeito*, de Richard A. Clarke e Robert K. Knake;
- *Fundamentos de Segurança da Informação: com Base na ISO 27001 e na ISO 27002*, de Jule Hintzbergen, Kees Hintzbergen, e outros;
- *Contagem Regressiva até Zero Day*, de Kim Zetter;
- *Clique aqui para matar todo mundo: como sobreviver em um mundo hiperconectado*, de Bruce Schneier; e
- *O Quinto Domínio: defendendo nosso país, nossas empresas e nós mesmos na era das Ameaças Cibernéticas*, de Richard Clarke e Robert K. Knake.

Desta vez, a Clavis brinda a comunidade de Segurança da Informação e Privacidade com a revisão técnica de uma obra de Andy Greenberg, escritor sênior premiado que escreve para a revista *Wired*, abordando temas como segurança, privacidade, liberdade de informação e cultura *hacker*. O propósito da Clavis ao revisar esta obra foi conscientizar, alertar e orientar o público a respeito dos principais riscos de segurança cibernética para os setores de infraestrutura crítica, principalmente os setores marítimo e de energia.

Sandworm traz um cenário onde conflitos reais se extrapolam para o domínio cibernético, tendo efeitos concretos na cadeia de suprimentos e na economia, impactos que são sentidos por organizações, empresas e pessoas que fazem uso de tecnologia. Ao se tornar cada vez mais dependente da tecnologia, a sociedade se torna mais frágil e vulnerável aos riscos cibernéticos, sejam eles causados de maneira intencional ou não.

O livro apresenta a empolgante história de um grupo de criminosos cibernéticos patrocinado pelo governo russo, conhecido pelo codinome Sandworm, abordando assuntos como guerra cibernética, ações de atores estatais e não estatais, malwares, inteligência e contrainteligência, relações internacionais no mundo moderno sob o aspecto da segurança cibernética, impactos no meio físico e uso do domínio cibernético como possibilidade de influenciar e afetar outros estados. Durante a leitura, podemos sentir que estamos em uma verdadeira corrida armamentista, navegando na história recente de conflitos cibernéticos - que marcaram o mundo da segurança da informação -, como AURORA, Moonlight Maze, ações cibernéticas na Estônia e na Geórgia; STUXNET e EternalBlue, culminando num grande ataque considerado um dos mais impactantes aos setores de infraestrutura crítica, como o caso do worm NotPetya em 2017.

O malware NotPetya se espalhou rapidamente pelo mundo, causando o prejuízo de bilhões de dólares ao redor da Europa, Ásia e das Américas. No livro, o autor registra a possibilidade de o ataque ser parte do esforço de Kremlin de desestabilizar a Ucrânia, apesar da negação do governo. O impacto acabou afetando empresas globais, como Maersk, uma das maiores empresas do setor marítimo mundial. Como resposta, medidas de segurança vêm sendo tomadas a nível mundial e regional para evitar o pior e melhorar as condições de mentalidade de segurança da informação e proteção da infraestrutura crítica dos estados. Um exemplo prático é a criação de diretrizes de alto nível para todos os países signatários da Organização Marítima Internacional (IMO) no que tange Segurança Cibernética, inicialmente como recomendações a serem observadas, que passaram a ser obrigatórias a partir de janeiro de 2021.

A criação dessas normas ocorreu em 2017, ano em que o devastador worm NotPetya afetou o setor. A IMO emitiu uma Resolução e um Guia sobre segurança cibernética no setor marítimo com tópicos a serem incluídos nas normas de gestão de segurança já existentes. Para saber mais sobre as diretrizes da IMO, ter acesso à Resolução e Guia de Gerenciamento de Riscos Cibernéticos Marítimos da IMO, como também a artigos e podcasts direcionados para a área de segurança cibernética, acesse https://clav.is/IMO.

A Clavis é uma empresa especializada em Segurança da Informação e Privacidade, cujo foco atual é ofertar soluções completas de *Security as a Service* através do seu Centro de Operações de Segurança da Informação e *Compliance* para normas, leis e certificações na área de Segurança da Informação e Privacidade. Detém um portfólio com vasta gama de serviços de Segurança da Informação, que podem agregar valor aos seus clientes, bem como Segurança Gerenciada SOC/MSS 24h, Testes de Invasão, Gap Analysis (27001, BACEN, PCI DSS, LGPD, etc), *DPO as a Service, Threat Intelligence, Resposta a Incidentes.*

Em reconhecimento ao seu alto nível técnico e à importância estratégica de seus produtos e soluções para o país, a Clavis, que já havia sido credenciada como uma Empresa Estratégica de Defesa (EED), teve essa conquista ampliada com a homologação de suas principais ferramentas, "Octopus SIEM" e "BART Gestão de Vulnerabilidades", como Produtos Estratégicos de Defesa (PED), chancela concedida pelo Ministério da Defesa (MD) em reconhecimento à dedicação e empenho desenvolvidos pela empresa, cuja história vem se consagrando ao longo de dezoito anos de atuação na área de Segurança da Informação e Privacidade.

A Clavis também está presente no ranking *Great Place to Work* (GPTW) e se enquadra entre 100 melhores pequenas empresas para se trabalhar no país. O Centro de Operações de Segurança (SOC Clavis), obteve recentes conquistas como as certificações ISO 27001 e MSP Cloud Verify Program®. O SOC Clavis utiliza as ferramentas Octopus SIEM e BART, trazendo para este serviço a qualidade e segurança atestadas no âmbito da defesa nacional.

Atualmente, a Clavis possui centenas de clientes dos mais variados setores (saúde, educação, infraestrutura, marítimo, energia, etc.). Até o segundo semestre de 2021, por exemplo, a empresa atua na área de segurança da informação e privacidade de mais de 15 empresas do setor marítimo brasileiro, e vem se aprimorando para prestar melhores serviços a cada dia e a cada novo cliente, atendendo-os de forma personalizada, de acordo com a necessidade e possibilidade de cada parceiro.

Aproveitamos para agradecer o dedicadíssimo e minucioso trabalho dos revisores técnicos desta edição, pelo lançamento de mais esse clássico disponível em língua portuguesa. Os nossos mais sinceros agradecimentos aos amigos e colegas da área de Cibersegurança: Antonio Carlos Pereira Borge, Luciano Lima, Raphael Machado, Ricardo Salvatore e Tulio Alvarez.

Seja você um profissional de segurança cibernética, um entusiasta ou um leitor, este livro é para você! Numa dimensão de conflitos sem fronteiras, todos vivemos na linha de frente. Esperamos que possa ter uma leitura agradável e convidativa com esta peça investigativa e cativante, que detalha o submundo de ações cibernéticas de atores patrocinados por um governo tão pouco explorado, onde poderes de disrupção demonstrados pelo Sandworm podem servir como um modelo mais visível de uma caixa de ferramentas, na qual toda e qualquer nação/organização pode vir a sofrer ou, até mesmo possuir, em breve, o novo arsenal padrão para um impasse de ciberguerra global. Estejamos vigilantes!

Boa leitura!

Bruno Salgado - Fundador e Presidente do Conselho Administrativo da Clavis Segurança da Informação.

Davidson Boccardo - COO da Clavis Segurança da Informação.

Rafael Soares - Fundador e Diretor Comercial da Clavis Segurança da Informação.

Raphael Machado - Professor Doutor e membro da equipe da revisão técnica.

Tulio Alvarez de Souza - Consultor e Coordenador da equipe de revisão técnica da tradução.

Victor Santos - Fundador e CEO da Clavis Segurança da Informação.

INTRODUÇÃO

No dia 27 de junho de 2017, algo estranho e terrível começou a reverberar pela infraestrutura do mundo.

Um grupo de hospitais na Pensilvânia começou a atrasar cirurgias e recusar pacientes. Uma fábrica da Cadbury na Tasmânia parou de produzir chocolates. A gigante farmacêutica Merck parou de fabricar vacinas para o papilomavírus humano.

Logo, dezessete terminais em portos ao redor do planeta, todos propriedade da maior empresa de frete do mundo, Maersk, se encontraram paralisados. Dezenas de milhares de caminhões de dezoito rodas carregando contêineres de remessa começaram a acumular do lado de fora dos portões dos portos. Navios enormes chegaram de viagens depois de atravessar oceanos, cada um carregando centenas de milhares de toneladas de carga, apenas para descobrir que ninguém poderia descarregá-los. Como vítimas de uma contaminação global de alguma bactéria comedora de cérebros, componentes essenciais nos sistemas automatizados e entremeados do mundo pareciam ter se esquecido espontaneamente de como funcionar.

No epicentro do ataque, na Ucrânia, os efeitos do desastre tecnológico foram mais concentrados. Caixas eletrônicos e sistemas de pagamento por cartão de crédito saíram do ar inexplicavelmente. O sistema de transporte público na capital do país, Kiev, estava prejudicado. Agências governamentais, aeroportos, hospitais, os correios, até os cientistas que monitoravam os níveis de radioatividade nas ruínas da usina nuclear de Chernobil — todos observaram impotentes enquanto praticamente todos os computadores em suas redes eram infectados e apagados por um misterioso pedaço de código malicioso.

Esta é a aparência de uma ciberguerra: uma força invisível capaz de atacar a partir de um ponto desconhecido para sabotar, em uma escala massiva, as tecnologias que alicerçam a civilização.

Por décadas, as Cassandras da segurança da internet nos avisaram que isso aconteceria. Elas avisaram que hackers logo deixariam de cometer meros crimes ou até mesmo espionagem patrocinada pelo Estado e começariam a explorar vulnerabilidades na infraestrutura crítica e digitalizada do mundo moderno. Em 2007, quando hackers russos bombardearam a Estônia com ciberataques que deixaram quase todos os computadores do país fora do ar, aquela ofensiva já sugeria a escala potencial do hacking com motivações geopolíticas. Dois anos depois, quando o software malicioso da NSA chamado Stuxnet acelerou silenciosamente as centrífugas de enriquecimento nuclear do Irã até que elas se destruíssem, a operação demonstrou outra prévia do que estava por vir: demonstrou que as ferramentas da ciberguerra poderiam alcançar além do meramente digital, indo até os componentes mais sensíveis e protegidos do mundo físico.

Mas, para qualquer um assistindo à guerra da Rússia na Ucrânia desde seu início, no começo de 2014, havia prenúncios mais diretos e claros. Iniciando em 2015, ondas de ciberataques agressivos começaram a atingir o governo, a mídia e os transportes da Ucrânia. Eles culminaram nos primeiros apagões causados por hackers, ataques que derrubaram a eletricidade para centenas de milhares de civis.

Um pequeno grupo de pesquisadores logo começaria a soar o alarme — em vão, na maior parte — de que a Rússia estava transformando a Ucrânia em um laboratório de testes para inovações de ciberguerra. Eles avisaram que aqueles avanços logo seriam implantados contra os Estados Unidos, a OTAN e um mundo maior que permanecia alegremente despreparado para essa nova dimensão de guerra. E eles apontaram para uma única força de hackers patrocinados pelo Kremlin que parecia lançar essas armas de perturbação em massa sem precedentes: um grupo conhecido como Sandworm.

Durante os dois anos seguintes, o Sandworm se tornaria mais agressivo, sobressaindo-se como o coletivo de hackers mais perigoso do mundo e redefinindo a ciberguerra. Finalmente, naquele dia fatídico no fim de junho de 2017, o grupo deflagraria o worm que abalaria o mundo, conhecido como NotPetya, e agora considerado o malware mais devastador e que mais deu prejuízo na história. No processo, o Sandworm demonstraria como nunca que hackers altamente sofisticados e patrocinados pelo Estado, com as motivações de uma unidade de sabotagem militar, podem atacar de qualquer distância para minar as fundações da vida humana, atingindo sistemas interligados e interdependentes com consequências desastrosas e imprevisíveis.

Hoje, a escala completa da ameaça que o Sandworm e sua laia representam paira sobre o futuro. Se a intensificação da ciberguerra continuar sem vigia, as vítimas do hacking patrocinado pelo Estado podem estar a caminho de worms ainda mais virulentos e destrutivos. Os ataques digitais demonstrados pela primeira vez na Ucrânia sugerem uma distopia no horizonte, um futuro em que hackers causam apagões que duram dias, semanas ou mais — privações de eletricidade intencionalmente infligidas que poderiam refletir a tragédia ocorrida na América, em Porto Rico, depois do furacão Maria, causando grandes danos econômicos e até mesmo a perda de vidas. Ou um futuro no qual hackers destroem equipamentos físicos em locações industriais para causar um caos letal. Ou, como no caso do NotPetya, no qual simplesmente apagam centenas de milhares de computadores em um momento estratégico para deixar os sistemas digitais da infraestrutura crítica ou da economia de um inimigo com morte cerebral.

Este livro conta a história do Sandworm, o exemplo mais claro até hoje de atores desonestos avançando essa distopia de ciberguerra. Ele acompanha o trabalho de anos dos detetives rastreando esses hackers — com as impressões digitais do Sandworm aparecendo na cena de um desastre digital após o outro — para identificá-los e localizá-los, e para chamar a atenção ao perigo que o grupo representa, na esperança desesperada de que ele possa ser impedido.

Mas *Sandworm* não é apenas a história de um único grupo de hackers, ou até mesmo da ameaça maior da vontade irresponsável da Rússia de travar essa nova forma de ciberguerra ao redor do mundo. É a história de uma corrida armamentista global e maior que continua hoje. Essa corrida é uma que os Estados Unidos e o Ocidente não só falharam em impedir, mas aceleraram diretamente com nosso abraço precipitado das ferramentas de ataque digital. E, assim, nós convidamos uma nova e incontrolável força do caos para o mundo.

PRÓLOGO

O relógio marcava zero hora quando as luzes se apagaram.

Era uma noite de sábado em dezembro de 2016, e Oleksii Yasinsky estava sentado no sofá da sala de estar com a esposa e o filho adolescente, no seu apartamento em Kiev. O pesquisador ucraniano de cibersegurança de quarenta anos e sua família estavam assistindo ao filme *Snowden*, de Oliver Stone, há uma hora quando a luz do prédio apagou de repente.

"Os hackers não querem que a gente termine o filme", brincou a esposa de Yasinsky. Ela estava se referindo a um evento que aconteceu um ano antes, quando um ciberataque cortou a eletricidade para quase 250 mil ucranianos dois dias antes do Natal de 2015.

Yasinsky, um analista forense chefe em uma empresa de cibersegurança de Kiev, não riu. Ele olhou para o relógio portátil sobre a mesa: marcava 00h. Exatamente meia-noite.

A televisão de Yasinsky estava conectada em um protetor contra surtos elétricos com uma bateria de reserva, então apenas o tremular das imagens na tela iluminava a sala. O filtro de linha começou a apitar, queixoso. Yasinsky levantou e o desligou para preservar a carga, deixando o cômodo no silêncio repentino.

Ele foi à cozinha, pegou um punhado de velas e as acendeu. Então se aproximou da janela. O engenheiro magro de cabelos loiros cor de areia olhou para a cidade como nunca vira antes: o horizonte inteiro ao redor do seu prédio estava escuro. Apenas o brilho cinza de luzes distantes refletia o céu nublado, demarcando as torres escurecidas de condomínios modernos e arranha-céus soviéticos.

Percebendo a hora precisa e a data, quase exatamente um ano após o ataque à rede elétrica de dezembro de 2015, Yasinsky teve certeza de que isso não era um apagão normal. Ele pensou no frio lá fora, perto de -18°C, nas temperaturas que caíam lentamente em milhares de casas e na contagem regressiva até que as bombas de água paradas resultassem em canos congelados.

Foi então que outro pensamento paranoico começou a se embrenhar na mente de Yasinsky: pelos últimos quatorze meses, ele havia se encontrado no centro de uma crise que se acobertava. Uma lista crescente de empresas ucranianas e agências do governo havia entrado em contato com ele para analisar uma praga de ciberataques que as estavam atingindo em uma sucessão rápida e implacável. Um único grupo de hackers parecia estar por trás de tudo. Agora ele não conseguia impedir a sensação de que esses mesmos fantasmas, cujas impressões digitais ele havia rastreado por mais de um ano, haviam estendido a mão, através do éter da internet, para dentro de sua casa.

PARTE I

EMERGÊNCIA

Utilize os primeiros momentos para estudar. Você pode perder oportunidades de vitória rápida dessa maneira, mas os momentos de estudo são segurança de sucesso. Leve o tempo necessário e esteja certo.

1

O ZERO-DAY

Além da cúpula do governo federal norte-americano, onde o complexo industrial de inteligência da capital norte-americana se estende até um mar infinito de estacionamentos e prédios comerciais cinza marcados com logos e nomes corporativos pensados para serem esquecidos, há um prédio em Chantilly, Virginia, cujo quarto andar abriga uma sala interna sem janelas. As paredes da sala são pintadas de preto fosco, como se quisessem esculpir um espaço negativo onde nenhuma luz externa penetraria.

Em 2014, pouco mais de um ano antes do início da ciberguerra da Ucrânia, essa era o que a pequena empresa de inteligência privada iSight Partners chamava de sala escura. Nela trabalhava a equipe de dois homens responsável pela pesquisa de vulnerabilidade de software, um trabalho que exigia foco intenso o suficiente para que os funcionários insistissem no desenho de um escritório o mais próximo possível de uma câmara de privação de sentidos.

Foi essa dupla altamente qualificada de habitantes de cavernas que John Hultquist primeiro chamou em uma quarta de manhã naquele mês de setembro, com um pedido raro. Quando Hultquist chegou à sua mesa mais cedo naquele dia, em um escritório muito mais iluminado, uma sala com janelas no lado oposto do prédio da iSight, ele abriu um e-mail do chefe das equipes de coleta de inteligência internacional da iSight, Jason Passwaters. Passwaters havia descoberto uma intrigante amostra de malware que parecia ter sido tirada de um computador na Ucrânia. No e-mail de Passwaters, Hultquist encontrou um presente: seu colega da iSight acreditava que eles haviam colocado as mãos em uma vulnerabilidade de zero-day.

Um zero-day, no jargão hacker, é uma falha secreta de segurança no software, uma falha que a empresa responsável por criar e manter o código do software não conhece. O nome vem do fato de que a empresa teve "zero dias" para responder e lançar um pacote de atualização para proteger os usuários. Um zero-day poderoso, em particular um que permita ao hacker quebrar os limites do software no qual o bug se encontra e executar seu próprio código em um computador-alvo, pode servir como um tipo de chave mestra global — um passe livre para obter acesso a qualquer máquina que opere aquele software vulnerável, em qualquer parte do mundo onde a vítima esteja conectada à internet.

O arquivo que veio da equipe internacional da iSight para Hultquist era um anexo de PowerPoint. Parecia conseguir executar exatamente esse tipo de código e no Microsoft Office, um dos programas mais ubíquos do mundo.

Enquanto lia o e-mail, Klaxons soava na mente de Hultquist. O arquivo PowerPoint já havia sido analisado pela equipe técnica da iSight em Taiwan, e se a descoberta era o que os analistas taiwaneses acreditavam que poderia ser, isso significava que alguns hackers desconhecidos possuíam — e haviam utilizado — uma habilidade perigosa que lhes permitiria sequestrar contas de milhões de computadores. A Microsoft precisava ser avisada dessa falha imediatamente, mas, em um sentido de interesse próprio, descobrir um zero-day representava um marco para uma empresa pequena como a iSight, que esperava ganhar a glória e atrair clientes na florescente subindústria de segurança de "inteligência contra ameaças". A empresa descobria apenas duas ou três falhas secretas assim por ano. Cada uma era um tipo de curiosidade altamente perigosa e meio abstrata e um golpe de pesquisa significativo. "Para uma empresa pequena, encontrar uma pérola como essa foi muito, muito gratificante", diz Hultquist. "Foi de imensa importância para nós."

Hultquist, um veterano do exército grande e expansivo do leste do Tennessee, com uma barba preta espessa e um sorriso perene, fazia questão de gritar periodicamente de sua mesa para uma sala ao lado, conhecida como cercado, um modelo organizacional em que diversos profissionais trabalham juntos em uma mesma área aberta. Um lado desse espaço estava alinhado com especialistas em malware e o outro, com analistas de ameaças focados em entender os motivos geopolíticos por trás de ataques digitais. Assim que Hultquist leu o e-mail sobre a amostra de malware da Ucrânia, ele correu para fora do escritório em direção ao cercado, apresentando o problema à sala e atribuindo tarefas para a triagem do que seria, sem que ninguém ali ainda soubesse, uma das maiores descobertas na história da pequena empresa.

Mas foi na outra ponta do corredor, na sala escura, que os monges hackers que a habitavam começariam a entender o significado da descoberta da iSight: uma pequena e oculta maravilha de engenharia maliciosa.

■

Trabalhando em computadores cujos monitores brilhantes serviam como única iluminação da sala, os engenheiros reversos começaram a rodar o arquivo PowerPoint infectado pelo malware repetidas vezes dentro de uma série de máquinas virtuais — simulações efêmeras de um computador abrigadas dentro de um computador físico real, cada uma delas isolada do resto da máquina como a sala escura era isolada do resto dos escritórios da iSight.

Nesses compartimentos isolados, o código poderia ser estudado como um escorpião atrás do vidro de um terrário. Ele permitiria que as vítimas virtuais se infectassem repetidamente, enquanto os engenheiros de reversão teciam simulações de máquinas digitais diferentes, executando versões variadas do Windows e do Microsoft Office, para estudar as dimensões e flexibilidade do ataque. Quando determinaram que o código poderia se extrair do arquivo PowerPoint e ganhar controle total até das versões mais atualizadas do software, eles tiveram a confirmação: era de fato um zero-day, tão raro e poderoso quanto o analista taiwanês havia suspeitado. Ao final da tarde — uma passagem de tempo que ocorreu quase despercebida dentro daquele espaço de trabalho —, eles haviam produzido um relatório detalhado para compartilhar com a Microsoft e seus clientes e codificaram a sua própria versão, reescrevendo-a em uma prova de conceito que demonstrava o ataque como um patógeno em um tubo de ensaio.

O PowerPoint possui "poderes incríveis" — como um dos dois engenheiros de reversão da sala escura, Jon Erickson, me explicou. Ao longo de anos de evolução, o programa se tornou uma máquina de Rube Goldberg cheia de recursos, na maior parte desnecessários, tão intrincada que praticamente serve como sua própria linguagem de programação. E a pessoa responsável por explorar esse zero-day havia estudado profundamente um recurso que permitia a qualquer um incluir um "objeto" de informação dentro da apresentação, como um gráfico ou vídeo puxado de outro lugar no pacote de dados do arquivo PowerPoint, ou até mesmo de um computador remoto na internet.

Nesse caso, os hackers haviam usado o recurso para plantar cuidadosamente dois pacotes de dados dentro da apresentação. O primeiro foi carregado em uma pasta temporária no computador-alvo. O segundo se aproveitou do recurso de animação do PowerPoint: animações do PowerPoint não apenas permitem que palestrantes entediem a plateia com texto em movimento ou desenhos, mas executam comandos no computador em que a apresentação está rodando. Nesse caso, quando a apresentação carregasse aquele arquivo de animação, deflagraria um script automático para clicar com o botão direito no primeiro arquivo da apresentação que havia sido plantado na máquina e escolheria "instalar" no menu, dando ao código uma base de apoio no computador sem que o usuário soubesse. O resultado era como um pacote aparentemente inofensivo deixado na sua porta que, após ser levado para dentro, faz brotar um braço, se abre e libera minúsculos robôs na sua lareira. Tudo isso aconteceria imediatamente e de modo invisível, no instante em que a vítima clicasse duas vezes no anexo para abri-lo.

Erickson, o engenheiro de reversão que lidou primeiro com o zero-day na sala escura da iSight, se lembra do trabalho desmontando e desarmando o ataque como um evento um tanto quanto raro e fascinante, mas totalmente impessoal. Em sua carreira, ele havia lidado apenas com um punhado de zero-days reais encontrados ao acaso. Mas ele havia analisado milhares de outras amostras de malware e havia aprendido a pensar nelas como espécimes para estudo sem considerar o autor por trás delas — o humano que havia construído sua maquinaria tortuosa. "Era só algum cara desconhecido e alguma coisa desconhecida que eu nunca tinha visto", afirmou.

Mas zero-days têm autoria. E quando Erickson começou a desmembrar esse em sua oficina escurecida naquela manhã, ele não estava simplesmente estudando um quebra-cabeças inanimado e natural. Ele estava admirando as primeiras pistas de uma inteligência malévola e remota.

2

BLACKENERGY

Assim que o frenesi inicial da iSight ao redor da descoberta do zero-day diminuiu, ficaram as perguntas: quem havia escrito o código de ataque? Em quem eles estavam mirando o código e por quê?

Essas questões caíram sobre Drew Robinson, um analista de malware na iSight que John Hultquist descreveu como "andarilho do dia": Robinson possuía a maioria das habilidades de engenharia reversa da equipe de vampiros da sala escura, mas sentava-se no cercado ensolarado ao lado do escritório de Hultquist, responsável por uma análise de ângulo muito maior de campanhas de hacking, do pessoal que as executava até suas motivações políticas. O trabalho de Robinson seria seguir as pistas técnicas dentro do PowerPoint para resolver os mistérios maiores da operação oculta que elas representavam.

Minutos depois de Hultquist entrar no cercado para anunciar a descoberta de prioridade máxima do zero-day do PowerPoint naquela manhã de quarta-feira, Robinson estava se debruçando sobre o conteúdo da armadilha do anexo. A apresentação parecia ser uma lista de nomes escritos em caracteres cirílicos sobre uma bandeira ucraniana azul e amarela, com uma marca d'água do brasão de armas ucraniano, um tridente azul-claro sobre um escudo amarelo. Aqueles nomes, Robinson descobriu depois de usar o Google Tradutor, eram uma lista de supostos "terroristas" — aqueles que ficaram do lado da Rússia no conflito ucraniano que havia começado no início do ano, quando tropas russas invadiram o Leste do país e a península da Crimeia, inflamando movimentos separatistas e deflagrando uma guerra em curso.

A escolha dos hackers por uma mensagem anti-Rússia para carregar sua infecção de zero-day foi a primeira pista para Robinson de que o e-mail deveria ser uma operação russa com alvos ucranianos, jogando com o patriotismo do país e os medos de simpatizantes internos no Kremlin. Mas, enquanto ele procurava pistas sobre os hackers por trás do estratagema, logo descobriu outro fio solto para puxar. Quando o zero-day do PowerPoint executava, o arquivo baixado no sistema da vítima revelou ser uma variante de um pedaço de um malware notório, que logo seria ainda mais notório. Era chamado BlackEnergy.

A história curta do BlackEnergy até aquele momento já continha, em algum sentido, sua própria introdução sobre a taxonomia de operações hackers comuns, dos "script kiddies" mais baixos — hackers tão sem habilidade que só poderiam utilizar ferramentas escritas por alguém com mais conhecimento — até cibercriminosos profissionais. A ferramenta foi criada originalmente por um hacker russo chamado Dmytro Oleksiuk, também conhecido pela alcunha Cr4sh. Por volta de 2007, Oleksiuk tinha vendido o BlackEnergy em fóruns russos de hackers, custando em torno de US$40, com sua alcunha destacada como um grafite no canto do painel de controle.[1]

A ferramenta foi criada para um único propósito rápido: o chamado ataque de negação de serviço, ou DDoS, ataques planejados para inundar sites com pedidos fraudulentos por informação de centenas ou milhares de computadores simultaneamente, derrubando-os do ar. Infecte a máquina de uma vítima com BlackEnergy e ela se torna membro de uma botnet, uma coleção de computadores sequestrados, ou bots. Um operador de botnet poderia configurar o software de uso fácil de Oleksiuk para controlar qual alvo suas máquinas escravizadas encheriam de pedidos falsos, assim como o tipo e o ritmo desse bombardeio digital.

Ao final de 2007, a empresa de segurança Arbor Networks contou mais de trinta botnets construídas com BlackEnergy, a maioria mirando seus ataques em sites russos.[2] Mas, no espectro de sofisticação de ciberataque, ataques de negação de serviço eram, em sua maioria, brutos e cegos. Afinal de contas, eles poderiam causar quedas de serviço dispendiosas, mas não os vazamentos de dados sérios infligidos por técnicas de hacking mais penetrantes.

Nos anos seguintes, porém, o BlackEnergy evoluiu. Empresas de segurança começaram a detectar uma nova versão do programa, agora equipado com um arsenal de recursos intercambiáveis. Essa versão renovada da ferramenta ainda poderia atingir sites com tráfego falso, mas também poderia ser programada para enviar spam por e-mail, destruir arquivos nos computadores infestados e roubar nomes de usuário e senhas de bancos.*

---

* Conforme usos cibercriminosos mais sofisticados do BlackEnergy se espalharam, seu criador original, Oleksiuk, tomou cuidado para se distanciar disso — sobretudo depois de o BlackEnergy ser conectado a uma fraude financeira contra bancos russos, uma jogada perigosa em um país conhecido por ignorar quando cibercriminosos focavam vítimas ocidentais. "O fato de que o código-fonte estava disponível para tantas pessoas em todo tipo de lugar (semi) privado pode significar que alguém o pegou para suas próprias necessidades", Oleksiuk tentou explicar em uma publicação

Agora, diante dos olhos de Robinson, o BlackEnergy havia reemergido em mais um formato diferente. A versão que ele estava observando do seu assento no cercado da iSight parecia diferente de todas que ele havia lido antes — certamente não era uma simples ferramenta de ataque a sites, e também não deveria ser uma ferramenta de fraude financeira. Afinal, por que um esquema de cibercrime focado em fraude estaria usando uma lista de terroristas pró-Rússia como isca? O ardil parecia ter um alvo político. A partir da primeira olhada na amostra do BlackEnergy ucraniano, ele começou a suspeitar que estava olhando para uma variante do código com um novo objetivo: não o simples crime, mas a espionagem.*

Logo depois, Robinson começou a seguir outra pista de Passwaters, o chefe das equipes de inteligência internacionais que primeiro encontraram o zero-day do PowerPoint, uma pista que revelaria algo a mais sobre o propósito do malware. Quando Robinson rodou essa nova amostra de BlackEnergy em uma máquina virtual, ela tentou se conectar pela internet a um endereço de IP em algum lugar na Europa. Aquele endereço de IP pertencia a um servidor de comando e controle que funcionava como o mestre de marionetes remoto do programa. E quando o próprio Robinson se conectou através de seu navegador a essa máquina distante, ficou espantado ao ver que ela havia sido deixada sem proteção alguma. Qualquer um poderia vasculhar seus arquivos.

Os arquivos incluíam, por incrível que pareça, um tipo de documento de ajuda para essa versão única do BlackEnergy que convenientemente listava seus comandos. Isso confirmou as suspeitas de Robinson: a versão entregue de zero-day do BlackEnergy possuía uma matriz de habilidades de coleta de dados muito maior do que a amostra comum de malware encontrada em investigações de cibercrimes. O programa poderia tirar screenshots, extrair arquivos e chaves de criptografia das máquinas das vítimas e gravar teclas pressionadas, tudo isso uma marca de ciberespionagem meticulosa e com alvo certo em vez de uma extorsão por fraude bancária motivada por lucro.

---

intitulada "Fuck Me I'm Famous", no blog LiveJournal em 2009. "Para suspeitar que o autor desse programa de bot, cuja assinatura estava escrita em versões públicas há três anos, está envolvido em maquinações criminosas, você teria que ser um completo idiota."

* Inclusive, analistas de segurança na empresa de segurança Kaspersky suspeitavam em silêncio de que alguém estivesse usando o BlackEnergy para espionagem sofisticada desde o começo de 2013. Versões da ferramenta que não eram mais oferecidas para compra nos fóruns hacker começaram a aparecer, e algumas eram criadas para infectar máquinas que rodavam Linux – um sistema operacional raro o suficiente que os hackers deveriam estar usando para operações de espionagem precisas, e não roubo indiscriminado. "O uso de crimeware havia ido embora", disse-me a analista Maria Garnaeva, da Kaspersky. "Foi nessa hora que os hackers, usando isso, se tornaram um grupo de ataque com alvo distinto."

Mas ainda mais importante do que os conteúdos daquele arquivo explicativo era a linguagem em que ele estava escrito: em russo.

3

ARRAKIS 02

A indústria de cibersegurança avisa constantemente sobre o "problema de atribuição" — em que os hackers por trás de qualquer operação, especialmente as mais sofisticadas, distantes, são muitas vezes impossíveis de localizar. A internet oferece muitas oportunidades para proxies, desvios de direção e uma incerteza geográfica esmagadora. Mas, identificando o servidor de comando e controle desprotegido, Robinson havia rompido o mistério da BlackEnergy da iSight com um detalhe raro de identificação. Apesar de todo o cuidado que mostraram no hacking do PowerPoint, os hackers pareciam ter deixado escapar uma pista concreta de sua nacionalidade.

Mas, depois daquela sorte inesperada, Robinson ainda tinha a tarefa de mergulhar nas entranhas do código do malware em busca de mais pistas e, também, para criar uma "assinatura" que empresas de segurança e clientes da iSight pudessem usar a fim de detectar se outras redes haviam sido infectadas com o mesmo programa. Decifrar a funcionalidade do código do malware não seria nem um pouco fácil como foi rastrear o servidor de comando e controle. Como Robinson aprenderia meticulosamente ao longo dos próximos dias de trabalho duro e estafante, o código havia sido embaralhado por inteiro com três camadas alternadas de compressão e criptografia.

Em outras palavras, desvendar os segredos do malware era um tipo de caça ao tesouro. Apesar de Robinson saber que o malware era autônomo e, portanto, deveria incluir todas as chaves de criptografia necessárias para se desembaralhar e rodar seu código, a chave de cada camada desse processo só poderia ser encontrada depois de decodificar a camada superior. E, mesmo depois de adivinhar o algoritmo de compressão que os hackers haviam utilizado, ao fazer uma varredura do ruído aparentemente aleatório em busca de padrões reconhecíveis, Robinson ainda passou dias trabalhando para identificar o esquema de criptografia que eles usaram — uma modificação única de um sistema existente. Enquanto se embrenhava cada vez mais fundo no quebra-cabeça, ele olhava de sua mesa e descobria que horas haviam se passado. Mesmo em casa, ele se encontrava em pé, absorto no chuveiro, revirando o código na cabeça repetidas vezes.

Quando finalmente quebrou aquelas camadas de ofuscação após uma semana de tentativa e erro, Robinson foi recompensado com a visão dos milhões de zeros e uns da amostra do BlackEnergy — uma coleção de dados que era, em uma primeira olhada, ainda totalmente sem sentido. Afinal, este era o programa em sua forma compilada, traduzida para o binário legível para a máquina, em vez de qualquer linguagem de programação legível para humanos. Para entender o binário, Robinson teria que observá-lo ser executado passo a passo no computador, desenrolando-o em tempo real com uma ferramenta comum de engenharia reversa chamada IDA Pro, que traduzia as funções dos comandos em código durante a execução. "É quase como se você estivesse tentando determinar a aparência de alguém olhando apenas para seu DNA", disse Robinson. "E o Deus que criou essa pessoa estava tentando deixar o processo o mais difícil possível."

Porém, na segunda semana, a análise microscópica e passo a passo dos dados binários finalmente começou a dar frutos. Quando ele conseguiu decodificar as configurações do malware, elas continham o chamado código de campanha — essencialmente uma etiqueta associada com aquela versão do malware que os hackers poderiam usar para separar e rastrear qualquer vítima infectada. E, para a amostra do BlackEnergy que veio do PowerPoint ucraniano, esse código de campanha era um que ele reconheceu imediatamente, não de sua carreira como analista de malware, mas de sua vida pessoal como nerd de ficção científica: "arrakis02".

Na verdade, para Robinson, ou praticamente qualquer outro geek conhecedor de ficção científica, a palavra "Arrakis" é mais do que reconhecível: é tão familiar quanto Tatooine ou Terra Média, o cenário de um pilar central do cânone cultural. Arrakis é o planeta desértico onde o romance *Duna*, o épico de 1965 de Frank Herbert, se desenrola.

A história de *Duna* se passa em um mundo no qual a Terra foi destruída por uma guerra nuclear mundial contra máquinas de inteligência artificial. Ela segue o destino de um dos nobres da família Atreides depois que eles foram instalados como governantes de Arrakis — também conhecida como Duna — e, então, politicamente sabotados e arrancados do poder por seus rivais do mal, os Harkonnens.

Depois que os Atreides são derrubados, o herói adolescente do livro, Paul Atreides, se refugia no vasto deserto do planeta, onde vermes de areia gigantes vivem no subterrâneo, ocasionalmente emergindo para consumir tudo em seu caminho. Enquanto cresce, Atreides aprende os costumes dos nativos de Arrakis, conhecidos como Fremen, incluindo a habilidade de capturar e montar os vermes de areia. Por fim, ele lidera um levante de guerrilha espartana e, guiando os vermes de areia para uma batalha devastadora, ele e os nativos Fremen tomam a capital de volta, e sua insurgência assume o controle de todo o império global que havia apoiado o golpe dos Harkonnen.

"Sejam quem for esses hackers, parece que são fãs de Frank Herbert", Robinson se lembra de pensar.

■

Quando ele encontrou aquele código de campanha arrakis02, Robinson pôde sentir que havia tropeçado em algo mais do que uma pista peculiar sobre os hackers que escolheram aquele nome. Ele sentiu pela primeira vez que estava enxergando o interior de suas mentes e imaginações. Na verdade, ele começou a imaginar se isso poderia servir de impressão digital. Talvez pudesse encontrá-la em outras cenas do crime.

Ao longo dos dias seguintes, Robinson deixou de lado a versão ucraniana de PowerPoint do BlackEnergy e foi escavar nos arquivos de antigas amostras de malware da iSight e em um banco de dados chamado VirusTotal. De propriedade da Alphabet, empresa-mãe do Google, VirusTotal permite que qualquer pesquisador de segurança que esteja testando um pedaço de malware faça o upload e compare-o com dezenas de produtos comerciais de antivírus — um método rápido e imperfeito para ver se outras empresas de segurança detectaram o código em outro lugar e o que elas podem saber sobre ele. Como resultado, VirusTotal montou uma enorme coleção das amostras de código selvagens reunidas ao longo de mais de uma década, que pesquisadores podem pagar para acessar. Robinson começou a rodar uma série de varreduras desses arquivos de malware, procurando por pedaços de código similares ao que ele havia descoberto com sua amostra do BlackEnergy para comparar com amostras de código mais antigas no catálogo da iSight e do VirusTotal.

Ele logo obteve resultado. Outra amostra do BlackEnergy de quatro meses antes, em maio de 2014, era uma cópia imperfeita do que foi baixado pelo PowerPoint ucraniano. Quando Robinson escavou o código de campanha, encontrou o que estava procurando: houseatreides94, outra referência inconfundível de *Duna*. Dessa vez, a amostra do BlackEnergy estava escondida em um arquivo do Word, em uma discussão sobre os preços de petróleo e gás aparentemente projetada como isca para uma empresa de energia polonesa.

Nas semanas seguintes, Robinson continuou explorando seu arquivo de programas maliciosos. Com o tempo, criou suas próprias ferramentas que poderiam buscar por combinações de malware, automatizar o processo de destravar as camadas de criptografia obscura do arquivo e, então, puxar o código de campanha. Sua coleção de amostras começou a crescer aos poucos: BasharoftheSardaukars, SalusaSecundus2, epsiloneridani0, como se os hackers estivessem tentando impressioná-lo com seu crescente conhecimento obscuro dos detalhes de *Duna*.

Cada uma dessas referências a *Duna* estava ligada, como as duas primeiras que ele havia encontrado, a um documento de isca que revelava algo sobre as vítimas alvo do malware. Um deles era um documento diplomático discutindo o "cabo de guerra" da Europa com a Rússia pela Ucrânia enquanto o país passava por dificuldades com um movimento popular puxando-o na direção do Ocidente e a influência persistente da Rússia. Outro documento parecia planejado como uma isca para visitantes de um evento no País de Gales e um evento relacionado à OTAN na Eslováquia, que focava, em parte, a espionagem russa. Outro parecia até mirar especificamente um pesquisador acadêmico norte-americano que se concentrava na política externa da Rússia, cuja identidade a iSight decidiu não revelar publicamente. Graças às úteis referências a *Duna* dos hackers, todos aqueles ataques discrepantes poderiam, enfim, ser conectados uns aos outros.

Mas algumas das vítimas não se pareciam com os indivíduos usuais da espionagem geopolítica russa. Por exemplo, por que exatamente os hackers estavam focando uma empresa de energia polonesa? Outra isca, a iSight descobriria mais tarde, mirava a agência de ferrovias ucraniana, Ukrzaliznytsia.

Mas, enquanto cavava cada vez mais fundo no monte de lixo da indústria de segurança, caçando referências a *Duna*, Robinson foi surpreendido por outro fato: enquanto o zero-day do PowerPoint que eles haviam descoberto foi uma novidade, a campanha de amplo ataque dos hackers se estendia não por meses, mas por anos. A aparição mais antiga das iscas dos hackers ligadas a *Duna* é de 2009. Até Robinson conseguir reunir as migalhas das operações, eles estavam penetrando nas organizações em segredo há meia década.

▪

Após seis semanas de análise, a iSight estava pronta para ir a público com suas descobertas: algo que parecia ser uma vasta campanha de espionagem altamente sofisticada, com todas as indicações de ser uma operação do governo russo mirando a OTAN e a Ucrânia.

Enquanto Robinson desfiava meticulosamente essa operação, seu chefe, John Hultquist, se tornara tão obcecado pelo trabalho dos hackers russos quanto os analistas de malware examinando o código. Robinson sentou-se no lado do cercado mais próximo do escritório do chefe, e Hultquist gritava perguntas a ele, com seu sotaque do Tennessee atravessando as paredes com facilidade. Mas, na metade de outubro, Hultquist já invadia o cercado quase diariamente para pedir atualizações a Robinson, enquanto o mistério se desenrolava a partir daquele primeiro zero-day do PowerPoint.

Mesmo com todos os truques espertos dos hackers, Hultquist sabia que conseguir qualquer atenção para a descoberta ainda dependeria de experiência com a mídia. Na época, ciberespiões chineses, e não russos, eram os inimigos número um da mídia e da indústria de segurança norte-americanas. Empresas como Northrop Grumman, Dow Chemical e Google haviam sido todas invadidas por hackers chineses em uma série de campanhas chocantes de roubo de dados — focadas, na maior parte, em propriedade intelectual e segredos comerciais —, fazendo o então diretor da NSA, Keith Alexander, chamar o evento de "a maior transferência de riqueza na história".[1] Uma operação de espionagem russa com alvos nada surpreendentes do Leste Europeu como esta, apesar de todas as habilidades insidiosas envolvidas e de sua longevidade, corria o risco de se perder no ruído.

Os hackers precisariam de um nome chamativo e atraente. Essa escolha, como era de costume na indústria de cibersegurança, era prerrogativa da iSight, a empresa que havia descoberto o grupo.* E claramente o nome deveria referenciar a aparente obsessão dos ciberespiões por *Duna*.

Robinson, fã de *Duna* desde adolescente, sugeriu que eles nomeassem a operação hacker como "Bene Gesserit", referência a uma ordem mística de mulheres que possuem poderes quase mágicos de manipulação psicológica no livro. Hultquist, que nunca leu o livro de Frank Herbert, vetou a ideia por ser muito confusa e difícil de pronunciar.

Em vez disso, Hultquist escolheu um nome mais direto, que ele esperava que evocasse um monstro oculto, se mexendo logo abaixo da superfície, ocasionalmente emergindo para brandir um terrível poder — um nome mais adequado do que o próprio Hultquist poderia saber na época. Ele chamou o grupo de Sandworm, os vermes de areia.

* Na verdade, a iSight não foi necessariamente a primeira a ligar os pontos sobre as impressões digitais do grupo de hackers. A empresa eslovaca ESET estava, ao mesmo tempo, fazendo as mesmas descobertas, incluindo os códigos de campanha com temática de *Duna* no malware do grupo. A ESET até apresentou suas descobertas na conferência Virus Bulletin em Seattle, em setembro de 2014. Mas como a ESET não publicou suas descobertas online, os analistas da iSight me contaram que não sabiam dessa pesquisa paralela, e a iSight foi largamente creditada — talvez por engano — como a primeira a descobrir o Sandworm.

4

MULTIPLICADOR DE FORÇAS

Seis semanas após a descoberta do Sandworm, a equipe da iSight teve uma rodada de bebidas no escritório para celebrar, reunindo-se no bar que a empresa mantinha abastecido no fim do corredor do cercado de analistas. A estreia do Sandworm no cenário mundial foi tudo que Hultquist havia esperado. Quando a empresa foi a público com sua descoberta de uma campanha de espionagem russa que já durava cinco anos, incluía um zero-day e tinha a temática de *Duna*, as notícias se espalharam pela indústria e a mídia, com histórias aparecendo no *Washington Post*, *Wired* e inúmeras publicações das indústrias de tecnologia e segurança. Robinson se lembra de brindar com Hultquist com um copo de vodka em homenagem à nova espécie de hacker russo que eles haviam desenterrado.

Mas, naquela mesma noite, a 4 mil quilômetros a oeste, outro pesquisador de segurança ainda estava escavando. Kyle Wilhoit, um analista de malware para a empresa japonesa Trend Micro, viu o relatório online da iSight sobre o Sandworm naquela tarde, no meio de infindáveis reuniões da conferência corporativa que ele estava participando em um hotel em Cupertino, na Califórnia. Wilhoit conhecia a iSight por sua reputação — e conhecia John Hultquist em particular. Wilhoit anotou para se lembrar de dar uma olhada com calma no relatório ao final do dia. Ele sentia que descobertas tão significativas como as da iSight tendiam a um efeito cascata. Talvez isso gerasse novas descobertas para ele e a Trend Micro.

Naquela noite, sentado no bar do hotel, Wilhoit e outro pesquisador da Trend Micro, Jim Gogolinski, pegaram seus notebooks e baixaram tudo que a iSight havia tornado público — os chamados indicadores de comprometimento que a empresa havia publicado na esperança de ajudar outras potenciais vítimas do Sandworm a detectarem e bloquearem seus atacantes.

Dentre aqueles pedaços de evidência, como pistas ensacadas em plástico de uma cena do crime, estavam os endereços IP dos servidores de comando e controle com os quais as amostras do BlackEnergy haviam se comunicado. Conforme a noite avançou e o bar esvaziou, Wilhoit e Gogolinski começaram a conferir aqueles endereços IP com os registros da própria Trend Micro e do VirusTotal para ver se conseguiriam encontrar novas combinações.

Depois que o bar do hotel fechou, deixando os dois pesquisadores sozinhos no pátio escuro, Wilhoit encontrou uma combinação para um dos endereços IP, apontando para um servidor que o Sandworm havia usado em Estocolmo. O arquivo que ele havia achado, config.bak, também se conectava àquela máquina sueca. E, enquanto isso pareceria totalmente desimportante para alguém comum na indústria de segurança, imediatamente despertou a atenção de Wilhoit.

Wilhoit tinha uma história incomum para um pesquisador de segurança. Apenas dois anos antes, ele havia deixado um trabalho em St. Louis como gerente de segurança de TI para a Peabody Energy, a maior empresa norte-americana de carvão. Então ele conhecia o funcionamento dos chamados sistemas de controle industriais, ou ICS — também conhecidos em alguns casos como sistemas de supervisão e aquisição de dados, ou SCADA. Esse software não fica só mexendo em bits, mas envia comandos e recebe feedback de equipamento industrial, um ponto em que os mundos digital e físico se encontram.

Softwares ICS são usados para tudo, desde ventiladores que circulam o ar nas minas da Peabody até os lavatórios enormes que esfregam o carvão, os geradores que queimam carvão nas estações de energia e os disjuntores nas subestações que alimentam os consumidores com energia elétrica. Aplicações de ICS operam fábricas, estações de água, refinarias de petróleo e gás e sistemas de transporte — em outras palavras, toda a maquinaria gigantesca e altamente complexa que forma a espinha dorsal da civilização moderna e que a maioria de nós acha tão natural.

Um software ICS comum vendido pela General Electric é o Cimplicity, que inclui um tipo de aplicação conhecida como interface humano-máquina, essencialmente o painel de controle para aqueles sistemas de comando digital para físico. O arquivo config.bak que Wilhoit havia encontrado era, na verdade, um arquivo .cim, feito para ser aberto no Cimplicity. Normalmente, um arquivo .cim carrega um painel de controle personalizado inteiro no software do Cimplicity, como um painel de controle infinitamente reconfigurável para equipamento industrial.

O arquivo do Cimplicity não fazia nada demais — exceto se conectar de volta ao servidor sueco, que a iSight havia identificado como propriedade do Sandworm. Mas, para qualquer um que já havia lidado com sistemas de controle industrial, apenas a ideia daquela conexão era profundamente perturbadora. A infraestrutura que roda esses sistemas sensíveis deve estar totalmente desconectada da internet para protegê-la de hackers que possam sabotá-la e executar ataques catastróficos.

As empresas que operam equipamentos assim, sobretudo as companhias elétricas, que servem como a base mais fundamental sobre a qual o resto do mundo industrializado é construído, constantemente oferecem ao público garantias de que eles possuem um rígido "air gap" entre a rede normal de TI e a rede de controle industrial. Mas, em uma fração perturbadora dos casos, esses sistemas de controle industrial ainda mantêm conexões tênues com o resto dos sistemas — ou até mesmo com a internet pública —, permitindo que engenheiros os acessem remotamente, por exemplo, ou atualizem o software.

A conexão entre o Sandworm e o arquivo Cimplicity que ligava para um servidor na Suécia foi suficiente para Wilhoit chegar a uma conclusão surpreendente: o Sandworm não estava focado apenas em espionagem. Operações de coleta de inteligência não invadem sistemas de controle industrial. O Sandworm parecia estar indo além, tentando alcançar os sistemas das vítimas que poderiam sequestrar maquinário físico, com consequências físicas.

"Eles estão coletando informações em preparação para um segundo estágio", Wilhoit percebeu enquanto estava sentado do lado de fora do seu hotel em Cupertino, sob o ar frio da noite. "Eles possivelmente estão tentando diminuir a brecha entre o digital e o cinético." Os objetivos dos hackers pareciam se estender além da espionagem, para a sabotagem industrial.

Wilhoit e Gogolinski não dormiram naquela noite. Em vez disso, eles se sentaram na mesa externa do hotel e começaram a vasculhar em busca de mais pistas do que o Sandworm estaria fazendo em sistemas ICS. Como estava ganhando o controle dessas interfaces? Quem eram os alvos? As respostas continuavam a escapar.

Eles faltaram a todas as reuniões do dia seguinte, escrevendo seus achados e publicando-os no blog da Trend Micro. Wilhoit também os compartilhou com um contato no FBI, que — como era típico entre os agentes do governo — aceitou a informação sem oferecer nenhuma outra em troca.

De volta ao seu escritório em Chantilly, John Hultquist leu a publicação no blog da Trend Micro sobre o arquivo do Cimplicity. Ele ficou tão animado que nem mesmo pensou em se irritar com o fato de que a Trend Micro havia encontrado uma pedra intocada no meio da grande descoberta da iSight. "Abriu um campo totalmente novo de jogo", disse Hultquist.

Repentinamente, aqueles alvos esquisitos de infraestrutura entre as vítimas do Sandworm, como a empresa de energia polonesa, fizeram sentido. Seis semanas antes, a iSight havia encontrado pistas que transformavam sua interpretação da missão dos hackers de mero cibercrime em uma coleta de inteligência a nível de um Estado-nação. Agora a ideia de Hultquist da ameaça estava se transformando mais uma vez: ia da ciberespionagem à ciberguerra. "Isso não se parecia mais com espionagem clássica", pensou Hultquist. "Estávamos olhando para o reconhecimento antes do ataque."

■

Hultquist estava, de certo modo, procurando por algo como Sandworm durante toda sua carreira, muito antes de a iSight ter tropeçado nisso e antes mesmo de ele saber que forma isso tomaria. Como muitos outros na indústria de cibersegurança, e particularmente aqueles com histórico militar, ele estava aguardando a chegada da ciberguerra: uma nova era que finalmente aplicaria as habilidades digitais dos hackers aos mundos mais antigos e familiares de guerra e terrorismo. Para Hultquist, seria um retorno à forma. Desde seus dias no Exército, há uma década e meia, ele havia aprendido a pensar nos adversários como pessoas cruéis dispostas a explodir coisas, desandar infraestruturas e matar — ele, seus amigos e os civis inocentes que ele tinha o dever de proteger.

Um reservista do Exército da minúscula cidade de Alcoa, no leste de Tennessee, Hultquist foi convocado no meio da faculdade para servir no Afeganistão depois do 11 de Setembro. Logo o rapaz de 21 anos se encontrou na província de Kandahar, em uma unidade de Assuntos Civis. O trabalho deles era viajar pelo interior em uma equipe de seis homens, encontrando-se com líderes de vilarejos locais para buscar apoio. "Ainda estávamos armados até os dentes, é claro", contou-me Hultquist, seguido por um tipo de risada que pontua muitas de suas histórias. "Era uma alta aventura." Ele deixou sua barba preta crescer de maneira desgrenhada e passou a ser conhecido na equipe como Teen Wolf [Jovem Lobo].

O lema de sua unidade de Assuntos Civis, impresso no distintivo sobre o ombro do uniforme, era *vis amplificans vim*, uma frase que seus superiores lhe disseram se traduzir em "multiplicador de forças". A ideia era construir relacionamentos com civis locais que ajudariam e expandiriam o trabalho menos sutil de expulsar e matar o Talibã — eles eram o subterfúgio da infantaria e das Forças Especiais. Eles almoçavam com um grupo de anciões do vilarejo, perguntavam-lhes o que precisavam durante a refeição de cabra e pão ázimo, e então, por exemplo, cavavam um poço. "Às vezes a gente voltava algumas semanas depois e eles nos diziam onde tinha um esconderijo de munição", diz Hultquist.

Naqueles primeiros dias da guerra, o Talibã já havia, em maior parte, fugido do país, evaporando nas invasões iniciais dos Estados Unidos para as montanhas do Paquistão. Mas, quando começou a voltar aos poucos para o Afeganistão nos meses que se seguiram, a violência aumentou novamente. Em uma noite, uma guerrilha do Talibã atirou dois foguetes no prédio onde Hultquist e sua unidade estavam dormindo. Um errou o alvo, em direção ao céu. O outro, por sorte, falhou em explodir e foi desarmado pela unidade de explosivos. Apenas dias depois, aqueles mesmos técnicos de bombas foram mortos quando explosivos que estavam desarmando em um esconderijo de foguetes Talibã detonaram de repente. Hultquist e sua unidade foram os primeiros a chegar na cena e passaram horas coletando as partes de seus corpos desmembrados.

Depois da invasão do Iraque em 2003, Hultquist foi transferido para lá, um serviço que foi imediatamente tão intenso e sangrento quanto o do Afeganistão havia se tornado. No Iraque, a guerra logo se transformou em uma caçada pela força, largamente invisível, de sabotadores plantando bombas caseiras escondidas, um conflito de guerrilha muito assimétrico. Hultquist aprendeu o quão psicologicamente devastadoras aquelas explosões letais, imprevisíveis e recorrentes poderiam ser. Por fim, ele ganharia uma recomendação do Exército por bravura graças à sua resposta rápida quando o Humvee de uma equipe de soldados foi atingido por uma bomba na estrada, administrando os primeiros socorros e a terapia IV para dois homens que sobreviveram ao ataque.

O atirador no topo do veículo, porém, morreu instantaneamente na explosão. Quando a bomba detonou, ele tinha granadas presas no peito, para que ele pudesse enfiá-las rapidamente no lançador. Hultquist ainda se lembra do barulho daquelas granadas explodindo uma por uma enquanto o corpo do homem queimava.

▪

Hultquist completou seu serviço militar, retornou aos Estados Unidos e terminou a faculdade. Depois da graduação, ele conseguiu um emprego ministrando um curso sobre operações psicológicas no Fort Dix em Nova Jersey e então se mudou para um dos Centros de Análise e Compartilhamento de Informação, ou ISACs, que foram criados pelo país nos anos que se seguiram ao 11 de Setembro para lidar com possíveis ameaças terroristas. Sua tarefa era focar o problema da segurança de rodovias e, mais tarde, a segurança de sistemas de águas e ferrovias, pensando em contramedidas para cenários obscuros como agressores atropelando multidões com grandes veículos ou plantando bombas na carga de veículos, como terroristas fizeram no Sri Lanka em casos que ele estudou.

Ele foi apresentado ao lado digital daquelas ameaças de segurança apenas em 2006, quando se juntou ao Departamento do Estado como analista de inteligência júnior com a tarefa principal de ajudar a proteger as redes da própria agência dos hackers. Na época, campanhas de ciberespionagem patrocinadas pela China estavam surgindo como um problema sério para a segurança nacional dos Estados Unidos e até mesmo para seu domínio comercial. Em meados dos anos 2000, uma série de intrusões conhecida como Titan Rain, que acredita-se ter sido executada por ciberespiões trabalhando para o Exército de Libertação Popular da China, invadiu Lockheed Martin, Sandia National Labs e NASA. Quando Hultquist começou seu trabalho para o Estado, relatórios sobre espionagem chinesa invadindo redes de alvos, que iam desde autônomos de defesa até empresas de tecnologia, estavam aparecendo quase toda semana. "Eles estavam roubando nossa propriedade intelectual e toda nossa atenção", diz Hultquist sobre os hackers chineses.

Mas, após seus primeiros anos rastreando ciberespiões patrocinados pelo Estado no governo norte-americano, Hultquist se aproximou de uma forma diferente e menos lembrada de ataque digital. Após sua experiência tentando ficar um passo à frente dos insurgentes e terroristas no exército e então nos ISACs, ele naturalmente se concentrou não na espionagem, mas nas ameaças capazes de infligir ruptura psicológica no inimigo, derrubando serviços civis e criando caos.

Em 2007, por exemplo, a Estônia sofreu uma avalanche devastadora e sem precedentes de ataques DDoS que pareciam ter origem na Rússia. Quando a polícia estoniana reprimiu protestos incitados pela minoria falante de russo do país, enxurradas de tráfego falso com alvos específicos derrubaram os sites do governo, da mídia e dos bancos estonianos durante dias, em uma blitzkrieg em rede como nunca se viu antes no mundo. No ano seguinte, quando estourou a guerra entre Rússia e Geórgia, outro de seus vizinhos pós-soviéticos, ciberataques brutos choveram no governo e na mídia daquele país também. A Rússia, ao que parecia para Hultquist, estava testando métodos básicos de combinar ataques físicos tradicionais com armas digitais de ruptura em massa.

Na época, Hultquist observou quase tudo de fora. Ele havia estudado os ataques estonianos e georgianos, se encontrou com pesquisadores que os rastrearam e informou aos oficiais seniores. Mas ele raramente conseguia retirar a atenção deles do grande vazamento de segredos de estado e propriedade intelectual realizado pelos hackers chineses, uma ameaça que parecia muito mais imediata aos interesses norte-americanos.

Agora, anos mais tarde, a descoberta do Sandworm da iSight havia colocado Hultquist na vanguarda do que parecia ser uma forma mais avançada de ciberguerra russa. No meio da invasão russa na Ucrânia, uma equipe de hackers russos estava usando ferramentas de penetração sofisticadas para obter acesso à infraestrutura de seus adversários, potencialmente preparando o terreno para atacar as fundações da sociedade civilizada, a milhares de quilômetros das linhas de frente: ele imaginou sabotagem industrial, paralisação dos transportes e apagões.

Conforme a missão do Sandworm cristalizava em sua mente, uma frase do seu tempo na unidade de Assuntos Civis do exército voltou a ele há uma década de distância: *vis amplificans vim.*

■

Depois de ler o relatório da Trend Micro, a fascinação de Hultquist cresceu: o Sandworm havia se transformado em sua mente de um quebra-cabeças irritante para um fenômeno geopolítico raro e perigoso. Ele começou a mencioná-lo com frequência para os analistas da iSight, com qualquer jornalista que conversava, com outros membros da indústria de segurança e com a comunidade de inteligência da capital norte-americana. Para a festa de Halloween da iSight, ele até fez uma fantasia de Sandworm com um túnel verde de brinquedo infantil, uma forma de expressar sua preocupação de estimação que era, talvez apenas em parte, uma piada consigo mesmo. "Sandworm era minha coisa favorita", disse Hultquist.

Mas ele estava frustrado em descobrir que, após o alvoroço inicial sobre a descoberta da iSight, seu clube de observadores do Sandworm não tinha muitos membros. A grande mídia parecia ter, por enquanto, esgotado seu interesse no grupo. Leves pistas de uma conexão tecnologicamente complexa aos ataques à infraestrutura não eram suficiente, ao que parecia, para atrair nem uma fração da atenção que a iSight havia conseguido inicialmente com o zero-day do Sandworm e as pistas secretas de *Duna*.

Mas Hultquist não sabia que outra pessoa também estava rastreando a campanha de intrusões do grupo e havia montado até então o retrato mais perturbador do Sandworm.

Treze dias depois de a Trend Micro ter divulgado suas descobertas sobre a conexão do Sandworm aos ataques contra o sistema de controle industrial, a divisão do Departamento de Segurança Interna (DHS, na sigla em inglês) conhecida como Equipe de Resposta a Emergências Cibernéticas dos Sistemas de Controle Industrial, ou ICS-CERT, publicou o seu próprio relatório.[1] A ICS-CERT age como um cão de guarda de cibersegurança do governo focado em infraestrutura especializada, com a tarefa de alertar norte-americanos sobre potenciais ameaças de segurança digital. Ela tinha conexões profundas com companhias norte-americanas de abastecimento de eletricidade e água. E agora, talvez deflagrada pelas pesquisas da iSight e da Trend Micro, estava confirmando os piores medos de Hultquist sobre o alcance do Sandworm.

De acordo com o relatório da ICS-CERT, o Sandworm havia construído ferramentas para hackear não apenas as interfaces humano-máquina Cimplicity da GE que a Trend Micro havia notado, mas também um software similar vendido por outros dois grandes fornecedores, Siemens e Advantech/Broadwin. O relatório declarava que as intrusões em alvos de sistema de controle industrial tiveram início em 2011 e continuaram até setembro de 2014, o mês que a iSight detectou o Sandworm. E os hackers haviam penetrado com sucesso múltiplos alvos de infraestrutura crítica, apesar de nenhum ter sido nomeado no documento. Até onde a ICS-CERT poderia dizer, as operações haviam atingido apenas o estágio de reconhecimento, e não sabotagem de fato.

Analistas da iSight começaram a conferir discretamente o relatório do DHS com suas fontes na indústria da segurança e logo confirmaram o que haviam lido nas entrelinhas: algumas das intrusões do Sandworm ocorreram em alvos de infraestrutura que não eram apenas ucranianos ou poloneses. Eles eram norte-americanos.

Menos de dois meses depois da iSight encontrar as primeiras impressões digitais, a ideia de Hultquist do Sandworm se transformou mais uma vez. "Isso era um agente estrangeiro que tinha acesso a zero-days para testar deliberadamente nossa infraestrutura crítica", diz Hultquist. "Nós detectamos um grupo no outro lado do mundo fazendo espionagem. Nós nos debruçamos sobre os artefatos. E descobrimos que era uma ameaça aos Estados Unidos."

■

Até mesmo a revelação de que o Sandworm era uma equipe hacker com uma infraestrutura totalmente equipada, conectada à Rússia e com ambições de ataque global nunca recebeu a atenção que Hultquist achava que merecia. Não foi acompanhada por nenhuma declaração dos oficiais da Casa Branca. A imprensa especializada da indústria de companhias elétricas e segurança fez barulho com as notícias e então seguiu em frente. "Era um show secundário e ninguém se importava", disse Hultquist com uma pontada rara de amargura.

Mas toda a atenção parecia ter finalmente alcançado um público: o próprio Sandworm. Quando iSight procurou pelos servidores conectados ao malware de novo, depois de todos os relatórios públicos, os computadores haviam sido desconectados. A empresa encontraria mais uma amostra do BlackEnergy no começo de 2015 que parecia ter sido criada pelos mesmos autores, dessa vez sem qualquer referência a *Duna* nos códigos de campanha. Ela nunca encontraria esse tipo de impressão digital humana óbvia de novo. O grupo havia aprendido com o erro de revelar suas preferências de ficção científica.

Sandworm voltou ao subsolo. Não emergiria de novo por mais um ano. Quando o fizesse, não focaria mais o reconhecimento. Estaria preparado para atacar.

5

STARLIGHTMEDIA

Em uma manhã calma de domingo, em outubro de 2015, mais de um ano após Yasinsky olhar pela janela da cozinha para um horizonte urbano apagado, ele se sentou próximo àquela mesma janela no apartamento de sua família em Kiev, bebericando chá e comendo uma tigela de cereais de milho. Repentinamente, seu celular vibrou com uma chamada de um administrador de TI no trabalho. Na época, Yasinsky estava empregado como diretor de segurança da informação na StarLightMedia, o maior conglomerado de mídia televisiva da Ucrânia. Na noite anterior, seu colega disse pelo celular, dois dos servidores da StarLight se desconectaram inexplicavelmente. O administrador assegurou Yasinsky de que não era uma emergência. As máquinas já tinham sido recuperadas pelos backups.

Mas quando Yasinsky questionou seu colega mais a fundo sobre o apagão do servidor, um fato imediatamente o deixou apreensivo. As duas máquinas haviam apagado quase no mesmo minuto. "Um servidor apagando, isso acontece", pensou Yasinsky. "Mas dois servidores ao mesmo tempo? Isso é suspeito."

Conformado com um fim de semana perdido, ele deixou seu apartamento e começou a viagem até o escritório da StarLight, descendo a escada rolante sem fim que leva até o metrô de Kiev, um dos mais profundos do mundo e projetado durante a Guerra Fria para servir como uma série de túneis de abrigo para possíveis bombardeios. Após quarenta minutos no subsolo, Yasinsky emergiu no ar frio de outono do centro de Kiev. Ele pegou o caminho panorâmico até o escritório, andando pelo parque Taras Shevchenko e pelo campus da universidade ao lado. Enquanto passava por músicos de rua, estudantes universitários em encontros e jardins botânicos com suas folhas começando a amarelar, a guerra sombria que havia estourado no leste do país parecia distante.

Yasinsky chegou ao escritório da StarLightMedia, um prédio de cinco andares em uma rua tranquila. Dentro, ele e os administradores de TI da empresa começaram a examinar a imagem que eles mantiveram de um dos servidores corrompidos, uma réplica digital de todos os dados. O palpite de Yasinsky de que o apagão não foi acidente se confirmou de imediato. O registro de inicialização mestre do servidor — a parte profunda, o cérebro reptiliano do disco rígido do computador que diz à máquina onde encontrar seu próprio sistema operacional — havia sido sobrescrito com zeros de maneira precisa. E os dois servidores que sofreram essa lobotomia não foram escolhidos ao acaso. Eles eram controladores de domínio, computadores com privilégios poderosos que poderiam ser usados para alcançar centenas de outras máquinas na rede corporativa.

Yasinsky rapidamente descobriu que o ataque havia de fato ido muito além dessas duas máquinas. Antes de serem apagados, o par de servidores corrompidos plantaram malware nos notebooks de treze empregados da StarLight. Os funcionários estavam preparando um boletim matutino de notícias de TV para as eleições locais de Kiev quando descobriram de repente que seus computadores se transformaram em tijolos inúteis de tela escura. A infecção havia deflagrado a mesma técnica de sobrescrever o registro de inicialização em cada um de seus discos rígidos.

Não obstante, Yasinsky podia ver que sua empresa teve sorte. Quando ele olhou para os registros da rede da StarLightMedia, parecia que os controlares de domínio haviam cometido suicídio prematuramente. Eles foram programados para infectar e destruir mais duzentos computadores da empresa. Alguém havia plantado uma bomba lógica no coração da rede da empresa de mídia, projetada para causar o máximo de ruptura possível.

Yasinsky conseguiu tirar uma cópia do programa destrutivo dos backups e, naquela noite, de volta em casa no norte da cidade, examinou minuciosamente o código. Ele ficou espantado com as camadas de ofuscação. O malware havia fugido de todas as varreduras de antivírus e até passou por um antivírus, o Windows Defender da Microsoft. Depois que sua família foi dormir, Yasinsky imprimiu o código e organizou os papéis sobre a mesa e o piso da cozinha, riscando linhas de caracteres camuflados e destacando comandos para ver a verdadeira forma do malware.

Yasinsky trabalhava com segurança da informação há vinte anos. Depois de servir o exército, passou treze anos como analista de segurança de TI para a Kyivstar, a maior empresa de telecomunicações da Ucrânia. Ele gerenciou enormes redes e lutou contra grupos cibercriminosos de hackers sofisticados, mas nunca havia analisado uma arma digital tão bem escondida e com um alvo tão claro.

Como pesquisador de segurança, há muito tempo que Yasinsky se orgulhava de ter uma abordagem científica e imparcial com os problemas de segurança da informação, aprofundando-se nos detalhes práticos da defesa digital em vez de ficar obcecado pela psicologia de seu adversário. Mas, conforme seguia os rastros do Sandworm por meio da rede da StarLightMedia, ele conseguia sentir que estava encarando um inimigo mais sofisticado do que jamais vira.

■

Oleksii Yasinsky havia entendido intuitivamente desde a infância que o digital não era menos real do que o físico — que a vida e a morte podem depender facilmente tanto de um quanto de outro.

Quando tinha nove anos, em 1985, na Kiev Soviética, ele escondia uma cópia da revista governamental *Tekhnika Molodezhi*, ou "Tecnologia para a Juventude", debaixo do lençol, junto com uma lanterna e sua preciosa calculadora MK-61. Ele folheava as páginas dedicadas à aventura em andamento dos dois cosmonautas ficcionais Korshunov e Perepyolkin. A dupla, mediante os caprichos do destino, se encontrava presa na Lua com apenas um veículo de transporte lunar projetado para viagens curtas. Pior ainda, eles estavam com pouco combustível e sem sistema de guia eletrônico. Era a responsabilidade secreta de Yasinsky, em seu casulo ilícito da madrugada, conseguir levar aqueles dois homens para casa ao copiar os comandos da revista em sua calculadora programável. "A vida de duas pessoas desamparadas no espaço dependia desse pequeno menino", Yasinsky escreveria mais tarde em um diário, descrevendo a intensidade daquela primeira experiência de programação.

> Na época, eu ainda não entendia o significado escondido nas colunas arrumadas de caracteres misteriosos impressos nas páginas amareladas da revista. As páginas pareciam arrancadas de algum tipo de manuscrito de feiticeiros, e eu clicava nas teclas macias e cinzas da calculadora antecipando uma nova aventura. Mas até naquela época eu sabia: esta era a chave para um mundo completamente diferente ou, mais precisamente, a miríade de mundos que eu mesmo poderia criar.

Yasinsky cresceu em Kiev, em uma casa de dois quartos em um típico complexo soviético de apartamentos de cinco andares na era de Khrushchev. Era filho de engenheiros: seu pai trabalhava em uma fábrica de toca-discos e sua mãe era pesquisadora universitária de metais aeroespaciais. Ele teve, como descreveu, uma infância soviética muito típica. Vestia com orgulho o uniforme com cachecol vermelho dos Jovens Pioneiros de Lênin para ir à escola todos os dias, brincava no pátio do prédio com seus amigos e ocasionalmente quebrava a janela dos vizinhos com uma bola de futebol. Ele não se lembra de política ser discutida em casa, com a exceção de alguns sussurros dos pais na cozinha sobre a visita que seus tataravôs haviam recebido da polícia secreta, uma conversa que foi encerrada logo por medo de vizinhos bisbilhoteiros.

A escola nunca interessou Yasinsky tanto quanto as aventuras que ele destravava com sua calculadora MK-61. Era, afinal, seu primeiro computador, em uma época em que Apple II e consoles de Nintendo do Ocidente ainda iriam penetrar a Cortina de Ferro. Mas, quando Yasinsky tinha doze anos, seu pai conseguiu coletar e montar os componentes de um computador Sinclair Spectrum. Foi, para Yasinsky, uma melhora extraordinária. Ele passava horas lendo meticulosamente os manuais que encontrou copiados no mercado local de rádios, escrevendo códigos em BASIC e mais tarde assembly, enchendo a tela com ilustrações em pixel art de espaçonaves de wireframe.

Mas ele acredita que o momento responsável por transformar sua obsessão por computadores de passatempo em uma carreira não foi um ato de programação, mas de engenharia reversa. Apenas mudando alguns bytes no código de um videogame primitivo de tiro, ele descobriu que poderia dotar seu personagem com vidas e munições ilimitadas. Aquele ato básico de hacking não era meramente um modo de trapacear em um jogo sem sentido para Yasinsky, mas era como se tivesse adquirido novos poderes para transformar a própria realidade. "Virei o mundo de cabeça para baixo. Eu tinha atravessado para o outro lado da tela", lembra.

Era um pensamento intuitivo para ele que, se esse poder era capaz de transformar o mundo digital, poderia controlar também o universo físico. "Eu percebi que o mundo não é o que vemos", diz ele. "Não significava apenas conseguir vidas extras, mas mudar o mundo em que eu me encontrava."

No final dos anos 1980, porém, veio a política de *glasnost* (ou "abertura") de Gorbachev e, com isso, uma enxurrada de distrações ocidentais. Para Yasinsky e seus amigos adolescentes, o influxo de mídia global tomou a forma de Jean-Claude Van Damme e filmes de kung fu do Bruce Lee. Uma obsessão por caratê e judô suplantou brevemente seu amor por computadores. Yasinsky foi um lutador tão talentoso que, em 1993, ele foi selecionado para o campeonato nacional de caratê da Ucrânia. Mas, em uma das partidas do torneio, segundo ele, um oponente o atingiu com um chute ilegal logo abaixo do joelho, dilacerando os ligamentos da parte de trás da perna e acabando sua breve carreira nas artes marciais. "Felizmente, eu ainda tinha Assembly", Yasinsky escreveu em seu diário.

Após dois anos estudando ciência da computação no Instituto Politécnico de Kiev, Yasinsky foi chamado para o exército. Ele descreve o ano e meio seguinte como uma longa lição de disciplina, organização, autoconfiança e um trabalho enfadonho e intensamente rigoroso. "A melhor amiga de um soldado é a pá, e é bom ser um soldado", ele se recorda de seus superiores martelando isso na sua cabeça. Fora esse trecho sobre a construção de caráter, diz que não aprendeu nada exceto como fazer a cama apropriadamente.

Quando foi liberado e voltou para a educação universitária, finalmente retornou à ciência da computação. Ele descobriu que existia um campo emergente dentro da disciplina que atraía seu interesse à estrutura oculta do mundo e às alavancas que a moviam: cibersegurança.

Yasinsky aprendeu só o mais básico em seus estudos. Mas, quando se graduou, conseguiu um emprego na Kyivstar, na época a maior fornecedora de telecomunicações da Ucrânia. Aquele trabalho, de acordo com ele, lhe deu sua verdadeira educação. Apesar de a maior parte de sua carreira lá ser protegida por um acordo de não divulgação, ele sugere ter trabalhado na equipe da empresa que lutava contra fraude e crime, além de ter oferecido consultoria para as forças policiais. Diz também que o trabalho foi sua primeira experiência aprendendo a peneirar enormes conjuntos de dados para combater adversários inteligentes e maliciosos. "Era como em Matrix", afirma. "Você olha para todos esses números e consegue enxergar comportamento humano de verdade." Depois de seis anos, Yasinsky passou para uma versão puramente digital do mesmo jogo de gato e rato: em vez de criminosos do mundo físico, ele era responsável por rastrear os hackers que queriam explorar os sistemas da Kyivstar. No fim dos anos 2000, aqueles hackers estavam fazendo uma transição de esquemas criminosos oportunistas para operações de fraude altamente organizadas. Yasinsky esteve envolvido no mesmo tipo de engenharia reversa que o havia cativado quando jovem. Mas, em vez de desmontar o código de um mero videogame, ele estava dissecando intrusões criminais elaboradas, desconstruindo malwares para verificar as intenções de parasitas tortuosos dentro da rede da Kyivstar.

Mesmo quando o risco do jogo de gato e rato aumentava, ele ainda parecia uma luta justa. Em cibersegurança, os atacantes têm a vantagem: sempre há mais pontos de ingresso do que os defensores podem proteger, e um hacker habilidoso precisa de apenas um. Mas essas eram, em sua maioria, pequenas operações criminosas enfrentando uma equipe de segurança corporativa bem organizada e capaz de identificar suas incursões e limitar o dano que eles poderiam infligir.

Então, não muito antes da eclosão da guerra entre a Ucrânia e a Rússia, Yasinsky assumiu o cargo de oficial de segurança da informação chefe na StarLightMedia. E ele acabou enfrentando uma nova forma de conflito — um conflito que nem sua empresa, nem seu país, nem o mundo estavam preparados para enfrentar.

■

No outono de 2015, apenas as menores pistas sobre a escala daquele conflito eram visíveis. Yasinsky trabalhou durante dias para determinar os fatos básicos sobre o ataque misterioso na StarLightMedia, fazendo a engenharia reversa do código ofuscado que ele puxou dos backups da empresa, a bomba improvisada digital que quase devastou a rede. Por baixo de toda a camuflagem e direção errada, Yasinsky determinou que existia um pedaço de malware conhecido como KillDisk, uma ferramenta de destruição de dados que circulava entre hackers há uma década.*

Entender como aquele programa destrutivo entrou no sistema da StarLightMedia levaria mais semanas: junto com dois colegas, Yasinsky escavou obsessivamente os registros da rede da empresa, vasculhando-os repetidas vezes, trabalhando noites e fins de semana para analisar os dados com filtros cada vez mais finos na esperança de extrair pistas.

A equipe começou a encontrar sinais reveladores da presença dos hackers — algumas contas de YouTube comprometidas, um log-in de administrador da rede que havia permanecido ativo mesmo quando ele estava de licença médica. Aos poucos, com um horror crescente, eles encontraram evidências mostrando que os intrusos haviam entrado na rede semanas antes de detonar a carga do ataque. Então outra pista sugeriu que eles estavam dentro do sistema há três meses. Depois, seis.

Finalmente identificaram o pedaço de malware que tinha dado aos hackers sua base de apoio inicial, penetrando o computador de um dos funcionários por meio de um anexo infectado: era novamente uma forma do BlackEnergy, o mesmo malware que a iSight havia conectado ao Sandworm um ano antes. Mas agora ele havia sido retrabalhado para fugir da detecção por software antivírus e incluía novos módulos que permitiam aos hackers se espalharem para outras máquinas na mesma rede e executar o apagamento de dados KillDisk.

Enquanto escavava o aspecto forense de como sua empresa havia sido sabotada, Yasinsky começou a ouvir de colegas em outras empresas e no governo que eles também haviam sido atacados, e praticamente da mesma maneira. Uma empresa de mídia rival, TRK, não se livrou tão fácil: ela perdeu mais de cem computadores para o ataque KillDisk. Outra intrusão atingiu a Ukrzaliznytsia,

---

* Dois pesquisadores de segurança, Michael Goedeker e Andrii Bezverkhyi, dizem que eles e a empresa de segurança de Bezverkhyi, SOC Prime, estavam profundamente envolvidos na investigação da StarLightMedia. No entanto, Yasinsky contestou a extensão dessa cooperação, me contando que, apesar de ter compartilhado algumas informações com Bezverkhyi e a SOC Prime ter fornecido algumas ferramentas para seu trabalho, nem Goedeker nem ninguém da SOC Prime havia contribuído para a análise final da StarLightMedia.

a maior empresa de ferrovias da Ucrânia. Mais tarde, Yasinsky ficaria sabendo que o principal aeroporto de Kiev, Boryspil, foi atingido. Existiam outros alvos também, que pediram a Yasinsky para manter suas brechas secretas. Repetidas vezes os hackers usaram o malware de uso geral BlackEnergy para acesso e reconhecimento, então o KillDisk para destruição de dados. Seus motivos permaneciam um enigma, mas suas marcas estavam por toda parte.

"Com cada passo adiante, se tornava mais claro que nosso *Titanic* havia encontrado seu iceberg", diz Yasinsky. "Quanto mais fundo olhávamos, maior ele ficava."

6

DE HOLODOMOR A CHERNOBIL

Apesar de ainda não saber, Yasinsky se encontrava no meio de um tipo de evento que definiu a história longa e cruel da Ucrânia: uma invasão estrangeira.

Para entender como a Ucrânia serviria de campo de batalha para a primeira ciberguerra do mundo, é útil se debruçar sobre o milênio de conflito e dominação, com a Ucrânia no ponto onde as bordas mais sangrentas de dois continentes se encontram. Ao longo dos últimos mil anos, incursões na Ucrânia tomaram a forma de hordas mongóis do leste, lituanos pagãos e imperialistas poloneses do oeste. O próprio nome do país, "Ukraina", vem de uma palavra eslava para "fronteira".*[1] A existência da Ucrânia tem sido definida por sua posição, presa entre dois vizinhos poderosos. Mas o nêmesis mais perpétuo do país tem sido aquele com que compartilha não apenas a maior fronteira, mas também a maior parte da história e da cultura — o irmão maior, mais agressivo e afastado que veio da mesma mãe.

Rússia e Ucrânia traçam a origem de suas civilizações a um ancestral em comum, o estado medieval florescente da Rússia de Kiev. Esse reino, se expandindo ao redor de Kiev a partir do século X, se tornou um posto oriental da cultura europeia depois do rei Volodymyr decidir meio arbitrariamente converter seu povo do paganismo ao cristianismo ortodoxo. Ucranianos gostam de destacar que seu filho — Yaroslav, o Sábio — construiu a icônica Catedral de Santa Sofia

* Enquanto essa interpretação pode ser encontrada na maioria dos textos históricos em língua inglesa sobre a Ucrânia, vários ucranianos, depois de ler a primeira edição deste livro, me apontaram que essa etimologia faz parte de um intenso debate. Muitos argumentam que a tradução de "fronteira" é resultado da propaganda russa, e que a verdadeira origem de "Ukraina" vem da palavra para "terra" ou "país".

em Kiev em 1037, quando Moscou era pouco mais do que uma floresta perto do rio Volga.

Mas a geografia nunca esteve a favor da Ucrânia. A Rússia de Kiev foi destruída no século XIII por mongóis brutais a caminho do sudoeste a partir dos montes Urais, atravessando o cenário indefensável da estepe e liderados por Batu Khan, um dos netos de Genghis Khan. Após um longo cerco, os invasores massacraram a população de Kiev, queimaram centenas de igrejas e demoliram os muros da cidade.

Após a enorme destruição, como contam os russos, os refugiados da antiga sociedade eslava da Rússia de Kiev migraram para Moscou, onde se tornaram russos. Na versão ucraniana, sua cultura continuou a crescer em silêncio onde foi plantada pela primeira vez, no fértil solo escuro da larga região norte do Mar Negro, sobrevivendo por séculos apesar das sucessivas camadas de estrangeiros que tentaram reivindicá-la, dentre mongóis, polacos, turcos, tártaros e finalmente russos.

Até os últimos trinta anos, porém, as tentativas de independência de fato da Ucrânia tinham sido fracassos dolorosos e difíceis. Ao longo do último milênio, a esperança do país de se autogovernar subiu e caiu três vezes: na rebelião dos cossacos ucranianos do século XVII, colonos guerreiros autônomos e teimosos das estepes; na sangrenta guerra civil ucraniana que se seguiu à Revolução Bolchevique da Rússia em 1917; e mais uma vez após uma breve aliança tragicamente errônea com ocupantes nazistas durante a Segunda Guerra Mundial. Como Anna Reid escreve em sua história da Ucrânia, *Borderland*, as rebeliões da Ucrânia há muito são "sórdidas, brutas e, acima de tudo, curtas". No começo do século XX, Ucrânia — ou "a Ucrânia", porque era considerada pouco mais que uma região, não uma nação — era propriedade do Império Russo e comumente chamada de "Rússia do Sudoeste" ou "Pequena Rússia".[2]

Por mais obscura que a história da Ucrânia tenha sido, pode-se dizer que sua maior litania de horrores veio logo no último século de hegemonia da Rússia. Na Primeira Guerra Mundial, 3,5 milhões de ucranianos foram convocados para lutar por seus governantes russos. Mesmo depois de o bolchevismo varrer a Rússia e tirar o país da guerra, um conflito de três vias se estendeu por anos na Ucrânia entre os próprios lutadores pela independência do país, os "brancos", que permaneceram leais ao regime czarista da Rússia, e o exército socialista de Vladimir Lênin.[3]

Ainda mais do que na Primeira Guerra Mundial, a guerra civil mergulhou em um caos trágico e indiscriminado no solo ucraniano. Soldados e bandidos de todos os lados cometeram atrocidades contra civis, incluindo muitos dos *pogroms* com judeus como alvos, o que fez de "cossaco" um sinônimo de "assassino" em boa parte da diáspora judia global. No total, em torno de 1,5 milhão de ucranianos morreram nos anos violentos entre 1914 e 1921.[4]

Foi a próxima década entre as guerras, porém, que para muitos ucranianos ainda ressoa como uma memória de profunda e indesculpável opressão. O regime soviético fabricou uma fome na Ucrânia que mataria 3,9 milhões de pessoas, uma tragédia de escopo inimaginável que é conhecida hoje em dia como Holodomor, uma combinação das palavras ucranianas para "fome" e "extermínio".[5]

A fome começou por meio de simples exploração: o fértil solo escuro da Ucrânia oferecia uma tentadora região produtora de cereais para a Rússia. Durante sua própria guerra civil de 1917 a 1922, a Rússia apreendeu de maneira violenta o máximo de grãos que conseguiu para aliviar a própria escassez de comida em tempos de guerra. "Pelo amor de Deus, utilize toda a energia e todas as medidas revolucionárias para enviar grãos, grãos e mais grãos!", escreveu Lênin em um telegrama para as forças soviéticas na Ucrânia em 1918.[6] A força de polícia secreta conhecida como KGB, inicialmente chamada de Cheka e então de OGPU, foi criada em parte para encontrar e tomar os grãos de camponeses ucranianos por quaisquer meios necessários.[7] Quando trabalhadores da American Relief Administration foram enviados à Rússia para ajudar a diminuir a crise de fome, forças soviéticas os mantiveram fora da Ucrânia, escondendo o fato de que eram os ucranianos que estavam passando pelo pior da escassez.[8]

Em 1932, a inanição havia se tornado uma ferramenta soviética de controle muito mais significativa. Moscou, agora sob o domínio de Joseph Stalin, havia imposto coletivização agrícola, removendo camponeses das terras que eles possuíam por gerações para fazendas de posse comunitária. Ao mesmo tempo, os camponeses mais prósperos, conhecidos como *kulaks*, foram marcados como traidores de classe e submetidos ao exílio, à prisão e ao massacre.[9] Quando o resultado, inevitavelmente, foi um grande deficit na produção de comida, os soviéticos apenas redobraram seus esforços para tomar cada grama de grão possível dos camponeses ucranianos. Eles procuravam sistematicamente, utilizando varas com ganchos e espinhos para cavar atrás de paredes, sob o assoalho e até mesmo na terra fora das casas em busca de comida escondida.[10] Quando encontravam, amontoavam os grãos em galpões fechados. Guardas da OGPU patrulhavam os campos, atirando em catadores sem aviso.

Os camponeses responderam com resistência desorganizada, matando seu gado em vez de dá-lo às fazendas coletivas e se armando em bandos de guerrilha. Esses atos de rebelião apenas alimentaram os medos paranoicos de Stalin de uma rebelião nacionalista ucraniana, refrescando memórias bolcheviques da guerra com lutadores ucranianos pela liberdade há apenas alguns anos. Logo a fome se tornou não só a causa da subversão ucraniana, mas também a solução: o regime soviético simplesmente deixou o país morrer de fome até a submissão.[11]

O governo soviético restringiu viagens, prevenindo camponeses famintos de fugir para outras regiões ou países.[12] Corpos se amontoaram em estações de trem e ao longo de estradas. O livro da historiadora Anne Applebaum sobre o Holodomor, *A Fome Vermelha*, documenta histórias de camponeses desesperados, recorrendo a se alimentar de couro, roedores, grama e, em estado de loucura provocada pela inanição, até mesmo suas próprias crianças.[13] Tudo isso aconteceu em uma das regiões produtoras de grãos mais férteis do mundo.

Cerca de 13% da população da Ucrânia naquela época morreu, mas nenhum ucraniano sobreviveu ao período intocado pelo trauma. Raphael Lemkin, o advogado polaco-judeu que perdeu 49 parentes no Holocausto na década seguinte e cunhou o termo "genocídio", mais tarde citou o Holodomor em um discurso de 1953 em Nova York como exemplo quintessencial de seu neologismo.[14] "Isso não é simplesmente um caso de assassinato em massa", disse Lemkin. "Isso é um caso de genocídio, destruição, não de indivíduos somente, mas de uma cultura e uma nação."[15]

■

O maior infortúnio da Ucrânia, além de se encontrar sob a sombra inescapável da Rússia, era que a região estava destinada a servir de campo de batalha entre o Oriente e o Ocidente. A Segunda Guerra Mundial não foi exceção. Como uma reprise sangrenta da guerra civil do país de duas décadas antes, a guerra de Hitler com o Exército Vermelho da Rússia partiu a Ucrânia em três lados em guerra: aqueles que apoiavam os nazistas na esperança infeliz de uma vida melhor do que a vida sob Stalin, aqueles recrutados para as forças soviéticas e uma pequena facção lutando em vão por uma Ucrânia independente.

Na verdade, as atrocidades soviéticas haviam começado antes mesmo da chegada dos nazistas, durante o breve período de não agressão entre Alemanha e Rússia. Quando Hitler se apossou da Polônia em 1939, a região ocidental da Ucrânia conhecida como Galícia, que até então estava sob o controle polonês, passou para Moscou. Stalin e Nikita Khrushchev, seu subordinado do Partido Comunista Ucraniano, não perderam tempo em purgar a região de qualquer um que pudesse lutar contra a anexação da União Soviética: fazendeiros que resistiram à coletivização, polacos, judeus, advogados, padres e oficiais do governo.[16]

Entre 800 mil e 1,6 milhão de pessoas foram presas e deportadas da Ucrânia ocidental para campos de trabalho no Cazaquistão e na Sibéria, um quinto da população da região.[17] Quando Hitler de fato invadiu dois anos depois, em um ataque surpresa que estilhaçou o pacto dos dois países, os soviéticos apressadamente massacraram os prisioneiros ucranianos que eles ainda não haviam deportado antes de fugir para o leste.

Nos anos que se seguiram, foi a vez dos nazistas de brutalizar a Ucrânia. Enquanto o exército de Hitler marchava para o leste, as tropas da SS seguiram assassinando a maior quantidade de civis judeus que eles conseguiam encontrar, matando-os com esquadrões de tiro e desovando os corpos em valas comuns em vez de se preocupar com trens para campos de concentração. Ucranianos que haviam dado as boas-vindas aos alemães e até mesmo ajudado no massacre do Holocausto foram recompensados com uma política que tratava todos os eslavos, russos e ucranianos de modo igual, como *Untermenschen*. Os nazistas juntaram até 2,8 milhões de cidadãos soviéticos, mais de 2 milhões dos quais eram ucranianos, e os enviaram para a Alemanha para trabalhar nas fábricas por salários miseráveis.[18]

Até mesmo depois de o Exército Vermelho virar a onda da guerra com uma vitória imensamente custosa em 1943 em Stalingrado — onde mais de 1 milhão de soldados soviéticos morreram —, os nazistas continuaram com o assassinato em massa, deixando 2 milhões de prisioneiros soviéticos capturados famintos enquanto marchavam quase mortos em direção ao oeste.[19] No total, um em cada seis ucranianos morreu na guerra, e um em cada oito russos, com um total impressionante de 26,6 milhões de mortes ao longo da URSS, um número sem precedentes na história da guerra.[20]

Nas décadas pós-guerra que se seguiram, o tratamento de Moscou com a Ucrânia se assentou em uma repressão em fogo baixo de um Estado subjugado. Nos anos 1950, por meio dos últimos anos do terror de Stalin e a ascensão de Khrushchev em seu lugar, mais ucranianos foram enviados aos gulags da URSS do que qualquer outra nacionalidade.[21] Ao longo dos anos 1960 e 1970, grupos de ativistas, como a divisão ucraniana do Helsinki Group focada em direitos humanos, lutaram pelo direito de preservar o idioma e a cultura ucranianos, apenas para serem rapidamente levados a uma vida de destituição e desesperança nos campos de trabalho siberianos.

Os anos 1980 e a ascensão de Gorbachev preparariam o terreno, após oitocentos anos, para uma independência da Ucrânia. Mas não antes de dar à Ucrânia uma última lembrança do governo soviético.

▪

Na noite do dia 25 de abril de 1986, engenheiros estavam conduzindo um teste na usina nuclear de Chernobil, próxima da cidade de Pripyat ao norte da Ucrânia, com uma população de 50 mil.[22] O experimento era projetado para checar por quanto tempo o reator continuaria funcionando no caso de uma falha total de eletricidade. Logo após a meia-noite, os operadores desligaram o sistema que resfriaria o núcleo do reator com água no caso de uma emergência e iniciaram o desligamento da força.

O que exatamente aconteceu em seguida permanece motivo de controvérsias entre cientistas até os dias de hoje, mas à 1h23 da madrugada uma enorme erupção — talvez causada pela acumulação de vapor ou por uma explosão nuclear que subsequentemente deflagrou aquela explosão de vapor — arrebentou a usina, rompendo o núcleo do reator e matando dois engenheiros.[23] Um jato de material radioativo imediatamente foi disparado a mais de novecentos metros no ar.[24]

Bombeiros correram em direção ao local para extinguir as chamas no topo da usina, muitos recebendo inconscientemente doses fatais de radioatividade. Mas nenhum aviso público foi enviado aos cidadãos de Pripyat, onde as pessoas seguiram com suas rotinas de sábado, desavisadas, sob a chuva radioativa liberada pelo derretimento apenas a alguns quilômetros do rio.[25] Somente 36 horas mais tarde, os oficiais do Partido Comunista decretaram uma evacuação limitada, começando com uma pequena área de alguns quilômetros ao redor da usina. Na verdade, uma nuvem radioativa já estava se espalhando pela atmosfera e chegaria até a Suécia, afetando invisivelmente a saúde de suas vítimas de modo que ainda não se pode medir.

Nas semanas seguintes, agências de notícia localizadas em Moscou não mencionaram o desastre em andamento. Nem o secretário-geral do Partido Comunista, Mikhail Gorbachev. Seis dias após a explosão, enquanto fragmentos nucleares continuavam a chover da nuvem tóxica de Chernobil, oficiais do partido evacuaram seus próprios filhos para uma região segura da península da Crimeia, enquanto instruíam que cidadãos ucranianos prosseguissem com o desfile anual do Dia do Trabalhador. A apenas 96 quilômetros ao sul do ponto zero de Chernobil, milhares de pessoas — incluindo incontáveis crianças — marcharam pela parte principal da rua Khreshchatyk em Kiev. Elas carregavam flores, bandeiras e retratos de líderes soviéticos, ignorantes de que aqueles mesmos líderes as haviam exposto à chuva radioativa de um dos piores desastres industriais da história.[26]

7

DE MAIDAN A DONBAS

Na minha primeira noite em Kiev, na primavera de 2017, eu saí do imponente Hotel Ukraine — antigamente conhecido como Hotel Moscow, um hotel de luxo da era soviética que agora era uma relíquia barata e precária dos gostos da URSS — e fui em direção a Maidan, a praça central da capital da Ucrânia. Antes de meu cérebro confuso pelo voo longo poder se orientar, me encontrei em uma multidão ao redor dos degraus do Monumento aos Fundadores de Kiev, onde um homem vestido de preto e segurando um violão gritava o hino nacional ucraniano, com o punho sobre o peito, flanqueado por soldados em roupas de camuflagem, um deles usando óculos de sol no escuro.

Atrás do cantor estavam imagens de rostos amigáveis vestindo balaclavas e capacetes. Só mais tarde eu faria a conexão de que essas eram fotografias de ucranianos comuns que haviam sido mortos perto daquela mesma localização três anos antes. Muitos haviam sido atingidos por franco-atiradores posicionados nos andares superiores do Hotel Ukraine que eu havia acabado de fazer check-in. O saguão do hotel também havia sido alistado para a revolução: um lado havia se tornado um hospital de campanha para manifestantes machucados e o outro, um necrotério.

Enquanto a multidão da Maidan ao redor do cantor berrava o hino nacional junto com ele, suas mãos no coração e alguns cobertos por bandeiras ucranianas, suas vozes estavam carregadas com uma intensidade estranha que arrepiou meus pelos. "Nem a liberdade nem a glória da Ucrânia ainda pereceram", cantavam. "Não permitiremos que outros governem em nossa pátria." Na minha primeira hora na Ucrânia, eu senti que havia pisado no epicentro inquieto de uma nação pós-revolucionária em guerra.

■

Após séculos de uma luta sangrenta por independência, a liberação da Ucrânia originalmente havia chegado em 1991, quase por acidente. Com o colapso da URSS, um parlamento ucraniano atordoado votou para se tornarem uma nação soberana, com apenas a região de Donetsk no extremo leste, o pedaço mais etnicamente russo do país, se opondo à decisão.[1]

Mas, pelas décadas que se seguiram, Moscou manteve uma influência poderosa sobre a Ucrânia, e os dois países transicionaram juntos do comunismo para a cleptocracia. O primeiro-ministro da Ucrânia e então presidente pelos primeiros quatorze anos de independência, Leonid Kuchma, ficou conhecido por realizar uma série de negócios questionáveis e empréstimos baratos para seus camaradas. No ano 2000, um guarda-costas revelou fitas de Kuchma discutindo a tortura e o assassinato de um jornalista investigativo que foi encontrado morto na floresta ao sul de Kiev, assim como a fraude de eleições, o recebimento de suborno e a venda de sistemas de armas para Saddam Hussein.[2]

Para uma população habituada à corrupção e alimentada pelas mentiras do noticiário do Estado por tanto tempo quanto podiam se lembrar, até o chamado Kuchmagate falhou em expulsar o presidente. Em vez disso, ele durou até seu sucessor escolhido, Viktor Yanukovich — um oligarca próximo do presidente russo, Vladimir Putin —, concorrer à presidência em 2004. Seu oponente era Viktor Yushchenko, um nacionalista ucraniano, financeiro e reformista que prometeu finalmente tirar o país do domínio da Rússia.

Percebendo uma mudança, o Kremlin determinou que a coleira da Ucrânia fosse apertada. Operativos políticos russos começaram a trabalhar em segredo para Yanukovich, e logo Yushchenko estava se deparando com seus locais de discurso fechados e seu avião desviado das paradas da campanha. Então, um mês antes das eleições, Yushchenko foi misteriosamente envenenado com dioxina, adoecendo fatalmente. Ele mal sobreviveu e sua pele ficou marcada e desfigurada pelo ataque. Mais tarde, dois russos foram presos em uma tentativa fracassada de explodir o centro de campanha de Yushchenko em Kiev.

Quando Yanukovich foi declarado o vencedor das eleições naquele novembro, a fraude de votação mal foi escondida. Yushchenko tinha, naquele momento, se recuperado o suficiente do envenenamento para retornar à campanha e estava ganhando por dígitos duplos nas pesquisas. Mas o roubo era evidente: Putin até mesmo enviou a Yanukovich suas congratulações antes de os resultados serem computados.[3]

Dessa vez, os ucranianos chegaram ao limite. Centenas de milhares de pessoas inundaram as ruas de Kiev, preenchendo a Maidan e sacudindo cachecóis laranjas, a cor escolhida da campanha de Yushchenko. Enfrentando um levante em massa, Yanukovich renunciou um mês depois. A Revolução Laranja, finalmente, foi o primeiro passo da Ucrânia para a independência de verdade.

Yushchenko ganhou uma eleição legítima no mês seguinte e declarou uma nova era na história do país.

Mas a política na Ucrânia nunca é tão simples. Yushchenko se mostrou um líder inspirador, mas desorganizado, brigando com sua primeira-ministra, Yulia Tymoshenko. O governo ficou em um impasse e a economia afundou. Incrivelmente, Yanukovich conseguiu adular seu caminho de volta aos holofotes, graças em parte ao seu apoio russo e uma transformação supervisionada pelo lobista norte-americano Paul Manafort, o futuro chefe de campanha de Donald Trump. De 2006 a 2007, Yanukovich até serviu de primeiro-ministro sob seu antigo arquirrival Yushchenko. Em 2010, Yanukovich derrotou Tymoshenko na eleição presidencial, definitivamente terminando a Revolução Laranja cinco anos após ela ter começado.[4]

A Ucrânia levou quatro anos para voltar a ferver até o ponto de ebulição. Como presidente, Yanukovich provou ser ainda mais ambicioso em seu roubo em massa do que Kuchma, saqueando abertamente os cofres públicos.[5] Seu grupo de associados descaradamente corruptos, conhecidos como a Família, escondeu em torno de 100 bilhões de dólares de fundos de governo em suas contas pessoais. A propriedade de Yanukovich ao norte de Kiev, chamada de Mezhyhirya, se tornou uma Xanadu da máfia, completa com uma coleção de pássaros exóticos, uma pista de boliche, um campo de tiro, um ringue de boxe e 46,5 milhões de dólares em lustres.

A última gota, porém, não foi a corrupção de Yanukovich, mas suas alianças russas. Sob a liderança de Yushchenko, a Ucrânia havia começado um longo caminho para se tornar membro da OTAN, uma perspectiva que sem dúvidas enraivecia e apavorava Putin. As esperanças europeias da Ucrânia ainda permaneciam sob Yanukovich na forma de um acordo de associação com a União Europeia, negociações de comércio que representaram o primeiro pequeno passo em direção ao Ocidente. Mas, uma semana antes de assinar o acordo, sob a pressão de Putin, Yanukovich cancelou o negócio.

O levante e a repressão que se seguiram tinham pouco do idealismo pacífico da Revolução Laranja. Quando centenas de milhares de pessoas mais uma vez inundaram Maidan em novembro de 2013, a polícia tentou desajeitadamente dispersá-las com canhões de água, balas de borracha e gás lacrimogêneo. Manifestantes responderam com barricadas e coquetéis molotov.

No meio da violência crescente, o movimento de Maidan também começou a ver os primeiros sinais de ataques digitais. Ligações e mensagens de SMS de origens misteriosas inundaram as linhas telefônicas de oficiais do governo pró-Ocidente e pró-revolução. Na empresa de serviços de telecomunicações Kyivstar, engenheiros como Oleksii Yasinsky se viram com dificuldades para manter a rede de telefones móveis intacta enquanto a crise aumentava. Em uma rua perto da Maidan, dispositivos conhecidos como IMSI catcher personificavam torres de celulares para distribuir em massa mensagens de texto para manifestantes, dizendo que fossem para casa.[6] Mas, conforme o conflito físico da praça se acirrou, poucas pessoas notaram os primeiros sinais de intromissão digital.

No final daquele inverno, as balas não eram mais de borracha. Enquanto os manifestantes avançaram uma última e notória vez pela Maidan em direção ao Hotel Ukraine, franco-atiradores dispararam do alto, liderados por uma unidade de polícia militarizada brutal e pró-Rússia conhecida como Berkut — ucraniano para "águia". Muitos ucranianos acreditam que a Berkut incluía soldados russos trazidos por Yanukovich.[7] O número de mortos foi de 103 manifestantes, um grupo hoje imortalizado como "Os Cem Celestiais" — os mesmos mártires cujas vidas estavam sendo memorializadas na Maidan no meu primeiro dia em Kiev.[8]

Após o último e trágico derramamento de sangue da revolução, Yanukovich podia ver que a violência havia apenas endurecido o movimento contra ele. Então ele fugiu para a Rússia.

Putin, alguém que não deixa a geopolítica se virar contra ele, escolheu uma abordagem diferente: imediatamente invadiu.

■

Antes de a poeira sequer baixar na Maidan, no final de fevereiro de 2014, um grupo de milicianos em uniformes sem identificação, incluindo soldados Berkut, entraram no parlamento do estado peninsular da Crimeia, no sul da Ucrânia, e instalaram um governo pró-Rússia.[9] Em um piscar de olhos, 35 mil tropas russas se mudaram, ocupando rapidamente a região sem mal dar um tiro.[10] Dois meses depois, mais soldados russos sem identificação — eles logo ficariam conhecidos como *little green men* ou "pequenos homens verdes" — começaram a gotejar através da fronteira em direção à Donbas, região falante de russo no leste da Ucrânia, ajudando a armar um movimento separatista que logo assumiu o controle das cidades de Donetsk e Luhansk com tanques e artilharia russos.

Desde então, a Rússia fez da Crimeia sua completa propriedade enquanto a frente oriental da Ucrânia se assentou em uma guerra tortuosa e não declarada. Dois milhões de ucranianos se tornaram refugiados internos e 10 mil ucranianos foram mortos. Em julho de 2014, a indiferença das forças apoiadas pelo Kremlin chocaram o mundo quando uma unidade de defesa antiaérea russa, sob o disfarce de forças ucranianas pró-Rússia, disparou um míssil Buk que derrubou um avião de passageiros malaio sobre território ucraniano, matando todas as 298 pessoas a bordo.[11]

Mas, nos primeiros meses da invasão, outro tipo de frente começou a se formar na guerra da Ucrânia. Quatro dias antes das eleições pós-revolução em maio de 2014, um grupo hacker pró-Rússia que se autointitulava CyberBerkut — uma alusão à mesma força policial que matou manifestantes durante a revolução de Maidan — anunciou no site cyber-berkut.org suas intenções de perturbar a eleição presidencial que viria para trocar o lugar vago deixado por Yanukovich. "A junta antipessoas está tentando se legalizar ao organizar esse espetáculo dirigido pelo Ocidente", lia-se na mensagem em russo.[12] "Nós não permitiremos!"

Naquela noite, o grupo começou uma série de ciberataques tortuosos contra a Comissão Central de Eleição: eles invadiram a rede da comissão e apagaram dezenas de computadores. "A ideia era destruir o sistema para prevenir a divulgação de resultados e então culpar a chamada junta da Ucrânia", diz Victor Zhora, na época funcionário terceirizado de segurança da comissão. "O objetivo era desacreditar o processo eleitoral."

Os administradores de TI da comissão conseguiram reconstruir a rede a tempo para a eleição. Mas eles descobriram no dia da eleição que os hackers haviam plantado uma imagem de resultados falsos no servidor da comissão que parecia mostrar o candidato presidencial da extrema-direita, Dmytro Yarosh, como vencedor. Administradores descobriram o arquivo de imagem antes de a votação terminar e preveniram que ela nem sequer fosse exibida publicamente. Mas a televisão estatal da Rússia, aparentemente coordenando junto com os hackers, seguiu em frente com um anúncio falso de que Yarosh havia vencido, uma tentativa de levantar dúvidas sobre a eleição do verdadeiro vencedor, o politicamente moderado magnata do chocolate, Petro Poroshenko. Na manhã seguinte, a comissão de eleição foi atingida com um terceiro e último ataque; dessa vez, uma onda castigadora de tráfego falso projetada para manter os servidores fora do ar e preveni-los de confirmar os resultados legítimos. (Mais tarde seria revelado que os hackers CyberBerkut também estavam conectados ao grupo hacker russo Fancy Bear, que interferiu nas eleições norte-americanas.)[13]

A fraude da eleição era o prelúdio para uma barragem digital muito maior, destruindo milhares de computadores e paralisando as organizações das vítimas. Quando visitei Kiev no começo de 2017, praticamente cada camada da sociedade ucraniana fora atingida em ondas sucessivas de sabotagem hacker coordenada: mídia, energia, transporte, finanças, governo e militar. "Você realmente não encontra um espaço na Ucrânia que não tenha sido atacado", Kenneth Geers, embaixador da OTAN que se concentra em cibersegurança, me contou na época. "Vire cada pedra e você encontrará uma operação de rede de computador."

Quando eu falei com o antigo presidente Yushchenko ao telefone mais tarde naquele ano, ele argumentou que as táticas russas, online e offline, possuem um único alvo: "Desestabilizar a situação na Ucrânia para fazer o governo parecer incompetente e vulnerável." Ele juntou os ciberataques com a inundação de desinformação russa na mídia ucraniana, o conflito terrorista no leste do país e seu próprio envenenamento anos antes — todos movimentos dissimulados com o alvo de puxar a Ucrânia para o Leste ou pintá-la como uma nação partida. "A Rússia nunca vai aceitar a Ucrânia como um país soberano e independente", ele me disse. "Vinte e cinco anos desde o colapso soviético, a Rússia continua doente com a síndrome imperialista."

A fixação de Putin pela Ucrânia sem dúvida inclui inveja econômica de sua posição como uma lucrativa rota de oleoduto à Europa e o acesso a portos de água morna. Mas analistas de política externa discutem que Putin não estava necessariamente buscando reintegrar sua Pequena Rússia ao império do Kremlin. Em vez disso, ele tinha esperança de criar um "conflito congelado": tomando territórios ucranianos o suficiente para prendê-lo em uma guerra permanente, a Rússia buscava prevenir o país de ser bem-vindo na União Europeia ou OTAN, marcando-o em vez disso como um amortecedor estratégico entre Moscou e o Ocidente.

Mas, em minha conversa com Yushchenko, ele também insistiu em outra questão, menos explicada e mais um pressentimento: que os ataques da Rússia à Ucrânia, sejam eles perpetrados com um malware destrutivo ou mísseis Buk, não deveriam ser vistos como problema apenas da Ucrânia. A agressão da Rússia contra seu vizinho revela um manual tenebroso, ele insistiu, que poderia cedo ou tarde se espalhar para o resto do globo. "A questão não é por quem os sinos dobram", avisou Yushchenko. "Os sinos dobram por todos nós. Isso é uma ameaça a cada país do mundo."

■

No final de novembro de 2015, enquanto o ritmo da blitzkrieg digital contra a Ucrânia estava acelerando, John Hultquist foi convidado a fazer um briefing no Pentágono, uma rara chance de ganhar contratos e encher os ouvidos das forças militares mais poderosas do mundo. Ele se sentou entre oficiais de inteligência, na mesa de conferência no interior do escritório do oficial mais experiente e adornado de medalhas, no fundo do prédio gigantesco.

Quando chegou sua vez de falar, Hultquist não perdeu tempo para apresentar seu assunto favorito. Ele deu a versão pitch de elevador da história do Sandworm: impressões digitais da Rússia; sofisticação perigosa; alvos que se estendem da Polônia aos Estados Unidos, mas se aglomeram na Ucrânia; um foco perturbador em infraestrutura crítica. Ele destacou que a guerra atual e em andamento da Rússia com a Ucrânia estava aquecendo e que havia metastizado de uma invasão física para ataques digitais de ruptura a tudo, desde empresas de mídia a agências do governo. Ativistas pró-Ucrânia retaliaram a Rússia com formas menos tecnológicas de sabotagem, derrubando pilões que forneciam eletricidade à península da Crimeia, deixando o território que a Rússia havia tomado em um apagão em massa. Putin, claro, culpou o governo ucraniano pela sabotagem.

Com todos esses elementos se alinhando, Hultquist previu que os hackers da Rússia estavam prestes a executar uma forma de ataque que nunca havia acontecido antes na história da cibersegurança: "Acho que há uma boa chance de que eles tentarão apagar as luzes", disse aos oficiais do Pentágono.

A plateia militar pareceu reconhecer seu aviso, lembra Hultquist. Mas havia uma miríade de outros pontos problemáticos distribuídos em uma internet infestada de ameaças em potencial, então a reunião seguiu em frente. "Para ser honesto, eu acho que eles não compreenderam de fato", diz Hultquist.

8

APAGÃO

Primeiro, Robert Lee culpou os esquilos.

Era a véspera de Natal de 2015 — e também, como aconteceu, o dia antes do casamento de Lee em sua cidade natal de Cullman, Alabama. Um homem de 27 anos, barbudo, ruivo e de peitoral largo, Lee havia deixado recentemente um trabalho de alto nível na NSA, onde ele liderava uma equipe de analistas focando uma única missão: rastrear hackers que ameaçavam infraestrutura crítica. Agora ele estava se preparando para lançar sua própria startup de segurança e se casar com a namorada holandesa que conheceu quando trabalhou fora do país.

Enquanto Lee se ocupava com as preparações do casamento, ele viu notícias que imediatamente o distraíram de seus deveres matrimoniais. Hackers haviam derrubado uma rede elétrica no oeste da Ucrânia, diziam as manchetes na tela do celular. Uma faixa significativa do país aparentemente apagou por seis horas. Depois que a primeira onda de adrenalina passou, o ceticismo natural de Lee se impôs. Ele pensou que isso provavelmente fosse apenas exagero da mídia; ele tinha outras coisas na cabeça e já havia escutado declarações espúrias de redes sendo hackeadas muitas vezes no passado. A causa costumava ser um roedor ou pássaro. A ideia de que esquilos representavam uma ameaça maior à rede elétrica do que hackers se tornou uma piada recorrente na indústria.

Mas no dia seguinte, logo antes do casamento, Lee recebeu uma mensagem de texto que trouxe o incidente de volta à sua atenção. Veio de Mike Assante, diretor de segurança dos sistemas de controle industrial no Instituto SANS, um centro de treinamento de cibersegurança de elite onde Lee também dava cursos. Uma mensagem de Assante, para Lee, tinha muito mais peso do que qualquer noticiário: quando o assunto é ameaças digitais afetando redes elétricas, Assante era um dos especialistas mais respeitados do mundo. E ele estava dizendo a Lee que o hacking de apagão na Ucrânia parecia verdadeiro.

Lee limpou as mensagens do celular e tentou se concentrar em seu casamento. Mas, momentos depois de enunciar os votos e beijar a noiva, um contato na Ucrânia o avisou: o hacking do apagão era verdadeiro, o homem havia dito, e ele precisava da ajuda de Lee.

Lee passou sua carreira inteira se preparando para esse momento. Na Agência de Segurança Nacional (NSA, na sigla em inglês), dedicou anos ao rastreio de equipes de hackers raras e sofisticadas que miravam em redes elétricas, oleodutos e sistemas de água, se orgulhando de proteger as bases mais fundamentais da civilização. Ele informou os oficiais mais experientes do governo sobre essas ameaças. Chegou até a construir modelos de sistemas de controle industrial para fazer testes em seu próprio porão. Agora, na pior hora possível, o marco histórico que ele havia antecipado por anos parecia finalmente ter chegado: o primeiro caso conhecido de um apagão induzido por hacking.

Mal havia uma escolha a ser feita. Ele pulou não apenas o Natal com a família, mas também a própria recepção do casamento, encontrou um canto silencioso na sala e começou a conversar por mensagens com Assante sobre os detalhes do ataque à rede elétrica da Ucrânia.

Ainda vestindo o terno do casamento, Lee enfim recuou até o computador de sua mãe, na casa dos pais ali perto. Trabalhando com Assante, que pegou o notebook e se escondeu no canto da festa de Natal de um amigo no interior de Idaho, eles examinaram mapas da Ucrânia e um gráfico de sua rede elétrica. As três subestações das empresas de eletricidade que foram atingidas estavam em diferentes regiões do país, a centenas de quilômetros umas das outras, e desconectadas. "Isso não foi um esquilo", Lee concluiu com uma emoção sombria.

Naquela noite, Lee estava ocupado dissecando o malware KillDisk, que seu contato ucraniano enviou para ele das empresas de eletricidade hackeadas, assim como Yasinsky fez depois do hack da StarLightMedia meses antes. "Eu tenho uma esposa muito paciente", diz Lee sobre sua decisão de passar a noite do casamento na frente de um computador.

Ao longo dos dias seguintes, ele recebeu de seu contato ucraniano outra amostra de código e dados forenses dos ataques. Desmembrando-os, Lee viu como a intrusão havia começado. Iniciou com um e-mail de phishing personificando uma mensagem do parlamento ucraniano. Um anexo malicioso de Word rodou silenciosamente um script conhecido como macro, um pequeno programa escondido dentro do documento, nas máquinas das vítimas.

O efeito foi o mesmo da técnica de zero-day que a iSight descobriu com o Sandworm em seus documentos infectados do Microsoft PowerPoint em 2014, mas com uma ressalva: sem o zero-day, as vítimas precisavam ser enganadas para clicar no botão e permitir que o script rodasse. Até que elas clicassem, o documento pareceria estar faltando conteúdo ou corrompido, então a maioria dos usuários clicava sem pensar. Mas, usando uma simples substituição para sua técnica de zero-day, os hackers conseguiam operar de modo muito menos conspícuo, e seu ataque não dependia de manter um segredo de vulnerabilidade raro da Microsoft.

O script do Word havia plantado uma infecção de BlackEnergy, o pedaço de malware que então já havia se tornado praticamente uma doença nacional oficial das redes de TI ucranianas. Daquele apoio, ao que parecia, os hackers haviam se espalhado através dos sistemas das empresas de eletricidade; com o tempo, comprometeram uma rede virtual privada, ferramenta que as empresas utilizaram para acesso remoto aos seus sistemas — incluindo o software de controle industrial altamente especializado que dá aos operadores o controle sobre equipamentos como disjuntores.

Observando os métodos dos atacantes e seu uso do BlackEnergy, Lee começou a traçar conexões com os primeiros achados da iSight e outros de seu tempo na NSA. Ele estava confiante de que isso era trabalho do Sandworm. Após anos à espreita, espionando, desenvolvendo suas habilidades e fazendo um trabalho de reconhecimento, o Sandworm deu o passo que nenhum outro hacker se arriscou a dar: causar um verdadeiro apagão, rompendo indiscriminadamente a infraestrutura física de centenas de milhares de civis.

Para Lee, as peças se encaixaram: sim, a conexão do Sandworm significava que o apagão devia ser um ataque russo, mirando na vítima favorita da Rússia, a Ucrânia. Mas, enquanto seguia a história conhecida do Sandworm até sua conclusão, ele foi lembrado de que o ICS-CERT culpou o grupo por infecções de BlackEnergy em redes de infraestrutura crítica nos Estados Unidos também. Em outras palavras, o mesmo grupo que havia acabado de apagar a luz para quase 250 mil ucranianos infectou, apenas um ano antes, os computadores de companhias elétricas norte-americanas com o mesmo malware.

Na mente de Lee, os alarmes soaram. O ataque ucraniano representava algo além de um caso distante de estudo estrangeiro. "Um adversário que já havia mirado em companhias elétricas norte-americanas cruzou o limite e derrubou uma rede elétrica", diz Lee. "Era uma ameaça iminente aos Estados Unidos."

▪

Lee pregava uma simples lei há muito tempo. "Ninguém deveria bagunçar sistemas de controle industriais civis", diz. "Nunca."

Ciberataques em infraestrutura física e não militar, acreditava Lee, eram uma classe de armamentos que deveria ser considerada, junto com bombas de fragmentação e armas biológicas, simplesmente perigosa e incontrolável demais para qualquer nação ética manejar. Afinal, nem todo ataque hacker em uma rede elétrica poderia necessariamente ser remediado em meras seis horas; nem os atacantes saberiam, em alguns casos, a extensão do dano que estavam infligindo. Lee passou anos pensando sobre os potenciais efeitos indiretos de ciberataques em infraestrutura crítica, e seu cenário de pesadelo eram apagões causados por hackers que duravam semanas ou até um mês, tempo suficiente para as consequências serem imprevisíveis e podendo incluir a paralisação de hospitais, fábricas ou distribuição de comida. "Você arrisca dano colateral que não é nem humano", argumenta Lee. "Esse é exatamente o tipo de estrago que tentamos eliminar em outros campos de combate por meio de convenções e normas internacionais."

Seu banimento imaginário sobre o hacking focado em infraestrutura era uma opinião surpreendentemente conciliatória para alguém que havia praticamente nascido militar. Um dos avôs de Lee tinha sido um operador de rádio na Segunda Guerra Mundial. Outro havia sido um Boina Verde. Enquanto ele crescia no Alabama, ambos os seus pais eram alistados na Força Aérea dos Estados Unidos; seu pai havia lutado no Vietnã e, logo após o nascimento de Lee, sua mãe e seu pai serviram na Operação Desert Storm, com sua mãe em solo norte-americano para cuidar de Lee e suas irmãs. Quando ele era um jovem adolescente, ela foi enviada novamente às guerras do Iraque e do Afeganistão, coordenando aviões de transporte C-17 de uma base em Illinois.

O pai de Lee, que era dez anos mais velho que a mãe, recebeu uma Estrela de Bronze no Vietnã, apesar de nunca ter contado a Lee o que fez exatamente para tê-la merecido. No Iraque, ele trabalhou como gerente de carregamento da Força Aérea Norte-americana, responsável, entre outras coisas, por organizar toda a artilharia que os aviões militares despejariam nos alvos. Lee se lembra do pai mostrando-o fotografias de bombas nas quais ele havia rabiscado a mensagem: "Para Saddam, dos Lee."

Mas o próprio Lee tomou um caminho diferente. Depois de se alistar na Academia da Força Aérea norte-americana — seu pai o enganou para isso, ele diz, lhe dizendo que nunca seria aceito —, ele ficou menos interessado nos cursos sem fim de engenharia e física do que nos de estudos africanos. Ele passou um verão em uma missão humanitária em Camarões, trabalhando com uma ONG de lá focada em energia renovável e abastecimento de água. Lee viajava pelo país, dormindo em vilarejos locais, comendo refeições de peixe e um bolo amiláceo chamado *fufu*, e montando sistemas simples de filtração de água e coletores de energia solar.

Lee nunca foi um nerd de tecnologia. Ele jogou videogames e montou computadores como outras crianças, mas nunca aprendeu a programar. Mas, em Camarões, ele ficou fascinado por sistemas de controle. Um controlador lógico programável básico, ele descobriu, deixava as máquinas que ele estava instalando mais eficientes. As caixas cinzentas do tamanho de livros com algumas luzes piscantes, vendidas por empresas como Siemens e Rockwell Automation, permitiriam que ele programasse os sistemas de filtração de água movidos a energia solar que havia instalado em córregos para que pudessem trocar os próprios filtros sem intervenção manual. Ou os mesmos controladores poderiam ser programados para carregar uma série de baterias de carro anexadas a painéis solares ou turbinas eólicas. Isso significa mais água limpa ou mais energia para carregar as lâmpadas de LED que eles haviam dado ao povo do vilarejo e, portanto, mais horas de luz a cada dia — melhorias reais para vidas humanas.

Lee começou a ver esses controladores de lógica programáveis, cérebros digitais capazes de alterar o mundo físico ao redor, como blocos de construção fundamentais da infraestrutura e do desenvolvimento econômico. "Eu pensava que poderia ensinar como criar energia e eletricidade para seu vilarejo. Isso é transformar a civilização", ele diz. "Eu vi os sistemas de controle como o caminho para a mudança."

▪

Quando Lee se graduou na Academia das Forças Aéreas dos Estados Unidos em 2010, ele foi enviado à Base Keesler da Força Aérea em Biloxi, Mississippi, para treinar como oficial de comunicações. Na época, a força aérea estava apenas começando a levar a cibersegurança a sério e juntava a nova disciplina dentro da categoria maior de educação. Foi lá que Lee aprendeu os básicos de hacking: análise de redes, estudos forenses, exercícios em "time azul" de defesa e "time vermelho" de ataque.

Mas, quando o assunto era os cursos de sistemas de controle e sua segurança, Lee descobriu que seu instrutor muitas vezes sabia menos sobre aquele nicho pouco compreendido do que ele havia aprendido com seus estudos autônomos programando dispositivos controladores sozinho.

Então, durante o tempo na Keesler, Lee de repente descobriu que seu interesse de nicho estava no centro de um animado novo campo de conflito: um misterioso pedaço de malware chamado Stuxnet havia começado a aparecer em milhares de computadores pelo Oriente Médio e sul da Ásia. Ninguém sabia o que ele era projetado para fazer. Mas o worm parecia ter a habilidade de mexer com controladores de lógica programáveis, algo que ninguém havia visto antes. (Como a maior parte do resto do mundo, Lee ainda não sabia que o Stuxnet era, na verdade, uma criação norte-americana. Ele foi construído pelos futuros empregadores de Lee na NSA junto com a inteligência israelense e mirou diretamente na destruição de equipamentos em instalações iranianas de enriquecimento de urânio, um ato que marcaria uma nova era de ciberguerra. Mas chegaremos a isso.)

Na época, Lee ficou ofendido pela mera noção de um malware capaz de atacar uma infraestrutura física. "Aqui algum babaca atacou os sistemas de controle", ele se lembra de pensar. "O caminho para fazer do mundo um lugar melhor eram os sistemas de controle. Alguém estava comprometendo isso, e eu fiquei enfurecido."

Conforme mais informações sobre o Stuxnet vazavam aos poucos para o público, o interesse de Lee na segurança de sistemas de controle industrial foi elevado à obsessão. Ele passava o tempo entre as aulas lendo todo documento que conseguia encontrar sobre o assunto. Logo ele conseguiu encontrar um cientista nuclear amigável no Laboratório Nacional de Oak Ridge que ele chamaria repetidamente, atormentando-o sobre alguma palavra confidencial acerca das minúcias de controladores de lógica programáveis e as últimas descobertas sobre o primeiro espécime de malware projetado para corrompê-los.

Com o tempo, diz Lee, sua visão desse malware se transformaria conforme se tornava mais claro que o código fora projetado para um ataque preciso em um único complexo iraniano em Natanz, que poderia servir como componente-chave dos esforços do Irã para a obtenção de armas nucleares. Mas enquanto isso ele havia, de algum modo, se tornado o mais próximo de um especialista em segurança de sistemas de controle industrial na Base Keesler da Força Aérea e acabou ensinando outros estudantes e ocasionalmente informando generais visitantes.

No final de seu treinamento, Lee assumiu uma posição com a unidade de inteligência na Base Aérea Ramstein, na Alemanha. O que ele fez exatamente naquele primeiro trabalho de verdade na força aérea permanece obscurecido pela natureza cada vez mais secreta de seu trabalho confidencial. Mas ele sugere que a unidade estava envolvida em missões de inteligência para a guerra contra o terrorismo, executada por veículos pilotados remotamente, como o Global Hawk e drones Predator. Lee focou seu trabalho na segurança dos sistemas de controle desses veículos. Porém, em meses, ele foi notado por uma agência diferente que basicamente redirecionaria sua carreira: a NSA.

Lee mal havia se assentado em Ramstein quando foi ordenado a se mudar para uma instalação em outro local da Alemanha.* O pequeno departamento

* Apesar de Lee se recusar a dizer mais sobre essa base, todos os sinais apontam para o Complexo Dagger em Darmstadt. O posto da NSA reside em uma pequena base do exército norte-americano a oeste do país, cujo papel como operação de inteligência era secreto na época e só seria revelado mais tarde, nos documentos confidenciais vazados pelo whistleblower da NSA, Edward Snowden.

da NSA no qual Lee se encontrou tinha uma missão estranha e empolgante. Fort Meade, a gigantesca sede da NSA em Maryland, já tinha equipes bem preparadas alocadas para praticamente todas as ameaças conhecidas à segurança nacional norte-americana. À sua unidade de campo, possuindo em torno de cem pessoas, foi concedida a liberdade de funcionar independentemente, pensando fora dos padrões existentes de pensamento da enorme organização — para olhar onde o resto da NSA não estava olhando. "Era nosso trabalho encontrar 'desconhecidos desconhecidos'", diz Lee.

Naturalmente, Lee começou a perguntar aos colegas quem na NSA era responsável por rastrear hackers que ameaçavam a segurança dos sistemas de controle industrial. Ele ficou espantando ao descobrir que não existia um grupo dedicado a essa missão. A NSA tinha equipes com a tarefa de encontrar e resolver as vulnerabilidades em equipamentos de sistema de controle industrial. A agência tinha, como o Stuxnet iria expor, sua própria equipe de ofensiva que inventava técnicas de exploração de infraestrutura. Não tinha, porém, uma equipe alocada exclusivamente para caçar os hackers focados em infraestrutura do inimigo.

Então Lee se ofereceu para montar uma. Ele ficou pasmo com a pouca burocracia que enfrentou. Para criar a primeira equipe de inteligência de ameças aos sistemas de controle industrial, ele lembra que precisou apenas preencher um formulário. "Então eu me tornei o líder da NSA para todas as descobertas de ameaças aos sistemas de controle industrial da noite para o dia", diz Lee.

Ele tinha 22 anos de idade. "Isso é bem foda, né?"

9

A DELEGAÇÃO

Rob Lee descreve o começo de seu trabalho na NSA como um tipo de conexão do seu cérebro a uma mente coletiva vasta e ultrainteligente.

De uma hora para outra ele teve acesso não apenas a colegas especialistas, mas ao corpus de conhecimento confidencial da agência, assim como às vastas habilidades de coleta de inteligência. Lee, é claro, diz pouco sobre os detalhes da origem dessa inteligência. Mas graças, em parte, a Edward Snowden, nós sabemos que inclui uma ampla matriz de ferramentas secretas de coleta de dados, etiquetadas de modo geral como "inteligência de sinais" ou "sigint", que variava da habilidade de roubar grandes quantidades de dados crus da internet de cabos submarinos a hackear administradores de sistemas inimigos e bisbilhotá-los em redes privadas. "Quando lhe concedem acesso total ao sistema sigint dos Estados Unidos e então você é cercado pelas pessoas mais inteligentes do planeta fazendo isso, você se envolve muito rápido", diz Lee.

Pelos quatro anos seguintes, ele e uma pequena equipe de seis analistas passaram cada hora de trabalho rastreando o crescente mundo pós-Stuxnet dos hackers de sistemas de controle industrial. "Cada dia era uma caçada movida por hipótese. A gente se perguntava: se eu fosse o adversário, o que eu faria para invadir os sistemas de controle industrial? Então nós procurávamos por isso no mundo", diz Lee. "Nós rapidamente passamos por todo o conhecimento humano sobre como fazer essas coisas e tivemos que inventar nossos próprios modelos, métodos e treinamento." Logo ele estava escrevendo relatórios sobre novas ameaças de hacking de infraestruturas críticas que foram direcionados à mesa do presidente Obama e informaram o diretor da NSA, Keith Alexander.

Lee se recusa a falar sobre os detalhes das descobertas de sua equipe. Mas ele sugere que revelaram novas operações de hacking de sistemas de controle industrial sendo executadas por governos estrangeiros com uma frequência de uma vez por semana. Apenas uma pequena fração dessas equipes de hacking foi identificada na mídia. (Ele é cuidadoso, porém, para descrever as operações que sua equipe rastreou durante esse período apenas como "mirando" em sistemas de controle industrial. Lee não diz quantos — se há algum — seguiram os passos da Stuxnet e cruzaram a linha para corromper ou destruir equipamento físico.)

Mesmo enquanto sua equipe construía uma visão global de uma internet turbulenta de ameaças à infraestrutura crítica, Lee se recorda do destaque do Sandworm. Ele o marcou cedo como um agente especialmente perigoso. "Eu posso confirmar que nós sabíamos deles e os rastreávamos", diz, escolhendo as palavras com cuidado. "E eu descobri que eles eram particularmente agressivos comparados às outras ameaças que estávamos vendo."

Então, em 2014, o emprego dos sonhos de Lee acabou abruptamente. Como alguém impetuoso que subiu na vida rapidamente, ele nunca foi particularmente compatível com a adesão rígida dos militares à hierarquia. A cultura relativamente livre da NSA o havia libertado desse sistema. Mas ele ainda estava frustrado pelo tratamento de recrutas da força aérea, que algumas vezes passavam por sua unidade na NSA, mostravam um talento verdadeiro, e então eram afastados de repente para executar tarefas subalternas adequadas a sua posição baixa.

Então Lee se manifestou, escrevendo um artigo veemente na revista militar *Signal* intitulado "The Failing of Air Force Cyber" [A queda da Ciberforça Aérea, em tradução livre]. Seu sincero artigo de opinião acusou a força aérea de incompetência na cibersegurança e protestou contra o dogma burocrático das posições que havia sufocado a melhoria e desperdiçado recursos intelectuais.[1]

Lee não havia barganhado pelo contragolpe ou considerado por inteiro que ele ainda era obrigado a seguir a mesma estrutura de posições que estava atacando. Pouco depois de o artigo da *Signal* ser publicado, Lee descobriu que ele havia sido realocado, retirado de sua equipe de caça aos hackers e levado de volta à unidade de inteligência da força aérea.

De volta àquela hierarquia militar rígida, Lee se eriçava frente à subordinação aos oficiais que ele sentia que não tinham a expertise conquistada por ele na NSA. Pior, ele havia sido alocado a uma equipe que se posicionava na outra ponta do jogo. Ele era parte do esquadrão da Força Aérea norte-americana localizado no Texas, responsável não só por cibersegurança, mas por ciberataque. Em outras palavras, ele agora tinha ordens para se envolver em exatamente o tipo de hacking de infraestrutura que considerava inescrupuloso. Apenas quatro anos depois de ter descoberto que "algum babaca" estava mirando os sistemas de controle industrial, ele era aquele babaca.

Ele permaneceu por um ano infeliz no trabalho altamente confidencial, então persuadiu um de seus comandantes a deixá-lo se demitir, um movimento quase impensável em uma família de integrantes da força aérea. Lee disse que chorou enquanto saía da base no seu último dia como oficial da força aérea.

Era 2015. Naquele outono, Lee deixou o Texas e se mudou para Maryland para tentar recriar sua equipe dos sonhos da NSA no setor privado. Pouco depois, chegou o Natal. E, com ele, o Sandworm voltou à sua vida.

■

Apesar dos anos trabalhando em uma das agências mais secretas do mundo, a discrição nunca foi o ponto forte de Lee. Pouco depois do casamento de Natal abreviado, ele ligaria os apagões ucranianos a um grupo ativo de hackers, um grupo que já havia sondado a infraestrutura norte-americana. E, pela primeira vez em sua carreira, ele não estava mais preso por liberações de segurança para manter a informação escondida. Ele estava imediatamente determinado a avisar o mundo.

Nos dias que antecederam o Ano-novo, Lee, Mike Assante e outro pesquisador da SANS chamado Tim Conway juntaram as peças maiores do ataque ucraniano. Lee queria vazar tudo. "No dia 29 de dezembro, nós sabíamos que o público precisava tomar conhecimento", diz ele.

Apesar das pistas de que o Sandworm estava por trás do apagão, Assante achou que era cedo demais para começar a culpar publicamente qualquer grupo particular de hackers — sem dizer um governo — pelo ataque. Os três homens concordaram que Assante deveria escrever uma publicação de blog abordando delicadamente o ataque sem revelar muitos detalhes para sair na frente de qualquer reportagem de mídia que pudesse exagerar ou deturpar a história.

No dia seguinte, eles lançaram uma publicação circunspecta no site da SANS, assinada por Assante: "Um pequeno número de fontes na Rússia e na Ucrânia indicam que o apagão elétrico foi causado por um ciberataque, especificamente um vírus de origem externa", estava escrito.[2] "Estou cético, já que o apagão referenciado tem sido difícil de fundamentar."

Mas apenas dois dias depois, no dia do Ano-novo, Lee foi em frente com sua própria publicação de blog, discutindo pela primeira vez a amostra do malware BlackEnergy que ele obteve. O post ainda fez uma abordagem cautelosa, mas sugeriu pistas na conclusão. "Há mais chances de o apagão elétrico ucraniano ter sido causado por um ciberataque do que se imaginava anteriormente", escreveu.[3] "Os primeiros relatórios não foram conclusivos, mas uma amostra do malware tirada da rede reforça as afirmações." Lee diz que sua intenção era, no tom menos alarmista que ele poderia ter, deixar claro para as empresas de energia elétrica norte-americanas que elas deveriam checar suas redes imediatamente por infecções de BlackEnergy que possam ser uma base de operações para o Sandworm.

Ao longo da semana seguinte, Lee, Assante e Conway continuaram a trocar informações sobre o ataque com o governo ucraniano, o Departamento de Segurança Interna e o Departamento de Energia. Mas, depois de oito dias, quando nenhum oficial norte-americano fez qualquer tipo de declaração pública sobre o ataque, eles fizeram outra publicação sob o nome de Assante que definitivamente confirmou que o apagão havia sido um ciberataque, dando os nomes de BlackEnergy e KillDisk como ferramentas utilizadas no ataque, apesar de não serem necessariamente as causas do apagão. Eles fizeram planos de liberar um relatório completo com o passo a passo sobre o ataque baseado na análise.

Mas àquela altura, para a imensa frustração de Lee, um oficial sênior do DHS disse aos pesquisadores da SANS que contivessem qualquer revelação a mais. O pedido para ficar quieto foi dirigido a Assante, que ainda possuía conexões profundas com o governo dos anos de trabalho no Laboratório Nacional de Idaho e na North American Electric Reliability Corporation.

Como o coordenador de cibersegurança da administração Obama, J. Michael Daniel, me descreveria mais tarde, o governo argumentou que desejava dar às companhias a chance de lidar com o problema discretamente antes da revelação pública das vulnerabilidades dessas companhias, o que poderia chamar a atenção de hackers oportunistas. Mas Lee estava furioso: em vez disso, ele viu o atraso como um arrasto burocrático.

Nos dias seguintes, os pesquisadores da SANS e oficiais da agência chegaram a um acordo sobre as objeções de Lee. Eles montariam uma comitiva de busca de fatos que iria à Ucrânia, se encontraria com as companhias elétricas que foram vítimas dos ataques e faria relatórios confidenciais tanto para o governo quanto relatórios não confidenciais para o público. Até então, todo mundo ficaria quieto.

Assante e Conway foram convidados para se unir à delegação. Lee, considerado pelos oficiais na época como esquentado e problemático, não.

▪

Algumas semanas depois, a equipe de norte-americanos chegou a Kiev em um dia claro e congelante de inverno. Eles se reuniram no Hyatt, a uma quadra do domo dourado da Catedral de Santa Sofia, com seus mil anos, e logo na rua de baixo da Maidan. Entre eles havia funcionários do FBI, do Departamento de Energia, do Departamento de Segurança Interna e da North American Electric

Reliability Corporation — o órgão responsável pela estabilidade da rede elétrica dos Estados Unidos —, assim como Assante e Conway da SANS, todos alocados para aprender a verdade completa sobre o apagão ucraniano.

Naquele primeiro dia, o grupo se reuniu em uma sala de conferências estéril com os funcionários da Kyivoblenergo, a empresa regional de Kiev de distribuição de energia e uma das três vítimas dos ataques à rede elétrica. Ao longo das próximas várias horas, os executivos estoicos e engenheiros da empresa ucraniana explicaram a linha do tempo de uma incursão cruel e astuta em sua rede.

Como Lee e Assante haviam notado, o malware que infectou as empresas elétricas não continha nenhum comando capaz de realmente controlar os disjuntores. Mas, na tarde de 23 de dezembro, empregados da Kyivoblenergo observavam enquanto circuito depois de circuito foi aberto em dezenas de subestações ao longo de uma região central da Ucrânia do tamanho de Massachusetts, aparentemente comandado por computadores na rede que eles não conseguiam ver. Na verdade, os engenheiros da Kyivoblenergo determinaram que os atacantes haviam arrumado sua própria cópia perfeitamente configurada do software de controle em um computador de uma instalação distante e então usaram esse clone trapaceiro para enviar os comandos que cortaram a energia.

Assim que os disjuntores estavam abertos e a eletricidade de dezenas de milhares de ucranianos fora cortada, os hackers lançaram outra fase do ataque. Eles sobrescreveram o código obscuro dos conversores ethernet-serial das subestações, minúsculas caixas no armário do servidor das estações que traduziam a comunicação da internet moderna para uma forma que poderia ser interpretada por equipamento antigo. Hackeando esses pedaços de hardware, os intrusos haviam permanentemente murado os dispositivos, impedindo operadores legítimos de controlar digitalmente os disjuntores.

Apenas o truque do conversor ethernet-serial já teria levado semanas para arquitetar, Assante pensou consigo mesmo. Sentado na mesa da sala de conferência, ele se maravilhava com a meticulosidade da operação.

Os hackers também deixaram um de seus usuais cartões de visita, executando o KillDisk para destruir um punhado dos computadores da empresa. Então veio o elemento mais perverso do ataque: quando a eletricidade da região foi cortada, as próprias estações também apagaram. Estações de controle possuem baterias de reserva para ocasiões assim, mas os hackers as haviam desligado, jogando os operadores da companhia na escuridão no meio de sua crise e atrasando seus esforços de recuperação. Com grande precisão, os hackers projetaram um apagão dentro de um apagão.

"A mensagem era: 'Eu vou fazer você sentir isso em todo lugar.' *Boom boom boom boom boom boom*", diz Assante, imaginando o ataque da perspectiva de um operador da rede elétrica. "Deve ter parecido que esses atacantes eram como deuses."

Naquela noite, para a próxima etapa da viagem, a equipe entrou em um voo para a cidade ocidental ucraniana de Ivano-Frankivsk, no pé das montanhas dos Cárpatos, chegando no meio de uma nevasca ao minúsculo aeroporto da era soviética. Na manhã seguinte eles visitaram a sede da Prykarpattyaoblenergo, a empresa de energia que recebera o impacto do ataque que antecedeu o Natal.

Os executivos da empresa de energia educadamente deram as boas-vindas aos norte-americanos no prédio moderno localizado sob as chaminés que assomavam a usina de carvão abandonada do mesmo complexo. Então eles os convidaram para a sala de reuniões, sentando-se em uma longa mesa de madeira embaixo de uma pintura a óleo do desfecho de uma batalha medieval.

O ataque que os executivos da Prykarpattyaoblenergo descreveram era quase idêntico ao que atingiu a Kyivoblenergo: BlackEnergy, firmware corrompido, sistemas de backup de energia rompidos, KillDisk. Mas, nessa operação, os atacantes deram outro passo, bombardeando os call centers da empresa com ligações telefônicas falsas — para abafar avisos de clientes sobre o apagão de energia ou simplesmente para adicionar outra camada de caos e humilhação. Era como se os hackers estivessem determinados a impressionar uma plateia com a matriz completa de suas capacidades ou para testar o alcance de seu arsenal.

Havia mais uma diferença entre os outros ataques às companhias. Quando os norte-americanos perguntaram se, assim como na região de Kiev, o software de controle clonado havia enviado os comandos que derrubaram a eletricidade, os engenheiros da Prykarpattyaoblenergo disseram que não, que seus disjuntores haviam sido abertos por outro método.

Nesse momento da reunião, o diretor técnico da empresa, um homem alto e sério com cabelos pretos e olhos de um azul-gelo, entrou na conversa. Em vez de tentar explicar os métodos dos hackers para os norte-americanos por intermédio de um tradutor, ele propôs mostrar-lhes. Ele clicou em "play" em um vídeo que havia gravado em seu maltratado iPhone 5s.

O clipe de 56 segundos mostrou um cursor se mexendo pela tela de um dos computadores na sala de controle da empresa.[4] O ponteiro desliza para o ícone de um dos disjuntores e clica o comando para abri-lo. O vídeo vai do monitor Samsung do computador para seu mouse, que não se mexeu. Então mostra o cursor se movendo de novo, aparentemente por vontade própria, flutuando sobre um disjuntor e tentando mais uma vez cortar o fluxo de energia enquanto os engenheiros na sala se perguntavam quem estava controlando-o.

Os hackers não haviam enviado os comandos de apagão por meio de um malware automatizado ou até de uma máquina clonada, como fizeram em

Kyivoblenergo. Em vez disso, eles exploraram a ferramenta de central de ajuda de TI da empresa para assumir o controle direto dos movimentos do mouse dos operadores de estação. Eles haviam trancado os operadores do lado de fora de suas próprias interfaces. E, diante de seus olhos, mãos fantasmas clicaram em dezenas de disjuntores — cada um fornecendo energia para uma faixa diferente da região — e, um por um, eles foram apagados.

PARTE II

ORIGENS

Outrora os homens entregaram seu pensamento às máquinas na esperança de que isso os libertaria. Mas isso apenas permitiu que outros homens com máquinas os escravizassem.

10

FLASHBACK: AURORA

Nove anos antes da viagem à Ucrânia, em uma manhã cortante de frio e vento em março de 2007, Mike Assante chegou a uma instalação do Laboratório Nacional de Idaho (INL, na sigla em inglês) a 52 quilômetros a oeste de Idaho Falls, um prédio no meio de um vasto cenário desértico coberto com neve e artemísia. Ele entrou em um auditório dentro do centro de visitantes, onde uma pequena multidão estava se reunindo. O grupo incluía oficiais do Departamento de Segurança Interna, do Departamento de Energia e da North American Electric Reliability Corporation (NERC), executivos de um punhado de companhias elétricas pelo país e outros pesquisadores e engenheiros que, como Assante, receberam do laboratório nacional a tarefa de passar seus dias imaginando ameaças catastróficas à infraestrutura crítica norte-americana.

Na frente da sala estava uma fila de monitores de vídeo e transmissões de dados, organizados na direção da arquibancada da sala, como o controle de missão do lançamento de um foguete. As telas mostravam imagens ao vivo de vários ângulos de um gerador a diesel gigantesco. A máquina era do tamanho de um ônibus escolar, uma enorme roda de aço verde-menta com 27 toneladas, quase o peso de um tanque M3 Bradley. Estava a 1,5 quilômetro de distância da plateia em uma subestação elétrica, produzindo eletricidade suficiente para abastecer um hospital ou um navio da marinha e emitindo um rugido constante. Ondas de calor saindo da superfície borravam o horizonte na imagem das transmissões de vídeo.

Assante e seus colegas pesquisadores do INL compraram o gerador por 300 mil dólares de um campo de petróleo no Alasca. Ele foi transportado por milhares de quilômetros até o local de teste em Idaho, um terreno de 1.500 quilômetros quadrados onde o laboratório nacional mantinha uma rede elétrica considerável para fins de testes, com 98 quilômetros de linhas de transmissão e 7 subestações elétricas.

Agora, se Assante tivesse feito bem seu trabalho, eles o destruiriam. E os pesquisadores reunidos planejaram matar aquele pedaço de maquinaria caro e resiliente não com qualquer arma ou ferramenta física, mas com 140 kilobytes de dados, um arquivo menor do que um GIF de gato comum compartilhado hoje no Twitter.

▪

Três anos atrás, Assante havia sido o oficial de segurança chefe na American Electric Power, uma companhia com milhões de clientes em onze estados do Texas ao Kentucky. Um antigo oficial da marinha que virou engenheiro de cibersegurança, Assante estava consciente há muito tempo da possibilidade de hackers atacarem a rede elétrica. Mas ele estava consternado em ver que a maioria dos colegas na indústria de companhia elétrica tinha uma visão relativamente simplista dessa ameaça distante e ainda teórica. Se hackers, de alguma maneira, se embrenhassem o suficiente na rede de uma companhia para começar a abrir disjuntores, a sabedoria comum da indústria na época era a de que os funcionários poderiam simplesmente chutar os intrusos para fora da rede e ligar a energia de novo. "Poderíamos lidar com isso como uma tempestade", Assante se lembra dos colegas dizendo. "O modo como era imaginado funcionaria como um apagão, e nós nos recuperaríamos do apagão, e esse era o limite de pensar sobre o modelo de risco."

Mas Assante, que possuía um nível raro de cruzamento de expertise entre a arquitetura de redes elétricas e a segurança de computadores, estava incomodado por um pensamento mais perverso. E se os atacantes não apenas sequestrassem os sistemas de controle dos operadores da rede para virar interruptores e provocar apagões curtos, mas em vez disso reprogramassem os elementos automáticos da rede, componentes que tomavam suas próprias decisões sobre operações sobre a rede sem a confirmação de qualquer humano?

Em particular, Assante andava pensando sobre um equipamento chamado relé de proteção. Relés de proteção são projetados para funcionar como um mecanismo de segurança para proteger contra condições físicas perigosas nos sistemas elétricos. Se as linhas superaquecem ou um gerador sai de sincronia, são esses relés de proteção que detectam a anomalia e abrem um disjuntor, desconectando o ponto com problema, salvando um hardware precioso e até mesmo prevenindo incêndios. Um relé de proteção funciona como um tipo de salva-vidas para a rede.

Mas e se esse relé de proteção pudesse ser paralisado — ou pior, corrompido para que se tornasse o veículo da carga do atacante?

Essa pergunta perturbadora foi levada por Assante do seu tempo na companhia elétrica até o Laboratório Nacional de Idaho. Agora, no centro de visitantes do campo de testes do laboratório, ele e seus colegas engenheiros estavam prestes a pôr em prática sua ideia mais maliciosa. O experimento secreto recebeu um nome em código que se transformaria em sinônimo do potencial de infligir consequências físicas por meio de ataques digitais: Aurora.

■

O diretor do teste pronuncia a hora: 11h33 da manhã. Ele conferiu com um engenheiro de segurança que a área ao redor do gerador a diesel do laboratório estava livre de expectadores. Então enviou uma permissão a um dos pesquisadores de cibersegurança no escritório do laboratório nacional em Idaho Falls para começar o ataque. Como qualquer sabotagem digital real, esta seria executada a quilômetros de distância, pela internet. O hacker simulado do teste respondeu enviando quase trinta linhas de código da sua máquina para o relé de proteção conectado ao gerador a diesel do tamanho de um ônibus.

O interior daquele gerador, até o momento exato da sabotagem, estava executando um tipo de dança invisível em perfeita harmonia com a rede elétrica na qual estava conectado. O diesel em suas câmaras era aerossolizado e detonado com uma precisão de tempo inumana para movimentar pistões que rodavam uma haste de aço dentro do motor do gerador — a montagem inteira era conhecida como *prime mover* ou força motriz — aproximadamente seiscentas vezes por minuto. A rotação era realizada por meio de um ilhó de borracha, projetado para reduzir qualquer vibração, e então para os componentes geradores de eletricidade: uma haste com braços revestidos por fios de bronze, abrigada entre dois ímãs enormes para que cada rotação induzisse corrente elétrica nos fios. Girando essa massa enrolada de bronze rápido o suficiente, ela produziria sessenta hertz de corrente alternada, alimentando com sua energia a ampla rede à qual estava conectada.

Um relé de proteção anexado ao gerador foi projetado para preveni-lo de se conectar ao resto do sistema de energia sem primeiro sincronizar àquele ritmo exato: sessenta hertz. Mas o hacker de Assante em Idaho Falls havia acabado de reprogramar o dispositivo de salvaguarda, virando sua lógica de cabeça para baixo.

Às 11h33m23s da manhã, o relé de proteção observou que o gerador estava sincronizado perfeitamente. Mas então seu cérebro corrompido fez o oposto do que era para fazer: ele abriu um disjuntor para desconectar a máquina.

Quando o gerador foi desanexado do circuito maior da rede elétrica do Laboratório Nacional de Idaho e aliviou o peso de compartilhar sua energia com esse vasto sistema, instantaneamente começou a acelerar, girando mais rápido, como um bando de cavalos que haviam se soltado da carruagem. Assim que o relé de proteção observou que a rotação do gerador havia acelerado e saído totalmente de sincronização com o resto da malha, sua lógica maliciosamente trocada o reconectou de imediato à maquinaria da rede.

Na hora em que o gerador a diesel se conectou de novo ao sistema maior, ele foi atingido pela força distendida de cada gerador em rotação na rede. Todo aquele equipamento puxou a massa relativamente pequena dos componentes do próprio gerador a diesel de volta para sua velocidade original mais lenta para combinar as frequências dos vizinhos.

Nas telas do centro de visitantes, a plateia reunida assistiu à enorme máquina sacudir com uma violência repentina e terrível, emitindo um som como o estalo profundo de um chicote.[1] O processo inteiro do momento que o código malicioso havia sido deflagrado até o primeiro tremor se passou em apenas uma fração de segundo.

Pedaços pretos começaram a voar de um painel de acesso do gerador, que os pesquisadores deixaram aberto para observar o interior. Por dentro, o ilhó de borracha preto que conectava as duas metades do eixo do gerador estava se despedaçando.

Alguns segundos depois, a máquina sacudiu mais uma vez enquanto o código do relé de proteção repetia seu ciclo de sabotagem, desconectando a máquina e reconectando-a fora de sincronização. Dessa vez uma nuvem de fumaça cinza começou a sair do gerador, talvez o resultado dos destroços de borracha queimando por dentro.

Assante, apesar dos meses de esforço e dos milhões de dólares em fundos federais gastos desenvolvendo o ataque que eles estavam testemunhando, de alguma maneira sentiu um tipo de simpatia pela máquina enquanto ela era destruída por dentro. "Você se percebe torcendo por ela, como em *O Pequeno Motorzinho*", lembrou Assante. "Eu pensava: 'Você consegue!'"

A máquina não aguentou. Após um terceiro ataque, ela soltou uma grande nuvem de fumaça cinza. "O *primer mover* está queimado", disse um engenheiro em pé ao lado de Assante. Após o quarto ataque, uma pluma de fumaça preta ascendeu da máquina a dez metros no ar em uma última chacoalhada mortal.

O diretor do teste encerrou o experimento e desconectou o gerador destruído da rede uma última vez, deixando-o quieto. Na análise forense que se seguiu, os pesquisadores do laboratório descobririam que o eixo do motor havia colidido com sua parede interna, deixando ranhuras profundas nos dois e enchendo o interior da máquina com aparas de metal. Do outro lado do gerador, os fios e o isolamento haviam derretido e queimado. A máquina estava irreparável.

Na sequência da demonstração, um silêncio tomou o centro de visitantes. "Foi um momento solene", lembra Assante. Os engenheiros haviam acabado de provar, sem dúvidas, que os hackers que atacassem uma companhia elétrica poderiam ir além de uma perturbação temporária nas operações da vítima: eles poderiam danificar o equipamento mais crítico de modo irreparável. "Era tão vívido. Você podia imaginar isso acontecendo com uma máquina em uma instalação de verdade, e seria terrível", diz Assante. "A sugestão era que, com apenas algumas linhas de código, você pudesse criar condições que seriam fisicamente muito danosas para as máquinas das quais dependemos."

Mas Assante também se lembra de sentir algo mais pesado nos momentos seguintes ao experimento Aurora. Era uma sensação de que — assim como Robert Oppenheimer assistindo ao primeiro teste de uma bomba atômica em outro laboratório nacional norte-americano seis décadas antes — ele estava testemunhando o nascimento de algo histórico e imensamente poderoso.

"Eu senti um verdadeiro buraco no estômago", diz Assante. "Era como um vislumbre do futuro."

11

FLASHBACK: MOONLIGHT MAZE

A história conhecida do hacking patrocinado pelo Estado se estende há três décadas de os hackers da Rússia desligarem a energia para centenas de milhares de pessoas e duas décadas antes de experimentos como o Teste Aurora provarem o quão destrutivo esses ataques seriam. Começou com um erro de contabilidade de 75 centavos.[1]

Em 1986, Cliff Stoll, um astrônomo de 36 anos trabalhando como administrador de TI no Laboratório Nacional Lawrence Berkeley, foi alocado para investigar esta anomalia financeira: de algum modo, alguém havia utilizado remotamente uma das máquinas compartilhadas do laboratório sem pagar a taxa por minuto que era típica para computadores online da época. Logo percebeu que o usuário não autorizado era um hacker unicamente sofisticado sob o nome "Hunter", ou Caçador, que explorou uma vulnerabilidade de zero-day no software do laboratório.[2] Stoll passaria o ano seguinte caçando o caçador, rastreando meticulosamente os movimentos do intruso enquanto ele roubava resmas de arquivos da rede do laboratório.

Por fim, Stoll e sua namorada, Martha Matthews, criaram uma coleção falsa para atrair o ladrão enquanto eles o observavam utilizar os computadores do laboratório como ponto de partida para tentar penetrar alvos como os sistemas MILNET do Departamento de Defesa; uma base do exército no Alabama; o Laboratório de Propulsão a Jato da NASA; empresas terceirizadas de defesa, como SRI e BBN; e até mesmo a CIA. Enquanto isso, Stoll também estava rastreando o hacker até suas origens: uma universidade em Hannover, na Alemanha.

Graças, em parte, ao trabalho de detetive de Stoll, que ele registrou em seu livro seminal de cibersegurança, *The Cuckoo's Egg*, a polícia alemã prendeu o hacker de Stoll com mais quatro de seus associados da Alemanha Ocidental. Juntos, eles haviam abordado agentes da Alemanha Oriental com uma oferta para roubar segredos de redes governamentais do Ocidente e vendê-los para a KGB.

Todos os cinco homens na equipe foram acusados de espionagem. "Hunter", cujo nome verdadeiro era Markus Hess, foi condenado a vinte meses de prisão. Dois dos homens concordaram em cooperar com os procuradores para evitar tempo de prisão. O corpo de um desses cooperadores, Karl Koch, de trinta anos de idade, posteriormente foi encontrado em uma floresta fora de Hannover, queimado de forma que impossibilitava o reconhecimento, com uma lata de gasolina por perto.[3]

■

Dez anos depois dessas intrusões, os hackers da Rússia voltaram. Dessa vez, eles não eram mais freelancers estrangeiros, mas espiões organizados, profissionais e altamente persistentes. Eles saqueariam os segredos do governo e das forças militares norte-americanas por anos.

A partir de outubro de 1996, a Marinha dos Estados Unidos; a Força Aérea e as agências, incluindo a NASA; o Departamento de Energia; a Agência de Proteção Ambiental; e a Administração Nacional Oceânica e Atmosférica começaram a detectar intrusões esporádicas em suas redes. Apesar de os intrusos fazerem o caminho do ataque através de máquinas comprometidas de Colorado a Toronto e a Londres, as primeiras vítimas da campanha de hacking conseguiram rastrear os hackers até o provedor de serviço de internet localizado em Moscou, Cityline.[4]

Em junho de 1998, a Agência de Sistemas de Informação de Defesa do Pentágono estava investigando as invasões, junto com o FBI e a Polícia Metropolitana de Londres. Eles determinaram que os hackers estavam roubando um volume enorme de dados do governo norte-americano e das agências militares: em uma estimativa, a aquisição total era equivalente a uma pilha de arquivos de papel tão alta quanto o Monumento de Washington.[5] Enquanto os investigadores se davam conta do tamanho da operação de ciberespionagem sem precedentes que estavam enfrentando, eles a nomearam: Moonlight Maze.

Em 1998 estava claro que os hackers da Moonlight Maze eram, quase com certeza, russos. O horário de suas operações mostrou que os intrusos estavam trabalhando durante as horas do dia de Moscou. Investigadores foram cavar nos arquivos de conferências acadêmicas e descobriram que cientistas russos assistiram a conferências sobre tópicos que correspondiam aos assuntos dos arquivos roubados por eles das agências norte-americanas. Um ex-especialista forense da força aérea, Kevin Mandia, até fez a engenharia reversa das ferramentas dos hackers, desnudando as camadas de ofuscação do código e puxando as linhas de idioma russo. (Décadas mais tarde, Mandia seria o chefe de John Hultquist na FireEye, a empresa que adquiriu a iSight Partners na sequência de sua similar descoberta das origens russas do Sandworm.)

Pelo jeito, parecia que uma agência de inteligência russa estava furtando os segredos do governo norte-americano no que logo seria reconhecida como a primeira campanha de ciberespionagem de um país sobre outro. Mas provar que os espiões estavam trabalhando para o próprio governo russo era muito mais difícil do que provar que eles estavam simplesmente localizados na Rússia. Era um problema fundamental que atormentaria investigadores de hackers durante décadas. A não ser que detetives pudessem executar o feito quase impossível se seguir as pegadas de um intruso de volta a um prédio ou identificá-los pelo nome, governos poderiam negar facilmente qualquer responsabilidade pela espionagem, jogando a culpa em adolescentes entediados ou gangues criminosas.

Então, no começo de 1999, depois de os investigadores desesperados da Moonlight Maze fracassarem durante anos em impedir as penetrações ou em provar qualquer conexão definitiva ao Kremlin, eles recorreram ao plano de backup: pedir ajuda à Rússia.

■

Em março de 1999, agentes do FBI receberam oficiais do Ministério de Assuntos Internos da Rússia em um restaurante de luxo de Washington, D.C., brindaram com vodka e formalmente pediram ajuda das forças policiais da Rússia para rastrear os hackers que estavam, quase certamente, localizados em Moscou.

O Ministério ofereceu uma resposta surpreendentemente amigável, prometendo emprestar "apoio investigativo agressivo".[6] Afinal, isso aconteceu na era pós-soviética e pré-Putin dos anos 1990. Os Estados Unidos haviam, ostensivamente, ganhado a Guerra Fria. A nova Rússia pós-Perestroika sob o presidente Boris Yeltsin parecia que se tornaria uma aliada democrática do Ocidente.

Menos de duas semanas depois, investigadores norte-americanos voaram até Moscou para se encontrar com oficiais russos. Um deles, um general, foi particularmente amigável com a delegação norte-americana, convidando os investigadores para outro jantar regado a vodka. Amigável demais, como se revelou: no final daquela segunda noite de diplomacia, o general embriagado quase causou um incidente internacional ao inserir a língua, sem consentimento, na orelha da esposa de um agente do FBI.[7]

Mas, no dia seguinte, o Ministério realmente cumpriu com a oferta de cooperação: o general de ressaca ordenou que um subordinado levasse os norte-americanos aos escritórios dos operadores de serviço de internet que foram utilizados pelos hackers da Moonlight Maze, incluindo a Cityline. Os investigadores logo descobriram que a Cityline oferecia seus serviços de internet não apenas a civis, mas ao governo russo, uma pista que eles esperavam que levasse à evidência do envolvimento do Kremlin.

Então, algo inesperado aconteceu. Em outra reunião no Ministério da Defesa russo, o mesmo general chocou o grupo ao confirmar francamente que o governo russo estava por trás das invasões da Moonlight Maze.

As invasões haviam sido orquestradas pela Academia de Ciências da Rússia, explicou o general, mas os indivíduos responsáveis eram "aqueles filhos da mãe da inteligência".[8] Ele declarou que esse comportamento com os novos amigos da Rússia nos Estados Unidos não seria tolerado. A delegação norte-americana, mal acreditando na sorte, parabenizou uns aos outros pela viagem de sucesso. Talvez o que parecia um problema intratável, essa nova praga de ciberespionagem russa, poderia ser resolvido com diplomacia.

O otimismo dos norte-americanos durou pouco. No dia seguinte, a delegação soube de seus guias russos que a agenda havia sido preenchida com viagens turísticas ao redor de Moscou. Quando a mesma coisa aconteceu no dia seguinte, os investigadores começaram a ficar frustrados. Eles perguntaram a seus contatos russos sobre o paradeiro do general com quem haviam se encontrado e não receberam uma resposta clara. Após um terceiro dia sem mais reuniões, eles sabiam que seu interlúdio breve e inesperado na cooperação russo-americana sobre a cibersegurança havia acabado.

Os investigadores confusos só conseguiam imaginar o que havia acontecido. O general amigável, ao que parecia, não compreendia de fato a campanha de hacking do Kremlin. Ele a havia considerado uma aberração trapaceira em vez do que realmente era: uma nova e poderosa capacidade que o governo russo estava lapidando em uma ferramenta central para coleta de inteligência na era pós-soviética. O erro, sem dúvidas, trouxe sérias consequências. Os norte-americanos nunca mais viram o general.

Quando os investigadores voltaram aos Estados Unidos, eles descobriram que as intrusões da Moonlight Maze haviam cessado. Por um momento, ao que parecia, sua sondagem fez o governo russo ordenar uma pausa na farra de espionagem. Então, apenas dois meses depois, na primavera de 1999, administradores de redes militares viram que o mesmo hacking implacável havia recomeçado, agora com uma camuflagem melhor e mais ofuscação no código de suas ferramentas. Uma nova era de ciberespionagem patrocinada pelo Estado havia começado.

Pouco depois dessa viagem, em junho de 1999, o Departamento de Defesa lançou oficialmente a Força-tarefa Conjunta de Defesa de Redes de Computadores (JTF-CND, na sigla em inglês), um novo braço do Pentágono dedicado à ameaça crescente de intrusões digitais. Na cerimônia de inauguração para celebrar a criação da unidade em agosto daquele ano, o vice-secretário de Defesa, John Hamre, aludiu discretamente à crise de cibersegurança em curso que as forças militares estavam enfrentando enquanto a Moonlight Maze continuava a vazar seus segredos.

"O Departamento de Defesa está em uma ciberguerra pelos últimos seis meses", disse Hamre ao público.[9] Ele não nomeou a Moonlight Maze. O codinome vazou para a imprensa apenas alguns meses depois. "O ciberespaço não é só para geeks", adicionou Hamre em seu discurso da JTF-CND. "Agora também é para guerreiros."

■

O que Hamre quis dizer com toda essa falação de guerreiros no ciberespaço e com essa palavra ainda desconhecida, "ciberguerra"?

Na época do discurso de Hamre em 1999, o conceito já fora mencionado em círculos de estudos militares há anos. O termo "ciberguerra" foi cunhado em um artigo de 1987 da revista *Omni*, que o definiu em termos de robôs gigantes e sistemas de armas autônomas que substituiriam e melhorariam soldados humanos. Ele descreveu drones voadores, tanques autoguiados e campos de batalha cobertos por "carcaças de máquinas debilitadas".[10]

Mas, em 1993, outro artigo de referência apagou essa definição ao estilo de *Exterminador do Futuro* e deu à ciberguerra um significado muito mais influente, expressando-a em termos militares de potencial de exploração da tecnologia da informação. Esse artigo de dois analistas do think tank Rand, John Arquilla e David Ronfeldt, apareceu na publicação acadêmica *Comparative Strategy* com o título "A Ciberguerra Está Chegando!" (o ponto de exclamação, Arquilla diria mais tarde, servia para "mostrar a todos como isso era sério").[11]

Os dois analistas do Rand definiram a ciberguerra como qualquer meio de guerra que altera o equilíbrio de conhecimento a favor do atacante. Essas táticas podem incluir reconhecimento e espionagem, mas também, crucialmente, o ataque aos sistemas de comando e controle do inimigo. "Significa causar ruptura ou destruir os sistemas de informação e comunicação, definidos de modo amplo para incluir até a cultura militar, por meio da qual o adversário pode 'ser conhecido': quem é, onde está, o que pode fazer e quando, por que está lutando, quais ameaças combater primeiro etc.", escreveram Arquilla e Ronfeldt.[12] "Como uma inovação na guerra, nós antecipamos que a ciberguerra pode ser para o século XXI o que a blitzkrieg foi para o século XX."*

Na época do discurso de inauguração de Hamre, meia década depois, uma concepção mais obscura da ciberguerra havia começado a se formar aos poucos. Hamre disse em 1997, em uma audiência do Congresso, que os Estados Unidos precisam se preparar para um "Pearl Harbor eletrônico": um ciberataque surpresa e calamitoso projetado não apenas para destruir as comunicações militares de comando e controle, mas para devastar fisicamente a infraestrutura norte-americana.[13]

A visão mais apocalíptica da ciberguerra estava cozinhando em círculos de análise militares e do governo também. E se — os monges da guerra começaram a imaginar — os hackers pudessem alcançar os sistemas físicos que alicerçam a civilização por intermédio da internet?

Os membros do Rand, em 1996, três anos depois do artigo sobre ciberguerra de Arquilla e Ronfeldt, executaram suas próprias simulações de guerra hacker em torno dessa exata questão. Nesse exercício, dramaticamente intitulado "O Dia Seguinte... no Ciberespaço", os analistas do Rand imaginaram consequências letais e catastróficas de ciberataques que afetariam civis e militares: o descarrilamento de um trem na Alemanha, a ruptura dos controles na empresa de petróleo da Arábia Saudita Aramco, o corte de energia para uma base aérea norte-americana, a queda de um avião comercial em Chicago ou o pânico ocasionado nas bolsas de valores de Nova York e Londres.[14]

A visão de um Armagedom digital foi um salto assustador para além da imagem de ciberguerra que Arquilla e Ronfeldt haviam descrito. Em vez de só utilizar o ciberataque para cortar os fios comunicativos de soldados e armas militares, e se a ciberguerra significasse que os próprios hackers se tornariam soldados? E se os ciberataques se tornassem suas armas, tão destrutivas fisicamente quanto uma bala ou ogiva?

Essa ideia de um ataque fisicamente debilitante através de meios digitais, como Rand imaginou, levantou questões preocupantes sobre as fundações da sociedade moderna. "Se um quarto dos sistemas de controle de tráfego aéreo

* Os autores sugerem que o tipo de ciberguerra que eles descrevem pode na verdade ser uma forma de combate militar menos violenta e letal, na qual um atacante pode penetrar rapidamente um centro de comando de um exército inimigo, em vez de lutar uma guerra sangrenta e extenuante. "É difícil pensar em qualquer guerra como humana, mas uma doutrina de ciberguerra totalmente articulada pode permitir o desenvolvimento de uma habilidade de usar a força não só de modo que minimize seus próprios custos, mas que também permita alcançar a vitória sem a necessidade de maximizar a destruição do inimigo", eles escreveram. "Se não por qualquer outro motivo, esse potencial da ciberguerra de diminuir a crueldade da guerra exige um estudo e uma elaboração cuidadosos."

estiver inoperável por 48 horas, o transporte aéreo poderia continuar?", os analistas se perguntaram em seu relatório final sobre os exercícios. "Bastariam dois terços dos sistemas bancários e, se sim, por quanto tempo?"

Enquanto imaginavam em voz alta esses cenários impensáveis, os jogadores da guerra chegaram ao consenso de que o mais crítico de tudo era a vulnerabilidade do fornecimento de eletricidade, do qual dependem todas as outras camadas da infraestrutura tecnológica da sociedade moderna. "Se o sistema de energia está em risco", escreveram, "tudo está em risco".

■

Em 1999, a ciberguerra era, mais ou menos, ficção científica. De acordo com quase qualquer definição, John Hamre estava se precipitando em seu discurso pressagiador. A Moonlight Maze não era ciberguerra. Era simplesmente ciberespionagem.

Até mesmo enquanto os hackers russos roubavam resmas e mais resmas de dados, eles não estavam usando o acesso às redes militares para sabotar ou corromper esses sistemas. Não havia sinal de que eles estavam em busca de causar rupturas ou enganar o comando e controle norte-americano para obter o tipo de vantagem tática descrita por Arquilla e Ronfeldt. E eles certamente não estavam se estendendo ao mundo físico para causar o caos letal e apagões.

Mas a Moonlight Maze demonstrou que hackers patrocinados pelo Estado poderiam obter um acesso muito mais profundo e amplo do que muitos no governo norte-americano pensavam ser possível. E, na próxima vez, eles poderiam não utilizar essas habilidades só para espionagem.

Em janeiro do ano 2000, o próprio presidente Bill Clinton encapsulou a ameaça em um discurso sinistro no Jardim Sul da Casa Branca. Os breves comentários tinham a intenção de desvelar um plano para impulsionar o recrutamento e a pesquisa de cibersegurança dos Estados Unidos. Em vez disso, eles ressoaram como um aviso do passado. "Hoje, nossos sistemas críticos, de estruturas de energia ao controle do tráfego aéreo, são conectados e executados por computadores", disse Clinton.[15]

> Nunca houve um tempo como esse, em que nós temos o poder de criar conhecimento e o poder de causar a destruição, e ambos os poderes residem nas mesmas mãos. Vivemos em uma era em que uma pessoa sentada em um computador pode ter uma ideia, viajar pelo ciberespaço e levar a humanidade a novas alturas. No entanto, alguém pode sentar no mesmo computador, hackear um sistema de computador e potencialmente paralisar uma empresa, uma cidade ou um governo.

O dia em que hackers infligiriam essa escala de ruptura ainda não havia chegado. Mas a imaginação de Clinton desse futuro não estava errada. Na verdade, estava logo além do horizonte.

12

FLASHBACK: ESTÔNIA

A internet de Toomas Hendrik Ilves havia caído.

Ou assim achava o presidente da Estônia, de 53 anos, quando ele acordou na fazenda da família em um sábado, no final de abril de 2007. Primeiro, ele pensou que pudesse ser um problema com a conexão em sua remota casa do campo, rodeada por acres de colinas. Ilves ficou irritado com a situação. No dia anterior, ele havia permitido a contragosto que os serviços de segurança do país o retirassem do palácio presidencial na capital, Talim, e o levassem para duzentos quilômetros ao sul da propriedade da família, chamada de Ärma, onde um perímetro de guardas nacionais estavam de vigia.

A mudança de última hora foi projetada para proteger Ilves de uma situação cada vez mais volátil em Talim. A violência havia sacudido a cidade por dias. Protestantes enraivecidos — a maior parte composta da minoria falante de russo do país — reviraram carros e quebraram vidraças de lojas, causando milhões de dólares em danos. Eles brigaram com a polícia e pediram pela renúncia do governo, um pedido ecoado por declarações do governo russo.

Todo esse caos havia sido deflagrado por um desrespeito simbólico: dezesseis anos após a queda da União Soviética, o governo estoniano finalmente decidiu realocar da área central de Talim a estátua de um soldado soviético rodeado por uma pequena coleção de túmulos de vítimas da Segunda Guerra Mundial. Para a população de etnia russa do país, os túmulos e o monumento de bronze de quase dois metros de altura serviam como lembrança dos sacrifícios sangrentos da União Soviética para derrotar os ocupantes nazistas da Estônia. Para a maioria dos estonianos, eles eram a lembrança da sombria ocupação soviética que se seguiu, marcada por deportações em massa para a Sibéria e décadas de estagnação econômica.

A estátua servia de ponto de ignição há anos para as tensões da Estônia com a Rússia e sua própria população falante de russo. Quando trabalhadores do governo exumaram os túmulos soviéticos da guerra e os transferiram, junto com a estátua, para um cemitério militar na fronteira da cidade no final de abril de 2007, estonianos pró-Rússia inundaram o centro de Talim em uma massa fervente de agitação.

Ilves havia deixado Talim com relutância e permanecia ansioso sobre o aumento dos protestos. Então a primeira coisa que fez ao acordar cedo naquela manhã em seu quarto, no segundo andar da casa da fazenda, foi abrir seu MacBook Pro e visitar o site do principal jornal da Estônia, *Postimees*, em busca de atualização sobre os protestos e os pedidos da Rússia para a derrubada de seu governo. Mas o site de notícias misteriosamente falhou em carregar. A solicitação do navegador expirou e o deixou com uma mensagem de erro.

Ele tentou outros sites de mídia estonianos, mas eles também estavam fora do ar. Era a placa de rede de Wi-Fi de seu computador? Ou o roteador? Mas não, ele rapidamente descobriu que o britânico *Financial Times* carregava normalmente. Então Ilves tentou alguns sites governamentais estonianos. Eles também estavam inacessíveis.

Ilves ligou para seu administrador de TI e perguntou qual poderia ser o problema com a conexão de Ärma. O confuso funcionário de tecnologia do presidente disse a Ilves que o problema não era exclusivo dele. Sites estonianos pareciam estar fora do ar para todo mundo. De alguma maneira, uma fração significativa de toda a rede doméstica da Estônia foi prejudicada.

A Estônia havia, ao longo da década anterior, brotado do marasmo soviético para se tornar um dos países mais digitalmente vibrantes do mundo. A internet havia se tornado um pilar da vida estoniana: 95% das transações bancárias de seus cidadãos se davam na web, cerca de 90% das declarações de imposto de renda eram enviadas online, e o país havia até se tornado o primeiro do mundo a permitir o voto pela internet. O próprio Ilves tinha bastante crédito por impulsionar muitas dessas iniciativas como ministro e depois como presidente. Agora parecia que a sociedade com uma relação amigável tão única com a web, que ele ajudou a construir, estava experimentando um ataque unicamente centrado na web.

Enquanto Ilves clicava em sites quebrados em sua remota casa de campo, percebeu algo muito pior em jogo do que a simples tecnologia danificada. Parecia que ele havia tropeçado na névoa da guerra, uma sensação de cegueira estratégica e isolamento em um momento crucial de conflito. "Isso é o prelúdio de alguma coisa?", perguntou-se. "O que *diabos* está acontecendo?"

■

Os ataques começaram na noite anterior. Hillar Aarelaid estava esperando por eles.

O chefe da Equipe de Resposta às Emergências de Computador da Estônia (CERT, na sigla em inglês) observou fóruns hacker por dias enquanto figuras pseudônimas planejavam uma operação para desencadear uma inundação de tráfego falso em sites estonianos como retaliação pela remoção do soldado de bronze. Eles pediram a voluntários que mirassem uma série de pings repetitivos de seus computadores em uma longa lista de alvos, unindo-se a um ataque distribuído de negação de serviço por força bruta que sobrecarregaria os servidores dos sites.

Quando as primeiras ondas da inundação chegaram, Aarelaid estava em um pub em uma pequena cidade da Irlanda, bebendo Guinness depois de terminar duas semanas de treinamento forense em uma academia de polícia ali perto. Seu celular tocou com uma chamada de seu colega de trabalho na CERT estoniana. "Começou", disse-lhe o homem. Os dois estonianos concordaram, com a brevidade típica, em monitorar os ataques e responder com as medidas defensivas que eles haviam planejado: trabalhar com os administradores dos sites para aumentar a largura de banda, ligar os servidores de backup e filtrar o tráfego malicioso. Aarelaid, um ex-policial de patrulha lacônico com cabelos raspados bem curtos e uma permanente barba por fazer, desligou após não mais do que dez segundos e voltou a beber sua Guinness.

Na manhã seguinte, enquanto o presidente Ilves ainda estava intrigado por causa da conexão de internet em sua casa do campo no sul da Estônia, o colega da CERT de Aarelaid o buscou no aeroporto de Talim e o informou sobre o progresso dos atacantes. A inundação de dados maliciosos estava crescendo, assim como a lista de alvos. A maioria dos sites de mídia e sites governamentais do Ministério de Defesa ao parlamento estava sendo bombardeada — um bombardeio grande o suficiente para desconectar muitos deles.

Aarelaid permaneceu estático. Esses ataques distribuídos de negação de serviço eram do tipo mais fácil para hackers sem talento, usados na maioria das vezes para extorsão mesquinha. Ele ainda acreditava que a resposta comum ao aborrecimento venceria quando os atacantes se cansassem da corrida armamentista. "Nós podemos lidar com isso", disse Aarelaid ao colega da CERT. Ele considerava o ataque um simples "ciberprotesto", a extensão da internet do caos improvisado que se desenrolava nas ruas de Talim.

Mas, no terceiro dia de ataques, estava dolorosamente claro para Aarelaid que isso não era uma derrubada comum de sites, e as respostas normais não os impediriam. Com cada tentativa de bloquear os fluxos de tráfego malicioso, os atacantes alteravam suas técnicas para fugir dos filtros e retomar seu bombardeio. Cada vez mais computadores estavam sendo recrutados para adicionar poder de fogo à enchente tóxica. Atacantes individuais voluntários cederam o lugar para enormes botnets com dezenas de milhares de máquinas escravizadas controladas por hackers criminosos, incluindo a notória Russian Business Network, uma operação cibercriminosa conhecida e responsável por uma parcela significativa do spam da internet e das campanhas de fraude de cartão de crédito. Isso significava que computadores infectados com malware ao redor do mundo, do Vietnã aos Estados Unidos, eram agora grandes mangueiras de dados direcionadas à Estônia.

Os objetivos dos atacantes mudaram, evoluindo de meros ataques de negação de serviço para o defacement, substituindo o conteúdo de sites por suásticas e fotos do primeiro-ministro do país com um bigode de Hitler, tudo em um esforço coordenado para retratar os estonianos como fascistas antirrussos. A lista de alvos também estava crescendo em proporções absurdas, atingindo tudo desde bancos a sites arbitrários de e-commerce e fóruns comunitários de condomínios de Talim. "Vinte, cinquenta, cem sites, não é mais possível responder a esses números", diz Aarelaid. "No domingo, percebemos que a resposta comum não funcionaria."

Na manhã de segunda, Aarelaid realizou uma reunião com administradores dos principais sites governamentais e comerciais que foram alvos, no escritório da CERT no centro de Talim. Eles concordaram que era hora para uma nova e draconiana abordagem. Em vez de tentar filtrar as fontes conhecidas de tráfego malicioso, eles simplesmente adicionariam a uma lista de endereços proibidos todas as conexões que vinham de fora da Estônia.

Enquanto administradores de web da Estônia faziam essa lista, um por um, a pressão nos servidores foi aliviada: a pequena fração do tráfego de ataque que se originava na própria Estônia foi facilmente absorvida. Mas a estratégia teve um preço: separou a mídia estoniana do resto do mundo, prevenindo-a de compartilhar suas histórias sobre os protestos e o bombardeio digital. O minúsculo país fora bem-sucedido em trancar os atacantes estrangeiros do lado de fora. Mas também se trancara do lado de dentro.

■

Ao longo dos dias que se seguiram ao lockdown, a CERT da Estônia começou o lento processo de aliviar o isolamento da internet do país. Aarelaid e seus colegas trabalharam com provedores de serviço de internet ao redor do mundo para identificar meticulosamente e filtrar as máquinas maliciosas hospedadas em cada uma dessas fontes globais de tráfego. Os atacantes ainda estavam crescendo, se transformando e mudando suas origens — até que finalmente, uma semana depois de os ataques terem começado, eles cessaram de repente.

Porém, na calmaria misteriosa que se seguiu, os defensores da Estônia sabiam que os atacantes retornariam. No dia 9 de maio, a Rússia celebra o Dia da Vitória, um feriado para comemorar a derrota soviética de Hitler após quatro anos de perdas e sacrifícios imensuráveis. O papo nos fóruns hackers deixou claro que a próxima onda de ataques estava sendo guardada para esse dia simbólico, agitando manifestantes digitais para a causa. "Você não concorda com a política da eSStônia?", perguntou uma pessoa no fórum russo, usando o "SS" para enfatizar as supostas amarras nazistas do país.[1] "Você pode achar que não tem influência alguma na situação, mas você PODE ter influência na internet!"

"A ação será enorme", escreveu outra pessoa. "Está tudo planejado para derrubar a porra da Estônnet :)."

Quase meia-noite em ponto, no horário de Moscou, no dia 8 de maio, outro bombardeio atingiu a web estoniana com quase 1 milhão de computadores recrutados em dezenas de botnets, derrubando 58 sites ao mesmo tempo.[2]

Durante toda aquela noite e nos dias que se seguiram, Aarelaid coordenou com os provedores de serviço de internet que ele havia feito amizade para filtrar novo tráfego malicioso. Mas, na segunda onda do ataque, alguns dos hackers também haviam se mexido para além da inundação por força bruta. Ele começou a ver ataques mais sofisticados explorando vulnerabilidades de software que permitiram que os hackers paralisassem brevemente roteadores de internet, derrubando sistemas que dependiam da internet, incluindo caixas eletrônicos e sistemas de cartão de crédito. "Você vai à loja e quer pagar pelo leite e pelo pão", diz Aarelaid. "Você não pode pagar com um cartão na loja. Você não pode tirar dinheiro do caixa eletrônico. Então, fica sem leite e pão."

Conforme os ataques crescentes se desgastavam, porém, eles também começaram a perder o efeito de choque e espanto nos webmasters e na população da Estônia. Como Aarelaid conta, ele e administradores de TI ao redor do país desenvolveram um estoicismo tipicamente estoniano sobre os ataques. Eles iam dormir toda noite, dando aos atacantes o campo livre para destruir seus alvos como quisessem. Então os defensores acordavam na manhã seguinte e limpavam a bagunça que encontravam, filtrando o novo tráfego e reiniciando roteadores para trazer a infraestrutura digital do país de volta ao ar antes do começo do dia de trabalho. Até mesmo os ataques a roteador mais sofisticados tinham apenas efeitos temporários, diz Aarelaid, curáveis com um reboot.

Ele compara essa rotina de cerco e defesa à habilidade estoniana de tolerar temperaturas abaixo de zero no inverno, com apenas algumas horas de sol por dia, lapidada coletivamente ao longo de milhares de anos. "Você vai trabalhar e está escuro. Você volta para casa e está escuro. Por muito tempo, você não vê luz nenhuma, então está preparado para esse tipo de coisa", diz Aarelaid. "Você prepara a sua lenha."

■

Os ataques oscilaram pelo resto de maio até que, ao final do mês, eles finalmente minguaram e então desapareceram. Eles deixaram questões em aberto que, até uma década mais tarde, não foram respondidas com certeza: quem estava por trás dos ataques? O que eles queriam alcançar?

Estonianos que se encontraram no epicentro dos eventos, como Aarelaid e Ilves, acreditavam desde o começo que o governo da Rússia — e não meramente seus hackers patrióticos — tinha o dedo no planejamento e na execução do bombardeio na Estônia. Após o tráfego malicioso inicial e fraco, de pouco conhecimento, os atacantes se tornaram polidos e profissionais demais em sua precisão de tempo e técnicas para que esse fosse o trabalho de hacktivistas desonestos. Quem, afinal de contas, estava coordenando dezenas de botnets, aparentemente controladas por diferentes sindicatos do crime russos? Uma análise da empresa de segurança Arbor Networks também descobriu que um subconjunto revelador das fontes de tráfego se sobrepunha com ataques de negação de serviço anteriores, com a mira no site de Garry Kasparov, candidato à presidência pelo partido de oposição e crítico veemente do Kremlin.[3]

"Era uma coisa muito organizada, e quem pode organizar isso? Criminosos? Não", diz Aarelaid. "Era um governo. E o governo russo era quem mais queria isso."

Outros estonianos no meio dos ataques enxergaram aquilo como um tipo de parceria entre hackers não governamentais e suas contrapartes governamentais — ou, no caso de gangues como a Russian Business Network, cibercriminosos dirigidos por patrões do Kremlin, em troca de as forças policiais do país ignorarem suas operações de negócios. "É como o feudalismo. Você pode fazer um tipo de negócio porque algum chefe na sua área te dá permissão, e você paga um tributo a ele", diz Jaan Priisalu, que na época dos ataques era o chefe de segurança de TI no maior banco da Estônia, o Hansabank. "Se o seu chefe vai à guerra, você também vai à guerra."

E, no começo de 2007, o chefe da Rússia estava mesmo indo à guerra, ou pelo menos ajustando o termostato para uma nova guerra fria. Dois meses antes dos ataques estonianos, Putin havia subido no palco da Conferência de Segurança de Munique e proferido um discurso duro e histórico que escoriava os Estados Unidos e a OTAN por criar o que ele via como um desequilíbrio perigoso na geopolítica global. Ele protestou contra a ideia de um mundo "unipolar" pós-Guerra Fria no qual nenhuma força competitiva poderia bater de frente com os Estados Unidos e seus aliados.

Putin claramente sentiu a ameaça direta daquele conglomerado superpoderoso singular e crescente. Afinal, a Estônia havia se unido à aliança da OTAN três anos antes, junto com os países bálticos da Lituânia e da Letônia, trazendo o grupo pela primeira vez até a porta de entrada da Rússia, a menos de 160 quilômetros de São Petersburgo.

"A OTAN colocou suas forças de linha de frente em nossas fronteiras", disse Putin em seu discurso de Munique.[4] A expansão da aliança, ele continuou, representa "uma provocação séria que reduz o nível de confiança mútua. E nós temos o direito de perguntar: essa expansão é direcionada contra quem?". A resposta não dita de Putin para essa questão era, é claro, a Rússia — e ele mesmo.

Quando os ciberataques na Estônia atingiram um pico de intensidade três meses depois, Putin não escondeu sua aprovação, mesmo com seu governo negando a responsabilidade. Em um discurso do Dia da Vitória, no dia 9 de maio, ele deu sua bênção implícita aos hackers. "Aqueles que profanam monumentos aos heróis da guerra estão insultando seu próprio povo e semeando discórdia e uma nova desconfiança", ele disse à multidão na Praça Vermelha de Moscou.[5]

Ainda assim, a OTAN nunca tratou os ciberataques estonianos como um ato manifesto de agressão do Estado russo contra um dos membros da OTAN. Sob o Artigo 5 do Tratado de Washington que descreve as regras da OTAN, um ataque contra um membro deve ser considerado um ataque contra todos eles, com uma resposta coletiva de igual peso. Mas, quando o presidente Ilves começou a falar com seus embaixadores na primeira semana do ciberataque, disseram a ele que os membros da OTAN estavam relutantes até em considerar uma resposta com base no Artigo 5 às provocações russas. Isso era, afinal, um mero ataque na internet, e não um ato ameaçador à vida, de guerra física.

Ilves diz que pediu a seus diplomatas que perguntassem sobre o Artigo 4, que apenas convoca líderes da OTAN para uma "consulta" quando a segurança de um membro é ameaçada. Os seus intermediários rapidamente trouxeram uma resposta: até este passo mais brando se provou inócuo. Como eles poderiam determinar que a Rússia estava por trás das provocações? Afinal, diplomatas e líderes da OTAN mal entendiam o mecanismo de um ataque distribuído de negação de serviço. A fonte do tráfego parecia ser de criminosos e hackers freelance russos ou, mais confuso ainda para o observador, computadores sequestrados em países ao redor do mundo.

Por baixo de toda essa inação, Ilves diz, estava outra motivação: o que ele descreve como um tipo de fratura entre países da OTAN que são da Europa ocidental e países do Leste Europeu enfrentando ameaças russas. "Há uma sensação de que 'é do lado de lá', que 'eles não são como nós'", diz Ilves, zombando o que ele descreve como um tom "orgulhoso, arrogante" de membros europeus ocidentais da OTAN. "Ah, aqueles europeus do leste, eles não gostam dos russos, então eles têm uma falha e culpam a Rússia.'"

No fim, a OTAN não fez essencialmente nada para confrontar a Rússia em resposta aos ataques estonianos. Putin, ao que parecia, havia testado um novo método para ensanguentar o nariz de um país da OTAN com negação plausível, utilizando ferramentas que eram virtualmente impossíveis de rastrear até o Kremlin. E ele julgou corretamente a falta de vontade política para defender membros do Leste Europeu da OTAN de uma nova forma inovadora de sabotagem em massa.

Os eventos desses dois meses na Estônia seriam, em alguns círculos, vistos como a primeira ciberguerra ou, de forma mais criativa, "Primeira Guerra da Web". Os ciberataques não eram, na realidade, tão catastróficos quanto qualquer guerra de verdade. A ameaça de um "Pearl Harbor eletrônico" ainda estava no futuro. Mas o governo russo parecia ter demonstrado uma forma indiscriminada e sem precedentes de romper tanto o governo quanto a sociedade civil de um adversário. E não havia sofrido as consequências.

13

FLASHBACK: GEÓRGIA

Havia se passado algumas horas após o cair da noite quando Khatuna Mshvidobadze soube que tanques russos estavam avançando em direção à sua localização.

Mshvidobadze estava, na noite do dia 11 de agosto de 2008, trabalhando até tarde em seu escritório no Centro de Informação da OTAN no centro de Tbilisi, a capital da antiga república soviética da Geórgia. Na época, ela tinha o cargo de vice-diretora da organização, uma parte do Ministério de Defesa da Geórgia dedicada a fazer pressão para que o pequeno país do Cáucaso se tornasse parte da aliança da OTAN. Boa parte do trabalho do grupo consistia em organizar eventos e persuadir a mídia a argumentar para a Geórgia unir forças com seus vizinhos ocidentais através do Mar Negro. Mas, no verão de 2008, o Centro de Informação da OTAN se viu com um novo foco muito mais urgente: combater as tentativas do Kremlin de dominar a narrativa da mídia ao redor da invasão russa.

A guerra havia estourado dias antes. A Rússia enviou tropas e artilharia para duas regiões separatistas dentro das fronteiras da Geórgia, Abecásia e Ossétia do Sul. Em resposta, as forças georgianas lançaram um ataque preventivo. No dia 7 de agosto, eles atacaram alvos militares na cidade de Tskhinvali na Ossétia do Sul, tentando ganhar a iniciativa no que eles viam como um conflito inevitável alimentado pela agressão do Kremlin. Mas seu plano, pelas aparências, não havia considerado a força esmagadora da resposta russa.

Proclamando que estava protegendo a Abecásia e a Ossétia do Sul da opressão georgiana, a Rússia inundou o pequeno país com mais 25 mil tropas, 1.200 veículos de artilharia, 200 aviões e 40 helicópteros. Esses números eclipsaram o exército da Geórgia, com menos de 15 mil soldados, e sua força aérea básica de 8 aviões e 25 helicópteros.[1] No segundo dia da guerra, o Kremlin havia lançado sua frota de navios de guerra do Mar Negro pela primeira vez desde a Segunda Guerra Mundial, enviando uma armada através da água para bloquear o litoral de Geórgia. O país foi, em poucos dias, desarmado e cercado.

No dia 11 de agosto, forças russas estavam saindo das regiões separatistas e entrando no coração do território de Geórgia, tomando a cidade de Gori e dividindo o país invadido em dois. Naquela noite, tanques russos estavam preparados para percorrer o trecho de 65 quilômetros de Gori até a capital.

Para Mshvidobadze, trabalhando em seu escritório no centro de Tbilisi, aquela noite de 11 de agosto foi a mais caótica de sua vida. Para começar, a internet do seu prédio estava inexplicavelmente fora do ar, tornando seu trabalho de combater a propaganda militar russa — incluindo declarações falsas de que os georgianos estavam massacrando civis na Ossétia do Sul e na Abecásia — quase impossível.

No meio daquela sensação crescente de impotência, ela recebeu uma ligação do seu chefe, o diretor do Centro de Informação da OTAN. Dias antes, o diretor havia viajado para o fronte na Ossétia do Sul para cobrir o conflito em desenvolvimento como jornalista e, durante a ausência, deixou sua vice, Mshvidobadze, tomando conta da organização. Agora o chefe de Mshvidobadze queria avisá-la de que os russos estavam chegando a Tbilisi. Seria necessária uma evacuação.

Na hora seguinte, Mshvidobadze e sua equipe se prepararam para uma potencial ocupação, apagando arquivos sensíveis e destruindo documentos que eles temiam que pudessem cair em mãos russas. Então, em uma última injeção de caos, a eletricidade da cidade caiu — talvez o resultado de sabotagem física pelas forças invasoras. Já estava perto da meia-noite quando a equipe inicialmente saiu às pressas do prédio apagado e foi cada um para um lado.

O Centro de Informação da OTAN era, na época, abrigado em uma estrutura de vidro em uma rua lateral do bairro Vake, em Tbilisi, um bairro famoso que ficou conhecido durante a era soviética da Geórgia como o lar da intelligentsia da cidade. Mshvidobadze andou um quarteirão até uma rua agitada e encontrou uma cena de total colapso social. A queda de energia havia deixado os postes de luz apagados, então apenas os faróis dos carros iluminavam as calçadas. Motoristas estavam frenéticos, ignorando todas as leis de trânsito e avançando através dos cruzamentos com semáforos apagados — impedindo-a de até mesmo atravessar a rua. Enquanto ela tentava em vão chamar um táxi, outros pedestres desesperados corriam por ela, alguns gritando de medo ou chorando.

Mshvidobadze estava determinada a chegar em casa para ver sua irmã mais nova, que morava com ela em um apartamento do outro lado da cidade. Mas ela não conseguia alcançá-la ou chamar um taxista para ir buscá-la: torres de celulares estavam trabalhando apenas intermitentemente, enquanto os celulares de tbilisianos desesperados inundavam as redes de telecomunicações.

Levaria meia hora para ela finalmente alcançar um motorista que conseguiu encontrá-la no meio do pandemônio. Até então, permaneceu paralisada no cruzamento, observando a cidade em pânico. "Foi uma situação louca e terrível. Você precisa estar em uma zona de guerra para entender o sentimento", disse. "Todos esses pensamentos estavam passando na minha cabeça. Eu pensei na minha irmã, na minha família, em mim mesma. Pensei no futuro do meu país."

▪

Jose Nazario havia visto a chegada da guerra da Geórgia quase um mês antes — não da linha de frente do Cáucaso, mas de seu escritório em Michigan. Nazario, um pesquisador de segurança para a Arbor Networks, a empresa de rastreio de ciberataques, chegou ao trabalho naquela manhã de julho no escritório da empresa, a um quarteirão da ponta sul do campus da Universidade de Michigan em Ann Arbor, e começou o dia com sua rotina comum: conferir o desfecho das batalhas de botnet da noite passada.

Para analisar todos os conflitos digitais da internet em tempo real, Arbor rodava um sistema chamado BladeRunner, nomeado por seu propósito de rastrear bots. Era parte de uma coleção de milhões de "honeypots" — computadores virtuais rodando nos servidores da Arbor ao redor do mundo, cada um projetado para ser hackeado e recrutado em uma horda de botnets de computadores escravizados. Arbor usava os computadores como um tipo de cobaia coletiva, fazendo a colheita de amostras de malware e, o mais importante para o modelo de negócios da empresa, monitorando as instruções que os bots recebiam dos servidores de comando e controle da botnet. Essas instruções permitiriam que eles determinassem em quem os hackers estavam mirando e com qual tipo de munição.

Naquela manhã, os resultados da varredura do BladeRunner de Nazario mostraram algo estranho. Uma botnet grande estava treinando sua torrente tóxica de pings no site do presidente georgiano, Mikheil Saakashvili. Aparentemente o site havia sido castigado com tráfego malicioso o suficiente para derrubá-lo do ar. E os pedidos que haviam sobrecarregado o servidor do site incluíram um conjunto estranho de caracteres, que pareceu ser uma mensagem para os administradores: "ganhe+amor+na+Rusia."

Essa linha estranha e com erro de digitação imediatamente despertou a atenção de Nazario de que o ataque não era uma criminosa derrubada por extorsão qualquer, mas algo com uma motivação política. Parecia mais com o trabalho das botnets que haviam bombardeado a Estônia no ano anterior, o qual ele e o resto da equipe da Arbor rastrearam, fascinados.

"Provavelmente soa melhor no original em russo", diz Nazario sobre a mensagem. "Mas foi bem inequívoco." Ele ligou para um de seus contatos favoritos para discutir os conflitos geopolíticos da web: John Hultquist, então um jovem analista no Departamento de Estado com foco em cibersegurança e no Leste Europeu.

Nos meses desde que Hultquist se uniu ao Estado, ele e Nazario estavam cultivando uma amizade mutuamente benéfica. Hultquist, faminto por acesso aos dados da Arbor Network sobre os ataques, havia chamado Nazario inicialmente para lhe oferecer uma carona até o aeroporto durante uma das visitas de venda de Nazario à capital. Nazario estava igualmente interessado em ouvir as visões de Hultquist sobre o contexto de política externa dos ataques que a Arbor rastreou. Desde então, os dois homens haviam desenvolvido uma rotina: Hultquist ia buscar Nazario no final de suas viagens à capital, e eles iam jantar no Jaleo, um restaurante de tapas em Crystal City. Lá, conversavam sobre os últimos ataques desferidos contra alvos que iam desde a Estônia até a Inguchétia e a Chechênia, e então corriam até o aeroporto para o voo de volta de Nazario.

Depois que Nazario descobriu o ataque ao site do presidente da Geórgia, ele e Hultquist logo construíram o panorama: tensões entre a Rússia e a Geórgia estavam chegando a um ponto crítico. Assim como a Ucrânia, o novo presidente reeleito e pró-Ocidente da Geórgia estava levando o país em direção à OTAN. Caso o país se unisse à aliança, isso representaria a expansão maior da OTAN para dentro da esfera de influência da Rússia. Essa ideia, claro, enfurecia o Kremlin.

Em resposta, a Rússia estava aumentando lentamente sua presença militar na Abecásia e na Ossétia do Sul como parte da chamada força mantenedora de paz. Quando a Geórgia protestou para a OTAN que a Rússia estava ameaçando silenciosamente sua soberania, foi largamente ignorada e avisada para não provocar um conflito com seu vizinho gigantesco e poderoso. Enquanto isso, conflitos e cenas de violência estavam estourando nas regiões separatistas da Geórgia apoiadas pela Rússia, com bombardeios e tiroteios intermitentes matando ou ferindo um punhado de separatistas, assim como a polícia e os soldados georgianos.

Agora Nazario e Hultquist achavam que o governo russo — ou pelo menos hackers russos patrióticos alinhados com seus objetivos — estava utilizando novas ferramentas para apertar os parafusos contra a Geórgia, as mesmas ferramentas que haviam sido experimentadas na desordem com a Estônia. Mas dessa vez os ciberataques poderiam ser um prelúdio para uma guerra com tiros de verdade.

Essa guerra chegou no dia 7 de agosto. Um dia depois, uma onda quase simultânea de ataques distribuídos de negação de serviço atingiu 38 sites, incluindo o do Ministério de Relações Exteriores, do Banco Nacional da Geórgia, do

Parlamento, da Suprema Corte, das embaixadas norte-americanas e britânicas em Tbilisi e, de novo, do presidente Saakashvili. Assim como na Estônia, os hackers fizeram o deface de alguns sites para publicar imagens de Saakashvili ao lado de imagens de Hitler. E parecia que os ataques tinham uma coordenação central: eles começavam meia hora um após o outro e continuaram inabaláveis até pouco depois do meio-dia de 11 de agosto, quando a Rússia estava começando a negociar o cessar-fogo.[2]

Como na Estônia, foi impossível conectar diretamente os ataques a Moscou. Eles vieram, como todos os ataques de botnets, de todas as direções ao mesmo tempo. Mas a empresa de segurança Secureworks e pesquisadores na fundação sem fins lucrativos Shadowserver conseguiram conectar os ataques à Russian Business Network, os mesmos cibercriminosos cujas botnets contribuíram para os ataques estonianos, assim como hackers mais de base organizados através de sites como o StopGeorgia.ru.[3]

Em alguns casos, os ataques físico e digital pareciam misteriosamente coordenados. Os hackers atingiram sites e jornais na cidade de Gori, por exemplo, logo antes dos aviões russos começarem o bombardeio.

"Como eles sabiam que haveria um bombardeio em Gori e não na capital?", perguntou Don Jackson, pesquisador da Secureworks.[4] "Pelo que eu vi em primeira mão, houve algum nível de coordenação e/ou direção."

Khatuna Mshvidobadze, que depois da guerra georgiana foi obter um doutorado em ciências políticas e cibersegurança e agora trabalha como consultora e pesquisadora de segurança, argumenta que resta pouca dúvida hoje de que o Kremlin teve influência direta nos ciberataques. "Quantos sinais você precisa?", pergunta ela, sua voz marcada pela raiva. "É assim que o governo russo se comporta. Eles usam representantes, oligarcas e criminosos para deixar a atribuição mais difícil, para dar negação plausível à Rússia. Esse tipo de jogo não funciona mais. Nós sabemos quem vocês são e o que estão fazendo."

Para John Hultquist, tinha um detalhe nos ataques que permaneceu com ele, uma pista que ele guardaria na memória apenas para que emergisse seis meses depois, enquanto ele rastreava o Sandworm. Muitos dos hackers que bombardeavam a Geórgia estavam usando um certo pedaço de malware para controlar e dirigir seus exércitos digitais, um que ainda estava em uma encarnação pregressa, mas que se desenvolveria ao longo do tempo em uma ferramenta de ciberguerra muito mais sofisticada: BlackEnergy.

■

Rússia e Geórgia concordaram com o cessar-fogo no dia 12 de agosto de 2008. Nos dias seguintes, os tanques da Rússia continuaram a avançar no território da

Geórgia — uma provocação final antes de eles, enfim, se virarem e se retirarem. Eles nunca entraram na capital. O bombardeio acabou e a frota russa desmontou seu bloqueio no Mar Negro.

Os ganhos da Rússia com sua breve guerra com a Geórgia, porém, eram tangíveis. O país consolidou o controle separatista pró-Rússia da Abecásia e da Ossétia do Sul, dando à Rússia uma base de apoio permanente em quase 20% do território da Geórgia.[5] Assim como na Ucrânia em 2014, a Rússia não queria ocupar ou conquistar seu vizinho menor, mas queria prendê-lo em um "conflito congelado", um estado permanente de guerra de baixo nível em seu próprio solo. O sonho de muitos georgianos, como Mshvidobadze, de que seu país se tornaria parte da OTAN e, portanto, seria protegido da agressão russa foi suspenso indefinidamente.

E qual foi o papel que os ciberataques da Rússia tiveram nessa guerra? Praticamente nenhum, diz Mshvidobadze. "Ninguém estava sequer pensando sobre o ciber na época, ninguém sabia nada sobre isso", diz. Na época, afinal, a Geórgia não era uma Estônia. Apenas sete em cada cem georgianos utilizavam a internet.[6] E eles tinham preocupações muito mais imediatas do que sites inacessíveis — como os morteiros explodindo ao redor de suas cidades e vilarejos e os tanques avançando em direção a suas casas.

Mas os ciberataques contribuíram para uma confusão mais ampla, interna e internacionalmente. Eles desativaram uma rota chave para os georgianos alcançarem o Ocidente e compartilharem sua própria narrativa da guerra com a Rússia. Mshvidobadze ainda se enfurece com a ideia comum de que, por exemplo, o bombardeio georgiano de Tskhinvali deflagrou a guerra e não a Rússia acumulando tropas e equipamento silenciosamente dentro do território georgiano por semanas antes.

Mas talvez, mais importante do que os efeitos práticos dos ciberataques tenha sido o precedente histórico que eles estabeleceram. Nenhum país antes havia combinado tão abertamente táticas de ruptura hacker com a guerra tradicional. Os russos procuraram dominar seu inimigo em todos os domínios da guerra: terra, mar, ar e agora a internet. A Geórgia foi o primeiro experimento imperfeito em um novo sabor de guerra híbrida que unia o digital e o físico.

Refletindo sobre os conflitos georgiano e estoniano hoje em dia, Hultquist vê protótipos primitivos para o que está por vir. Os hackers russos por trás deles não estavam nem perto do Sandworm em termos de habilidades e recursos. Mas eles apontaram para uma era de ataques digitais indiscriminados e irrestritos, com pouca consideração sobre a linha entre o civil e o militar.

"Hackers derrubando a energia? Ainda não estávamos lá", diz Hultquist. "Mas o que quer que a ciberguerra tenha se tornado, não há dúvida: foi ali que começou."

14

FLASHBACK: STUXNET

Em janeiro de 2009, apenas dias antes de tomar posse, Barack Obama se encontrou com o presidente George W. Bush para discutir um assunto envolto sob o escalão mais alto de sigilo executivo. Na maioria dos assuntos de segurança nacional, até mesmo em tópicos sensíveis como a sequência de comandos para iniciar lançamentos de mísseis nucleares, Bush deixou seus subordinados informarem o próximo presidente.[1] Mas isso ele sentiu a necessidade de falar pessoalmente com Obama.[2] Bush queria o compromisso de seu sucessor para continuar um projeto sem precedentes. Era uma operação da era Bush que a NSA havia desenvolvido ao longo de anos, mas que estava apenas começando a se concretizar: a execução de um pedaço de código que viria a ser conhecido como Stuxnet, a ciberarma mais sofisticada da história.

A concepção do Stuxnet, mais de dois anos antes, foi o resultado de um dilema desesperado. Quando o presidente linha-dura do Irã, Mahmoud Ahmadinejad, assumiu o poder em 2005, ele ostentou publicamente sua intenção de desenvolver as capacidades nucleares do país. Isso incluía enriquecer urânio a um grau que poderia ser usado para armas nucleares. Mas grupos vigilantes internacionais perceberam que o Irã tinha apenas uma única usina nuclear, que já era abastecida com urânio enriquecido da Rússia.[3] Eles suspeitaram de um motivo bem mais impactante: Ahmadinejad queria armas nucleares — um desejo que Israel provavelmente consideraria uma ameaça existencial e uma potencial faísca que poderia incendiar o Oriente Médio inteiro.

O governo do Irã buscava obter armas nucleares desde os anos 1980, quando estava preso em uma guerra brutal com o Iraque e suspeitava que o líder iraquiano, Saddam Hussein, queria construir suas próprias bombas nucleares. Mas nenhum país havia de fato alcançado suas ambições atômicas, e, nas décadas seguintes, o Irã fez apenas um progresso balbuciante para se unir aos superpoderes nucleares do mundo.

Dois meses depois da eleição de Ahmadinejad no verão de 2005, porém, ele havia saído de um acordo que o Irã havia realizado com a Agência Internacional de Energia Atômica (IAEA, na sigla em inglês), suspendendo a evolução nuclear do país.[4] Durante anos antes desse acordo, o país estava construindo duas instalações de 23 mil quilômetros quadrados, na maior parte subterrâneas, a 7,5 metros abaixo da superfície do deserto em Natanz, uma cidade central iraniana. O propósito desses vastos bunkers havia sido enriquecer urânio a um grau de pureza de armas. Sob Ahmadinejad, Natanz foi lançada de volta em alta velocidade.

Em 2005, agências de inteligência norte-americanas haviam estimado que levaria de seis a dez anos para o Irã desenvolver uma bomba nuclear. A inteligência israelense fez uma estimativa mais próxima de cinco anos. Mas depois que o Irã recomeçou seu programa de enriquecimento de urânio em Natanz, a inteligência israelense diminuiu a estimativa para dois anos. Em particular, os israelenses contaram a oficiais norte-americanos que uma bomba poderia ficar pronta em seis meses. Uma crise se aproximava.[5]

Enquanto esse prazo se aproximava cada vez mais, a equipe de segurança nacional de Bush havia estabelecido duas opções, nenhuma delas nem um pouco atraente. Os Estados Unidos poderiam permitir que o governo imprevisível e altamente agressivo do Irã obtivesse uma arma devastadora ou poderiam lançar um ataque de míssil em Natanz — um ato de guerra. Na verdade, a guerra parecia inevitável sob qualquer perspectiva do dilema. Se o Irã se aventurasse perto demais do objetivo de concretizar suas ambições nucleares, o governo linha dura de Israel estava preparado para lançar seu próprio ataque contra o país. "Preciso de uma terceira opção", disse Bush repetidas vezes a seus conselheiros.[6]

Essa opção seria o Stuxnet. Era um conceito tentador: um pedaço de código projetado para paralisar o programa nuclear do Irã de modo tão efetivo quanto um ato de sabotagem física, executado nas profundezas do coração de Natanz e sem os riscos ou danos colaterais de um ataque militar completo. Junto com a equipe de elite de hacking ofensivo da NSA, então conhecida como Tailored Access Operations, ou TAO, e a equipe israelense de cibersegurança conhecida como Unidade 8200, o Comando Estratégico do Pentágono começou a desenvolver um pedaço de malware nunca antes visto. Ele seria capaz de não apenas perturbar equipamento crítico em Natanz, mas destruí-lo.

Em 2007, uma coleção de laboratórios nacionais do Departamento de Energia obteve as mesmas centrífugas P1 que os iranianos estavam usando: cilindros reluzentes tão grossos quanto postes e com quase dois metros de altura. Durante meses, os laboratórios testariam silenciosamente as propriedades físicas dessas máquinas, experimentando como elas poderiam ser destruídas puramente via comandos digitais.[7] (Alguns desses testes aconteceram no Laboratório Nacional de Idaho, durante mais ou menos o mesmo período em que os pesquisadores do laboratório estavam trabalhando na demonstração do hacking Aurora, que mostrou que eles poderiam destruir um gerador a diesel enorme com apenas algumas linhas de código. Mike Assante, a cabeça que projetou o trabalho Aurora, declinou responder qualquer pergunta sobre o Stuxnet.)

Pouco depois de os testes começarem, os conselheiros de inteligência de Bush exibiram em uma mesa os detritos de metal de uma centrífuga destruída só por código.[8] O presidente ficou impressionado. Ele deu sinal verde a um plano para desenvolver esse pedaço brilhante e malicioso de software, uma operação com o codinome de Jogos Olímpicos. Ela provaria ser uma ferramente de ciberguerra tão sofisticada que faria os ciberataques na Estônia e na Geórgia parecerem catapultas medievais.

Os Jogos Olímpicos ainda estavam em seus estágios iniciais quando a presidência de Bush chegou ao fim, no começo de 2009. O Stuxnet havia acabado de começar a demonstrar seu potencial para infiltrar e degradar os processos de enriquecimento do Irã. Então Bush fez uma reunião urgente de transição com Obama, na qual o presidente de saída explicou, ele mesmo, ao sucessor a importância geopolítica e a delicadeza de sua missão de ciberguerra, do tipo que nunca havia sido tentada antes.

Obama estava escutando. Ele não escolheria apenas continuar a operação Stuxnet. Ele iria expandi-la imensamente.

▪

Felizmente para a continuação da existência da raça humana, enriquecer urânio até a pureza necessária para alimentar a arma mais destrutiva do mundo é um processo absurdamente intricado. Minério de urânio, quando escavado da terra, consiste, na maior parte, em um isótopo chamado urânio-238. Ele contém menos de 1% de urânio-235, a forma um pouco mais leve do metal prateado que pode ser usada para fissão nuclear, desencadeando a energia necessária para abastecer ou destruir cidades inteiras. Energia nuclear requer urânio que tem em torno de 3% a 5% de urânio-235, mas armas nucleares precisam de um núcleo de urânio composto de pelo menos 95% do isótopo mais raro.

É aqui que as centrífugas entram em cena. Para enriquecer urânio e torná-lo material para bombas, ele precisa ser transformado em gás e bombeado para um longo cilindro de alumínio da centrífuga. Uma câmara dentro da extensão do cilindro é girada por um motor em uma ponta, girando a dezenas de milhares de rotações por minuto, de modo que a borda externa da câmara esteja se movendo além da velocidade do som.[9] A força centrífuga que vem do centro e vai em direção às paredes da câmara giratória atinge 1 milhão de vezes a força da gravidade, separando o urânio-238, mais pesado, para que o urânio-235 possa ser sifonado para fora. Para atingir concentrações adequadas para armas, o processo precisa ser repetido várias vezes, em uma "cascata" de centrífugas. É por isso que uma instalação de enriquecimento de urânio como a que está escondida no subterrâneo de Natanz requer uma vasta floresta de milhares dessas máquinas altas, turbilhonantes, frágeis e de alta engenharia.

O Stuxnet foi projetado para ser a chave inglesa perfeita e invisível que seria arremessada nessas engrenagens.

Em algum momento de 2008, os engenheiros de Natanz começaram a enfrentar um problema misterioso: aparentemente, em horas aleatórias, uma das centrífugas começava a girar fora de controle, sua câmara interna se movendo mais rápido do que os rolamentos cuidadosamente projetados estavam preparados para aguentar. Em outros casos, a pressão dentro da câmara aumentava até que ela fosse empurrada para fora de órbita. O cilindro giratório então colidia no invólucro a uma velocidade supersônica, destruindo a máquina por dentro — assim como o gerador a diesel do Laboratório Nacional de Idaho havia se eviscerado no teste Aurora um ano antes.

Os operadores de Natanz não conseguiam ver sinal ou aviso em seu monitoramento digital das centrífugas para explicar os suicídios repentinos das máquinas. Ainda assim, eles continuavam a acontecer. Por fim, os administradores da usina alocavam funcionários para sentar e observar fisicamente as centrífugas em busca de qualquer sinal que poderia explicar o mistério. Eles recorreram a aposentar cascatas inteiras de 164 centrífugas em uma tentativa de isolar o problema. Nada funcionou.

"A intenção era que as falhas fizessem eles se sentirem estúpidos, que foi o que aconteceu", um dos participantes na operação secreta Jogos Olímpicos contaria mais tarde ao repórter do *New York Times*, David Sanger.[10] As inteligências israelense e norte-americana viram sinais de disputas internas entre os cientistas iranianos enquanto eles tentavam achar de quem era a culpa pelos repetidos desastres. Alguns foram demitidos.

Conforme o tempo passou — e a administração de Obama começou a guiar a operação —, os problemas de centrífuga de Natanz apenas pioraram. No final de 2009 e no começo de 2010, oficiais na Agência Internacional de Energia Atômica que estavam monitorando, tensos, o progresso nuclear do Irã viram evidência de que os iranianos estavam transportando centrífugas aposentadas para fora de sua instalação de enriquecimento em um ritmo bem acima da taxa de fracasso comum. Das 8.700 centrífugas em Natanz na época, pelo menos 2 mil foram danificadas, de acordo com um oficial da IAEA.[11]

Em outras palavras, a operação Jogos Olímpicos estava funcionando. Hackers norte-americanos e israelenses plantaram o código de sabotagem digital no coração do processo mecânico que levou o Oriente Médio à beira da guerra, e eles estavam perturbando-o com uma precisão assombrosa. O Stuxnet permitiu que eles dessem esse golpe sem nem mesmo alertar os alvos de que estavam sob ataque. Tudo estava indo de acordo com o plano — até o verão de 2010, quando os hackers por trás do Stuxnet perderiam o controle de sua criação, expondo-a ao mundo.

■

A descoberta do Stuxnet começou da mesma maneira que a descoberta do Sandworm começaria anos depois: um zero-day.

Em junho de 2010, VirusBlokAda, uma empresa obscura de antivírus sediada em Minsk, Bielorrússia, descobriu que o computador de um de seus clientes no Irã estava preso em um ciclo de crashes e reinícios repetidos. Os pesquisadores da empresa investigaram a fonte desses crashes e encontraram algo muito mais sofisticado do que eles poderiam imaginar. Um tipo ultracamuflado de malware conhecido como "rootkit" estava enterrado bem fundo no sistema operacional do computador. E, enquanto analisavam aquele rootkit, descobriram algo ainda mais chocante: ele havia infectado a máquina por meio de um zero-day poderoso que se aproveitou do modo como o Windows exibe os conteúdos de um drive USB. Assim que um pen drive USB infectado era inserido na porta do computador, o malware brotava para se instalar na máquina sem indicação nenhuma ao usuário.[12]

Depois que a VirusBlokAda publicou um aviso sobre o malware em um fórum de segurança, pesquisadores da gigante da segurança Symantec continuaram no rastro. Eles o seguiriam por meses, uma história de detetive detalhada no livro definitivo de Kim Zetter sobre o Stuxnet, *Contagem Regressiva até Zero-day*. Só o tamanho e a complexidade do malware já eram extraordinários: consistia em quinhentos kilobytes de código, de vinte a cinquenta vezes maior do que o malware típico que eles lidavam no dia a dia. E, enquanto os pesquisadores faziam a engenharia reversa dos conteúdos do código, eles encontraram mais *três* zero-days, permitindo que o malware se espalhasse sem esforço entre máquinas Windows — um arsenal automatizado completamente embutido de truques magistrais de hacking.

Ninguém na comunidade de segurança conseguia se lembrar de ver um pedaço de malware que havia usado quatro zero-days em um único ataque. O Stuxnet, como a Microsoft por fim chamaria o malware baseado em nomes de arquivos em seu código, era facilmente o ciberataque mais sofisticado já visto à solta.

No final daquele verão, os pesquisadores da Symantec haviam encaixado mais peças do quebra-cabeça: eles descobriram que o malware se espalhou para 38 mil computadores ao redor do mundo, mas de 22 mil dessas infecções estavam no Irã. E eles determinaram que o malware interagia com o software STEP7 da Siemens.[13] Esse aplicativo era uma forma do software que permitia a operadores de sistema de controle industrial monitorar e enviar comandos ao equipamento. De algum modo, os analistas determinaram, o objetivo do Stuxnet parecia estar conectado a máquinas físicas — e provavelmente no Irã. Foi apenas em setembro de 2010 que o pesquisador alemão Ralph Langner mergulhou nas minúcias desse código que mirava na Siemens e chegou à conclusão de que o objetivo do Stuxnet era destruir um tipo muito específico de equipamento: centrífugas de enriquecimento de urânio.[14]

Com essa última descoberta, os pesquisadores conseguiram conectar todos os elos da intrincada corrente de morte do Stuxnet. Primeiro, o malware havia sido projetado para saltar air gaps: os engenheiros do Irã foram cuidadosos o suficiente para cortar a rede de Natanz inteiramente da internet. Então, como um parasita altamente evoluído, o malware pegava carona nas conexões humanas, infectando e viajando em pen drives USB. Ali ele ficaria adormecido e despercebido até que um dos drives fosse plugado no sistema isolado da instalação de enriquecimento. (Engenheiros de software da Siemens podem ter sido os transmissores do malware, ou o malware de USB pode ter sido plantado de propósito por um espião humano trabalhando em Natanz.[15])

Ao penetrar na rede isolada, o Stuxnet se desembrulharia como um navio dentro da garrafa, sem precisar de interação com seus criadores. Ele se espalharia silenciosamente através de panóplia de técnicas de zero-days, caçando por um computador que esteja executando o software STEP7 da Siemens. Quando encontrasse um, permaneceria a espera, então soltaria sua carga. Stuxnet injetava seus comandos nos chamados controladores de lógica programáveis, ou PLCs — pequenos computadores que se anexam ao equipamento e servem de interface entre as máquinas físicas e sinais digitais. Assim que estivesse infectada, a centrífuga que um PLC controlava se destruiria violentamente. Em um brilhante toque final, o malware, antes do ataque, pré-gravaria o feedback do equipamento. Então, executaria a gravação para os operadores da usina enquanto cometia sua violência para que, aos olhos de um operador observando o monitor da Siemens, parecesse que nada estava errado até que fosse tarde demais.[16]

A única falha do Stuxnet era que ele era eficaz *demais*. Entre pesquisadores de segurança de computador, é praticamente um ditado que worms se espalham além do controle de seus criadores. Esse não foi uma exceção. Stuxnet havia se propagado muito além de seu alvo em Natanz, para infectar computadores em mais de cem países ao redor do mundo. Diferentemente das cavernas de centrífugas em Natanz, essas infecções colaterais não haviam causado destruição física. Mas elas haviam revelado o malware ultrassecreto, junto com uma operação de anos que já custava milhões de dólares.[17]

Assim que o propósito do Stuxnet ficou claro, os Estados Unidos e Israel logo se tornaram os principais suspeitos da criação. (Levaria mais dois anos, porém, antes de uma reportagem de capa no *New York Times* confirmar o envolvimento dos dois países.[18])

Quando a existência do Stuxnet veio a público, a administração Obama realizou uma série de reuniões tensas para decidir como prosseguir. Eles deveriam desligar o programa antes que fosse definitivamente relacionado aos Estados Unidos? Era apenas questão de tempo, eles pensaram, antes que os engenheiros do Irã descobrissem a verdadeira origem de seus problemas, arrumassem as vulnerabilidades do software e apagassem o Stuxnet de vez.

Em vez disso, os norte-americanos e israelenses por trás do worm decidiram que não tinham nada a perder.[19] Então, em uma iniciativa arriscada, eles lançaram uma outra série final de versões do Stuxnet que foram projetadas para serem ainda mais agressivas do que a original. Antes de os engenheiros do Irã terem consertado suas vulnerabilidades, o malware destruiu quase mais mil centrífugas, oferecendo uma última aula de mestre em cibersabotagem.

▪

O Stuxnet transformaria para sempre a maneira como o mundo via o hacking patrocinado pelo Estado. Dentro das centrífugas confusas de Natanz, a vanguarda da ciberguerra havia dado um salto gigantesco, das perturbações da web da Rússia que agora pareciam primitivas em 2007 e 2008 a uma destruição física, automatizada e virtuosa.

Hoje, a história ainda está avaliando se as decisões executivas de Bush e Obama para seguir em frente com o ciberataque valeram o custo. De acordo com alguns analistas de inteligência norte-americanos, o Stuxnet atrasou o programa nuclear iraniano em um ou até dois anos, dando à administração Obama tempo crucial para trazer o Irã à mesa de negociações, culminando em um acordo nuclear em 2015.[20]

Mas, na verdade, essas vitórias em longo prazo contra a operação de Natanz não foram tão definitivas. Mesmo apesar da confusão e das centrífugas destroçadas, a instalação na verdade aumentou sua taxa de enriquecimento de urânio ao longo de 2010, às vezes progredindo em direção ao material digno de bombas em uma taxa 50% mais rápida do que em 2008.[21] O Stuxnet pode ter apenas diminuído, se tanto, a aceleração do programa de Ahmadinejad.

E qual foi o preço do Stuxnet? O mais notável foi expor ao mundo pela primeira vez a total destreza e agressão dos hackers de elite patrocinados pelos Estados Unidos — e até certo ponto, por Israel. Também revelou ao povo norte-americano algo sobre seu novo governo e suas prioridades de cibersegurança. Afinal, os hackers que haviam escavado as quatro vulnerabilidades de zero-day utilizadas no Stuxnet não as haviam relatado à Microsoft para que ela pudesse consertá-la para outros usuários. Em vez disso, eles as exploraram em segredo e deixaram as máquinas Windows ao redor do mundo vulneráveis às mesmas técnicas que permitiram que eles infiltrassem Natanz. Quando a NSA escolheu deixar os hackers da Tailored Access Operations abusarem dessas falhas de software, ela priorizou a ofensiva militar em vez da defesa civil.

Quem pode dizer quantos zero-days poderosos o governo norte-americano escondeu em sua coleção secreta? Apesar das garantias das administrações de Obama e Trump de que o governo norte-americano ajuda a consertar mais vulnerabilidades do que as coleta em segredo, o espectro de seu esconderijo de armas secretas tem assombrado defensores na comunidade de cibersegurança por anos. (Apenas alguns anos depois, na verdade, a coleção de zero-days seria um tiro que saiu pela culatra de modo absurdo e autodestrutivo.)

Mas, em um sentido mais amplo e abstrato, o Stuxnet também permitiu que o mundo imaginasse melhor o potencial do malware para causar a destruição. Em salas escuras ao redor do globo, hackers patrocinados pelo Estado prestaram atenção na criação dos Estados Unidos, olharam para seu próprio trabalho sem brilho e determinaram que algum dia atingiriam o novo patamar estabelecido pelo Stuxnet.

Ao mesmo tempo, líderes políticos e diplomatas ao redor do mundo reconheceram no Stuxnet a criação de uma nova norma, não apenas em seu avanços técnicos, mas na geopolítica. Os Estados Unidos ousaram utilizar uma forma de armamento que nenhum país havia usado. Se mais tarde essa arma fosse apontada para os Estados Unidos ou seus aliados, como eles poderiam contestar com base em princípios?

A destruição física por meio do código tornou-se uma regra aceitável do jogo global? Até mesmo o ex-diretor da NSA e da CIA, Michael Hayden, parecia abalado pelo novo precedente. "Alguém passou dos limites", disse Hayden em uma entrevista ao *New York Times*.[22] O ataque que os profetas de ciberguerra do Ocidente sempre temeram, um ataque capaz de desligar ou destruir equipamento físico de qualquer lugar do mundo, havia acontecido. E norte-americanos foram os primeiros a fazer isso. "Não importa o que você acha dos efeitos — e eu acho que destruir uma cascata de centrífugas iranianas é um bem genuíno

—, você não pode evitar descrever isso como um ataque à infraestrutura crítica", concluiu Hayden.

O Stuxnet não era um "ciber 11 de Setembro" ou "Pearl Harbor eletrônico". Era uma operação com um alvo altamente delineado, cujo dano era limitado a uma vítima precisa, mesmo quando o worm se espalhou além do controle de seus criadores. Mas o fato permanece: em uma tentativa de prevenir o Irã de se unir à corrida de armas nucleares que os próprios Estados Unidos começaram com os bombardeios de Hiroshima e Nagasaki 65 anos antes, deflagraram outra forma de corrida armamentista — uma corrida com consequências severas e imprevisíveis.

"Isso tem um ar de agosto de 1945", diria Hayden mais tarde em um discurso.[23] "Alguém acabou de usar uma arma nova, e essa arma não será guardada de volta na caixa."

PARTE III

EVOLUÇÃO

O poder de destruir uma coisa é o controle absoluto sobre ela.

15

AVISOS

No final de 2015, meia década depois de o Stuxnet abrir a caixa de Pandora de ameaças digitais ao mundo físico, o primeiro monstro havia finalmente emergido dela. O monstro era o Sandworm.

O ataque do apagão de Natal na Ucrânia deixou claro que os hackers da Rússia estavam mesmo travando uma ciberguerra — talvez a primeira verdadeira ciberguerra de grande escala da história. Eles haviam cruzado a mesma linha dos criadores do Stuxnet, do hacking digital à sabotagem tangível. E eles também haviam cruzado a linha do militar para o civil, combinando as táticas híbridas e irrestritas de guerra da Estônia e da Geórgia com técnicas de hacking muito mais perigosas e sofisticadas.

Mas, até o fim de janeiro de 2016, apenas um punhado de pessoas no mundo estavam cientes dessa ameaça em curso. Duas delas eram Mike Assante e Rob Lee. Quando Assante retornou da viagem de busca de fatos com a delegação norte-americana à Ucrânia, ele não podia compartilhar o que havia aprendido com Lee, já que as agências envolvidas haviam colocado um firewall ao redor da informação para "uso oficial exclusivo". Mas Lee, trabalhando a partir dos registros de rede que seus contatos ucranianos compartilharam com ele e outras evidências forenses, já havia montado a anatomia de uma intrusão extraordinária em múltiplas partes: BlackEnergy, KillDisk, firmware reescrito para trancar defensores do lado de fora, o ataque de telefone DDoS, a desativação de backups elétricos locais e, finalmente, o ataque do mouse fantasma que sequestrou os controles dos operadores da companhia.

Não havia nada para impedir que o Sandworm atacasse novamente. Lee e Assante concordaram que haviam jogado o jogo burocrático do governo por tempo demais. Era hora de publicar um relatório completo e avisar o mundo.

Mas, enquanto Lee e Assante organizavam seus achados, eles descobriram que a Casa Branca *ainda* insistia em manter os detalhes do apagão da Ucrânia longe dos olhos do público até que a Equipe de Resposta a Emergências Cibernéticas dos Sistemas de Controle Industrial do Departamento de Segurança Interna (ICS-CERT, na sigla em inglês) pudesse publicar um aviso às companhias elétricas. Quando esse relatório finalmente saiu no fim de fevereiro — dois meses depois do ataque do Sandworm —, ele incluía uma declaração que deixou Lee furioso: "Relatórios públicos indicam que o malware BlackEnergy (BE) foi descoberto nas redes de computador das companhias, porém é importante notar que o papel do BE nesse evento permanece desconhecido e à espera de mais análises técnicas."

Lee e Assante sabiam perfeitamente bem como o BlackEnergy fora usado no ataque: era o trojan de acesso remoto implantado nas máquinas da vítima que iniciou a longa e tortuosa cadeia de intrusões até a abertura dos disjuntores da companhia pelos hackers.

Lee viu que a declaração da ICS-CERT era praticamente um encobrimento. Ao questionar o papel do BlackEnergy no ataque, ou até mesmo a sua existência na rede da companhia, o DHS estava escondendo um fato-chave: os hackers que haviam implantado esse malware utilizaram a mesma ferramenta para atacar companhias norte-americanas apenas um ano antes — os norte-americanos também estavam em risco.

"A mensagem era: 'Isso não se refere a nós; isso é uma coisa da Ucrânia'", diz Lee. "Eles enganaram a comunidade inteira."

■

Ao longo das semanas seguintes, Lee diz que protestou em reuniões e ligações telefônicas com contatos no Departamento de Segurança Interna, no Departamento de Energia, na NSA e até na CIA, argumentando que a Casa Branca e o CERT estavam menosprezando uma nova ameaça hacker séria e sem precedentes que assomava não apenas a Ucrânia, mas a Europa ocidental e os Estados Unidos. Ele chegou até a publicar um texto de blog enfurecido no site da SANS. O resumo desse texto, como Lee sumariza hoje, era este: "Isso é mentira. As pessoas precisam saber." O texto de verdade se perdeu na história. Assante pediu a Lee que deletasse o post por discrição política.

Enquanto isso, Lee e Assante lutaram com a Casa Branca por semanas sobre o que eles poderiam revelar publicamente a respeito dos ataques do apagão, enquanto oficiais da Casa Branca insistiam em revisão atrás de revisão para remover detalhes que eles consideravam confidenciais. Depois de um mês, os pesquisadores da SANS recorreram a publicar seu relatório por meio do Centro de Análise e Compartilhamento de Informações de Eletricidade, ou E-ISAC, parte da North American Electric Reliability Corporation que respondia ao Congresso, não ao braço executivo. A administração Obama havia contestado a publicação até o último minuto.

Mesmo assim, ao longo daquela primavera, Lee diz que se viu combatendo oficiais do governo mal informados ou ingênuos que contaram às companhias elétricas que os ataques ucranianos não poderiam acontecer nos Estados Unidos. Representantes do Departamento de Energia e NERC tranquilizaram operadores da rede elétrica dizendo que os ucranianos haviam usado software pirata, deixado as redes desprotegidas e não haviam nem rodado software antivírus. Nada disso era verdade, de acordo com Lee e Assante.

Mas, acima de tudo, Lee argumentou que o governo norte-americano cometera um erro ainda maior e irreparável: não apenas sendo lerdo em avisar o público e alvos em potencial sobre o Sandworm ou minimizar seus perigos, mas falhando em enviar uma mensagem ao próprio Sandworm — ou qualquer um que pudesse seguir seus passos.

Durante anos, desde os primeiros sinais de ciberguerra no fim dos anos 1990, apagões causados por hackers foram o cenário de pesadelo que mantinha generais, operadores de rede elétrica e intelectuais da segurança acordados à noite. Eles haviam imaginado e elaborado jogos de ciberguerra militar na rede elétrica há décadas. Até o presidente Clinton havia falado sobre a necessidade de estar preparado para essa forma mais fundamental de sabotagem digital, quase quinze anos antes do apagão da Ucrânia.

Agora, como Lee enxergava, o momento havia finalmente chegado, e o governo norte-americano fez pouco mais do que varrer o incidente para debaixo do tapete. Talvez o mais perigoso de tudo, o governo não havia liberado nenhuma declaração pública condenando o ataque. "A gente fala e fala e fala sobre essa linha vermelha há anos e então, quando alguém a atravessa, não dizemos nada", disse Lee. "Alguém no governo precisava se erguer e dizer que um ciberataque na infraestrutura civil é algo que não vamos tolerar."

Na verdade, apenas um ano antes, o governo federal *havia* oferecido exatamente esse tipo de resposta que Lee queria, mas para uma forma menos nova de ataque. Em dezembro de 2014, hackers norte-coreanos se passando por um grupo hacktivista conhecido como Guardians of Peace revelaram que invadiram os servidores da Sony Pictures em retaliação por seu filme de comédia *A Entrevista*, que retratava o assassinato do ditador norte-coreano Kim Jong-un. Os intrusos destruíram o conteúdo de milhares de computadores e roubaram resmas de informação confidencial que mais tarde vazaram na web, liberando os arquivos aos poucos durante semanas, incluindo quatro filmes que não haviam sido lançados.[1]

Nas semanas seguintes à invasão da Sony, o FBI emitiu uma declaração pública identificando a Coreia do Norte como culpada, cortando sua falsa bandeira de hacktivismo. O diretor do FBI, James Comey, foi longe a ponto de dar um discurso público descrevendo a evidência do envolvimento da Coreia do Norte, incluindo como os hackers falharam em múltiplas ocasiões ao usar computadores proxy como haviam planejado e, por isso, revelaram os endereços de IP conectados a suas operações de hacking anteriores — migalhas de pão que levavam até o regime de Kim.[2] O próprio presidente Obama falou sobre o ataque em uma conferência de imprensa da Casa Branca, avisando o mundo que os Estados Unidos não tolerariam a agressão digital da Coreia do Norte.

"Eles causaram muitos danos e nós os responderemos. Nós os responderemos proporcionalmente, e vamos responder em um lugar, tempo e forma que escolhermos", disse o presidente Obama.[3] (A natureza exata dessa resposta nunca foi confirmada, mas a Coreia do Norte passou por uma derrubada nacional da internet apenas dias depois, e a administração anunciou novas sanções financeiras contra o regime de Kim no mês seguinte.)

"Isso aponta para a necessidade de trabalharmos com a comunidade internacional para começar a elaborar algumas regras muito claras em termos de como a internet e o ciber operam", continuou Obama.

E ainda assim, um ano depois, quando hackers russos lançaram um ataque muito mais amplo e perigoso no coração da infraestrutura civil, nenhum oficial do governo ofereceu declarações sobre respostas proporcionais ou "regras" internacionais. Nenhuma agência norte-americana nem sequer nomeou a Rússia como a transgressora, apesar das pistas numerosas disponíveis para qualquer pesquisador que olhasse. A administração Obama estava virtualmente em silêncio.

Os Estados Unidos e o mundo haviam perdido uma chance única na história, Lee argumenta, de estabelecer definitivamente um conjunto de normas para proteger civis em uma nova era de ciberguerra. "Foi uma oportunidade perdida", ele diz. "Se você diz que não vai permitir algo e então isso acontece e não há um pio, você está efetivamente tolerando isso."

■

Na verdade, o mais experiente oficial de Obama, focado em cibersegurança, nunca duvidou da gravidade do ataque do apagão do Sandworm. No fim de janeiro, pouco depois da delegação de a Ucrânia ter voado de volta para Washington, J. Michael Daniel sentou-se em uma sala altamente segura no Eisenhower Executive Office Building, próximo do terreno da Ala Oeste da Casa Branca, recebendo um briefing de oficiais do Departamento de Segurança Interna sobre os resultados daquela viagem de busca de fatos. Daniel, um servidor civil de carreira de fala mansa, com rosto gentil e nervoso e cabelos levemente ralos, ouviu cuidadosamente. Então ele caminhou de volta ao corredor para seu escritório, onde se encontraria com a própria equipe, que, por sua vez, montaria um relatório para o conselheiro de Segurança Nacional e para o presidente Obama.

Enquanto ele falava com os ajudantes da Casa Branca sobre o que o presidente deveria saber, Daniel se percebeu admirando em voz alta o atrevimento dos atacantes. "Nós claramente passamos do limite", ele se lembra de dizer, ecoando os comentários de Michael Hayden sobre o Stuxnet três anos antes. "Isso é algo novo."

Daniel se orgulhava do trabalho da administração Obama de estabelecer limites claros para provocações de hackers patrocinados por Estados. Trabalhando em conjunto com oficiais da administração Obama, desde o Departamento de Justiça até o Pentágono e os Departamentos de Estado e Comércio, sua equipe respondeu ao mau comportamento de hackers estrangeiros com retaliações rigorosas. Em 2014, por exemplo, depois de ciberespiões chineses terem saqueado por anos a propriedade intelectual norte-americana, o Departamento de Justiça de Obama havia identificado e feito acusações criminais contra cinco membros da unidade de hacking do Exército de Libertação Popular da China.[4] No ano seguinte, o Departamento do Estado ameaçou a China com sanções se a espionagem econômica continuasse. O presidente da China, Xi Jinping, rendeu-se mais ou menos, assinando um acordo de que nenhum país hackearia alvos do setor privado do outro. Empresas de segurança como a CrowdStrike e a FireEye relataram uma diminuição quase imediata em intrusões chinesas — 90% de acordo com a CrowdStrike —, uma vitória sem precedentes para a diplomacia da cibersegurança.[5]

O ataque da Coreia do Norte à Sony recebera uma resposta quase tão forte. E a administração mais tarde processaria um grupo de hackers iranianos patrocinados pelo Estado também, acusando-os de um ataque DDoS contra bancos norte-americanos e de sondar os sistemas de computador de uma represa norte-americana no interior de Nova York. (A represa Bowman Avenue que eles haviam atacado tinha apenas seis metros de altura. Os hackers talvez quisessem ter atingido a represa Bowman em Oregon, que é muito maior e mais crítica.[6]) A mensagem de todas essas ações disciplinares linha dura era esta: nenhum país estrangeiro sai ileso depois de hackear empresas norte-americanas ou perturbar digitalmente a infraestrutura norte-americana.

Então veio um verdadeiro e completo ato de ciberguerra contra a Ucrânia e todos os mesmos diplomatas e oficiais de segurança ficaram em silêncio. Por que?

A linha de pensamento imediata de Michael Daniel quando ele ficou sabendo do apagão pode oferecer uma resposta: quando uma ligação do DHS o alertou para o ataque do Sandworm no dia seguinte ao Natal, sua primeira reação foi ficar em alerta. "A coisa com a qual estávamos nos preocupando aconteceu de verdade", pensou. Mas, momentos depois, ele se lembra de sentir algo muito diferente: "Minha segunda reação foi um pouco de alívio que não era algo doméstico aos Estados Unidos."

Daniel estava profundamente incomodado pela ideia de que hackers russos estavam dispostos a atacar a infraestrutura civil. Pior ainda, parecia que esses hackers eram os mesmos que estavam sondando a infraestrutura norte-americana apenas um ano antes. Ele não tinha ilusões de que as técnicas utilizadas nos ataques de apagão eram limitadas aos alvos ucranianos. "Nós temos esses sistemas nos Estados Unidos e não podemos afirmar que esses sistemas são mais seguros do que os utilizados pela Ucrânia", ele me disse mais tarde. Na verdade, a automatização maior na rede elétrica norte-americana pode significar que existiam ainda mais pontos de ataque. "Estávamos tão vulneráveis quanto, se não mais." (Quando a delegação norte-americana retornou da Ucrânia, Daniel também tinha poucas dúvidas de que o governo russo estava mesmo por trás dos ataques. "Se anda como pato e grasna como pato...", disse.)

Mas ainda assim, quando o Sandworm finalmente apertou o gatilho, havia executado seu ataque na Ucrânia, a quase 6.500 quilômetros da fronteira com os Estados Unidos. Esta era a fonte do alívio de Daniel: a Ucrânia não era os Estados Unidos. Não era nem membro da OTAN. Como resultado, para o governo norte-americano, era oficialmente problema de outra pessoa.

16

FANCY BEAR

Talvez a administração Obama, passado tempo o suficiente, teria chamado a atenção para os atos de ciberguerra do Sandworm e faria dos atacantes um exemplo com discursos, acusações formais ou sanções. Mas, em junho de 2016, sua atenção havia sido totalmente sequestrada por outra provocação hacker — uma provocação que estourou bem mais perto de casa.

No dia 14 de junho, o *Washington Post* revelou que o Comitê Nacional Democrata (DNC, na sigla em inglês) foi penetrado durante meses não só por uma, mas duas equipes de hackers russos patrocinados pelo país.[1] A empresa de segurança CrowdStrike, que o DNC havia trazido para analisar a invasão dois meses antes, publicou um texto de blog identificando as duas equipes intrusas dentro da rede dos democratas como Cozy Bear e Fancy Bear, equipes que a empresa observou executando campanhas de espionagem há anos, atingindo todo mundo do Departamento de Estado norte-americano, da Casa Branca, até empresas terceirizadas de defesa e da indústria aeroespacial.

Baseada no trabalho de detetive de anos anteriores, a CrowdStrike conectou a Fancy Bear à agência de inteligência militar russa conhecida como GRU. A Cozy Bear, seria revelado mais tarde, trabalhava dentro da SVR, a agência de inteligência estrangeira da Rússia.[2] (Os dois nomes de "bear", ou urso, derivam do sistema da CrowdStrike de nomear equipes de hackers com diferentes animais baseados em seu país de origem — ursos para a Rússia, pandas para a China, tigres para a Índia e assim por diante.) "Ambos os adversários se envolveram em espionagem econômica e política extensa em benefício do governo da Federação Russa e acredita-se que estejam conectados intimamente aos poderosos serviços de inteligência altamente capazes do governo russo", dizia a análise da CrowdStrike.[3]

Em outras palavras, essas eram equipes que pareciam focar a ciberespionagem silenciosa do tipo que a Rússia havia feito desde os tempos de Moonlight Maze, não nas táticas de ciberguerra disruptiva e barulhenta que o Sandworm havia começado a demonstrar. (A CrowdStrike havia, na verdade, rastreado os ataques do Sandworm também. Seu próprio codinome para o grupo era Voodoo Bear.)

Mas, enquanto o hack da DNC não era um ato de ciberguerra disruptivo, também não provaria ser uma operação de espionagem comum. Apenas 24 horas depois de a notícia da invasão ir ao ar, uma figura se apresentando como Guccifer 2.0 apareceu no Twitter, postando links para um blog que o introduziu ao mundo. O texto era intitulado "Servidores do DNC hackeados por um hacker solitário".

"A empresa de cibersegurança conhecida mundialmente CrowdStrike anunciou que os servidores do Comitê Nacional Democrata (DNC) foram hackeados por grupos de hacker 'sofisticados'", escreveu Guccifer 2.0.[4] "Estou muito contente que a empresa reconheceu minhas habilidades))) Mas na verdade, foi fácil, muito fácil."

O que veio em seguida na publicação chocou o mundo: uma amostra de documentos roubados dos servidores do DNC. Eles incluíam um arquivo de pesquisa da oposição sobre o candidato presidencial republicano, Donald Trump, documentos legislativos e uma lista de doadores por nome e quantia. "A parte principal dos papéis, milhares de arquivos e e-mails, eu dei para o WikiLeaks. Eles vão publicá-los em breve", escreveu Guccifer 2.0. "Foda-se a Illuminati e suas conspirações!!!!!!!!!"

A referência "Illuminati" e o nome de Guccifer 2.0 queriam transmitir um tipo de hacktivismo, roubando e vazando documentos dos poderosos para virar de ponta-cabeça a ordem social corrupta. O Guccifer original foi um hacker romeno amador chamado Marcel Lehel Lazăr, que invadiu contas de e-mail de figuras do alto escalão como Colin Powell, a família Rockefeller e a irmã do antigo presidente George W. Bush.[5]

Guccifer 2.0 assumiu a persona de um cyberpunk convencido do Leste Europeu que idolatrava figuras como o Guccifer original, Edward Snowden e Julian Assange. "Pessoalmente, acho que estou entre os melhores hackers do mundo", ele escreveria em um FAQ.[6]

Quando a CrowdStrike disse que Guccifer 2.0 era um disfarce raso que tinha o objetivo de esconder os hackers patrocinados pela Rússia por trás da intrusão do DNC, Guccifer 2.0 revidou com negações vagas. "Eles erraram! Eles não podem provar nada!", escreveu. "Tudo que eu ouço é blá-blá-blá, teorias sem embasamento e as estimativas de alguém."

Mas, na realidade, a máscara russa revelou rachaduras quase de imediato. Um ex-funcionário do serviço de inteligência britânico GCHQ, Matt Tait, descobriu que o primeiro documento liberado pelos russos, o arquivo da oposição de Trump, continha mensagens de erro de formatação no idioma russo. Além disso, os metadados do arquivo mostravam que ele havia sido aberto em um computador pelo nome de usuário "Feliks Edmundovich". Essa pista era quase cômica de tão reveladora: Feliks Edmundovich Dzerzhinsky era o fundador da polícia secreta soviética, cuja estátua de bronze uma vez já esteve na frente da sede da KGB.[7]

Quando o site de notícias tecnológicas *Motherboard* entrou em contato com Guccifer 2.0 pelo Twitter e o hacker concordou em fazer uma entrevista por mensagens, o repórter da *Motherboard*, Lorenzo Franceschi-Bicchierai o tirou do eixo de maneira inteligente com uma série de perguntas em inglês, romeno e russo. Guccifer 2.0 respondeu a essas perguntas em um inglês precário e em romeno e reclamou que não conseguia entender o russo. Franceschi-Bicchierai então mostrou o registro do chat para romenos e especialistas em linguagem que apontaram pequenas pistas linguísticas de que Guccifer escrevia como um russo e parecia obter suas respostas em romeno no Google Tradutor. Os hackers russos aparentemente não haviam nem se dado ao trabalho de recrutar um romeno de verdade para assegurar sua história.[8]

■

A fragilidade da mentira de Guccifer 2.0 não importava nem um pouco. Os hackers enviaram ao site de notícias *Gawker* o documento de pesquisa da oposição sobre Trump, e ele publicou uma história sobre o arquivo que recebeu meio milhão de cliques, tirando dos democratas a habilidade de planejar a hora certa de revelar a sujeira sobre Trump.[9] Logo, como prometido, o WikiLeaks também começou a publicar os dados roubados pelo hacker aos poucos; afinal, o grupo de divulgação de segredos de Julian Assange nunca se importou muito se os seus "leaks", ou vazamentos, vinham de whistleblowers ou hackers.

Os documentos, agora com o selo de credibilidade do WikiLeaks, começaram a aparecer em jornais, incluindo *The New York Times, The Washington Post, The Guardian, Politico, BuzzFeed* e *The Intercept*. As revelações eram muito reais: acontece que o DNC havia favorecido secretamente a candidata Hillary Clinton em vez do oponente Bernie Sanders como a indicada presumível à candidatura democrata à presidência, apesar do suposto papel do comitê de ser um árbitro neutro para o partido. Oficiais do DNC haviam discutido furtivamente como desacreditar Sanders, incluindo encenar confrontos públicos sobre suas crenças religiosas e um incidente no qual seus funcionários de campanha supostamente acessaram os dados de eleitores da campanha de Clinton.[10]

A presidente do DNC, Debbie Wasserman Schultz, foi a mais atingida. Os e-mails roubados revelaram que ela havia escrito confidencialmente que o gerente de campanha de Sanders era um "maldito mentiroso" e que Sanders "não será presidente".[11] Pouco depois de um mês após os e-mails hackeados terem começando a aparecer, ela renunciou.

Mas os hackers não estavam felizes por depender do WikiLeaks, e o DNC não era sua única vítima. Ao longo dos meses seguintes, os e-mails do DNC roubados por Guccifer 2.0 também começaram a aparecer em um site de notícias chamado DCLeaks, junto com e-mails roubados de outros alvos que iam desde legisladores republicanos e democratas ao general Philip Breedlove, um oficial da força aérea que havia insistido por uma resposta mais agressiva à invasão russa da Ucrânia.[12] Apesar da tentativa do DCLeaks de parecer outro site de "vazamentos" de whistleblowers, a empresa de segurança ThreatConnect logo o identificou como um disfarce para os hackers russos da Fancy Bear, baseado em dados de alvo sobrepostos com operações conhecidas da Fancy Bear e pistas em dados de registro do DCLeaks.[13]

Se alguém ainda duvidava de que a Fancy Bear estava por trás do despejo em série de dados, essa incerteza se dissipou em setembro de 2016, quando o grupo lançou um novo ataque na Agência Mundial Antidoping. O governo de Putin estava furioso com a recomendação da agência de que todos os atletas russos fossem banidos das Olimpíadas de Verão daquele ano depois de múltiplas equipes atléticas do país terem sido parte de programas difundidos de uso de drogas que melhoram o desempenho. Em retaliação, a Fancy Bear publicou os registros médicos roubados das estrelas de tênis Venus e Serena Williams e da ginasta Simone Biles, mostrando que elas também haviam usado medicamentos que poderiam ser interpretados — forçando a barra — como fornecedores de vantagens atléticas. Dessa vez, em uma zombaria descarada dos críticos, os vazamentos foram publicados no Fancybears.net, um site coberto de clip art e GIFs animados de ursos.[14]

A Fancy Bear surgiu como uma praticante impetuosa do que analistas de inteligência chamam de "operações de influência". Mais especificamente, ela usava uma antiga prática de inteligência russa conhecida como *kompromat*: a tradição, que se estendia aos tempos soviéticos, de obter informação comprometedora sobre oponentes políticos e usá-la para influenciar a opinião pública com vazamentos táticos e campanhas para sujar a imagem da pessoa.

Os hackers do Sandworm eram sabotadores profissionais e furtivos. A Fancy Bear, em contraste, parecia propagandistas profanos e sem vergonha. E agora, a serviço de Vladimir Putin, eles haviam recebido a tarefa de ajudar Donald Trump a ganhar a presidência.

A corrida presidencial de 2016 não foi a primeira vez que a Fancy Bear utilizou suas habilidades para influenciar eleições. Em maio de 2017, um grupo de pesquisadores de segurança na Universidade de Toronto disse ao Citizen Lab que encontraria evidência forense de que o grupo também estava por trás do CyberBerkut, o grupo hacktivista pró-Putin que havia hackeado a Comissão Central de Eleição da Ucrânia em 2014. Assim como Guccifer 2.0 e DCLeaks, o CyberBerkut era apenas outra história de encobrimento.

A maioria das técnicas do grupo era simples. Em comparação com uma operação como o apagão de Natal de 2015 do Sandworm, elas eram praticamente primitivas. Mas uma das táticas mais cruas da Fancy Bear se revelou a mais eficiente de todas: uma página falsificada e rudimentar de log-in.

No dia 7 de outubro, o WikiLeaks começou a publicar uma nova série de vazamentos, dessa vez roubados diretamente da conta de e-mail do chefe de campanha de Hillary Clinton, John Podesta. Em março, Podesta havia caído em um e-mail de phishing básico, que o direcionou a um site falso do Gmail pedindo por seu nome de usuário e senha, que ele inseriu. O site, claro, era uma armadilha da Fancy Bear.[15]

O WikiLeaks liberaria aos poucos sua coleção resultante do *kompromat* da campanha de Clinton ao longo de semanas. As revelações incluíam oitenta páginas de discursos bem guardados que Clinton havia dado a públicos privados de Wall Street. Um deles incluía uma referência à necessidade de os políticos terem posições "públicas" e "privadas" separadas, que seus críticos interpretaram como uma admissão de enganação. Outro parecia pedir por "fronteiras abertas",[16] enfurecendo pessoas que são linha dura com imigração. As bombas diárias na mídia manteriam a campanha desequilibrada até os últimos dias.*

O hack de Podesta também erradicou qualquer dúvida restante sobre o papel da Fancy Bear: a empresa de segurança Secureworks descobriu que o link do site falso do Gmail que havia enganado Podesta foi criado com uma conta no serviço de encurtamento de URL Bitly, que também foi usado para mirar em centenas de outras vítimas da Fancy Bear, de oficiais ucranianos a acadêmicos e jornalistas com foco na Rússia.[17]

* O efeito mais poderoso desses vazamentos pode ter sido distrair o público de um vídeo chocante liberado pelo *Washington Post* em 7 de outubro, no qual Trump se vangloriava, no estúdio do programa de TV *Access Hollywood*, de ter agarrado a genitália de mulheres sem o consentimento delas. O WikiLeaks publicou os primeiros vazamentos de Podesta apenas horas após o surgimento dessa gravação.

Trump, claro, não deu importância à evidência do envolvimento da Rússia e se refestelou na inundação de escândalos. "Eu amo o WikiLeaks!", declarou em um comício.[18] Em outro momento, ele gracejou que esperava que os hackers russos tivessem invadido também o servidor de e-mail privado controverso que Clinton configurou em sua casa, e pediu aos hackers para liberarem milhares de e-mails a mais. Mas, na maior parte, Trump negou niilisticamente que esses vazamentos tivessem acontecido com ajuda do Kremlin e, em vez disso, sugeriu que os hackers poderiam facilmente ser chineses, um solitário de "180 quilos" ou que os democratas haviam hackeado a eles mesmos.[19] As ofuscações de Trump serviram bem à Fancy Bear: mesmo meses depois, em dezembro de 2016, apenas um terço dos norte-americanos acreditava que a Rússia havia interferido na eleição norte-americana, enquanto 44% duvidava disso e um quarto estava incerto.[*20]

Nunca ficou claro se o Kremlin realmente esperava virar a corrida presidencial de 2016 com sua operação de influência. Putin, cujo ódio de Hillary Clinton desde seus dias como secretária de Estado sob a presidência Obama mal podia ser contido, pode ter apenas desejado sobrecarregar sua presidência com uma bagagem política prejudicial. Oficiais russos, claro, negaram repetidamente ter qualquer participação nos ataques. Mas, independentemente de qual desfecho imaginaram, eles foram bem-sucedidos ao promover o caos no núcleo da democracia norte-americana.

Quando me encontrei com o oficial de tecnologia chefe da CrowdStrike, Dmitri Alperovitch, em um parque no distrito financeiro de Manhattan em outubro de 2016, com a eleição a poucas semanas de distância, ele parecia quase admirar a contragosto a eficácia dos hackers cuja operação sua empresa havia descoberto quatro meses antes.

"Acho que eles já receberam medalhas", disse tristemente.[21] "Eles atingiram o sucesso para além de seus sonhos mais loucos."

Na verdade, o verdadeiro momento de glória da Fancy Bear veio três semanas mais tarde: Donald Trump ganhou a eleição presidencial norte-americana.

■

* Quando este livro foi para a gráfica, a extensão da colaboração de Trump com o governo russo na interferência da eleição permanecia incerta. Mas a investigação do conselheiro independente Robert Mueller revelou que múltiplos membros da equipe de Trump, assim como Donald Trump Jr., haviam se encontrado com oficiais do Kremlin e outros russos que ofereceram informações comprometedoras sobre Clinton, as quais Trump Jr. estava animado para aceitar. Como candidato, Trump também havia enfraquecido a posição do Partido Republicano sobre defender a Ucrânia da Rússia, tudo isso enquanto negociava um acordo de 1 bilhão de dólares para estabelecer uma Trump Tower em Moscou.

Quando J. Michael Daniel se tornou o oficial mais experiente de Obama em 2012, preocupado unicamente com cibersegurança, uma de suas maiores ações havia sido viajar para Moscou em 2013 para finalizar a "ciberlinha direta". Utilizando um protocolo que foi estabelecido para prevenir o apocalipse nuclear meio século antes, a linha direta tinha o objetivo de servir como um canal aberto entre a Casa Branca e o Kremlin para enviar mensagens sobre ciberataques, um tipo de válvula de segurança para evitar mal-entendidos que pudessem levar ao agravamento desnecessário e à guerra. Daniel descreve a configuração como um "sistema de e-mail dedicado e embelezado".

No dia 7 de outubro de 2016, Daniel usou essa linha direta pela primeira e única vez em seu mandato para enviar uma mensagem a Putin em resposta à clara interferência eleitoral da Rússia. Ele parafraseou a mensagem: "Nós sabemos que você está executando esse tipo de atividade. E pare. Desista."[22] No mesmo dia, o Departamento de Segurança Interna e o Escritório do Diretor de Inteligência Nacional publicaram uma declaração pública que agências de inteligência norte-americana haviam oficialmente chegado a um consenso de que o governo russo era a fonte dos e-mails roubados, como os pesquisadores de cibersegurança estavam apontando há meses.[23]

Com o tempo, nos dias minguantes da presidência de Obama, a administração agravaria sua resposta para incluir novas sanções econômicas contra agências russas de inteligência como punição por seu hacking eleitoral, efetivamente prevenindo-os de fazer qualquer negócio com cidadãos e empresas norte-americanos. A ordem ejetaria 35 diplomatas russos dos Estados Unidos e tomaria o controle de dois complexos governamentais russos em solo norte-americano. James Lewis, um pesquisador focado em cibersegurança no Centro de Estudos Estratégicos e Internacionais, descreveria a reação como "a maior ação de retaliação contra a espionagem russa desde a Guerra Fria".[24]

Mas, sobre os ataques do apagão da Rússia, a linha direta da Casa Branca ao Kremlin permanecia silenciosa. O Sandworm recebeu um sinal implícito. Ele agora poderia proceder com impunidade.

17

FSOCIETY

Na noite da eleição, Michael Matonis foi dormir cedo. Ele viu a possibilidade crescente da vitória de Trump. Mas, em vez de roer as unhas a noite toda, escolheu acreditar que Clinton prevaleceria como era o esperado e dormir durante o drama até lá.

Às 5h da manhã, ele foi acordado pelo rádio de ondas curtas ao lado da cama, imediatamente ouviu a notícia e emitiu um gemido longo e sincero de profanação.

Matonis, um pesquisador de segurança de 27 anos com cabelos encaracolados pretos e volumosos, morava na época em Albany, Nova York, mas estava planejando uma festa aquela noite em sua cidade natal, Brooklyn — nem tanto para celebrar a vitória de Clinton, mas para proclamar o fim de ver a cara de Trump na televisão todo dia. Depois de ficar sabendo do resultado chocante da eleição, Matonis e seus amigos rapidamente ressignificaram a festa, como um tipo de grupo de apoio emocional. Então ele pegou o trem Amtrak em direção ao sul, fez o caminho da Estação Penn através da cidade de Nova York, que estava visivelmente de luto, com cartazes de protesto e condolências colados nas plataformas do metrô e em vidraças de lojas.

Quando ele chegou à cidade, Matonis planejou andar por Williamsburg e encontrar boa comida brasileira ou turca. Mas logo percebeu que estava deprimido demais para sair de seu Airbnb. Então, apesar de estar oficialmente de férias, ele abriu o notebook para se distrair com trabalho.

Matonis era um membro da equipe de pesquisadores que respondiam a John Hultquist, que àquela altura havia se tornado diretor de análise de ciberespionagem na FireEye, a empresa de segurança que havia adquirido a iSight no começo de 2016. Como parte de sua caçada diária, Matonis criou suas próprias ferramentas de software que varriam automaticamente feeds de malware como

VirusTotal em busca de pedacinhos interessantes que pudessem servir como pegadas de hackers patrocinados por países — o que ele chama de "cibergarimpo de ouro".

Mais cedo naquela manhã, uma de suas ferramentas de filtro o alertou com resultados que ele estava distraído demais para ler. Agora ele escavou suas origens: alguém havia feito o upload de um pedaço de código malicioso para o VirusTotal que usava um script do Microsoft Office para se instalar na máquina da vítima, assim como o BlackEnergy havia feito nos ataques de 2015. O novo malware parecia ser um novo backdoor para acesso remoto às máquinas da vítima e, curiosamente, utilizava o software de mensagens instantâneas criptografadas Telegram para se comunicar com servidores de comando e controle. Mas Matonis havia rastreado os ataques do BlackEnergy de perto o suficiente para ver que eles compartilhavam uma codificação similar.

O programa de backdoor estava empacotando um documento Word escrito em caracteres cirílicos. Quando Matonis colocou o arquivo no Google Tradutor, descobriu que era uma lista de preços de hardware de armazenamento e servidores escrita em ucraniano, o que parecia ser uma isca para administradores de sistemas de TI ucranianos. "Eu conseguia pensar apenas em um único grupo que faria isso, desse jeito específico", disse.

Desde os apagões ucranianos quase um ano antes, o Sandworm havia ficado inteiramente em silêncio. Após sua *tour de force* de hacking de rede elétrica, parecia que o grupo poderia ter desaparecido. Sem contar alguns obsessivos incluindo Matonis; seu chefe, Hultquist; e Rob Lee, boa parte da atenção da comunidade de segurança norte-americana ao hacking russo havia se voltado quase inteira para a interferência eleitoral da Fancy Bear.

Agora Matonis estava vendo o primeiro sinal de que os hackers do apagão da Rússia haviam emergido novamente. "Puta merda", Matonis pensou consigo mesmo, sentado à mesa de seu apartamento alugado no Brooklyn. "Acho que encontrei a versão dois do Sandworm."

■

Em agosto de 2016, oito meses depois do primeiro apagão de Natal, Yasinsky havia deixado seu trabalho na StarLightMedia. Não era o suficiente, ele decidiu, defender uma única empresa de uma investida que parecia mirar cada estrato da sociedade ucraniana. Apesar do silêncio do Sandworm desde o apagão, Yasinsky sabia que o grupo passou longos meses aperfeiçoando suas invasões e que a próxima onda de ataques provavelmente já estava em movimento. Ele precisava de uma visão mais holística do trabalho dos hackers, e a Ucrânia precisava de uma resposta mais coerente à organização descarada e insensível de atacantes que o Sandworm estava se tornando. "O lado da luz continua dividido", ele me disse sobre a reação balcanizada aos hackers entre as vítimas. "O lado da escuridão está unido."

Então Yasinsky assumiu a posição de chefe de pesquisa e ciência forense em uma empresa de Kiev chamada Information Systems Security Partners, ou ISSP. A empresa passava longe de ser um grande nome na indústria de segurança, mas Yasinsky se uniu a ela no intuito de usar sua posição para fazer da ISSP a primeira parada das vítimas do cerco digital da Ucrânia.

Pouco depois de ele mudar de emprego, como se estivesse planejando, o país foi atingido por outra onda de ataques ainda mais ampla e castigadora. Começando em dezembro, um mês depois de Michael Matonis da FireEye e outros pesquisadores ao redor do mundo enxergarem os primeiros sinais do ressurgimento do Sandworm, Yasinsky começou a ouvir de outras agências e empresas de infraestrutura ucranianas que foram alvo dos mesmos hackers destrutivos como em 2015. Essas vítimas com o tempo incluiriam o fundo de pensão da Ucrânia, o Tesouro, autoridades do porto marítimo, e os Ministérios de Infraestrutura, Defesa e Finanças. Em cada caso, como no ano anterior, os ataques culminaram com uma detonação ao estilo do KillDisk nos discos rígidos dos alvos.

Os hackers atingiram novamente a empresa de ferrovia ucraniana, Ukrzaliznytsia, dessa vez derrubando o sistema de agendamento online por dias, bem no meio da temporada de viagens de férias. No caso do Ministério das Finanças, a bomba lógica apagou terabytes de dados, destruindo o conteúdo de 80% dos computadores da agência, apagando o rascunho do orçamento nacional para o ano seguinte e deixando a rede totalmente fora do ar durante as duas semanas seguintes.

Em outras palavras, o novo ataque de inverno dos hackers se assemelhava ao do ano anterior e o excedia tanto em escala quanto na dor calculada de seus alvos. Mas, enquanto pesquisadores de segurança mergulhavam nos registros das empresas nas primeiras semanas de dezembro, eles podiam ver que seus atormentadores também estavam testando novas maneiras de enganação. Em uma leva de ataques, por exemplo, os hackers haviam alterado o código do KillDisk para não apenas prejudicar as máquinas da vítima, mas também para exibir uma imagem assombrosa em suas telas.

A imagem — publicada pela primeira vez por pesquisadores na empresa eslovaca de segurança ESET, que também estava rastreando de perto a segunda onda de ataques ucranianos — não era simplesmente um arquivo implantado no computador da vítima.[1] Em vez disso, com um novo tipo de capricho hacker, ela havia sido programada meticulosamente dentro do malware para ser desenhada pela interface gráfica do Windows toda vez que o código fosse executado.

A imagem resultante era uma máscara com bigode de cores verde neon e preto, em baixa resolução, sobre um fundo de uns e zeros multicoloridos. Acima e embaixo da máscara estavam as palavras "NÓS SOMOS FSOCIETY" e "JUNTE-SE A NÓS".

Os hackers haviam cooptado a simbologia dos hackers anarquistas ficcionais da série televisiva *Mr. Robot*, talvez para criar uma aparência de niilismo livre e de base sobre o que era claramente uma campanha de perturbação bem organizada e patrocinada por um Estado. (Com o benefício da retrospectiva, eles poderiam também estar revelando algo de suas intenções: em *Mr. Robot*, os hackers da Fsociety destroem permanentemente os registros de um conglomerado bancário gigantesco, apagando a dívida de milhares de pessoas e arremessando a economia mundial no caos — um enredo que, dentro de um ano, seria presciente.)

Na segunda leva de ataques, os hackers mudaram o estratagema: em vez de uma fronte hacktivista, eles adotaram uma fronte cibercriminosa, cobrindo as máquinas corrompidas das vítimas com uma mensagem de resgate exigindo um pagamento em Bitcoin: "Sentimos muito, mas a criptografia dos seus dados foi completada com sucesso, então você pode perder seus dados ou pagar 222 btc."[2]

O Sandworm parece ter adaptado sua história de encobrimento para imitar uma tática que estava cada vez mais na moda entre hackers aproveitadores: em vez de tentar roubar cartões de crédito ou outros dados que precisariam ser revendidos para ter monetização, cibercriminosos descobriram que poderiam extorquir dinheiro diretamente das vítimas ao criptografar seus discos rígidos e exigir pagamento para destravá-los. Apenas quando as vítimas enviassem o pagamento do resgate — dentro de um tempo limitado prescrito — os extorsionários enviariam a chave para descriptografar os dados. Alguns esquemas de ransomware haviam se tornado tão profissionais que incluíam até mesmo suporte ao cliente ao vivo, aumentando a probabilidade do pagamento ao tranquilizar as vítimas de que elas receberiam mesmo os seus dados de volta.

Mas a maioria desses esquemas de fazer dinheiro, por mais cruéis que fossem, pedia apenas algumas centenas ou milhares de dólares das vítimas. Esse exigia, de acordo com a taxa de câmbio de Bitcoin do fim de 2016, mais de 150 mil dólares. Ninguém, ao que parecia, era estúpido o bastante para pagar. E os pesquisadores da ESET descobriram que, mesmo que eles pagassem, não havia mecanismo de descriptografia no malware. Em vez disso, o pedido de resgate apenas adicionava outra camada de confusão à mesma destruição de dados ao estilo do KillDisk que o Sandworm estava executando desde o ano anterior.

Yasinsky podia ver que os hackers estavam não apenas evoluindo, mas experimentando. Depois de um ano escondidos, eles haviam ressurgido mais perigosos e enganadores do que nunca. A ciberguerra da Ucrânia estava aumentando.

E então, em uma noite de sábado, com duas semanas dessa praga crescente, pouco depois de Yasinsky se sentar no sofá do seu apartamento em Kiev para assistir ao filme *Snowden* com a família, o Sandworm exibiu todas as suas capacidades.

▪

No dia 17 de dezembro de 2016, um jovem engenheiro chamado Oleg Zaychenko estava há quatro horas em seu turno noturno de doze horas na estação de transmissão de Ukrenergo, ao norte da fronteira da cidade de Kiev. Ele estava em uma antiga sala de controle da era soviética, as paredes cobertas com painéis de controle analógicos em tons de bege e vermelho do chão ao teto. O gato malhado da estação, Aza, estava lá fora caçando. A única coisa que fazia companhia a Zaychenko era uma televisão no canto tocando clipes de música pop.

Ele estava preenchendo um registro com papel e lápis, documentando outra noite de sábado rotineira, quando o alarme da estação soou de repente, em um toque contínuo ensurdecedor. À sua direita, Zaychenko viu que duas das luzes indicando o estado dos circuitos do sistema de transmissão haviam mudado de vermelho para verde — na linguagem universal e contraintuitiva da engenharia elétrica, um sinal de que eles haviam sido desligados.

O técnico pegou o telefone preto de mesa à sua esquerda e ligou para um operador na sede da Ukrenergo para alertá-lo do erro de rotina. Enquanto ele fazia isso, outra luz ficou verde. E então mais uma. A adrenalina de Zaychenko começou a circular. Enquanto ele explicava a situação às pressas para o operador remoto, as luzes continuaram mudando: vermelho a verde, vermelho a verde. Oito, então dez, então doze.

Enquanto a crise aumentava, o operador no telefone ordenou que Zaychenko corresse para fora e conferisse o equipamento em busca de danos físicos. Nesse momento, o décimo segundo e último circuito desligou, e as luzes na sala de controle apagaram, junto com o computador e a TV. Zaychenko já estava vestindo uma jaqueta sobre o uniforme azul e amarelo e correndo em direção à porta.

A estação de transmissão da Ukrenergo ao norte de Kiev normalmente é uma selva vasta e ruidosa de equipamento elétrico se espalhando por vinte acres, do tamanho de mais de doze campos de futebol. Mas quando Zaychenko saiu do prédio para o ar gelado da noite, a atmosfera era mais arrepiante do que nunca: os três transformadores do tamanho de tanques alinhados ao lado do prédio, responsáveis por um quinto da capacidade elétrica da capital, haviam silenciado completamente.

Até então, Zaychenko estava percorrendo mentalmente uma lista de controle de emergência. Enquanto ele corria pelas máquinas paralisadas, o pensamento adentrou sua mente pela primeira vez: os hackers do apagão atacaram novamente.

18

POLIGON

Dessa vez o ataque havia se movimentado pelo sistema circulatório da rede elétrica da Ucrânia. Em vez de derrubar as subestações de distribuição que se irradiam em linhas elétricas capilares, os sabotadores atingiram uma artéria. Aquela única estação de transmissão ao norte de Kiev transmitia duzentos megawatts, mais do que a carga elétrica total de todas as mais de cinquenta estações de distribuição que haviam sido apagadas no ataque de 2015.

Por sorte, o sistema ficou fora do ar durante apenas uma hora — longe de ser o suficiente para os encanamentos congelarem ou a população local entrar em pânico — antes de os engenheiros da Ukrenergo começarem a fechar os circuitos manualmente e trazer tudo de volta ao funcionamento. Mesmo assim, quando esse apagão de uma hora à meia-noite encobriu a casa de Yasinsky no norte de Kiev, isso o irritou como nenhum outro ciberataque que ele havia experimentado em seus anos como profissional de segurança.

Yasinsky me disse que sempre tentou manter uma perspectiva fria sobre os intrusos que estavam saqueando seu país. Ele tenta evitar totalmente, por exemplo, o tópico da identidade dos atacantes, argumentando que seus nomes ou nacionalidades não entram na análise de suas intrusões ou estratégias para se defender deles. (Essa recusa de tocar nas questões de atribuição é comum na indústria da cibersegurança. Mas Yasinsky leva isso ao extremo, indo tão longe a ponto de balançar o dedo com um sorriso repreensivo de zombaria quando eu me refiro aos atacantes como russos.)

Yasinsky sempre preferiu enxergar seu trabalho como um jogo de xadrez, analisando logicamente os movimentos dos adversários em um plano abstrato livre de qualquer psicologia pessoal. Ficar muito investido emocionalmente, ele argumenta, faz com que seu pensamento seja corrompido por sua própria raiva, obsessão ou interesse pessoal, e você começa a cometer erros. "Você precisa da mente limpa e fria", diz Yasinsky. "Se quiser jogar bem, você não pode se dar ao luxo de odiar seu oponente."

Mas quando o apagão chegou até sua casa, ele admitiu que havia cruzado uma nova fronteira. Era "como ser roubado", ele me disse. "Foi um tipo de violação, um momento quando você percebe que seu espaço privado é apenas uma ilusão."

Após 24 horas do apagão, funcionários da Ukrenergo confirmaram publicamente que ele tinha sido de fato causado por outro ciberataque, como Yasinsky suspeitou imediatamente. A Ukrenergo e o SBU — o serviço de segurança ucraniano que funciona em parte como o equivalente do país à NSA — determinaram que a Ucrânia lidaria com a resposta sozinha. Dessa vez, não haveria delegação norte-americana. E então, naturalmente, quando a ISSP ligou para a Ukrenergo e ofereceu seus serviços, o trabalho foi entregue a Yasinsky.

■

No começo de 2017, em uma reunião na sede da Ukrenergo no centro de Kiev, a empresa deu à ISSP um disco rígido cheio de terabytes dos arquivos de registro que Yasinsky precisaria para começar sua análise forense. Assim como fez na StarLightMedia, ele se debruçou sobre os registros durante semanas, vasculhando-os por qualquer anomalia que pudesse revelar os traços dos hackers que haviam, em cada ponto de sua intrusão, procurado imitar o comportamento normal das vítimas que eles haviam infiltrado — o que Yasinsky chama de "encontrar agulhas no meio das agulhas".

Depois de rastrear os mesmos hackers por mais de um ano, Yasinsky sabia onde encontrar suas pegadas. No fim de janeiro, a ISSP havia montado a anatomia quase inteira da intrusão. Ele a apresentou em um briefing para administradores de TI da Ukrenergo, desenrolando na frente deles uma linha do tempo do trabalho dos hackers de quase dois metros impressa em papel. Apesar de a empresa ter entregado a ele seis meses de registros, parecia que os hackers haviam obtido acesso bem antes: em janeiro de 2016, quase um ano antes do segundo apagão, a Ukrenergo havia descoberto uma infecção do mesmo malware BlackEnergy que atingiu a StarLightMedia, TRK e o aeroporto Boryspil. Yasinsky achava que, apesar dos esforços de limpeza da companhia, os intrusos mantiveram uma base de apoio escondida em algum lugar nos sistemas da Ukrenergo, aguardando pacientemente a hora certa.

Para se movimentar dentro da rede da Ukrenergo, eles haviam utilizado uma ferramenta hacker comum chamada Mimikatz, projetada para se aproveitar de um equívoco de segurança em versões antigas do Windows que deixa as senhas acessíveis na memória do computador. A Mimikatz pinça as credenciais daquela névoa efêmera para que os hackers possam usá-las para obter acesso repetidas vezes a um determinado computador, ou a qualquer outro que a conta da vítima possa acessar na mesma rede. Os hackers também exploraram um truque mais obscuro, que permitia que eles escavassem na memória quando um aplicativo congelava inesperadamente, com credenciais sensíveis permanecendo no "crashdump" de dados que programas quebrados deixam para trás — algo como pegar e instantaneamente copiar as chaves de um carro parado.

Com essas credenciais roubadas, os hackers por fim obtiveram acesso a um tipo de servidor de base de dados todo-poderoso na rede da Ukrenergo, algo que é chamado às vezes de "historiador". Essa base de dados agia como guardiã dos registros para as operações da companhia, coletando dados de equipamentos físicos e tornando-os disponíveis para a rede de negócios. Para os intrusos, ele oferecia uma ponte crucial entre o lado de TI tradicional da rede da Ukrenergo e o lado do sistema de controle industrial, incluindo estações de trabalho com acesso a disjuntores.

Essa base de dados historiadora não apenas coletava dados dos computadores da companhia. Ela também, e mais perigosamente, tinha a habilidade de enviar certos comandos a eles. Como Yasinsky descreve, os hackers sequestraram essa funcionalidade de transformar a base de dados em um "canivete suíço", capaz de rodar qualquer código que os hackers escolhessem. Em última análise, isso incluía implantar o payload de seu ataque na porta de entrada do equipamento da estação de transmissão da Ukrenergo e, como em 2015, virar insensivelmente os interruptores para cortar a energia de centenas de milhares de pessoas.

Parecia que os atacantes haviam mudado o foco do ataque de 2015, quando saquearam as três companhias elétricas regionais com um arsenal vasto de humilhações, atacando tudo, desde os próprios geradores de backup das companhias até seus sistemas de telefone. Em vez disso, dessa vez eles haviam penetrado diretamente nos sistemas de transmissão com um profissionalismo obstinado. "Em 2015, eles eram como um grupo de brigões de rua brutais", diz Marina Krotofil, uma especialista de sistemas de controle industrial alemã nascida na Ucrânia, que na época trabalhava na Honeywell e aconselhou Yasinsky durante a análise da ISSP. "Em 2016, eles eram ninjas."

Mas o último payload que foi implantado pelos sabotadores, para Yasinsky, era um tipo de caixa-preta. Ele podia ver que os hackers haviam instalado, com antecedência antes do ataque da meia-noite, uma coleção de bibliotecas de vínculo dinâmico, ou arquivos .dll, essencialmente coleções de instruções que eles poderiam convocar. Mas sistemas de controle industrial são a sua própria disciplina arcana dentro da cibersegurança, e Yasinsky, apesar de seu conhecimento forense de sistemas de TI tradicionais, não podia interpretar os arquivos .dll sozinho. Krotofil, sua amiga e especialista de sistemas de controle industrial que ele sempre consultava, ajudou a guiá-lo ao longo dessa parte da investigação da Ukrenergo. Mas, graças ao acordo de não divulgação que ele assinou com a companhia, ele não podia compartilhar os arquivos .dll com ela.

Yasinsky mostrou os arquivos a engenheiros da Ukrenergo, e eles disseram a ele que o código incluía comandos escritos em um protocolo específico — um tipo de vocabulário computacional entendido pelo equipamento de disjuntores. De algum modo, esses arquivos haviam deflagrado o último e destruidor passo da operação de apagão dos hackers. Exatamente como isso foi feito permaneceria um mistério durante meses.

■

Enquanto isso, nos Estados Unidos, o segundo apagão ucraniano ressoou momentaneamente pela comunidade de cibersegurança, roubando de volta um bocadinho de atenção do frenesi ao redor dos ataques eleitorais da Rússia. Pela primeira vez na história, como Lee me descreveu, um grupo de hackers havia demonstrado que estava disposto e era capaz de atacar a infraestrutura crítica repetidas vezes. Eles haviam refinado suas técnicas ao longo de assaltos múltiplos e em evolução. E eles já haviam plantado seu malware na rede elétrica norte-americana antes.

Tudo isso significava, Lee argumentou, que companhias norte-americanas e oficiais do governo precisavam ver as crescentes operações de ciberguerra da Rússia não apenas como um problema da Ucrânia, mas deles. "As pessoas que entendem a rede energética dos Estados Unidos sabem que isso pode acontecer aqui", ele me disse.

Quando repassei essa ideia para o oficial de segurança chefe da NERC, Marcus Sachs, em uma ligação telefônica, ele minimizou a ameaça. Companhias elétricas norte-americanas já haviam aprendido a partir da vitimização da Ucrânia, argumentou. Sachs apontou para a exposição itinerante de briefings que ele e outros haviam apresentado para companhias norte-americanas para educá-los sobre os ataques, insistindo que eles precisavam fortalecer suas práticas básicas de cibersegurança e desligar o acesso remoto aos sistemas críticos sempre que possível. E, apesar de toda a sofisticação dos hacks de rede elétrica da Ucrânia, ele destacou, isso não constituía uma catástrofe. Afinal de contas, as luzes haviam se acendido novamente.

"Seria difícil dizer que não estamos vulneráveis. Qualquer coisa conectada a outra é vulnerável", diz Sachs. "Fazer o salto e sugerir que a rede está a milissegundos de distância de um colapso é irresponsável."

Mas, para hackers como Sandworm, Lee contradisse, os Estados Unidos poderiam apresentar um conjunto de alvos ainda mais conveniente. Empresas de energia norte-americanas são mais afinadas à cibersegurança, mas elas também são mais automatizadas e modernas do que as da Ucrânia, com mais equipamento controlado por computador. Em outras palavras, elas apresentam uma "superfície de ataque" digital maior para hackers do que sistemas antigos.

Engenheiros norte-americanos, ele argumentou, também têm menos experiência com recuperação manual de apagões frequentes do que um país como a Ucrânia. Companhias regionais na Ucrânia, e até mesmo a Ukrenergo em Kiev, estão todas mais acostumadas a apagões das falhas rotineiras de equipamento do que as companhias norte-americanas. Eles têm frotas de caminhões prontos para dirigir até subestações e manualmente ligar a energia de volta, como companhias ucranianas fizeram em 2015 quando os hackers os atingiram primeiro. Nem toda companhia norte-americana hiperautomatizada está preparada para um override manual no próprio local, com todo o pessoal. "Derrubar a rede norte-americana seria mais difícil do que a ucraniana", disse Lee. "*Mantê-la* derrubada pode ser mais fácil."

Enquanto o poder e a arrogância do Sandworm crescia, a pergunta continuava: eles se atreveriam a atingir os Estados Unidos do modo como haviam atingido a Ucrânia? Um ataque às companhias norte-americanas, afinal, quase certamente resultaria em uma retaliação séria e imediata do governo norte-americano, mesmo que ataques iguais em uma guerra regional de agressão russa mal tenham provocado um murmúrio dos oficiais norte-americanos.

Alguns analistas de cibersegurança na época do segundo ataque do Sandworm à rede elétrica argumentaram que o objetivo da Rússia era simplesmente margear a própria estratégia de ciberguerra norte-americana: ao apagar as luzes em Kiev — e ao mostrar que é capaz de penetrar na rede norte-americana —, Moscou havia enviado uma mensagem avisando os Estados Unidos para não tentarem um ataque ao estilo do Stuxnet na Rússia ou seus aliados, como o ditador sírio Bashar al-Assad, cujos oponentes revolucionários os Estados Unidos estavam apoiando na guerra civil síria.

Nessa perspectiva, era tudo um jogo de dissuasão. Como um influente hacker pseudônimo e analista de segurança conhecido como Grugq descreveu em um texto de blog após o segundo apagão da Ucrânia: "Esse caro piscar de luzes faz mais sentido quando enxergado como uma operação de influência para sinalizar ao Ocidente que a Rússia possui o que o próprio Ocidente acredita serem 'verdadeiras ciberarmas de ciberguerra'."[1]

"A Rússia piscou as luzes da Ucrânia duas vezes até agora", escreveu ele. "Não há motivos para rodar dois testes de uma operação ofensiva se o primeiro foi bem-sucedido. Eles querem ter certeza de que o Ocidente receba o sinal."

Mas Lee, que estava envolvido em muitos cenários de jogos de guerra durante seu tempo na NSA, poderia imaginar a Rússia atingindo companhias norte-americanas como medida de retaliação caso se percebesse acuada em um canto — se os Estados Unidos, vamos supor, ameaçassem interferir nos interesses militares de Moscou na Ucrânia ou na Síria. "Quando você nega a habilidade de um Estado de projetar poder", ele argumentou, "ele precisa revidar".

Lee e os de sua turma, claro, jogavam esses pesadelos de guerra há mais de uma década. E, até então, o ciberapocalipse não havia chegado ao solo norte-americano. Mas, no rastro da interferência eleitoral da Fancy Bear, parecia não haver limites para o atrevimento da Rússia. O Kremlin interferira nas eleições ucranianas e não havia enfrentado repercussões de verdade; então aplicou tática semelhante à dos Estados Unidos. Hackers russos desligaram a energia na Ucrânia com impunidade; o silogismo não era difícil de completar.

Para John Hultquist, que agora havia observado os ataques do Sandworm aumentarem por mais de dois anos, esse próximo passo era claro o suficiente. Três semanas depois do ataque de Kiev em 2016, ele escreveu uma previsão no Twitter e a fixou no seu perfil para a posteridade: "Eu juro que, quando a equipe do Sandworm finalmente atingir a infraestrutura crítica ocidental e o pessoal reagir como se fosse uma grande surpresa, eu vou perder a cabeça."

■

Em um dia cinzento em março de 2017, um táxi me deixou no estacionamento em frente à sede da ISSP em Kiev. Na época, a ISSP ocupava um prédio baixo em um bairro industrial da capital ucraniana, rodeado por campos esportivos lamacentos e arranha-céus decrépitos — algumas das muitas lembranças da União Soviética que persistiam no país.

Quando encontrei Oleksii Yasinsky lá dentro, nos sentamos na "Cyber Lab" da empresa, uma sala escura com uma mesa redonda que estava coberta com o mesmo tipo de mapas de rede que ele havia desenvolvido para a operação Ukrenergo, longos rolos de papel mostrando nodos e conexões de complexidade borgeana. Cada mapa representava a linha do tempo de uma intrusão do Sandworm. Àquela altura, o grupo hacker era o foco de consumo do trabalho de Yasinsky há quase dois anos, desde o primeiro ataque na StarLightMedia. Ele me disse que ainda não havia maneira de saber quantas instituições ucranianas haviam sido atingidas na campanha crescente de ciberataques; qualquer número era passível de ser uma estimativa por baixo. Para cada alvo conhecido publicamente, existia pelo menos uma vítima secreta que não admitia que havia sido invadida, e ainda outros alvos que não haviam descoberto os intrusos em seus sistemas.

Na verdade, disse Yasinsky, a próxima onda de invasão digital já poderia estar em desenvolvimento na época. Atrás dele, dois funcionários jovens e com barba da ISSP estavam absortos em seus teclados e telas, desmembrando o malware que a empresa obteve apenas um dia antes, a partir de uma nova leva de e-mails de phishing. Os ataques, Yasinsky passou a acreditar, assumiam um ciclo sazonal: durante os primeiros meses do ano, os hackers preparavam o terreno, penetrando alvos silenciosamente e expandindo sua presença. No final do ano, eles liberavam o payload. Yasinsky sugeriu, que mesmo que ele estivesse analisando o ataque à rede elétrica do ano passado, as sementes já haviam sido plantadas para as surpresas de dezembro de 2017.

Preparar-se para a próxima rodada, Yasinsky me disse, era como "estudar para uma prova final que se aproximava". Ele confirmou que o que ele e a Ucrânia haviam enfrentado até então era provavelmente uma série de testes práticos.

Ele resumiu as intenções dos atacantes em uma única palavra russa: *poligon*. Um campo de treino. Mesmo em seus ataques mais prejudicais, disse Yasinsky, os hackers poderiam ter ido além. Eles poderiam ter destruído não só os dados armazenados do Ministério das Finanças, mas o backup também. Provavelmente poderiam ter derrubado a estação de transmissão da Ukrenergo por mais tempo ou causado dano físico permanente à rede — uma restrição que analistas norte-americanos como Assante e Lee também haviam notado em minhas conversas com eles. "Eles ainda estão brincando com a gente", disse Yasinsky. Toda vez, os hackers se retiraram antes de alcançar o máximo de dano possível, como se reservassem suas reais capacidades para alguma operação futura. "Só podemos esperar que eles ainda não tenham terminado de brincar."

Yasinsky não estava sozinho ao formar aquela nova teoria pressagiosa sobre a ciberguerra da Ucrânia: observadores internacionais começaram a postular que a Rússia estava transformando o país em um laboratório de testes, experimentando táticas digitais que poderia lançar no Ocidente mais tarde. Onde seria um lugar melhor para treinar um exército de hackers do Kremlin do que na atmosfera sem barreiras de uma guerra incendiária dentro da própria esfera de influência de Putin? "Não há restrições. Esse é um lugar onde você pode fazer o seu pior sem retaliação ou acusação", Kenneth Geers, embaixador da OTAN, me contou. "A Ucrânia não é a França ou a Alemanha. Muitos norte-americanos não conseguem encontrá-la em um mapa. Então você pode treinar por lá."

Nessa sombra de negligência, a Rússia não estava só forçando os limites de suas habilidades técnicas, disse Thomas Rid, um professor de estudos militares e estratégicos na Universidade Johns Hopkins. Também era uma maneira de sentir até onde a comunidade internacional toleraria. "Eles estão testando as linhas vermelhas, o que eles podem fazer sem consequências", disse Rid. "Você força a barra e vê se te respondem. Se não, você tenta o próximo passo."

E o que aconteceria quando os hackers parassem de brincar com seus jogos exibicionistas e desencadeassem toda a sua força? Na sala escura do escritório da ISSP em Kiev durante minha visita na primavera de 2017, Yasinsky admitiu para mim que ele não sabia qual forma o próximo ataque teria. Talvez outro apagão mais grave. Ou talvez um ataque que mirasse em uma instalação de abastecimento de água. Independentemente disso, ele disse acreditar que o ataque se estenderia, como o apagão que ele sentiu em sua própria casa, para além da internet como entendíamos, em direção à infraestrutura do mundo físico.

Atrás dele, a luz evanescente da tarde brilhava através das persianas, pintando seu rosto em uma silhueta escura. "O ciberespaço não é um alvo próprio. É um meio", disse Yasinsky. "Use sua imaginação."

19

INDUSTROYER/CRASH OVERRIDE

Yasinsky, no fim das contas, não era o único mergulhando na evidência forense do apagão da Ukrenergo. A mais de 950 quilômetros a oeste, outro pesquisador de segurança, Anton Cherepanov, não estava apenas rastreando as mesmas pegadas dentro da rede da companhia; ele estava, apesar de nenhum dos dois homens saberem disso ainda, preenchendo as partes faltantes do quebra-cabeça de Yasinsky.

Cinco dias depois do ataque do apagão de 17 de dezembro do Sandworm, Cherepanov abriu em seu computador o mesmo conjunto de arquivos .dll que havia representado o último mistério não resolvido na análise da ISSP da intrusão da Ukrenergo. Cherepanov estava trabalhando no centro de operações principal da sede da empresa eslovaca de segurança ESET, um escritório aberto com fileiras de estações de trabalho, todas viradas na direção de uma parede coberta por telas mostrando visualizações de feeds de dados de malware retirados do software antivírus da ESET. A empresa, em homenagem à NASA, chamava a sala de "Houston".

O escritório da ESET está situado no 16º andar do Aupark Tower, um edifício corporativo que está ao sul da capital eslovaca de Bratislava. O prédio oferece uma visão estonteante do rio Danúbio e, do outro lado, do Castelo de Bratislava que se ergue sobre o quarteirão histórico da cidade. Mas, naquele dia de dezembro, Cherepanov estava totalmente focado no código que se desenrolava nas duas telas à sua frente. Ele estava trabalhando sozinho; "Houston" estava, de outra forma, vazia. Quase todos os outros funcionários da ESET já haviam começado suas férias de Natal. Apenas Cherepanov, como russo, não celebrava o Natal ocidental em dezembro, mas o Natal ortodoxo no começo de janeiro.

Cherepanov se mudou da cidade russa de Chelyabinsk para a Eslováquia em 2012, depois de resolver um desafio de criptografia e engenharia reversa em cinco partes que a ESET utilizava para o recrutamento. Agora, olhando para os arquivos .dll no coração do apagão da Ukrenergo, ele encontrou um enigma tão perturbador quanto qualquer coisa que ele havia visto em cinco anos. Após uma combinação de vasculhar meticulosamente o código atrás de linhas reconhecíveis e uma intensa pesquisa no Google, ele podia ver que os arquivos não eram, na verdade, um só payload, mas quatro payloads distintos, cada um projetado para enviar comandos em um protocolo de sistemas de controle industrial diferente — o jargão digital entendido por certas peças de equipamento elétrico. O código não era como nada que ele já vira em seus anos na ESET analisando milhares de criações hacker criminosas e patrocinadas por Estados. "Era algo que eu não podia compreender. A maioria dos malwares é simples: rouba algumas senhas, criptografa o drive, apaga os dados. Isso era algo diferente", diz Cherepanov. "Eu percebi que seria um longo Natal."

A ESET e Cherepanov estavam assistindo de perto ao bombardeio de malware do final de 2016 dos seus vizinhos ucranianos: a empresa vendia há muito tempo um dos programas antivírus mais populares na Ucrânia, e sua coleção de instalações antivírus havia fornecido acesso adiantado a amostras do malware que castigavam o país. (Na verdade, mesmo enquanto a ISSP e a FireEye analisavam os ataques de forma privada, a ESET havia sido a primeira a publicar muitos dos detalhes da segunda blitz ucraniana do Sandworm. Enquanto os pesquisadores de John Hultquist na FireEye haviam classificado as intrusões como a segunda chegada do Sandworm, a ESET deu um nome próprio aos hackers por trás da onda de ataques: TeleBots, baseado no backdoor do Telegram que eles haviam instalado nas máquinas das vítimas.) Então, quando essa onda de ataques culminou na sabotagem da estação de transmissão de Ukrenergo uma semana antes do Natal, a ESET imediatamente começou a sua própria análise do segundo apagão hacker contabilizado.

Cherepanov se recusou a revelar como a ESET obteve o código no coração da intrusão de Ukrenergo. Mas quando ele olhou para a coleção de arquivos .dll que continha, eles eram inescrutáveis tanto para ele quanto seriam para Yasinsky quando o pesquisador ucraniano ganhou acesso ao mesmo código algumas semanas depois. Ainda assim, ele podia sentir seu significado. Ele inspecionou os programas do payload durante horas naquele dia de inverno, permanecendo na frente de suas telas no escritório silencioso da ESET mesmo depois de o sol ter se posto atrás das colinas a oeste de Bratislava, sobre a fronteira austríaca.

Cherepanov contou à esposa que eles precisariam cancelar as férias sérvias que haviam planejado. Quando o dia do Ano-novo chegou, ele ainda estava fazendo a engenharia reversa do código, escavando manuais para os protocolos obscuros do sistema de controle industrial e analisando as funções passo a passo.

Os funcionários da ESET retornaram ao escritório no fim de janeiro, e ele finalmente lhes explicou a extraordinária ferramenta de sabotagem que havia descoberto: o malware era um tipo de bot de apagão autoimpulsionado. Assim que se instalava em um computador conectado a equipamentos como disjuntores, era projetado para localizar essas máquinas físicas, executar sua própria descoberta automática e enviar dados de configuração de volta aos operadores. Então, quando chegasse o momento do ataque, poderia "falar" diretamente com o equipamento da vítima em qualquer um dos quatro protocolos de sistemas de controle industrial contidos nos arquivos .dll.

No caso da Ukrenergo, apenas um desses quatro protocolos havia sido utilizado de fato, e aparentemente ele havia aberto todos os disjuntores na estação de transmissão da Ukrenergo ao norte de Kiev. Pelo tempo em que a máquina que rodava o malware permanecesse conectada, ele continuaria repetindo esses comandos de "abertura", em um tipo de bombardeio de fogo rápido. Mesmo se um operador tentasse fechar um disjuntor e recuperar a energia, ele seria instantânea e digitalmente aberto a força de novo.

Os hackers tinham, em outras palavras, criado uma ciberarma automática que executava a mesma tarefa que eles haviam desenvolvido no ano anterior, mas agora com uma velocidade inumana. Em vez de clicar manualmente pelos disjuntores com mãos fantasmas, eles criaram um pedaço de malware que executava o ataque com uma eficiência cruel e veloz de máquina.

"Puta merda", pensou Robert Lipovsky, o chefe de Cherepanov na ESET, quando Cherepanov descreveu suas descobertas. "Essa é a maior coisa com a qual já trabalhamos desde o Stuxnet."

Na verdade, o inevitável havia ocorrido. Um dos adversários dos Estados Unidos construiu seu próprio Stuxnet: o segundo espécime de código que atacava diretamente o mundo físico.

■

A ESET chamou o malware de Industroyer, um jogo de palavras com sua rara habilidade de destruir sistemas de controle industrial.[1] A empresa sabia que estava guardando uma descoberta histórica. Mas, mesmo depois de Cherepanov se esgotar durante o feriado para fazer a engenharia reversa completa do malware, a ESET inexplicavelmente ainda manteria a descoberta em segredo por mais seis meses.

Os funcionários da ESET citaram uma necessidade de confirmar e reconfirmar suas descobertas, um acordo de não divulgação que haviam assinado, e as complexidades de compartilhar a pesquisa com autoridades ucranianas por intermediários. Foi apenas em junho de 2017 que a ESET estava pronta para finalmente publicar um relatório sobre o código que havia encontrado no coração do apagão da Ukrenergo.

Em uma quinta-feira, quatro dias antes da data planejada para finalmente revelar o Industroyer em um relatório público, os pesquisadores da ESET entraram em contato com Rob Lee. Eles queriam dar-lhe uma prévia da descoberta para que o antigo especialista em segurança de infraestrutura crítica da NSA, que contribuiu com a descrição mais detalhada do primeiro apagão ucraniano, pudesse agir como uma voz crível de apoio à análise. Eles lhe enviaram, com cuidado, uma parcela do código do Industroyer e um rascunho da publicação do blog que seria lançada.

Lee ficou imediatamente chocado com a gravidade do que viu. O código à sua frente cristalizava tudo que ele já acreditava sobre as táticas de ciberguerra crescentes do Sandworm em um único e concreto pedaço de programação. "Esse era o primeiro pedaço de malware a causar destruição na infraestrutura civil", ele se assombrou, apontando que até mesmo o Stuxnet se limitava a um alvo militar. "Era uma descoberta enorme."

Lee pediu o código completo, mas a ESET se recusou. Infelizmente para a ESET, eles haviam subestimado a curiosidade obstinada e a pura ambição de Lee, sem mencionar sua vontade de irritar os colegas da indústria de segurança.

Então Lee deu à equipe na Dragos, sua jovem startup de segurança de sistemas de controle industrial, a tarefa de encontrar o malware eles mesmos. A empresa começou a vasculhar em suas próprias fontes de pedaços de malware, utilizando o pedacinho do código da ESET como uma impressão digital. Em questão de horas, diz Lee, eles encontraram uma combinação em um computador que foi transformado em um chamado servidor de staging para as operações do Sandworm.

Um servidor de staging atua como um posto avançado para hackers, um ponto de impulso no qual eles podem armazenar e então lançar as ferramentas de hacking contra um alvo sem revelar seu próprio ponto de origem. De algum modo, Lee me contou — e ele se recusou a explicar mais —, a Dragos havia acessado esse servidor e retirado dele o mesmo código encontrado pela ESET.

Menos de 72 horas antes da publicação planejada das descobertas da ESET, os pesquisadores na Dragos começaram a correr para produzir seu próprio relatório. Os seis principais engenheiros de reversão da empresa, que trabalham remotamente, organizaram um canal aberto de videoconferência. De seus home offices em seis estados com três fusos horários diferentes, eles começaram a desmembrar o código do payload, trabalhando em conjunto e mal dormindo. O próprio Lee, em seu home office no subúrbio de Maryland, aguentou direto a maratona de 72 horas, bebendo uma garrada do uísque japonês Nikka Coffey

Grain e um engradado de 24 latas de Red Bull. Apenas quando o relatório da Dragos estava completo na manhã de segunda-feira, às 6h, é que ele se permitiu tirar um cochilo de duas horas.

Horas depois, as duas empresas publicaram seus relatórios. A Dragos tomou a decisão controversa de dar seu próprio nome ao programa: Crash Override.[2] Esse apelido combinava o nome de um componente de lançamento do malware chamado "crash.dll" que ativava seus módulos maliciosos e o fato de que foi projetado para abrir disjuntores repetidas vezes mais rápido do que um operador poderia fechá-los, sobrescrevendo os comandos manuais. Também era uma alusão ao pseudônimo do protagonista do filme *Hackers* de 1995. (Quando a Microsoft e a US-CERT emitiram avisos na segunda-feira sobre o código, eles o chamaram de Crash Override, não de Industroyer. Cherepanov e a equipe chocada da ESET ainda não perdoaram Lee pelo desrespeito.)

Fora a facada nas costas da indústria, os relatórios da Dragos e da ESET concordaram em muitas das descobertas mais preocupantes sobre o payload do apagão. Crash Override ou Industroyer, independentemente de como seria chamado, não tinha uma cura fácil. Se os hackers pudessem implantar esse malware automatizado nas profundezas da rede de uma companhia, como o Sandworm havia feito na rede da Ukrenergo, ele exploraria os recursos pretendidos dos sistemas de controle industrial, enviando comandos que eram indistinguíveis dos que eram enviados por operadores legítimos. "Não há nada para consertar isso, nada para fazer", disse Lee. "É um ataque sem conserto."

Pior ainda, a natureza automatizada da ruptura significava que o tipo de operação de apagão que o Sandworm havia executado duas vezes na Ucrânia poderia ser agravado para múltiplos alvos simultâneos ao redor de um país ou região. Lee estimou que o ataque de 2015 havia exigido pelo menos vinte hackers manualmente sequestrando computadores e clicando nos disjuntores. Agora, ele apontou, uma equipe do mesmo tamanho poderia implantar seu malware autopropelido em dez ou quinze alvos de companhias simultaneamente e configurar o código para ativar em um determinado momento, como uma bomba-relógio. Do ponto de vista do hacker, Lee explicou, "você pode ter confiança de que causará destruição sem a sua interação".

Finalmente, o payload do malware também incluía sua própria ferramenta de apagamento chamada haslo.dat — ucraniano para "archote" —, projetada para destruir todos os dados dos sistemas de um alvo. Marina Krotofil, que seguiria com sua própria análise do código meses depois, descreveu essa função como uma tentativa de prolongar o apagão e também um estágio de limpeza, com a intenção de prevenir analistas forenses de encontrar o malware depois. Nesse caso, por sorte do destino, a funcionalidade de apagamento havia falhado de algum modo. "Eles não queriam ter queimado essa ferramenta", ela me disse, utilizando o jargão hacker de "queimar" para dizer que o programa estava exposto, eliminando seu elemento surpresa. "Não deveríamos estar vendo isso."

Um dos aspectos mais perturbadores do malware foi apenas brevemente mencionado no relatório da ESET: sim, ele foi projetado para enviar comandos em quatro protocolos diferentes de sistemas de transmissão elétrica, apenas um deles foi realmente utilizado na Ukrenergo. Mas o código também era altamente modular. Os protocolos poderiam facilmente ser trocados por outros — incluindo os que são utilizados nos Estados Unidos. "Eu cumprimento o autor desse malware, porque funciona em qualquer lugar", Krotofil diria mais tarde. "A beleza disso é que você pode lançá-lo em qualquer país, em qualquer subestação."

A ideia de que o Sandworm estava usando a Ucrânia para testar técnicas que algum dia poderiam ser repetidas na Europa ocidental ou nos Estados Unidos era agora mais do que uma teoria abstrata: ela nasceu na própria mecânica da ferramenta que os pesquisadores haviam descoberto. O malware parecia projetado não como uma granada de uso único, mas um sistema de armas reutilizável e adaptável.

Ninguém construiria um pedaço de software malicioso tão único e passaria um ano enterrado na rede de uma vítima para implantá-lo, apenas para infligir um apagão único de uma hora. "Esse é um pedaço de malware que parece ter sido construído para mirar em *outros* locais", Lee me contou. "Nada nesse ataque parece algo singular. O modo como é construído, projetado e como funciona faz parecer que o intuito é utilizá-lo múltiplas vezes. E não só na Ucrânia."

■

Na mesma semana que Lee e seus pesquisadores da Dragos publicaram o relatório sobre o malware Crash Override, Lee foi convidado a informar membros do Conselho de Segurança Nacional da Casa Branca. Sentado em uma grande sala de conferências com representantes do Departamento de Segurança Interna, Departamento de Energia, CIA e NSA, ele explicou como a descoberta desse código representava uma ameaça versátil, única e com possíveis agravantes às redes elétricas do mundo.

Primeiro, Lee achou que a administração Trump podia estar se preparando para lançar o tipo de resposta ao segundo apagão ucraniano que esteve tão notadamente ausente no primeiro. "Todo mundo concordou. Ninguém estava confuso. Todo mundo sabia que era importante", disse Lee.

Mas, conforme os dias e semanas após a reunião passavam, Lee não ouviu nada mais. Finalmente, quando entrou em contato com um funcionário da Casa Branca, ouviu que a informação apresentada por ele sobre o malware de rede da Rússia havia chegado ao diretor da Inteligência Nacional, Dan Coats, que havia repassado-a ao presidente Trump. E a resposta, como Lee conta, foi "não estamos interessados em falar sobre isso".

Trump, cujo entendimento de computadores e segurança digital era notoriamente raso, pode ter ignorado as notícias simplesmente porque ignorava qualquer coisa "ciber". Mas, como Lee descreve, a mensagem passada a ele e filtrada por várias camadas desde o presidente foi de que a notícia sobre o Crash Override "veio em má hora" e era "muito política". Em outras palavras, conforme a controvérsia sobre o papel da Rússia em sua vitória eleitoral começou a crescer, parecia que Trump não tinha interesse em discutir qualquer frase que incluísse as palavras "Rússia" e "hacker", não importava o contexto. (A Casa Branca nunca respondeu meus múltiplos pedidos por comentários sobre a descrição de Lee desses eventos.)

Se Trump sentiu que a notícia poderia ser usada contra ele politicamente, estava certo. No final de junho de 2017, dezoito senadores democratas e o independente Bernie Sanders assinaram uma carta ao presidente, citando o trabalho da Dragos e exigindo que Trump dirigisse o Departamento de Energia a conduzir uma nova análise das capacidades do governo russo de perturbar a rede elétrica dos Estados Unidos. Eles também pediram por uma exploração de quaisquer tentativas que o Kremlin já tenha feito de comprometer as companhias elétricas norte-americanas, os oleodutos ou qualquer outra infraestrutura de energia.

"Estamos profundamente preocupados com o fato de que a sua administração não reforçou um compromisso verbal priorizando a cibersegurança de redes de energia e lutando contra a agressão ciber com qualquer ação significativa", escreveram os legisladores.[3] A Casa Branca nunca respondeu.

Lee rapidamente se arrependeu de a notícia do Crash Override ter virado um futebol partidário. Mas ele estava ainda muito mais frustrado que a história estivesse se repetindo igual um ano antes: outra Casa Branca parecia empurrar outro apagão ucraniano para debaixo do tapete. "Quando um ciberataque derruba a energia elétrica pela primeira vez com uma capacidade que é escalável e impactante para as pessoas ao redor do mundo, não ganha nem uma frase de efeito", disse Lee. "E isso é ridículo."

■

Na louca corrida de 72 horas dos pesquisadores da Dragos para dissecar o Crash Override, também conhecido como Industroyer, eles haviam perdido algo. Na verdade, Rob Lee me diria que um elemento do código que a ESET descreveu em seu relatório estava faltando na versão do malware que a Drogos encontrou. Aparentemente, não havia sido usado no ataque da Ukrenergo. Não está claro nem sequer se funcionou. Mas era, de certo modo, a pista mais premonitória de todas.

Em um dado momento, enquanto ele vasculhava o código do Industroyer, Cherepanov percebeu que ele era programado para enviar uma estranha linha de números de dezoito bytes. Quando ele pesquisou no Google por essa linha, encontrou uma consultiva sobre uma vulnerabilidade conhecida nos dispositivos Siprotec da Siemens — relés de proteção projetados para funcionar como interruptores de segurança para equipamentos elétricos. Envie esse único pacote de dezoito bytes para uma caixa Siprotec da Siemens e ela pararia de responder.[4] Apenas a reinicialização manual a acordaria de novo.

Quando Mike Assante leu o relatório da ESET sobre o Industroyer em sua casa em Wyoming, esse truque da Siprotec imediatamente chamou sua atenção. Afinal, relés de proteção eram os dispositivos que ele sempre se preocupou que pudessem ser hackeados para não apenas perturbar, mas *destruir* o equipamento físico. Se passaram apenas dez anos desde que ele liderou a demonstração de Aurora, mostrando exatamente a escala do desastre possível quando relés de proteção são alterados maliciosamente.

A vulnerabilidade explorada pelo malware do Sandworm, diferentemente do ataque Aurora, não mudava de fato a lógica do relé de proteção para causar efeitos perigosos. Ela simplesmente coloca o relé para dormir. Mas, se essa técnica tivesse sido combinada com outras formas de sabotagem da estação de transmissão, ainda poderia ter causado danos muito mais permanentes: desative relés de proteção enquanto mexe na carga elétrica de certos componentes e os hackers podem derreter fiações ou queimar transformadores, efeitos que fariam um apagão de uma hora parecer um jogo inocente.* "Se você já viu um incêndio

* A explicação completa para esse elemento do ataque da Ukrenergo só viria à luz em setembro de 2019, quando um analista da Dragos chamado Joe Slowik obteve os registros de rede completos do sistema da empresa e montou a cadeia inteira dos atos de sabotagem do Sandworm. Como Slowik descreveria, os hackers desligaram a energia na estação de transmissão como um primeiro passo, então deflagraram um componente de apagamento do malware para destruir o conteúdo dos computadores da estação uma hora depois. Só então usaram a técnica do malware de hacking do Siprotec contra quatro dos relés de proteção da estação. Slowik acredita que essa tática tinha a intenção de desativar silenciosamente os dispositivos de proteção com quase nenhum jeito para que os operadores da companhia detectassem as salvaguardas em falta. A intenção, ele diz, era que os engenheiros da Ukrenergo respondessem ao apagão reenergizando apressadamente o equipamento da estação. Quando eles ligassem o equipamento sem relés de proteção funcionais, os próprios operadores da companhia poderiam deflagrar uma sobrecarga perigosa de corrente em um transformador ou linha de transmissão. A sobrecarga poderia incluir fiação queimada, explosão de transformadores ou até mesmo trabalhadores machucados. Esse plano extraordinário pode ter falhado apenas por causa de um erro de configuração no malware do Sandworm, argumenta Slowik. Não é preciso dizer que, se o ciberataque houvesse acontecido como planejado, o apagão resultante teria durado muito mais do que uma hora.

em um transformador, sabe que é gigante", diz Assante. "Uma enorme fumaça preta que de repente vira uma bola de fogo."

Em 2007, ele foi o primeiro a avisar o mundo sobre hackers desencadeando uma destruição física em sistemas de energia. Agora alguém parecia estar dando os primeiros passos em direção a um ataque muito literal ao estilo de Aurora. Enquanto olhava pelas janelas de seu home office no segundo andar, na direção da distante cordilheira Teton, Assante sentiu um estranho misto de orgulho e horror amargo. "Havia a satisfação de não ter tido um fracasso da imaginação", diz. "Mas também o medo: eles estão desenvolvendo essas habilidades agora."

Seu pesadelo Aurora estava prestes a se tornar realidade. "Isso é real", ele pensou consigo mesmo. "Está acontecendo." O futuro que ele vislumbrara uma década antes havia chegado.

PARTE IV

APOTEOSE

Da névoa de areia surgiu uma massa ordeira de formas cintilantes — grandes curvas ascendentes, cheias de espinhos de cristal que se convertiam nas bocas escancaradas de vermes de areia, formando uma muralha deles, cada qual com tropas Fremen cavalgando para o ataque. Vieram em uma cunha sibilante com as roupas esvoaçando ao vento enquanto cortavam o caminho através do conflito na planície.

20

MAERSK

Era uma tarde perfeita e ensolarada de verão em Copenhague quando o maior conglomerado de transporte marítimo de cargas do mundo começou a perder a cabeça.

A sede da A.P. Møller-Maersk reside ao lado da esplanada fresca e de calçada portuguesa do porto de Copenhague. O mastro de um navio carregando a bandeira dinamarquesa está plantado no canto nordeste do prédio, e seis andares de janelas azuladas dão para a água, defronte à doca onde a família real dinamarquesa estaciona seus iates. No porão do edifício, funcionários podem escolher produtos de uma loja de presentes corporativa, abastecida com bolsas e gravatas com a marca da Maersk, e até um raro modelo de Lego do gigantesco navio de contêiner Triple-E da empresa, uma embarcação quase do tamanho do Empire State Building deitado de lado, capaz de transportar uma carga do tamanho de outro Empire State Building.

Essa loja de presentes abriga um centro de suporte tecnológico, uma única mesa gerida por resolvedores de problemas de TI ao lado do caixa da loja. E na tarde do dia 27 de junho de 2017, funcionários confusos da Maersk começaram a se aglomerar naquela mesa de suporte em duplas e trios, quase todos segurando notebooks. Em algumas das telas das máquinas apareciam mensagens que diziam "consertando o sistema de arquivo em C:", com um aviso em destaque para não desligar o computador. Outras, mais surrealmente, diziam "oops, seus arquivos importantes estão criptografados" e exigiam um pagamento de trezentos dólares em bitcoin para descriptografá-los.

Do outro lado da rua, um administrador de TI chamado Henrik Jensen estava trabalhando em outra parte do complexo da Maersk, um edifício de pedra branca ornamentado que em séculos passados serviu de arquivo real dos mapas e cartas marítimos.* Jensen estava ocupado preparando a atualização de software para os quase 80 mil empregados da Maersk quando seu computador reiniciou espontaneamente.

Ele xingou baixinho para si mesmo. Jensen presumiu que a reinicialização não planejada era um movimento brusco do departamento central de TI da Maersk, uma entidade nem um pouco adorada na Inglaterra que supervisionava a maior parte do império corporativo e cujas 80 unidades de negócios se estendiam de portos a logística e exploração de petróleo, em 574 escritórios em 130 países ao redor do mundo.

Jensen ergueu o olhar para perguntar se alguém mais em seu escritório de planta aberta para funcionários de TI havia sido interrompido tão rudemente. E, enquanto ele virava o pescoço, observava cada tela de computador pela sala apagar em uma rápida sucessão.

"Eu vi uma onda de telas se apagando. Preto, preto, preto. *Preto preto preto preto preto*", diz ele. Os computadores, Jensen e seus vizinhos logo descobriram, estavam irreversivelmente bloqueados. Reiniciá-los fazia apenas com que eles mostrassem a mensagem de resgate em Bitcoin que os outros funcionários da Maersk estavam vendo.

Por toda a sede da Maersk, a escala total da crise estava começando a ficar clara. Em meia hora, empregados da Maersk estavam correndo pelos corredores, gritando para seus colegas desligarem os computadores ou se desconectarem da rede da Maersk antes que o software malicioso pudesse infectá-los enquanto recaía sobre eles a realização de que cada minuto poderia significar mais dezenas ou centenas de computadores corrompidos. Trabalhadores de tecnologia correram para salas de conferência e desplugaram máquinas no meio de reuniões. Logo os funcionários estavam lutando com portões trancados por cartões, paralisados pelo ainda misterioso malware, para espalhar o aviso a outras seções do edifício.

Desconectar toda a rede global da Maersk levou mais de duas horas de pânico para os funcionários de TI da empresa. No final desse processo, todos os empregados haviam sido ordenados a desligar seus computadores e deixá-los em suas mesas. Os telefones digitais em cada cubículo também se tornaram inúteis durante o fechamento de emergência da rede.

Em torno das 3h da tarde, um executivo da Maersk entrou na sala onde Jensen e uma dúzia de colegas esperavam ansiosos por notícias e disse que fossem para casa. A rede da Maersk estava tão profundamente corrompida que mesmo os funcionários de TI não podiam ajudar. Alguns dos gerentes mais antigos da

---

* Henrik Jensen não é o seu nome verdadeiro. Como quase todo empregado, cliente ou parceiro da Maersk que entrevistei, Jensen temia as consequências de falar publicamente sobre essa história.

empresa disseram a suas equipes que permanecessem no escritório. Mas muitos empregados — reduzidos a ficarem ociosos sem computadores, servidores, roteadores ou telefones de mesa — simplesmente foram embora.

Jensen saiu do edifício para o ar morno do fim da tarde de junho. Como a imensa maioria dos funcionários da Maersk, ele não tinha ideia de quando poderia retornar ao trabalho. A gigante marítima que o empregava — responsável por 76 portos em todos os lados da terra e quase 800 embarcações marítimas, incluindo navios de contêineres que transportavam dezenas de milhões de toneladas de carga, representando perto de um quinto de toda a capacidade de transporte marítimo do mundo — estava morta na água.

21

SHADOW BROKERS

O pior ciberataque da história, como qualquer tempestade perfeita, se formou a partir de uma rara confluência de elementos. Um dos precursores mais poderosos e voláteis foi fornecido, indiretamente, por ninguém menos do que o governo dos Estados Unidos.

Para Jake Williams, o fiasco que ofereceu o elemento-chave ao Sandworm começou de manhã cedo em agosto de 2016 — dez meses antes das telas da Maersk ficarem pretas — em uma sala de conferências em algum lugar de Ohio. Williams, o fundador de 39 anos da empresa de segurança Rendition Infosec, estava com quatro de seus funcionários dentro dos escritórios de um cliente corporativo cuja rede de computador havia sido profundamente invadida por uma equipe de cibercriminosos. Isso era comum: a equipe de Williams configurou notebooks e monitores para transformar um dos espaços de reunião de clientes em uma sala de guerra. Eles haviam trabalhado até tarde na noite anterior, vasculhando os registro de rede da vítima e falando sem parar com os advogados da empresa, antes de dormir algumas horas e então mergulhar de volta na cena do crime naquela manhã antes das 7h.

Em uma das telas que havia configurado na sala de guerra, Williams abriu o Twitter e criou um feed ao vivo de todas as mensagens que mencionavam a empresa do cliente. Ele estava monitorando-as em busca de qualquer papo que pudesse significar que notícias da invasão, que ainda não havia sido anunciada pela empresa ou reportada pela mídia, houvessem vazado para o público. Foi quando viu alguns tuítes mencionando um tipo diferente de vazamento, não do seu cliente, mas de uma das organizações mais secretas do planeta: a NSA.

Os tuítes tinham links para uma conta de Twitter chamada "@shadowbrokerss", que por sua vez tinha links para uma publicação no site Pastebin, a ferramenta de publicação favorita de hackers anônimos. Por lá, Williams encontrou um texto indignado escrito no que parecia ser um tipo de inglês ruim de brincadeira.

"!!! Atenção patrocinadores governamentais de ciberguerra e aqueles que lucram com isso !!!!", a mensagem começava.[1] "Quanto você paga por ciberarmas inimigas?"

A publicação seguia em frente para apresentar uma oferta extraordinária. Os hackers declaravam ter conseguido realizar algo que quase ninguém havia alcançado antes — pelo menos não publicamente: eles invadiram a NSA e roubaram alguns de seus arquivos mais sensíveis. Especificamente, escreveram que haviam hackeado o "Equation Group", utilizando o nome que a empresa de segurança russa Kaspersky havia dado aos criadores do Stuxnet. Os Shadow Brokers, seja lá quem eram, estavam declarando não apenas ter hackeado a NSA, mas ter hackeado os melhores hackers da NSA, a equipe de elite dos ciberespiões governamentais norte-americanos, conhecidos como Tailored Access Operations. E agora eles estavam vendendo o lote roubado para quem pagasse mais:

> Nós seguimos o tráfego do Equation Group. Encontramos a fonte do Equation Group. Hackeamos o Equation Group. Nós encontramos muitas muitas ciberarmas do Equation Group. Você vê imagens. Nós te damos alguns arquivos do Equation Group de graça. Isso é boa prova, não é? Aproveite!!! Você quebra muitas coisas. Você encontra muitas intrusões. Você escreve muitas palavras. Mas não tudo, nós vamos leiloar os melhores arquivos.

Embaixo dessa mensagem, a publicação incluía links para sites de download onde eles haviam feito o upload de arquivos de "prova" como amostras, junto com outro arquivo criptografado que supostamente continha uma coleção de ferramentas de hacking secretas que eles se vangloriavam de serem "melhores que o Stuxnet". Os Shadow Brokers exigiram que qualquer um que quisesse ver os conteúdos daquele arquivo enviasse ofertas de bitcoins para um determinado endereço. Nenhuma dessas ofertas, eles estipularam, seria reembolsada. E apenas a maior oferta receberia a chave para descriptografar esse suposto santo graal do hacking. Em outra nota bizarra, os Shadow Brokers disseram que, se as ofertas chegassem a 1 milhão de bitcoins — na época isso era bem mais do que meio bilhão de dólares —, eles soltariam todos os arquivos secretos para o público.

Finalmente, a mensagem terminava com um estranho parágrafo sobre "elites ricas" a quem os Shadow Brokers pareciam estar simultaneamente ameaçando com suas ferramentas de hacking roubadas da NSA e mirando com um pitch de venda difícil. "Deixa que explicamos para as Elites. Sua riqueza e controle dependem de dados eletrônicos", escreveram. "Se os dados eletrônicos somem, onde ficam as Elites Ricas? Talvez com o gado estúpido? 'Você se sente no controle?' Elites Ricas, vocês enviam bitcoins, vocês fazem oferta no leilão, talvez grande vantagem para vocês?"

À primeira vista, nada sobre a publicação parecia o trabalho de hackers habilidosos o suficiente para terem realmente hackeado a NSA. O inglês quase deliberadamente de má qualidade, o sistema descuidado de leilão, até o nome "Shadow Brokers" — aparentemente uma referência a um personagem do videogame *Mass Effect* —, tudo parecia mais com o trabalho de adolescentes entediados do que um grupo patrocinado pelo Estado como o Sandworm ou até o Fancy Bear.

Mas Jake Williams baixou os arquivos de amostra assim mesmo. E, quando ele os abriu no computador, ficou surpreso ao ver que incluíam um conjunto de ferramentas capazes de invadir silenciosamente uma série de firewalls comuns, incluindo alguns vendidos por Cisco e Fortinet.[2]

Na verdade, eles não eram apenas programas de hacking de firewall. Para Williams, eles tinham um significado especial. Quatro anos antes, Williams saíra da NSA, onde tinha servido como hacker na equipe Tailored Access Operations. Mesmo agora, a natureza altamente confidencial do trabalho significava que ele não poderia me dizer explicitamente se reconheceu as ferramentas de hacking de seu próprio tempo na agência. Mas é suficiente dizer que Williams sabia que elas eram tão poderosas quanto os Shadow Brokers declaravam. "Eu não duvidei da autenticidade deles", disse.

As ferramentas que os Shadow Brokers haviam oferecido como meras amostras gratuitas não eram qualquer programa rústico de hacking, mas as commodities mais raras do mundo de cibersegurança: muitas haviam sido projetadas para explorar vulnerabilidades de zero-day. Apesar de os arquivos serem datados em 2013, algumas das falhas de software que eles miravam haviam permanecido um segredo por todos esses anos até a divulgação dos Shadow Brokers.[3] A Cisco, por exemplo, com o tempo avisaria seus clientes que eles precisavam mudar a configuração de doze produtos diferentes da Cisco para se protegerem de uma das ferramentas de hacking vazadas, que poderiam dar aos intrusos o controle completo sobre esses dispositivos.[4] Em alguns casos, isso poderia significar a habilidade de interceptar completamente ou adulterar o tráfego de entrada e saída das redes utilizadas por milhões de pessoas ao redor do mundo.

Cada uma das ferramentas de amostra vazadas, Williams podia ver imediatamente, era terrivelmente perigosa por conta própria, e elas estavam sendo liberadas juntas na internet pública, onde qualquer patife poderia usá-las para causar a destruição. Se a palavra dos Shadow Brokers fosse levada em consideração, eles tinham muito mais guardado na manga.

Conforme a equipe Rendition examinava os arquivos dentro de sua sala de guerra improvisada, temporariamente distraídos do trabalho de dissecar a invasão do cliente, Williams trocou olhares com um de seus funcionários, um homem que também havia trabalhado com ele na NSA e que parecia estar igualmente consternado com o que estavam observando se desenrolar.

Por boa parte de uma década, enquanto os hackers patrocinados por Estados do mundo progrediam lentamente em direção à ciberguerra, o ápice dessa corrida armamentista havia sido o Stuxnet. Esse espécime raro de malware concretizou a promessa das artes obscuras digitais de alcançar o impossível nas operações militares e de inteligência norte-americana, assim como do perigo representado pelos adversários dos Estados Unidos, como o Sandworm, se eles empregassem essas mesmas armas.

Mas o desastre que se formava naquela manhã de agosto se expressaria em uma forma muito mais literal. Em vez do medo abstrato de que ciberarmas norte-americanas inspirariam adversários a desenvolverem as suas próprias, o arsenal de hacking norte-americano havia caído, repentina e diretamente, em mãos inimigas.

■

Nos primeiros dias após a publicação dos Shadow Brokers, parecia que a operação do grupo tinha sido um fracasso. Eles não conseguiram a bolada de 1 milhão de bitcoins. Em vez disso, nas primeiras 24 horas do leilão, eles receberam um total de 937,15 dólares, de acordo com o registro público de transações do blockchain do Bitcoin.[5]

Mas ainda assim o leilão serviu para criar um burburinho sobre a falha de segurança da NSA. Especialistas concordaram em maioria que o motivo de lucro era um encobrimento, que os Shadow Brokers eram provavelmente hackers patrocinados pelo Estado, não cibercriminosos, e estavam, acima de tudo, querendo envergonhar a NSA.[6] No que dizia respeito a Jake Williams, ele imediatamente suspeitou da Rússia. "Há apenas um governo capaz de fazer isso", ele disse de maneira categórica.

Outra figura menos esperada que já havia trabalhado na NSA ofereceu uma sugestão similar. Edward Snowden, o denunciante da NSA que vazou um baú de alta confidencialidade dos documentos da agência há três anos, publicou uma série de mensagens no Twitter descrevendo uma teoria maior. Ele achava que os Shadow Brokers eram mesmo russos, que eles haviam roubado as ferramentas da NSA de um servidor de staging utilizado como um tipo de posto avançado para as operações de hacking da agência, e que o motivo principal dos ladrões era envergonhar a NSA e transmitir uma mensagem específica: nós sabemos o que vocês estão fazendo. "Evidência circunstancial e sabedoria convencional indicam responsabilidade russa", escreveu Snowden.[7] "Essa pode ser uma tentativa de influenciar o cálculo de tomadores de decisão imaginando o quão afiada precisa ser a resposta aos hacks do DNC."

A primeira aparição dos Shadow Brokers, afinal, veio apenas dois meses depois da notícia de que a Rússia havia hackeado o Comitê Nacional Democrata. Snowden postulou que a Rússia estava usando sua invasão da NSA para colocar um espelho frente às acusações norte-americanas de hacking imprudente, para avisar os Estados Unidos que a Rússia também poderia chamar atenção para as operações de intrusão de seu adversário.

O fato de essa teoria ter sido articulada primeiro pelo homem por trás da *outra* grande violação dos segredos da NSA na memória recente — e que havia se refugiado da lei norte-americana em Moscou — pode ter soado irônico. Mas, apesar de todo o prejuízo que a NSA declarou ter sido causado pelas revelações de Snowden, ele nunca liberou vulnerabilidades de zero-day ou ferramentas de hacking. Nos meses por vir, os despejos de dados dos Shadow Brokers provariam ser imensamente mais prejudiciais do que qualquer coisa que Snowden havia revelado — não apenas para as agências de inteligência dos Estados Unidos, mas para o mundo.

■

Os hackers pareciam saborear sua tortura da NSA. Durante os meses seguintes, os Shadow Brokers desapareceriam por longos períodos e então reapareceriam espontaneamente para promover novos vazamentos, prolongando o caos e a ansiedade que eles estavam criando enquanto evisceravam a agência e arremessavam suas entranhas radioativas pela internet.

O segundo de seus vazamentos foi, em alguns aspectos, menor — talvez uma mera lembrança à NSA de que seu problema não iria embora. Dois meses depois de sua estreia espalhafatosa, os Shadow Brokers publicaram outra amostra dos dados roubados no dia anterior ao Halloween, intitulando a publicação no blog de "Doces ou travessuras?" Dessa vez eles ofereceram uma coleção de endereços de IP representando computadores que, eles disseram, a NSA havia utilizado como servidores de staging, expondo um amplo mapa das operações secretas de hacking da agência pelo mundo.[8]

O novo vazamento foi apresentado junto com a mensagem respondendo às declarações que o vice-presidente Joe Biden havia feito dias antes, nomeando a Rússia como a fonte do hack ao Comitê Nacional Democrata e prometendo algum tipo de medida retaliatória a ser executada pela CIA. "Estamos enviando uma mensagem", Biden disse ao programa da NBC *Meet the Press*.[9] "Será na hora que escolhermos — e sob as circunstâncias que possuam o maior impacto."

"Por que o DirtyGrandpa está ameaçando fazer uma ciberguerra da CIA com a Rússia?" os Shadow Brokers responderam. "O truque de controle mais velho do manual, né? Balançando a bandeira, culpando problemas em fontes externas, sem assumir a responsabilidade pelos fracassos. Mas não importa, hackear o DNC é bem bem mais importante do que as habilidades perdedoras do EquationGroup." O sarcasmo farpado não podia esconder a defensividade dos Shadow Brokers sobre a interferência da Rússia nas eleições norte-americanas.

Depois de mais seis semanas, os Shadow Brokers pareciam estar perdendo a paciência. "TheShadowBrokers tentam leilão.[10] Pessoas não gostam", eles escreveram. "Agora TheShadowBrokers tentam venda direta." Eles haviam decidido vender suas técnicas roubadas de hacking de zero-day à la carte. Dessa vez a publicação deles incluía screenshots de uma coleção de arquivos, dando um vislumbre de um catálogo de mercadorias secretas de hacking que eles possuíam.

Talvez a configuração precária de leilão dos Shadow Brokers houvesse afastado compradores. Ou talvez toda a sua empreitada de fazer dinheiro havia sido um teatro elaborado. De qualquer maneira, em janeiro eles declararam repentinamente que seu procedimento de vendas havia falhado e eles estavam acabando com tudo. "Até mais, tchau pessoas. TheShadowBrokers está sumindo, indo embora: Continuar é muito risco e besteira, não muitas bitcoins", eles escreveram.[11] "Apesar das teorias, sempre foi sobre bitcoins para TheShadowBrokers. Despejos gratuitos e falação política foi para atenção de marketing."

Por mais três meses, o grupo parecia ter desaparecido. Algumas pessoas na indústria de segurança especularam que o trabalho do grupo sempre foi projetado como uma distração do hacking da Rússia nos alvos relacionados à eleição e, com a inauguração de Donald Trump como presidente no começo de 2017, seu trabalho estava pronto.[12] "A diversão acabou", escreveu o site de notícias de tecnologia *Motherboard*.[13]

Mas, se oficiais da NSA sentiram algum alívio depois que o sangramento parou, ele foi prematuro. Em abril de 2017, três meses depois, os Shadow Brokers apareceram de novo, publicando a senha de 32 caracteres para o arquivo criptografado original que haviam liberado, o que eles haviam declarado originalmente que era "melhor que o Stuxnet".

Quando hackers ao redor do mundo descriptografaram o arquivo, encontraram uma ampla coleção de ferramentas de hacking, todas mirando sistemas operacionais como Linux, Unix e Solaris em vez do Windows. Muitas tinham mais de uma década de idade. Os programas secretos não eram, ao que parecia, melhores do que o Stuxnet. Mas eles significavam que o pesadelo da NSA continuava, sem fim discernível à vista.

Junto com essa publicação, dessa vez os Shadow Brokers enviaram uma carta aberta de 1500 palavras pedindo a Trump para continuar em contato com sua base nacionalista da extrema-direita, e não se render ao "Estado profundo" e aos "globalistas". Os hackers criticaram a decisão de Trump de lançar ataques aéreos na Síria em retaliação às armas químicas usadas pelo ditador do país, Bashar al-Assad, apoiado pela Rússia. Agora eles declaravam que, apesar das teorias de sua origem russa, eles na verdade eram ex-oficiais de inteligência norte-americanos que faziam objeção ao serviço militar. Eles protestaram contra o Goldman Sachs, os sionistas, os socialistas e os críticos da Rússia:

> Nós reconhecemos que norte-americanos têm mais em comum com russos do que chineses ou globalistas ou socialistas.[14] Rússia e Putin são nacionalistas e inimigos dos globalistas, exemplos: invasão da OTAN e conflito da Ucrânia. Portanto a Rússia e Putin são os melhores aliados até os inimigos em comum serem derrotados e a América voltar a ser grande.

Jake Williams, como quase qualquer um com ligações com a NSA, continuou a observar o fiasco dos Shadow Brokers com uma mistura de fascinação e profunda ansiedade. Depois que o grupo ressurgiu, ele publicou uma análise breve no Peerlyst, um site de mídia social da indústria de segurança, declarando o que então ele considerava óbvio: os Shadow Brokers eram, entre outras coisas, claramente outra operação de influência do Kremlin. "A Rússia provavelmente está usando a última publicação dos Shadow Brokers para tentar controlar o ciclo de notícias e tomar para si o tempo de cobertura do conflito sírio", escreveu ele.[15]

Na manhã seguinte, ele acordou em um quarto de hotel em Orlando, onde tinha horário marcado para dar aula em um curso de treinamento, e olhou o Twitter. Ele descobriu imediatamente que os Shadow Brokers haviam respondido a sua publicação. Agora eles estavam chamando a atenção *dele*, Jake Williams, usando seu nome. "@malwarejake Você tem boca grande pra um antigo membro do #equation-group", eles escreveram no Twitter, utilizando sua arroba.[16] "Os Shadow Brokers NÃOTEM o hábito de revelar membros do #equation-group, mas fez uma exceção para esse boca grande."

Williams nunca havia revelado publicamente que era um ex-funcionário da NSA, muito menos um membro da equipe Tailored Access Operations, que os Shadow Brokers chamaram de Equation Group. Ele quarentenou cuidadosamente essa parte de sua carreira e descrevia sua experiência para associados e clientes apenas como tendo trabalhado para o Departamento de Defesa.

Ele tinha acabado de ser revelado. Perdeu o ar. "Foi como levar um soco no estômago", disse.

A mensagem foi acompanhada por referências vagas a nomes em código como "OddJob", "CCI", "Windows BITS persistence" e uma investigação envolvendo o "Q Group", o braço de contrainteligência da NSA. Williams recusou dizer o que tudo isso significava. Mas explicou que, ao incluir essas referências, os Shadow Brokers estavam sinalizando a ele que eles estavam cientes não apenas de sua afiliação com a NSA, mas de detalhes específicos da sua carreira na agência. "A mensagem era: 'Isso não é um palpite'", ele disse. "'Nós sabemos.'"

O vazamento dos segredos de Williams mudaria sua vida. Agora que ele é um conhecido ex-hacker da TAO, não viaja mais para lugares onde possa ficar vulnerável a ataques pessoais ou legais de países como a Rússia ou a China. Nos meses seguintes à sua revelação pelos Shadow Brokers, ele cancelou viagens de trabalho à República Tcheca, Cingapura e Hong Kong. Mesmo hoje, ele vive com medo de acusações estrangeiras por seu hacking do passado, assim como os Estados Unidos procurou semear o medo em hackers estrangeiros, do Irã à Coreia do Norte, com suas próprias acusações criminais.

Mas, naquele primeiro momento, ao ver seus segredos revelados, Williams teve uma reação mais visceral e menos racional: ele sentiu o mesmo tipo de violação que a NSA esteve executando por oito meses, mas agora em um nível pessoal. Ele sentiu que os Shadow Brokers sabiam muito mais sobre ele do que ele sabia sobre os Shadow Brokers e que estava completamente à mercê do grupo. Eles poderiam liberar o resto de seu histórico pessoal a qualquer momento.

O mesmo valia, claro, para o resto dos segredos da NSA. O pior ainda estava por vir.

22

ETERNALBLUE

Quando os Shadow Brokers finalmente decidiram soltar o vazamento mais prejudicial de sua curta e estranha carreira, eles explicaram suas ações não com manifestos políticos ou exploração por lucros, mas niilismo puro.

"Semana passada osshadowbrokers tentou ajudar as pessoas", eles escreveram em uma nova mensagem em 14 de abril de 2017, se referindo ao discurso político da semana anterior.[1] "Essa semana osshadowbrokers tá pensando foda-se as pessoas."

Como de costume, eles postaram o link para um download. "Osshadowbrokers não queria chegar a isso. Tá tão ruim que ninguém quis pagar osshadowbrokers pra calar a boca e ir imbora", concluíram. "Talvez se todos sobreviverem terceira guerra mundial osshadowbrokers volta semana que vem."

Talvez o gracejo da Terceira Guerra Mundial se referisse às tensões que se agravavam entre os Estados Unidos e a Coreia do Norte; o último havia revelado que em breve teria a capacidade de lançar um míssil nuclear que poderia atingir qualquer localização dos Estados Unidos. Ou talvez estivesse se referindo aos conteúdos do arquivo que haviam acabado de vazar, que oferecia, em essência, o equivalente digital.

A nova coleção de arquivos era a nave mãe de ferramentas de hacking imensamente poderosas que os Shadow Brokers prometeram desde o começo. Após oito meses de provocações e brincadeiras, eles haviam finalmente soltado um sortimento de joias da coroa da NSA. Analistas de cibersegurança que baixaram os arquivos contaram mais de vinte ferramentas diferentes de hacking, todas polidas, profissionais e prontas para causar o caos até mesmo nas mãos de hackers inexperientes.

Mas foi um programa em particular, que a NSA havia apelidado de EternalBlue, que fez a comunidade de cibersegurança imediatamente ficar em alvoroço. O

EternalBlue foi projetado para explorar uma vulnerabilidade de zero-day em praticamente todas as versões do Windows antes do Windows 8, uma falha em um recurso antigo e obscuro do Windows conhecido como Server Message Block, ou SMB. O SMB permitia que os computadores compartilhassem informações, como arquivos e acesso a impressoras, diretamente de um a outro. E continha múltiplos bugs críticos que deixavam qualquer um enviar mensagens SMB a um computador para obter a execução remota e total de código na máquina alvo.

Com o EternalBlue, os hackers da NSA haviam programado essa exploração em um programa simples capaz de penetrar milhões e milhões de computadores ao redor do mundo. Então eles perderam o controle.

"Isso é o máximo que se pode chegar", Matthew Hickey, um analista de segurança britânico que estava analisando os vazamentos dos Shadow Brokers durante meses, me disse na época. "É a internet em modo Deus." Ou, como minha colega da *Wired*, Lily Hay Newman, descreveu, "uma ferramenta de ciberespionagem norte-americana sofisticada e altamente secreta agora é o pé de cabra popular".[2]

Poucas horas depois da publicação dos Shadow Brokers, porém, a Microsoft publicou um aviso inesperado: A vulnerabilidade de zero-day que o EternalBlue explorava, no fim das contas, não era tecnicamente um zero-day. Em março, a empresa havia, sem explicações na época, liberado um patch para a falha do Server Message Block que neutralizou a técnica de hacking da NSA, um mês inteiro antes do vazamento dos Shadow Brokers. O *Washington Post* confirmaria mais tarde que a NSA avisou discretamente a Microsoft sobre a falha quando descobriu que o EternalBlue estava entre as ferramentas que os ShadowBrokers tinham roubado.[3]

Com a notícia de que existia um patch de segurança disponível, uma nova pergunta surgiu: quantas pessoas haviam de fato instalado esse patch? Atualizar proteções de software ao redor do mundo nunca foi uma solução simples, mas um problema epidemiológico complexo. Administradores de sistema negligenciam patches ou não usam em todos os computadores, ignoram patches por medo de que eles quebrarão recursos dos softwares que eles precisam, ou usam software pirata que não recebe nenhum tipo de patch. Tudo isso significa que enviar atualizações de segurança para máquinas vulneráveis ao redor do mundo costuma ser tão complicado e imperfeito quanto o processo de fazer humanos ao redor do mundo serem vacinados, muito depois de a vacina ser descoberta.

Ao longo dos dias seguintes, pistas sobre a população de máquinas ainda desatualizadas contra o EternalBlue começaram a surgir. Pesquisadores de segurança não tinham como determinar o número de ataques EternalBlue diretamente, mas eles poderiam varrer a internet por outro pedaço complementar de malware da NSA chamado DoublePulsar, um programa de backdoor que também havia sido liberado pelos ShadowBrokers e que foi projetado para ser instalado por EternalBlue nas máquinas alvo. Quando alguém enviava um tipo de ping à rede de um computador infectado com DoublePulsar, ele responderia com uma confirmação reconhecível e distinta.

Pesquisadores curiosos enviaram esses pings em massa para a internet inteira. Eles imediatamente receberam dezenas de milhares de respostas únicas, cada uma provavelmente sinalizava um computador que havia sido hackeado com a chave mestra da NSA.[4] Dentro de uma semana após o vazamento dos ShadowBrokers, o número estava acima de 100 mil.[5] Depois de duas semanas, a contagem de vítimas potenciais havia chegado a 400 mil. O pesadelo da internet com o EternalBlue não havia acabado. E sua escala completa estava prestes a se tornar clara.

■

Em torno das 2h30 da tarde de sexta-feira, Marcus Hutchins voltou do almoço no restaurante local de peixes e fritas na pequena cidade litorânea inglesa de Ilfracombe, sentou-se em frente ao computador em seu quarto e descobriu que a internet estava em polvorosa.

Hutchins, um inglês de fala mansa de 22 anos com uma profusão semicontrolada de cabelos castanhos encaracolados, deveria tirar o dia de folga do trabalho como analista de malware na empresa de cibersegurança Kryptos Logic. Mas ele não era de traçar limites bem desenhados em sua vida: trabalhava em casa e seu home office também era seu quarto no primeiro andar na casa de seus pais. O quarto era configurado com três poderosos computadores de mesa — cada um equipado com múltiplos monitores e resfriadores a água para acomodar o processamento de alta performance —, assim como dois notebooks e uma prateleira de servidores piscantes.

Hutchins usava esse elaborado equipamento de quarto para operar seu próprio centro de pesquisa de malware independente. Na configuração do seu servidor ele rodava máquinas virtuais que podiam simular todos os tipos de computadores para testar novos malwares e observá-los em ação de modo seguro. Uma tela mostrava um feed constante de e-mails de spam e phishing que ele estava coletando para analisar suas fontes e os programas maléficos atados em seus anexos.

Em outra de suas telas, Hutchins abriu um fórum britânico de pesquisa de cibersegurança onde ele estava tentando aprender mais sobre um certo tipo de malware de fraudes bancárias. Ele descobriu uma crise em desenvolvimento. O Serviço Nacional de Saúde do Reino Unido estava sendo emboscado com um surto de ransomware. E esse não era o ransomware criminoso normal que estava mirando cada vez mais em instituições críticas como hospitais e departamentos de polícia, criptografando seus dados e mantendo-os como refém. Era outra coisa: milhares dos computadores da agência estavam sendo infectados, e o número estava crescendo com uma velocidade inumana.

Os computadores das vítimas estavam bloqueados, com uma tela vermelha exigindo um pagamento de trezentos dólares em bitcoin. "Seus arquivos importantes estão criptografados", dizia a mensagem. "Talvez você esteja ocupado procurando um modo de recuperar seus arquivos, mas não perca seu tempo. Ninguém pode recuperar seus arquivos sem nosso serviço de descriptografia." No lado esquerdo da tela, uma contagem regressiva contava as horas ao longo de sete dias até que os hackers apagassem as chaves de descriptografia dos arquivos, deixando os dados dos computadores permanente e irrevogavelmente embaralhados.

Pesquisadores estavam chamando o novo ransomware de WannaCry — um nome evocativo baseado na extensão .wncry que adicionava aos nomes de arquivos depois de criptografá-los.[6] E logo ficou claro exatamente por que o código era tão virulento: ele estava usando o EternalBlue para se espalhar. Cada máquina infectada varria redes locais e a internet por máquinas que ainda estavam desatualizadas contra a ferramenta vazada da NSA, usava-a para invadir o máximo de computadores possível e repetia o processo.

Enquanto o WannaCry se proliferava, o caos se instalou. Milhares de pessoas tiveram suas consultas médicas canceladas em regiões do Reino Unido.[7] Algumas alas de emergência foram temporariamente fechadas, forçando pacientes a viajar mais longe para hospitais sortudos o suficiente para terem sido poupados pelo ataque. Hutchins podia ver que as desgraças da Inglaterra eram apenas uma fatia de um desastre global. A empresa espanhola de telecomunicações Telefónica também foi atingida.[8] Além dela, empresas como o Sberbank na Rússia, a empresa alemã de ferrovia Deutsche Bahn, e a montadora de carros francesa Renault, junto com outras vítimas distantes, como universidades na China e departamentos de polícia na Índia.

Os Estados Unidos foram, por pura sorte, poupados até então. Mas, conforme a onda de ransomware se expandia, era uma questão de horas ou até mesmo minutos até os Estados Unidos serem engolfados também.

O pesadelo de um worm incontrolável e impulsionado por um zero-day da NSA causando estrago pelo mundo havia chegado. E o resultado era o pior surto de ransomware que alguém já tinha visto. "Eu escolhi uma semana fodida dos infernos para ficar de folga", Hutchins escreveu no Twitter.[9]

■

Um amigo hacker que usava o nome "Kafeine" enviou a Hutchins uma cópia do código do WannaCry, e Hutchins logo começou a dissecá-lo. Primeiro, ele iniciou um computador simulado em seu servidor, completo com arquivos falsos para o ransomware criptografar, e rodou o programa naquele ambiente de teste em quarentena. Ele percebeu imediatamente que, antes de criptografar os arquivos falsos, o malware enviou um pedido a um site com endereço aparentemente aleatório: iuqerfsodp9ifjaposdfjhgosurijfaewrwergwea.com. Isso chamou a atenção de Hutchins como algo significativo, se não incomum: um pedaço de malware enviando um ping de volta a um domínio como esse normalmente representava comunicações com um servidor de comando e controle em algum lugar que possa dar instruções ao computador infectado.

Hutchins copiou o longo endereço do site em seu navegador e encontrou, para sua surpresa, que o site não existia. Então ele visitou o registro do domínio no Namecheap e comprou aquele endereço feio por 10,69 dólares. Hutchins esperava que assim ele poderia conseguir roubar o controle de parte da horda de computadores vítimas do WannaCry para longe dos criadores do malware. Pelo menos ele poderia ganhar uma ferramenta para monitorar o número e localização de máquinas infectadas, algo que analistas de malware chamam de "sinkholing".

Como esperado, assim que Hutchins configurou esse domínio em um grupo de servidores hospedados por seu empregador, Kryptos Logic, ele foi bombardeado com milhares de conexões de cada novo computador que era infectado pelo WannaCry ao redor do mundo. Hutchins agora podia ver a gigantesca escala do ataque em primeira mão. E, enquanto tuitava sobre seu trabalho, ele começou a ser inundado com centenas de e-mails de outros pesquisadores, jornalistas e administradores de sistema tentando aprender mais sobre a praga que devorava as redes globais. Com esse domínio sinkhole, Hutchins agora estava extraindo informações sobre as infecções que ninguém mais no mundo possuía.

Pelas próximas quatro horas, ele respondeu aos e-mails e trabalhou freneticamente para fazer o debug de um mapa que estava construindo para rastrear novas infecções que surgiam ao redor do mundo. Foi apenas às 6h30 da tarde, em torno de quatro horas depois de registrar o domínio, que seu amigo hacker Kafeine enviou a ele um tuíte postado por outro pesquisador de segurança, Darien Huss. Ele destacava uma simples declaração que chocou Hutchins: "A execução falha agora que o domínio virou um sinkhole." Em outras palavras, desde que o domínio de Hutchins apareceu online, as novas infecções do WannaCry continuaram a se espalhar, mas elas não causavam dano algum. O worm parecia ter sido neutralizado.

O tuíte de Huss incluía um pedaço do código do WannaCry no qual ele havia feito a engenharia reversa. A lógica do código mostrava que, antes de criptografar qualquer arquivo, o malware conferia primeiro se poderia alcançar o endereço de web de Hutchins. Se não, ele seguiria em frente corrompendo os conteúdos do computador. Mas se *chegasse* ao endereço, ele simplesmente parava no meio do caminho.

Hutchins não havia encontrado o endereço de comando e controle do malware. Ele havia encontrado o kill switch. O domínio que ele registrou era um modo de desativar instantaneamente a destruição do WannaCry ao redor do mundo. Era como se ele houvesse disparado seus torpedos de próton através da porta de escape da Estrela da Morte em direção ao núcleo do reator, explodindo-a e salvando a galáxia, mas sem entender o que ele estava fazendo ou sequer perceber os efeitos de suas ações por horas.

Quando ele viu o tuíte de Huss, o coração de Hutchins começou a acelerar. Poderia ser verdade? Ele precisava fazer seu próprio teste para confirmar. Então rodou uma simulação em seu servidor de uma infecção WannaCry e permitiu que chegasse ao seu domínio. Como esperado, ele parou o comportamento maléfico assim que se conectou. Então rodou o teste de novo, dessa vez bloqueando a conexão do malware ao sinkhole. No segundo teste, os arquivos do computador foram imediatamente criptografados e a ameaçadora mensagem de resgate do WannaCry apareceu em sua tela. O teste havia confirmado que o kill switch funcionava.

Hutchins reagiu de um modo que talvez ninguém antes na história havia reagido ao ver seu computador paralisado com um ransomware: levantou da cadeira e saiu pulando pelo quarto, tomado de alegria.

■

O objetivo dos criadores do WannaCry permanece um mistério. Eles estavam querendo fazer o máximo de dinheiro possível com o esquema superfaturado do ransomware? Ou queriam apenas infligir o máximo de caos global? De qualquer maneira, construir um kill switch no malware parecia um ato estranhamente descuidado de autossabotagem.*

* O motivo da existência desse kill switch é outro mistério. Mas, enquanto Hutchins e outros pesquisadores de malware pensavam sobre a falha, eles concluíram que isso pode ter sido um tipo de técnica antiforense, projetada para dificultar que os defensores decifrassem o comportamento do WannaCry. Nessa teoria, a tentativa do malware de se comunicar com um domínio inexistente foi um teste para saber se o malware estava rodando na máquina de uma vítima real ou em alguma máquina simulada de um pesquisador de segurança.

No tipo de máquina virtual que Hutchins rodava em seu servidor para observar malwares, o pesquisador quer que o malware pense que está rodando desimpedido, mas sem deixar que ele se conecte à internet de fato; caso contrário pode começar a fazer coisas sórdidas, como enviar spam ou atacar outros computadores. Então cada tentativa de se conectar com um domínio da web é respondida com algo arbitrário, mesmo que o site não exista de verdade. Se o malware alcançar um endereço que seu autor sabe não existir e ainda assim obter uma resposta, ele pode deduzir que está rodando em uma simulação, como Neo em *Matrix* depois de engolir a pílula vermelha. Nesse caso, quando o malware percebe que está sob o microscópio de um pesquisador, ele desliga suas características maliciosas e se comporta de modo totalmente inocente.

Os programadores do WannaCry também foram descuidados de outras maneiras. O mecanismo de pagamento construído no código era, efetivamente, inútil: ao contrário de ransomwares melhor projetados, o WannaCry não tinha um sistema automatizado para distribuir chaves de descriptografia às vítimas que haviam pagado, ou mesmo para fazer um controle de quem havia pagado e quem não pagou. Quando isso ficou claro para as vítimas, elas pararam de pagar. O esquema inteiro gerou um total de menos de 200 mil dólares, uma quantia menor do que o salário anual de muitos dos analistas de malware individuais que o estavam rastreando.[10]

Alguns pesquisadores chegaram à conclusão de que o WannaCry deve ter sido liberado prematuramente: talvez seus criadores estivessem testando o worm e então, como worms costumam fazer — e como o Stuxnet fez sete anos antes —, ele se espalhou além do controle dos criadores antes de estar pronto.[11]

Finalmente, em outro ato crítico de descuido, os programadores do WannaCry também deixaram pistas sobre sua identidade. Dentro de dias, pesquisadores de segurança no Google e na empresa russa de cibersegurança Kaspersky notaram que o código utilizado no WannaCry se sobrepunha ao programa de backdoor favorito de um grupo de hackers do governo da Coreia do Norte conhecido como Lazarus.[12] Em dezembro de 2017, a Casa Branca de Trump anunciaria que determinou a Coreia do Norte como responsável pelo ataque.[13] O mesmo grupo de hackers que devastou a Sony três anos antes agora desencadeava a mesma destruição em todas as redes do mundo, e apenas um kill switch acidental havia prevenido um desastre maior.*

■

No final de 2017, teorias de como os Shadow Brokers conseguiram realizar seu roubo chocante dos segredos da NSA também começariam a surgir. Em dezembro daquele ano, um ex-funcionário da NSA de 67 anos e desenvolvedor para a equipe de hacking Tailored Access Operations chamado Nghia Hoang Pho se declarou culpado por ter violado suas credenciais de segurança. Ele havia levado para casa uma grande quantidade de materiais confidenciais. Mais tarde ele

---

Claro, se o pensamento dos programadores do ransomware fosse mesmo esse, eles haviam sido espertos demais para seu próprio bem. O resultado foi que o mecanismo projetado para fazer o recurso parecer inofensivo poderia na verdade ser usado para torná-lo ineficaz, como Hutchins fez.

* O papel de Hutchins como herói da história do WannaCry se complicaria apenas três meses mais tarde, quando ele foi preso pelo FBI depois de ir à conferência hacker DEF CON. Hutchins foi acusado de fraude e violação computacionais relacionadas a sua suposta criação e venda de malware de bancos anos antes. Em julho de 2019, porém, um juiz sentenciou que ele não teria pena de prisão, em parte devido ao seu trabalho com o WannaCry.

diria à corte de Maryland que, depois de avaliações ruins de desempenho, procurou apenas estudar o material para estar um passo à frente em seu trabalho.[14] Pho foi condenado a 66 meses de prisão.

Esse caso se conectou com outra narrativa reportada meses antes pelo *Wall Street Journal*, declarando que hackers do governo russo haviam utilizado seu acesso ao software antivírus da Kaspersky Labs, sediada em Moscou, para roubar uma ampla coleção de arquivos da NSA do computador doméstico de um trabalhador autônomo da agência. O trabalhador, dizia o relatório, foi estúpido o suficiente para não apenas violar suas credenciais de segurança e levar o material confidencial para casa, mas também rodar o software da Kaspersky, que — como a maioria dos programas antivírus — incluía a habilidade de permitir que o programa fizesse upload de arquivos para os servidores remotos da empresa para análise.[15]

A Kaspersky respondeu em uma declaração, negando que existiam "laços inapropriados" com o governo russo que permitissem a hackers do Kremlin explorar seu código antivírus. Algumas semanas depois, a empresa deu prosseguimento com os resultados de uma investigação interna: a empresa admitiu que eles haviam feito o upload de uma coleção de ferramentas de hacking da NSA em 2014, mas declarou ter apagado tudo imediatamente depois de descobrir o que os arquivos representavam.[*16]

Mesmo que essas pistas engrossassem a quantidade de evidência circunstancial da responsabilidade da Rússia pelo vazamento do arsenal secreto da NSA, nada sugeria que os Shadow Brokers ou o WannaCry estavam conectados ao Sandworm. Mas, assim como artistas inspiram uns aos outros, o Sandworm sem dúvida estava observando e aprendendo com seus colegas hackers. Os Shadow Brokers disponibilizaram uma poderosa ferramenta hacker que um time de ciberguerreiros hiperbelicosos mal podia ignorar.

O worm WannaCry que se seguiu ofereceu ao Sandworm a chance de observar uma arma de destruição em massa em ação — e, como acabaria acontecendo, deu ao grupo algumas ideias sobre como construir uma arma ainda mais explosiva.

---

* Além de Nghia Hoang Pho, outro funcionário da NSA chamado Hal Martin permanece um suspeito no caso dos Shadow Brokers até o momento da escrita deste livro.[17] Martin, um funcionário autônomo que trabalhava para o grupo TAO da agência, foi preso no final de 2016 por levar para casa terabytes de material confidencial da agência, assim como Pho. Em uma ação judicial dois anos mais tarde, o juiz que presidiu seu caso reconheceu que Martin enviou mensagens privadas de Twitter suspeitas para dois pesquisadores de segurança na Kaspersky, em agosto de 2016, pedindo por uma reunião que os investigadores acreditaram ter a intenção de vender ou compartilhar informação confidencial. As mensagens de Martin foram enviadas apenas horas antes dos primeiros vazamentos dos Shadow Brokers serem anunciados. A Kaspersky denunciou Martin para contatos do governo norte-americano, levando à subsequente batida policial em sua casa e sua prisão

23

MIMIKATZ

Em maio de 2012, Benjamin Delpy entrou em seu quarto no President Hotel em Moscou e encontrou um homem de terno escuro com as mãos no seu notebook.

Apenas alguns minutos antes, o programador francês de 25 anos fizera uma rápida ida à recepção para reclamar sobre a conexão de internet do quarto. Ele havia chegado dois dias antes da palestra que estava agendada para a conferência de segurança Positive Hack Days apenas para descobrir que seu quarto não tinha conexão Wi-Fi. Nem a porta ethernet estava funcionando. Lá embaixo, um dos funcionários do hotel insistiu que ele se sentasse no saguão enquanto um técnico era enviado ao quarto para resolver. Delpy se recusou e voltou para esperar no quarto. Quando retornou, conforme conta Delpy, ele ficou chocado ao encontrar o estranho em pé na frente da mesa do quarto, uma pequena mala de rodinha preta a seu lado, seus dedos se retraindo rapidamente do teclado de Delpy. O notebook ainda mostrava uma tela bloqueada de login do Windows.

O homem balbuciou um pedido de desculpas sobre o cartão ter funcionado no quarto errado, passou por Delpy e estava do lado de fora antes que ele pudesse reagir. "Foi tudo muito estranho", disse Delpy. "Como estar em um filme de espiões."

Não demorou muito para Delpy adivinhar por que seu notebook havia sido o alvo de uma operação clandestina de inteligência. O computador continha o assunto de sua apresentação na conferência de Moscou, a versão inicial de um programa que ele havia escrito chamado Mimikatz.

Mimikatz havia sido um tipo de hobby para Delpy. Ele trabalhava como gerente de TI em uma instituição governamental francesa — ele se recusou a me dizer qual — e observou que o Windows tinha uma falha sutil: a Microsoft criou um recurso chamado WDigest, projetado para permitir que usuários governamentais e corporativos de Windows provassem sua identidade de forma mais conveniente em diferentes aplicativos em suas redes ou na web. O WDigest guardava as credenciais de autenticação dos usuários, como nomes e senhas, na memória do computador para que elas só tivessem que ser inseridas uma vez e poderiam ser usadas novamente sem esforço para desbloquear outros programas sensíveis.

Delpy percebeu que, enquanto o Windows criptografava essa cópia da senha de usuário na memória do computador, ele também mantinha na memória uma cópia da chave secreta para descriptografá-la. "É como guardar um segredo protegido por senha em um e-mail com a senha no mesmo e-mail", Delpy me explicou.

E se um hacker pudesse firmar uma base de apoio nesse computador, extrair as credenciais criptografadas da memória junto com a chave de descriptografia, descriptografá-las e então fazer a festa com a identidade e a senha roubadas do usuário? Delpy apontou a falha de segurança em potencial para a Microsoft em uma mensagem enviada na página de suporte da empresa em 2011. Mas a empresa minimizou o aviso dele, respondendo que isso não era um problema de verdade. Afinal, um hacker precisaria já ter acesso ao computador da vítima em primeiro lugar antes que ele ou ela pudesse alcançar a senha na memória. (Quando eu indaguei a Microsoft sobre o mesmo problema, eles me disseram o mesmo, seis anos depois. "É importante destacar que, para essa ferramenta ser empregada, é preciso que o sistema já esteja comprometido", escreveu a empresa em uma declaração. "Para ajudar a se manter protegido, nós recomendamos que os clientes sigam as melhores práticas de segurança e instalem as últimas atualizações.")

Mas Delpy viu que, na prática, a falha do sistema de autenticação do Windows ainda forneceria um degrau poderoso para hackers tentando expandir sua infecção de uma máquina para muitas em uma rede. Se um hacker conseguisse obter acesso profundo o suficiente em uma máquina alvo — seja com um simples esquema de phishing, seja com uma vulnerabilidade rara de zero-day —, ele ou ela poderia explorar o truque de Delpy para colher as credenciais da memória e então usá-las para acessar outros computadores na rede. O perigo era especialmente alto em redes de computadores com múltiplos usuários: se outro usuário estivesse conectado à segunda máquina que o hacker acessou com uma senha roubada, ele ou ela poderia rodar o mesmo programa no segundo computador para roubar a senha do *outro* usuário também — e assim por diante.

Então, sem uma resposta de verdade da Microsoft, Delpy fez o que hackers bem intencionados costumam fazer quando confrontados com uma empresa cética quanto ao bug de segurança que eles descobriram: ele fez uma prova de conceito. Delpy disse que já queria aprender a linguagem de programação C de qualquer maneira, então escreveu um aplicativo em C para demonstrar o ataque sobre o qual alertou à Microsoft. Ele o chamou de Mimikatz — o nome usa a gíria francesa *mimi* de prefixo, significando "fofo", portanto "gatos fofos" — e o publicou em maio de 2011.

"Já que vocês não querem consertar isso, eu vou mostrar ao mundo para que as pessoas saibam", disse Delpy sobre sua atitude na época. "Acontece que leva anos para fazer mudanças na Microsoft. Os caras do mal não esperaram."

Pouco depois, Delpy viu usuários chineses em fóruns hacker discutindo o Mimikatz e tentando fazer a engenharia reversa. Então, no meio de 2011, ele soube — se recusa a dizer de quem — que pela primeira vez o Mimikatz foi utilizado na intrusão da rede de um governo estrangeiro. Delpy não havia liberado o código-fonte da ferramenta, dificultando para qualquer um que quisesse adaptar ou mexer no programa, mas alguns hackers estavam aparentemente motivados o suficiente para desmontá-lo de forma meticulosa e criar sua própria versão funcional da ferramenta de Delpy. "Foi a primeira vez em que me senti muito, muito mal sobre isso", ele diz.

Então, naquele setembro, o Mimikatz foi utilizado novamente, dessa vez no hack histórico da empresa DigiNotar. A empresa era uma das chamadas autoridades de certificação que garantem que os sites são quem dizem ser quando o endereço aparece no navegador do usuário. Autoridades de certificação servem como a verdadeira base de confiança online, e o comprometimento da DigiNotar corrompeu essa confiança até a medula. A intrusão deixou os hackers não identificados — provavelmente trabalhando para o governo iraniano — emitirem certificados fraudulentos para que pudessem imitar perfeitamente qualquer site que quisessem. No fim das contas eles utilizaram o controle sobre a DigiNotar para espionar milhares de iranianos, de acordo com pesquisadores de segurança na empresa Fox-IT, que analisou o incidente. A DigiNotar foi adicionada a uma lista proibida pelos navegadores e subsequentemente a empresa foi à falência.[1]

A queda da DigiNotar foi uma demonstração eficaz do dispositivo de arrombamento que Delpy havia liberado no mundo — mais poderoso do que talvez ele entendesse na época. Mas Delpy disse que ele também sabia desde o começo que estava se aventurando em um território perigoso com sua criação; em sua tentativa de iluminar uma falha séria na segurança do Windows, ele estava iluminando-a também para os agentes mais perigosos da internet.

"O Mimikatz não foi projetado para hackers de jeito algum. Mas os ajudou", Delpy reconheceu, com a atenuação que às vezes resulta de um vocabulário limitado de inglês. "Quando você cria algo assim para o bem, você sabe que pode ser usado pelo lado mau também."

■

A Microsoft havia subestimado a gravidade de sua falha de segurança. Mas Delpy havia subestimado o perigo da ferramenta que ele criou para explorá-la — mesmo depois de saber que ela estava sendo usada por espiões estrangeiros. Ele presumiu que os truques do Mimikatz já deviam ser conhecidos da maioria dos hackers patrocinados por Estados; certamente ele não poderia ser o único a ter descoberto o erro da Microsoft em deixar senhas tão vulneráveis.

Então, no começo de 2012, quando Delpy foi convidado para falar sobre seu trabalho de segurança do Windows na conferência Positive Hack Days, em Moscou, ele aceitou. O resultado, quase imediatamente depois de sua chegada em Moscou, foi seu encontro desconcertante com o estranho homem russo em seu quarto de hotel.

Esse hacking físico e desajeitado aparentemente falhou. Ou assim Delpy acredita, porque depois do incidente os russos tentaram uma abordagem mais direta. Dois dias depois, após Delpy apresentar sua palestra na conferência para um público de hackers na antiga fábrica de chocolate soviética onde a conferência acontecia, outro homem em um terno escuro se aproximou dele. Ele exigiu que Delpy colocasse os slides da conferência e uma cópia do Mimikatz em um pen drive.

Tentando evitar um confronto dramático, Delpy obedeceu. Então, antes mesmo de deixar a Rússia, ele publicou o código-fonte do Mimikatz no repositório de software GitHub, temendo por sua segurança física caso ele mantivesse o código da ferramenta em segredo e pensando que, se os hackers fossem usar sua criação, os defensores deveriam entendê-la por completo também.

Ao longo dos anos seguintes, o Mimikatz se tornou uma ferramenta quase universal na caixa de ferramentas dos hackers, desde testadores de penetração benevolentes até cibercriminosos e ciberespiões sofisticados. Ela aparecia em todo tipo de intrusão hacker, de invasões da notória gangue criminosa Carbanak até a operação de espionagem do Fancy Bear dentro do Bundestag alemão. "É a AK-47 da cibersegurança", como descreveu o CTO do CrowdStrike, Dmitri Alperovitch.

Delpy, por razões que são difíceis de explicar fora do estranho mundo da cultura hacker, não se afastou de sua criação, mesmo enquanto ela aparecia em cada vez mais cenas de crime. Em vez disso, ele continuou a desenvolvê-la. Se alertar a Microsoft sobre o problema original das senhas na memória do Windows valeu a pena, por que não demonstrar outras vulnerabilidades que ele descobriu também?

Então ele adicionou novos recursos no Mimikatz, desde gerar "tickets" fraudulentos usados pelo sistema Kerberos da Microsoft, que deixava computadores provarem suas identidades uns para os outros através de uma rede, a roubar senhas do recurso de preenchimento automático de senhas nos navegadores Chrome e Edge. Ele incluiu até mesmo uma ferramenta que permitia a qualquer um trapacear no jogo *Campo Minado*, extraindo a localização de cada mina no jogo da memória do computador. "É minha caixa de ferramentas, onde eu coloco todas as minhas ideias", Delpy me contou.

Antes de adicionar uma nova ferramenta de hacking potencialmente perigosa a essa caixa de ferramentas, Delpy disse que ele alertaria a Microsoft, ou quem quer que seja que possa consertar a falha que ele estava explorando. Algumas vezes, eles respondiam, depois de algum tempo, com novas proteções. No Windows 8.1, por exemplo, a Microsoft finalmente desligou o WDigest por padrão, bloqueando o caminho original de Delpy para as infecções do Mimikatz.

Mas na maioria das vezes o conserto é incompleto. Jake Williams, alguém que não era estranho a operações de hacking ofensivas no seu negócio de testes de penetração, me disse que ele frequentemente estabelece uma base de apoio na rede de um alvo e acaba descobrindo que os administradores do sistema deixaram o WDigest ativo, permitindo que o Mimikatz cause um tumulto no sistema. Ou, em outros casos, ele pode simplesmente encontrar uma forma de virar o WDigest contra ele mesmo. "Meu tempo total no alvo para fugir desse conserto é em torno de trinta segundos", disse Williams.

Tudo isso pode fazer Delpy parecer um facilitador ingênuo ou irresponsável. Mas Nick Weaver, um pesquisador de ciência da computação de Berkeley a quem eu perguntei sobre o Mimikatz, argumentou que não é tão simples. Sim, o Mimikatz é "insanamente poderoso", ele disse. Mas talvez ele seja apenas uma representação das vulnerabilidades que hackers sofisticados poderiam aprender a explorar cedo ou tarde, de qualquer maneira — talvez com menos atenção. "Eu acho que precisamos ser honestos: se não fosse o Mimikatz, existiria outra ferramenta", disse Weaver. "Esses são problemas fundamentais presentes em como as pessoas administram grandes grupos de computadores."

O Sandworm, porém, não escreveu seu próprio Mimikatz. Apenas tomou o do Delpy. Como qualquer predador voraz e insaciável, ele ficou tão feliz em colher um fruto ao alcance das mãos quanto ficaria ao caçar uma presa. Oleksii Yasinsky detectou pela primeira vez os atormentadores da Ucrânia usando o Mimikatz na penetração de 2015 da StarLightMedia. A ferramenta havia aparecido novamente nos registros da longa e paciente operação que levaria ao apagão da Ukrenergo em 2016.

Porém, com o vazamento do EternalBlue e sua integração com o WannaCry, os programadores do Sandworm viram uma oportunidade de elevar a ferramenta de Delpy de um calço simples e manual a algo muito mais elegante e automatizado. O código da NSA apresentava a metade de uma reação química incendiária e poderosa. O Mimikatz oferecia a outra metade.

24

NOTPETYA

No início da manhã do dia 27 de junho de 2017, o coronel Maksym Shapoval estava dirigindo sua Mercedes-Benz no tranquilo distrito de Solomyansky, a oeste de Kiev. Quando ele parou em um cruzamento próximo a um campus frondoso da Universidade Estadual de Telecomunicações, um amontoado de explosivos enfiados debaixo do carro do oficial militar ucraniano, equivalente a quase 1 quilo de TNT, explodiu.[1] Ele morreu instantaneamente em uma bola de fogo.[2] Partes do veículo voaram a metros de distância e em todas as direções.[3] Dois pedestres que passavam por perto na hora foram atingidos por estilhaços nas pernas e no pescoço. Eles seriam as primeiras vítimas colaterais do dia, mas não as últimas.

▪

Nas margens do badalado bairro de Podil, a leste do centro de Kiev, cafeterias e parques evaporam abruptamente, substituídos por um cenário industrial sombrio. Debaixo de um viaduto, sobre trilhos de trem cheios de lixo e através de um portão de concreto, ergue-se a sede de quatro andares da Linkos Group, uma pequena empresa de software de uma família ucraniana.

Acima de três lances de escada no prédio está uma sala de servidor onde uma prateleira de computadores do tamanho de caixas de pizza está conectada a um emaranhado de fios e marcada por etiquetas numeradas e escritas a mão. Em um dia normal, esses servidores soltam atualizações de rotina — correções de bugs, patches de segurança, novos recursos — a um pedaço de software de contabilidade chamado M.E.Doc, que é mais ou menos o equivalente ucraniano do TurboTax ou do Quicken. Ele é utilizado por quase qualquer um que paga impostos ou tem negócios no país.

Mas, no começo da primavera de 2017, essas máquinas haviam servido a outro propósito. Sem que ninguém na Linkos Group soubesse, os hackers do Sandworm sequestraram os servidores de atualização da empresa para permitir a eles um backdoor escondido para milhares de computadores ao redor do país e do mundo que tinham o M.E.Doc instalado. Então, naquela mesma manhã de 27 de junho, os sabotadores usaram o backdoor para liberar o seu payload: a ciberarma mais devastadora na história da internet.

▪

Oleksii Yasinsky esperava uma terça-feira tranquila no escritório. Mais cedo naquela manhã, ele leu com desânimo a chamada sobre o assassinato descarado de um coronel ucraniano no meio de Kiev, mas então fez o caminho até o trabalho como era rotineiro e entrou em um escritório anormalmente silencioso. Era o dia anterior ao Dia da Constituição da Ucrânia, um feriado nacional, e a maioria de seus colegas de trabalho tinha planejado viagens ou já estava nelas. Não Yasinsky. A descrição de seu trabalho na ISSP não permitia mais tempo inativo. Na verdade, desde que os primeiros golpes da ciberguerra da Rússia atingiram a StarLightMedia em 2015, ele tinha se permitido um total de uma semana de folga.

Yasinsky permaneceu impassível quando recebeu uma chamada naquela manhã do diretor da ISSP dizendo a ele que o Oschadbank, o segundo maior banco da Ucrânia, estava sob ataque. A empresa disse à ISSP que estava enfrentando uma infecção de ransomware, dificilmente uma crise incomum para empresas ao redor do mundo que eram alvo de cibercriminosos. Mas, quando Yasinsky entrou no departamento de TI do Oschadbank, no escritório no centro de Kiev, meia hora depois, logo suspeitou que aquilo era algo pior. "Os funcionários estavam perdidos, confusos, em estado de choque", diz Yasinsky. Em torno de 90% dos milhares de computadores do banco estavam permanentemente bloqueados. Alguns mostravam a mensagem "consertando o sistema de arquivos em C:". Outros mostravam uma tela de resgate dizendo "oops, seus arquivos estão criptografados" e pedindo 300 dólares em bitcoins.

Após um exame dos registros sobreviventes do banco, Yasinsky podia ver que o ataque de ransomware era um worm automatizado. Parecia vagamente com o WannaCry, mas diferente: não estava apenas varrendo a internet aleatoriamente e infectando qualquer computador vulnerável que pudesse encontrar, mas havia conseguido, de algum modo, obter credenciais de administrador, acessando toda a rede do banco. Feito isso, devastou o sistema inteiro do Oschadbank como um prisioneiro que conseguiu as chaves do guarda.

Enquanto analisava a invasão do banco ao voltar para o escritório da ISSP, Yasinsky começou a receber ligações e mensagens de pessoas ao redor da Ucrânia contando situações similares em outras empresas e agências governamentais. Uma pessoa lhe disse que outra vítima tentou pagar o resgate do worm. Como Yasinksy imaginava, o pagamento não surtiu efeito. Esse não era um ransomware comum. "Não havia bala de prata para isso, nenhum antídoto", ele disse. E, diferentemente do WannaCry, não havia um kill switch.

A mais de 1.600 quilômetros ao sul, o CEO da ISSP, Roman Sologub, estava tentando tirar férias no Dia da Constituição no litoral sul da Turquia, preparando-se para ir até a praia com sua família. Seu telefone também começou a explodir com ligações de clientes da ISSP que estavam observando o misterioso worm destruir suas redes ou lendo notícias do ataque e buscando ajuda freneticamente.

Sologub voltou para seu hotel, onde passou o resto do dia respondendo mais de cinquenta ligações de seus clientes que relatavam, um após o outro, que suas redes tinham sido infectadas. O centro de operações de segurança da ISSP, que monitorava os clientes em tempo real, avisou Sologub que o novo worm estava saturando os sistemas das vítimas em uma velocidade aterrorizante: levou 45 segundos para derrubar a rede de um grande banco ucraniano. Uma parcela de um dos maiores centros de trânsito ucranianos, onde a ISSP havia instalado seu equipamento como uma demonstração, foi inteiramente infectada em 16 segundos. Ukrenergo, a empresa de energia cuja rede a ISSP estava ajudando a reconstruir depois do ciberataque do apagão em 2016, havia sido atingida de novo. "Você lembra que estávamos prestes a implementar novos controles de segurança?" Sologub lembrou um frustrado diretor de TI da Ukrenergo ao telefone. "Bem, tarde demais."

À noite, o cofundador da ISSP, um empreendedor em série chamado Oleh Derevianko, também deixou suas férias de lado. Derevianko estava dirigindo rumo ao Norte para encontrar sua família em sua casa de vilarejo e passar as férias quando as ligações começaram. Logo ele estava saindo da rodovia e trabalhando em um restaurante de beira de estrada. No começo da tarde, ele estava avisando cada executivo que ligava para desplugar suas redes sem hesitação, mesmo que isso significasse desligar a empresa inteira. Em muitos casos, eles já tinham esperado tempo demais. "Quando você entrava em contato com eles a infraestrutura já estava perdida", disse Derevianko.

■

O fiasco digital em desenvolvimento logo ganhou um nome: NotPetya. Empresas de segurança ao redor do mundo imediatamente começaram a examinar o novo worm, preparadas pelo surto do WannaCry no mês anterior. Pesquisadores na Kaspersky perceberam que o código do novo malware parecia mais ou menos um pedaço de ransomware criminoso chamado Petya que estava circulando desde o começo de 2016. Como esse ransomware antigo, quando esse espécime infectava uma máquina nova, imediatamente começava a criptografar a chamada Tabela Mestre de Arquivos (MFT, na sigla em inglês) — a parte do sistema operacional do computador que organiza a localização de dados no armazenamento. O programa também criptografava cada arquivo da máquina individualmente; o efeito era como um vândalo que primeiro coloca o catálogo de cartões da biblioteca em um fragmentador de papel, então despolpa metodicamente os livros, pilha por pilha.

Mas o novo ransomware era diferente do código criminoso mais antigo devido a modificações cruciais — por isso o nome. Em 24 horas, um pesquisador de segurança francês chamado Matthieu Suiche descobriria que, na verdade, o código não permitia a descriptografia após o resgate ser pago. Em vez disso, as mensagens de extorsão pareciam um ardil familiar, cobrindo sua intenção verdadeira de simples e permanente destruição de dados.[4]

O NotPetya também se diferia do Petya por conta de outra característica: era lapidado para a máxima virulência. O worm usava o Mimikatz e o EternalBlue em conjunto. Para os pesquisadores desmembrando o código, como exatamente o código estava ganhando sua base de apoio inicial nas redes de computador era, à primeira vista, um mistério. Mas, assim que teve a primeira infecção, puderam ver que Mimikatz agia como a ferramenta primária de expansão. Extraindo senhas das memórias de computadores, instantaneamente pulava de máquina em máquina, usando ferramentas comuns de gerenciamento do Windows que dão ao administrador o comando total de acesso a outros computadores na rede se eles possuírem as credenciais corretas — o caso dos prisioneiros comandando a prisão que Yasinsky descobriu no Oschadbank.

Mas o código do EternalBlue da NSA vazado pelos Shadow Brokers — junto com outra ferramenta chamada EternalRomance para versões antigas de Windows — fornecia um catalisador extra e explosivo. Se qualquer computador em uma rede não houvesse recebido o patch do EternalBlue da Microsoft, o NotPetya pularia para aquele computador vulnerável e irradiaria a partir dessa nova infecção com seu truque do Mimikatz. As duas ferramentas se juntavam para multiplicar seu alcance, fazendo o NotPetya mais contagioso do que a soma de suas partes. "Você pode infectar computadores que não receberam o patch, e então pegar as senhas desses computadores para infectar outros computadores que *receberam* o patch", disse o criador do Mimikatz, Delpy. "Quando você mistura essas duas tecnologias, é muito poderoso."

O resultado foi uma corrupção de arquivos de terra arrasada que se espalhou automaticamente, de maneira veloz e indiscriminada. "Até então era simplesmente o pedaço de malware que se propagou mais rápido que eu já vi", contou Craig Williams, um pesquisador na divisão de segurança Talos, da Cisco. "No segundo que você visse, seu data center já estava tomado."

O NotPetya era, na verdade, talvez mais pestilento do que seus criadores queriam. Em questão de horas, ele se espalharia além da Ucrânia e para incontáveis máquinas ao redor do mundo. Ele prejudicou empresas multinacionais, incluindo a Maersk; a gigante farmacêutica Merck; a subsidiária europeia da FedEx, TNT Express; a empresa francesa de construção Saint-Gobain; a empresa-mãe do ramo industrial alimentício da Cadbury e da Nabisco, Mondelēz; e a fabricante inglesa Reckitt Benckiser, cujos produtos incluem as camisinhas Durex e o desinfetante Lysol.[5] Em cada um desses casos, ele causaria centenas de milhões de dólares de prejuízo. Espalhou-se até mesmo para a Rússia — o principal suspeito imediato da comunidade de cibersegurança para a origem do NotPetya —, atingindo vítimas como a empresa petrolífera Rosneft, a siderúrgica Evraz, a empresa de tecnologia médica Invitro e o Sberbank.[6]

Mas, na escala nacional, nenhum país sentiria os efeitos do NotPetya como a Ucrânia. Mesmo enquanto os tentáculos do worm se espalhavam a partir de suas vítimas iniciais para as redes ao redor do globo, a massa de infecções em seu núcleo estava atarefada devorando viva a infraestrutura digital da Ucrânia.

25

DESASTRE NACIONAL

Naquela mesma manhã de terça-feira, Serhiy Honcharov começou seu longo e estranho caminho até o trabalho, como fazia todo dia. Na região norte da cidade ucraniana de Slavutych, o engenheiro taciturno e de óculos pegava o trem que ia para o Leste, cruzando o rio Dniepre e então passando brevemente sobre a fronteira da Bielorrússia. O trem atravessava 65 quilômetros de paisagem que não havia sofrido influência humana há mais de três décadas. Árvores e mato cresciam altos e selvagens, como na era pré-histórica. Pela janela do trem, ele viu veados e bandos de pássaros, todos pareciam preferir as ruínas radioativas da civilização humana à presença da humanidade. Finalmente o trem cruzou o rio Pripiat e chegou na estação que servia um único destino: o local de limpeza do reator nuclear de Chernobil.

Na estação, Honcharov vestiu seu uniforme azul e pegou um ônibus que o levou até o prédio onde trabalhava no extenso complexo de Chernobil, com uma extensão maior do que uma dúzia de campos de futebol. Em uma das pontas do terreno erguia-se uma estrutura reluzente que os funcionários chamavam de Arco, um edifício gigantesco semelhante a um hangar, maior do que a Estátua da Liberdade e mais largo do que o Coliseu de Roma, projetado para conter as ruínas extremamente tóxicas dos reatores nucleares de Chernobil. Do lado de dentro, ainda existiam quase duzentas toneladas de combustível de urânio, mal tocado desde os esforços iniciais e trágicos de limpeza, em 1986. A missão monumental dos funcionários da instalação de Chernobil era tirar aquele combustível dos reatores com guindastes e enterrá-lo de modo seguro em um terreno próximo na Zona de Exclusão, um processo de tamanha escala e delicadeza que está previsto para terminar em 2064.[1]

Honcharov chegou no edifício na ponta oposta do complexo, onde ele trabalhava como diretor de TI da instalação de Chernobil. Ele estava em seu escritório há apenas duas horas quando começou a receber ligações de que algo estava terrivelmente errado: através dos mais de uma dúzia de edifícios do terreno, os funcionários estavam vendo suas telas apagarem, então mostrarem a mensagem de resgate do NotPetya depois delas reiniciarem. Honcharov se apressou para a sala cheia de administradores de sistemas ao lado de seu escritório, que estavam chocados pela velocidade do malware dilacerando a rede.

Em sete minutos, eles haviam tomado a decisão de desligar todas as mais de mil máquinas Windows na área inteira de Chernobil. As funções críticas do equipamento lidando com o lixo radioativo estavam desconectadas da rede infectada e não seriam afetadas, mas todos os computadores da administração do local e comunicação com o mundo exterior estavam prestes a ficar no escuro.

Uma voz masculina leu uma mensagem no sistema de alto-falantes de emergência que alcançavam todos os edifícios do complexo. Trinta e um anos após o desastre nuclear de Chernobil que abalou o mundo, o local reverberou com um aviso sobre um tipo muito diferente de calamidade. "Todos os funcionários, desliguem imediatamente os computadores e despluguem os cabos da rede. Aguardem por mais instruções."

▪

Em torno da mesma hora, na capital, um administrador de TI para o Ministério da Saúde ucraniano chamado Pavlo Bondarenko estava observando a onda do NotPetya começar a aparecer nas mídias sociais, vendo as mesmas telas de resgate aparecendo repetidas vezes no Facebook e no Telegram. Bondarenko, um consultor de tecnologia de 22 anos e 1,90 metros, com cabelos loiros ondulados e o físico semelhante ao de um lutador profissional mais do que o de um funcionário do governo, assistiu aos sinais crescentes de sua mesa no escritório do ministério. Ele sentiu que as agências governamentais de Kiev seriam as próximas.

Bondarenko ligou para a ministra da saúde, Ulana Suprun, e fez uma proposta impensável: desplugar a rede inteira do ministério, responsável por tudo desde o pagamento dos trabalhadores ao catálogo de medicamentos e a base de dados nacional dos doadores e recebedores de órgãos. "Salve os dados", como ele descreveu a abordagem ao sugerir isso a Suprun. "Não pense nas consequências."

Suprun concordou. Bondarenko e seus colegas começaram a desconectar freneticamente os computadores do ministério e desligar as conexões da rede. Dentro de horas, praticamente toda agência federal na Ucrânia tinha feito o mesmo ou assistido ao NotPetya dilacerar seus sistemas, paralisando tudo no caminho. "O governo estava morto", resume o ministro de infraestrutura ucraniano Volodymyr Omelyan. Logo, o NotPetya havia atingido a ferrovia nacional da

Ucrânia, derrubando o sistema de passagens como nos ataques do fim de 2016. Ele se espalhou pelo aeroporto Boryspil de Kiev, apagando as telas de agendamento ao longo dos terminais.

À 1h da tarde, o NotPetya começou a derrubar outro pilar central da sociedade ucraniana: os correios. As primeiras telas de resgate começaram a aparecer na icônica sede de pedras brancas do serviço na Maidan de Kiev. Em 1 hora, Oleksandr Ryabets, diretor de TI do serviço nacional dos correios, estava andando nervosamente pelos corredores, falando em uma chamada de conferência com o CEO do serviço, Igor Smelyansky, que estava em uma reunião em Lviv, no oeste do país. Eles se falaram por apenas alguns minutos quando Smelyansky ordenou que Ryabets desligasse a rede nacional inteira da agência.

Na sociedade ucraniana, os sistemas de TI do serviço de correios são responsáveis por mais do que apenas correspondências. Eles também lidam com transferência de dinheiro, assinaturas de jornais e, talvez o mais crítico, pagamentos de pensão que apoiam 4,5 milhões de aposentados, junto com a folha de pagamentos dos 74 mil empregados do próprio serviço de correios e o sistema de entrega para 2.500 caminhões postais.

Ryabets, um servidor público de carreira, careca e com uma permanente expressão de cansado, parou por um momento para processar a diretiva impensável de seu chefe para desligar esses serviços digitais vitais, o que significava em muitos casos ter que lidar com sua gigantesca complexidade com papel e lápis. Então ele e sua equipe passaram a hora seguinte em seus telefones, espalhando a ordem de desligar tudo para 25 sedes regionais responsáveis por 11.500 escritórios e um total de 23 mil computadores e servidores. (Na verdade, eles descobririam mais tarde, o ato de desplugar veio tarde demais: mais de 70% dos computadores dos correios já tinham sido infectados, uma desordem incompreensível que levaria meses para se recuperar.)

Naquela tarde, quando o último escritório recebeu a mensagem e o desligamento geral estava completo, Ryabets se lembra de sentir uma calmaria estranha e quase mórbida se abater sobre o prédio. "Havia um tipo de vazio chocante", disse ele. "Era como se você estivesse dançando em uma boate quando de repente a música para e tudo fica em silêncio."

■

Em torno das 18h, o presidente da ISSP, Oleh Derevianko, finalmente saiu do restaurante beira de estrada onde havia passado o dia respondendo a chamadas de clientes chocados. Antes de voltar para a estrada, ele parou para abastecer o carro. Foi quando descobriu que o sistema de pagamento por cartão de crédito do posto de gasolina havia sido derrubado pelo NotPetya também. Sem dinheiro no bolso, ele olhou o medidor de gás com cuidado, imaginando se teria combustível suficiente para chegar no vilarejo.

Pelo país, ucranianos estavam se fazendo perguntas similares: se eles teriam dinheiro suficiente para o mercado e o combustível até o final da blitz, se eles receberiam seus pagamentos e pensões, se suas prescrições de medicamentos seriam atendidas.

Uma dessas pessoas era Pavlo Bondarenko, o administrador de TI e ministro da saúde de 22 anos. Bondarenko deixou o escritório perto das 19h e saiu para a tarde de verão ainda ameno. Mas, quando passou o cartão de crédito contactless na catraca da estação de metrô Arsenalna, descobriu que ela não respondia. Mais uma baixa do NotPetya.

Ele não tinha dinheiro para comprar a passagem, então andou pelo bairro para usar um caixa eletrônico por perto, apenas para descobrir que não funcionava. Assim como o próximo que ele tentou. E o outro depois daquele. Na quarta tentativa, ele encontrou uma máquina funcional, com uma longa fila e um limite minúsculo de saque.

Bondarenko tirou dinheiro suficiente para comprar uma passagem de metrô de volta para casa, então emergiu no bairro de Obolon, onde morava no norte da cidade. A caminho do apartamento que compartilhava com a mãe, ele parou em um mercado para comprar leite, carne e pão para durar alguns dias. Na fila do caixa, descobriu que ali também o sistema de pontos de venda estava fora do ar e o caixa estava aceitando apenas dinheiro. Ele não tinha notas restantes o suficiente. Então voltou para a rua e repetiu sua caçada desesperada por dinheiro, tentando outros cinco caixa eletrônicos até encontrar um que funcionasse.

Mais tarde, depois de finalmente chegar em casa com as compras, Bondarenko sentou-se na frente do computador para pagar sua conta de luz da Kyivenergo. Ele descobriu, em uma última e cômica frustração, que o site estava quebrado; o sistema de pagamento da companhia elétrica foi tirado do ar.

"Parecia um filme ruim de fim do mundo. Você fica desorientado. Não consegue entender o que fazer em seguida. Você sente como se tivesse perdido um braço e não consegue funcionar direito", disse Bondarenko. "A vida passou muito rápido de 'O que tem de novo no Facebook?' para 'Será que tenho dinheiro suficiente para comprar comida amanhã?'"

■

Mesmo assim, a destruição do NotPetya pela Ucrânia não havia acabado. Às 22h, Mikhail Radutskiy, o presidente de um grupo de hospitais de Kiev conhecido como Boris Clinic, estava escovando os dentes no banheiro de sua casa no subúrbio ocidental de Kiev quando recebeu uma ligação sobre o NotPetya. Ele dirigiu até a cidade e descobriu que seus hospitais haviam sido atingidos seriamente: praticamente todas as máquinas Windows estavam criptografadas, mas o equipamento médico rodando sistemas operacionais Linux e IBM haviam sido poupados.

Todas as consultas marcadas foram canceladas. O sistema de GPS para localizar as ambulâncias do hospital não funcionava. Os administradores de TI tinham um backup completo dos sistemas de três dias anteriores, mas todos os testes que haviam sido feitos desde então, de exames de sangue a ressonância magnética e tomografia computadorizada, teriam que ser refeitos.

Radutskiy não foi para casa naquela noite. De manhã, pacientes enfurecidos com as consultas canceladas estavam se aglomerando nos saguões e corredores das clínicas e até mesmo na sala de espera do lado de fora de seu escritório. "Foi uma bagunça", Radutskiy me disse. "Foi um caos."

Em resumo, no final de 27 de junho, o NotPetya havia atingido pelo menos quatro hospitais apenas em Kiev, junto com seis companhias elétricas, dois aeroportos e mais 22 bancos ucranianos, caixas eletrônicos, sistemas de pagamento com cartão e praticamente o governo federal inteiro. De acordo com a ISSP, pelo menos trezentas empresas foram atingidas, e mais tarde um oficial sênior do governo ucraniano faria a estimativa de que um total de 10% de todos os computadores do país foram apagados; a internet do país foi literalmente dizimada.[2] "Foi um bombardeio enorme de todos os nossos sistemas", disse o ministro da infraestrutura Omelyan.

Naquela noite, o mundo externo estava debatendo se o NotPetya era um ransomware criminoso ou uma arma de ciberguerra patrocinada pelo Estado. Mas Oleksii Yasinsky e Oleh Derevianko, da ISSP, já tinham começado a se referir a ele como um novo tipo de fenômeno: "uma ciberinvasão pesada e coordenada."

Enquanto isso, em meio à epidemia digital, uma única infecção se tornaria particularmente fatídica para a gigante de transporte de remessas Maersk. Em um escritório em Odessa, cidade portuária no litoral ucraniano do Mar Negro, um executivo financeiro para a operação ucraniana da Maersk pediu aos administradores de TI que instalassem o software de contabilidade M.E.Doc em um único computador. Isso deu ao NotPetya a única base de apoio que ele precisava.

26

COLAPSO

O terminal de transporte marítimo em Elizabeth, Nova Jersey — um dos 76 que compõem a divisão de operações portuárias da Maersk, conhecida como APM Terminals —, se espalha para dentro da Baía de Newark em uma península artificial cobrindo em torno de 1,6 km^2. Dezenas de milhares de contêineres perfeitamente modulares e empilhados cobrem o imenso cenário de asfalto, e guindastes azuis de duzentos metros de altura elevam-se sobre a baía. Dos últimos andares dos arranha-céus da baixa Manhattan, a oito quilômetros de distância, eles se parecem com braquiossauros reunidos em uma lagoa da era Jurássica.

Em um dia bom, em torno de 3 mil caminhões chegam no terminal, cada um com a tarefa de pegar ou entregar dezenas de toneladas de quilos de tudo, desde fraldas a abacates e peças de trator. Os caminhões começam esse processo, assim como passageiros de avião, ao fazer um check-in no portão do terminal, onde scanners leem automaticamente o código de barras dos contêineres e um funcionário da Maersk fala com o motorista do caminhão através de um sistema de alto-falantes. O motorista recebe uma passagem impressa que diz onde ele deve estacionar para que um guindaste gigante possa transportar seu contêiner do chassis do caminhão para uma pilha no pátio de carga, onde ele será embarcado em um navio de contêineres e navegará pelo oceano — ou esse processo inteiro em ordem inversa.

Na manhã do dia 27 de junho, Pablo Fernández estava esperando o equivalente a dezenas de caminhões de carga que seriam enviados de Elizabeth para um porto no Oriente Médio. Fernández é o que se chama transitário de carga — um intermediário que os proprietários de carga pagam para se certificarem de que sua propriedade vai chegar com segurança no destino do outro lado do mundo.*

Em torno de 9h da manhã no horário de Nova Jersey, o telefone de Fernández começou a tocar com uma sucessão de ligações de proprietários de carga furiosos. Todos tinham acabado de ouvir dos caminhoneiros que seus veículos estavam presos do lado de fora do terminal Elizabeth da Maersk. "As pessoas estavam nervosas", diz Fernández. "Eles não conseguiam levar os contêineres nem para dentro, nem para fora do portão."

Esse portão, um ponto de estrangulamento para toda a operação terminal da Maersk em Nova Jersey, estava sem funcionar, juntamente com todo o resto da rede da Maersk devastada pelo NotPetya. Os funcionários dos portões estavam em silêncio.

Logo, centenas de caminhões de dezoito rodas ficaram presos em uma fila que se esticava por quilômetros do lado de fora do terminal. Um empregado em outro terminal próximo da empresa no mesmo porto de Nova Jersey observou os caminhões se aglomerarem, para-choque com para-choque, até onde não conseguia mais enxergar. Ele tinha visto os sistemas do portão apagarem por períodos de quinze minutos ou meia hora. Mas, depois de algumas horas, ainda sem palavra da Maersk, a Autoridade Portuária emitiu um alerta de que o terminal Elizabeth da empresa seria fechado pelo resto do dia. "Foi quando começamos a perceber que isso era um ataque", o funcionário do terminal próximo se lembra. A polícia começou a abordar motoristas em suas cabines, dizendo para que eles dessem meia-volta e liberassem a área.

Fernández e incontáveis outros clientes inquietos da Maersk enfrentavam uma série de opções desoladoras: eles poderiam tentar levar a preciosa carga para outros navios com maiores taxas de última hora, com frequência viajando o equivalente à espera. Ou, se a carga fosse parte de uma cadeia de produção rígida, como componentes para uma fábrica, o apagão da Maersk poderia significar pagar por um frete aéreo exorbitante ou arriscar protelar processos de fabricação, onde um único dia inativo custava centenas de milhares de dólares. Muitos dos contêineres, conhecidos em inglês como reefers, eram eletrificados e cheios de bens perecíveis que necessitavam de refrigeração. Eles deveriam ser ligados em algum lugar ou seus conteúdos apodreceriam.

Fernández teve que se virar para encontrar um galpão em Nova Jersey onde poderia guardar a carga de seus clientes enquanto esperava por um comunicado da Maersk. Durante o primeiro dia inteiro, ele diz, recebeu apenas um e-mail oficial, que não dizia "coisa com coisa", de uma conta de Gmail de um funcio-

* Fernández não é seu nome verdadeiro. Como Henrik Jensen, essa fonte pediu para que eu me referisse a ele usando pseudônimo.

nário esgotado da Maersk, sem oferecer nenhuma explicação sobre a crise de suporte. O site de reserva central da empresa, Maerskline.com, estava fora do ar, e ninguém na empresa atendia o telefone. Alguns dos contêineres que ele havia enviado em navios da Maersk naquele dia permaneceriam perdidos em pátios de carga e portos ao redor do mundo pelos próximos três meses. "A Maersk era como um buraco negro", Fernández se lembra com um suspiro. "Foi uma bagunça do caralho."

Na verdade, foi a bagunça das bagunças. A mesma cena estava acontecendo em 17 dos 76 terminais da Maersk, de Los Angeles a Algeciras, na Espanha; Rotterdam, na Holanda; e Mumbai. Portões estavam fechados. Guindastes estavam paralisados. Dezenas de milhares de caminhões seriam desviados de terminais comatosos ao redor do globo.

Nenhuma reserva nova podia ser feita, essencialmente cortando a fonte central da receita de transporte marítimo de carga da Maersk. Os computadores em navios da Maersk não estavam infectados. Mas o software dos terminais, projetado para receber os arquivos de intercâmbio de dados eletrônicos desses navios, que dizem a operadores de terminal o conteúdo exato de seus porões de carga gigantescos, havia sido inteiramente apagado. Isso deixou os portos da Maersk sem guia para executar o colossal jogo de Jenga que era carregar e descarregar suas enormes pilhas de contêineres.

Durante dias, uma das máquinas distribuídas mais complexas e interconectadas do mundo, sustentando o sistema circulatório da própria economia global, permaneceria quebrada. "Estava claro que esse problema era de uma magnitude nunca antes vista no transporte global", um cliente da Maersk se lembra. "Na história de TI de transporte de cargas, ninguém nunca havia passado por uma crise tão monumental."

■

Vários dias depois de Henrik Jensen ter assistido a todas as telas ao seu redor apagarem na sede da Maersk, ele estava em casa no seu apartamento em Copenhague, desfrutando de um brunch de ovos poché, torrada e marmelada. Desde que ele saiu do escritório na terça-feira anterior, Jensen não havia ouvido nada de seus superiores. Então seu telefone tocou.

Quando respondeu, ele se viu em uma chamada de conferência com três funcionários da Maersk. Precisavam dele, eles disseram, no escritório da Maersk em Maidenhead, Inglaterra, uma cidade no oeste de Londres onde os soberanos de TI do conglomerado, Maersk Group Infrastructure Services, se encontravam. Eles disseram que largasse tudo e fosse para lá. Imediatamente.

Duas horas depois, Jensen estava em um avião para Londres, então em um carro a caminho de um edifício de tijolos e vidro de oito andares no centro de Maidenhead. Quando ele chegou, descobriu que o quarto e o quinto andares do prédio haviam sido convertidos em um centro de operações de emergência 24/7. Seu único propósito: reconstruir a rede global da Maersk na sequência do colapso do NotPetya.

Alguns funcionários da Maersk, Jensen soube, estavam no centro de recuperação desde terça-feira, quando o NotPetya atacou pela primeira vez. Alguns estavam dormindo no escritório, debaixo das mesas ou nos cantos das salas de conferência. Outros pareciam chegar a todo instante de outras partes do mundo, com bagagens na mão. A Maersk havia reservado praticamente todos os quartos de hotel em um raio de dezenas de quilômetros, todas as pousadas e cada quarto vago em cima de um pub. Funcionários estavam sobrevivendo a base de lanches que alguém havia acumulado na cozinha do escritório após uma ida ao mercado próximo de Sainsbury.

O centro de recuperação de Maidenhead estava sendo gerenciado pela consultoria Deloitte. A Maersk havia essencialmente entregado um cheque em branco para a empresa britânica sumir com o problema do NotPetya, e a qualquer momento havia pelo menos duzentos funcionários da Deloitte alocados no escritório de Maidenhead, junto com quatrocentos funcionários da Maersk. Todo o equipamento de computador utilizado pela Maersk de antes do surto do NotPetya havia sido confiscado por medo de que pudesse infectar novos sistemas, e avisos foram distribuídos ameaçando ação disciplinar contra qualquer um que os usasse. Em vez disso, funcionários haviam ido a todas as lojas de eletrônicos disponíveis em Maidenhead e comprado pilhas de novos notebooks e pontos de Wi-Fi pré-pagos. Jensen, como centenas de outros funcionários de TI da Maersk, recebeu um desses notebooks novos e ouviu que fizesse seu trabalho. "Era só: 'Encontre seu canto, vai trabalhar e faça o que for preciso'", ele disse.

No começo da operação, os funcionários de TI reconstruindo a rede da Maersk perceberam algo nauseante. Eles localizaram backups de quase todos os servidores individuais da Maersk, datando de três a sete dias antes do ataque do NotPetya. Mas ninguém conseguia achar um backup para uma camada crucial da rede da empresa: os controladores de domínio, servidores que funcionam como um mapa detalhado dos sistemas da Maersk e configuram as regras básicas que determinam quais usuários podem ter acesso a quais máquinas.

Cerca de 150 controlares de domínio da Maersk eram programados para sincronizar seus dados com outro para que, em teoria, qualquer um deles pudesse funcionar como backup para todos os outros. Mas essa estratégia descentralizada de backup não contava com um cenário em que todos os controladores de domínio são apagados simultaneamente. "Se não podemos recuperar nossos controladores de domínio, não podemos recuperar nada", um funcionário de TI da Maersk se lembra de ter pensado.

Após uma busca frenética que implicou chamar centenas de administradores de TI em data centers ao redor do mundo, os administradores desesperados da Maersk finalmente encontraram um solitário controlador de domínio sobrevivente em um escritório remoto — em Gana. Em algum momento antes do NotPetya atacar, um apagão havia deixado a máquina ganense fora do ar, e o computador permaneceu desconectado da rede. Portanto, ele continha a única cópia conhecida do controlador de domínio da empresa, intocada pelo malware — graças a uma queda de energia. "Houve muitos gritos de alegria no escritório quando o encontramos", um administrador da Maersk se lembra.

Mas, quando os engenheiros tensos em Maidenhead configuraram uma conexão com o escritório de Gana, descobriram que a largura de banda era tão fina que levaria dias para transmitir o backup do controlador de domínio de várias centenas de gigabytes para a Inglaterra. A ideia seguinte: botar um funcionário ganense no próximo avião para Londres. Mas nenhum dos funcionários do escritório do oeste africano tinha um visto britânico.

Então a operação Maidenhead arranjou um tipo de corrida de revezamento: um funcionário do escritório de Gana voou para a Nigéria para encontrar com outro funcionário da Maersk no aeroporto e entregar o preciosíssimo disco rígido. Então o funcionário entra no voo de seis horas e meia para Heathrow, carregando a pedra angular do processo de recuperação inteiro da Maersk.

Com essa operação de resgate completa, o escritório de Maidenhead poderia começar a trazer os serviços centrais da Maersk de volta ao ar. Após os primeiros dias, as operações portuárias da Maersk recobraram a habilidade de ler os arquivos de inventário dos navios, então os operadores não estavam mais cegos em relação aos conteúdos das gigantescas embarcações de 18 mil contêineres chegando em seus portos. Mas muitos dias se passariam desde o apagão inicial antes que a Maersk começasse a receber pedidos de novas entregas por meio do Maerskline.com, e levaria mais de uma semana antes que os terminais ao redor do mundo começassem a funcionar com qualquer grau de normalidade.

Enquanto isso, funcionários da Maersk trabalharam com qualquer ferramenta que estivesse disponível. Eles prenderam documentos em papel nos contêineres de remessa em portos APM e receberam pedidos a partir de contas pessoais de Gmail, WhatsApp e planilhas do Excel. "Eu posso dizer que é uma experiência bem bizarra se encontrar reservando quinhentos contêineres de remessa pelo WhatsApp, mas foi o que fizemos", disse um cliente da Maersk.

Cerca de duas semanas após o ataque, a rede da Maersk finalmente chegou em um ponto em que a empresa podia começar a redistribuir computadores pessoais para a maioria dos funcionários. Na sede de Copenhague, uma cantina no porão do edifício foi transformada em uma linha de montagem de reinstalação. Computadores foram alinhados em grupos de vinte em mesas de jantar enquanto funcionários do suporte técnico andavam pelas fileiras, inserindo pen-drives que eles haviam copiado em dezenas, clicando em janelas durante horas.

Alguns dias após o seu retorno de Maidenhead, Henrik Jensen encontrou seu notebook em uma pilha alfabetizada de centenas, com o disco rígido apagado e uma cópia limpa do Windows instalada. Tudo que ele e todos os empregados da Maersk haviam guardado em suas máquinas, de notas a contatos e fotos de família, não existia mais.

27

O CUSTO

Cinco meses depois da Maersk ter se recuperado do ataque do NotPetya, o presidente da empresa, Jim Hagemann Snabe, esteve no palco do Fórum Econômico Mundial em Davos, na Suíça, e elogiou o "esforço heroico" da operação de resgate de TI da Maersk. Do dia 27 de junho, quando ele foi acordado por um telefonema às 4h da manhã na Califórnia, antes de sua aparição agendada em uma conferência em Stanford, ele disse, levou apenas dez dias para a empresa reconstruir sua rede inteira de 4 mil servidores e 45 mil computadores. (A recuperação total levou muito mais tempo: Alguns funcionários na operação Maidenhead continuaram a trabalhar dia e noite por quase dois meses para reconstruir a configuração de software da Maersk.) "Nós superamos o problema com resiliência humana", contou Snabe ao público.[1]

Desde então, Snabe continuou, a Maersk tem trabalhado não apenas para melhorar sua cibersegurança, mas também fazer disso uma "vantagem competitiva". De fato, depois do NotPetya, funcionários de TI me disseram que praticamente todos os recursos de segurança que eles pediam foram quase que imediatamente aprovados. A autenticação de múltiplos fatores foi aplicada na empresa, junto com uma atrasada atualização para o Windows 10.

Snabe, porém, não disse muito sobre a postura de segurança da empresa antes do NotPetya. Funcionários de segurança da Maersk me contaram que alguns dos servidores da corporação, até o ataque, ainda rodavam o Windows 2000 — um sistema operacional tão velho que a Microsoft já não oferecia suporte a ele. Em 2016, um grupo de executivos de TI insistiu por um redesign de segurança preventivo de toda a rede global da Maersk. Eles chamaram atenção para o patching menos que perfeito de software da Maersk, os sistemas operacionais ultrapassados e, acima de tudo, a insuficiente segmentação de rede. Essa última vulnerabilidade em particular, eles avisaram, poderia permitir que um malware com acesso a uma parte da rede se espalhasse logo além de sua base de apoio inicial, exatamente como o NotPetya faria no ano seguinte.

A renovação da segurança foi permitida e orçamentada, mas seu sucesso nunca se tornou um indicador-chave de performance para os supervisores de TI mais antigos da Maersk, então implementar isso não contribuiria com seus bônus. Eles nunca foram em frente com a reforma de segurança.

Poucas empresas pagaram tanto pelo atraso em melhorar a segurança. Em sua palestra de Davos, Snabe declarou que a empresa sofreu uma redução de apenas 20% no total de volume de remessas durante o apagão do NotPetya, graças a seus rápidos esforços e soluções manuais. Mas, além do tempo e dos negócios perdidos da empresa, assim como o custo de reconstruir uma rede inteira, a Maersk reembolsou muitos de seus clientes pelo custo de redirecionar ou armazenar a carga abandonada. Um cliente da Maersk descreveu receber um cheque de sete dígitos da empresa para cobrir o custo de enviar sua carga por um jato fretado de último minuto. "Eles me pagaram 1 milhão sem mais do que dois minutos de discussão", disse ele.

No total, Snabe estimou em seus comentários de Davos, o NotPetya custou entre 250 e 300 milhões de dólares para a Maersk. A maioria dos funcionários com os quais eu falei em privado suspeitou que os contadores da empresa haviam reduzido o número.

Independentemente disso, esses números apenas começam a descrever a magnitude do prejuízo do NotPetya. Empresas de logística cujo sustento depende dos terminais de propriedade da Maersk não foram todas tão bem tratadas durante o apagão como os clientes da Maersk, por exemplo. Jeffrey Bader, presidente de um grupo de caminhões sediado em Port Newark, a Association of Bi-State Motor Carriers, estima que só o custo do reembolso para as empresas de caminhões e caminhoneiros era na ordem das dezenas de milhões. "Foi um pesadelo", disse Bader. "Nós perdemos muito dinheiro, e estamos com raiva."

O custo maior da disrupção da linha de montagem global como um todo da Maersk — que depende da entrega just in time de produtos e componentes de fabricação — é muito mais difícil de medir. E, claro, a Maersk foi só uma vítima. Apenas quando você começa a multiplicar a história da Maersk — imaginando a mesma paralisia, a mesma crise em série, a mesma recuperação fatigante — com dezenas de outras vítimas do NotPetya e incontáveis outras indústrias é que a verdadeira escala do crime de ciberguerra da Rússia começa a ficar em foco.

Merck, a gigante farmacêutica de 200 bilhões de dólares sediada em Nova Jersey, foi atingida de manhã cedo no dia fatídico do NotPetya. Ela perdeu 15 mil computadores com Windows em 90 segundos, de acordo com um dos funcionários de TI da empresa, antes dos administradores conseguirem desligar a rede inteira. A Merck manteve um data center de backup exatamente para esse tipo de crise, mas o funcionário me disse que era um "hot site", conectado à rede da Merck para permitir uma recuperação rápida, em vez de um "cold site", que estaria desconectado para uma segurança maior. Isso significava que ele também havia sido apagado no tsunami do NotPetya. "Nós não tínhamos um grande plano sobre o que faríamos se os dois locais ficassem infectados ao mesmo tempo, e foi exatamente isso que aconteceu", o funcionário de TI me contou. "Algo que derrubaria *todos* os nossos sistemas Windows — nós não havíamos imaginado algo dessa escala."

Assim como o NotPetya fechou os terminais portuários da Maersk pelo mundo, imediatamente se propagou para os processos físicos da Merck também, paralisando a pesquisa de medicamentos e parando uma faixa significativa de sua fabricação farmacêutica. "Você não consegue fazer nada sem computadores hoje em dia", um cientista da Merck lamentou ao *Washington Post*.[2] Em seu relatório financeiro para acionistas alguns meses depois, a empresa revelaria que havia sido forçada a pegar emprestado, da instituição federal do Centro de Controle e Prevenção de Doenças, o equivalente a 250 milhões de dólares de suas próprias vacinas para o papilomavírus humano causador de câncer.[3] Dois congressistas mais tarde escreveram em uma carta ao Departamento de Saúde e Serviços Humanos que os efeitos do NotPetya na Merck "levantam questões sobre como a nação está preparada para lidar com um rompimento significativo nos seus suprimentos médicos críticos".[4]

Oito meses após o ataque, a Merck disse aos acionistas que contabilizou seu prejuízo decorrente do malware à quantia impressionante de 870 milhões de dólares. O FedEx, cuja subsidiária europeia, TNT Express, foi prejudicada pelo ataque e precisou de meses para recuperar alguns dados, levou um golpe de 400 milhões de dólares. A gigante de construção francesa Saint-Gobain perdeu em torno da mesma quantia. Reckitt Benckiser, a fabricante britânica, perdeu 129 milhões de dólares, e Mondelēz, a produtora alimentícia, perdeu 188 milhões de dólares.[5] Incontáveis vítimas sem acionistas públicos contabilizaram seus prejuízos em segredo.

No total, o resultado foi mais de 10 bilhões de dólares em prejuízo, de acordo com uma avaliação da Casa Branca confirmada para mim pelo ex-conselheiro de segurança interna Tom Bossert, que na época do ataque era o oficial sênior focado em cibersegurança do presidente Trump. Bossert enfatizou, na verdade, que esse número de onze dígitos representa um piso de sua estimativa, não um teto; pode ter sido muito mais. "Enquanto não teve perda de vida, o evento foi o equivalente a usar uma bomba nuclear para atingir uma pequena vitória tática", disse Bossert. "Isso é um grau de irresponsabilidade que não podemos tolerar no cenário mundial."

Para ter uma noção do que esses 10 bilhões em danos significam no espectro de ciberataques, tenha em mente que quando um ransomware torturante, mas típico, paralisou o governo da cidade de Atlanta em março de 2018, o custo estimado foi de 17 milhões de dólares.[6] Em outras palavras, menos de um quinto percentual do preço do NotPetya. Mesmo o WannaCry, na época uma catástrofe de internet sem precedentes, custou em torno de 4 bilhões pela maioria das estimativas. Desde então nada sequer chegou perto.

"Isso foi um despertar muito significativo", disse o presidente da Maersk, Snabe, em seu painel em Davos. Então ele adicionou, com um toque escandinavo de atenuação: "Você pode dizer que foi um despertar muito caro."

■

Mas nem todos os custos do NotPetya podem ser medidos em dólares. Outra de suas vítimas colaterais foi uma empresa pouco conhecida chamada Nuance, focada em software de reconhecimento de fala. O código da Nuance foi usado na primeira versão da Siri do iPhone, por exemplo, e no sistema de comando de voz nos carros Ford. Porém, em 2017, muitos dos negócios da Nuance vinham de uma extensa matriz de instituições que dependiam dessa tecnologia em assuntos de vida e morte: hospitais.

Como fez com muitas outras multinacionais gigantescas, o NotPetya se lançou do escritório ucraniano da Nuance para paralisar instantaneamente os sistemas digitais da empresa ao longo de dezessete localizações, da Índia à Coreia e à sede em Burlington, Massachusetts. E, assim como na Maersk, administradores de TI desesperados batalhariam por semanas para recuperar milhares de computadores e servidores criptografados pelo worm. "Foi uma guerra de trincheiras", contou um ex-funcionário da Nuance que participou nos esforços de recuperação. "O escritório estava em um estado de triagem. As pessoas trabalhavam 24 horas por dia. Cada sala de conferência vazia tinha camas."

No fim das contas, a Nuance declararia uma perda de 92 milhões de dólares em decorrência do NotPetya, apenas uma fração do dano para empresas como a Merck e a FedEx. Mas o serviço de transcrição para arquivos médicos eletrônicos da Nuance, auxiliado pela equipe de transcritores humanos da empresa, era usado por centenas de hospitais e milhares de clínicas ao redor do mundo. E nesses locais é que o verdadeiro peso do apagão seria sentido.

Na manhã do ataque, Jacki Monson estava sentada em uma sala de conferência em um parque empresarial em Roseville, Califórnia, um subúrbio de Sacramento. Monson trabalhava como oficial-chefe de privacidade e segurança da informação para a Sutter Health, uma rede de mais de 24 hospitais e clínicas de Utah ao Havaí. Cedo naquela manhã, ela havia recebido uma mensagem chocante do oficial-chefe de segurança da informação da Merck, a partir de uma lista de e-mail para a Health Care Industry Cybersecurity Task Force, um grupo criado pela administração Obama para examinar riscos de cibersegurança às organizações médicas, sobre a infecção paralisante do NotPetya na empresa. Às 9h da manhã, no fuso horário do Pacífico, Monson estava em uma chamada de conferência tensa com executivos de segurança da indústria de assistência médica ao redor do mundo, todos na esperança de evitar os efeitos crescentes do NotPetya de alguma maneira.

Após meia hora de reunião, Monson recebeu outra ligação do chefe de sistemas de gerenciamento de informação de saúde da Sutter. Monson ficou aliviada ao ouvir que os hospitais Sutter aparentemente ainda não tinham sido infectados com o NotPetya. Em vez disso, eles estavam enfrentando um problema menos óbvio: pela última hora, os sistemas da Nuance estavam fora do ar e, com eles, a habilidade de cada médico em cada hospital Sutter de ditar mudanças nos registros médicos de seus pacientes.

Monson logo começou a ver a seriedade desse gargalo. Por todo canto nos hospitais Sutter, médicos estavam lendo mudanças no serviço de transcrição da Nuance — em alguns casos, horas de áudio a cada vez — e agora nenhuma dessas mudanças apareceria nos arquivos dos pacientes. Pessoas que estavam agendadas para cirurgias naquela manhã poderiam não ter a aprovação final que precisavam para serem liberadas para suas operações. Outros, como pessoas aguardando transplantes, cujos médicos constantemente monitoram e ajustam seus medicamentos, poderiam perder mudanças cruciais no tratamento.

A equipe de resposta a emergências da Sutter logo começou a correr para organizar os milhares de registros de pacientes em dezenas de hospitais, tentando identificar quais poderiam enfrentar sérias consequências a partir do ponto de estrangulamento da Nuance. Enquanto isso, Monson e seus colegas de TI procuravam desesperadamente por um sistema alternativo que permitiria que os médicos dos hospitais fizessem mudanças nos registros de saúde em seu ritmo normal. Apesar de os serviços de ditado auxiliados por humanos da Nuance estarem offline, o software totalmente automatizado, instalado nos próprios sistemas da Sutter, ainda funcionava. Mas esse software era sujeito a erros e não entendia bem sotaques. Os próprios transcritores dos hospitais estavam sobrecarregados. Levaria duas semanas para Sutter mudar para um dos competidores da Nuance. E, em apenas 24 horas, Sutter estava enfrentando um acúmulo de 1,4 milhão de mudanças nos registros dos pacientes, cada um deles podendo ter um impacto real na saúde de um ser humano.

Do outro lado do país, outra rede de hospital estava lutando com o NotPetya mais diretamente. Heritage Valley Health System, uma pequena rede de dois hospitais na Pensilvânia, foi infectada pelo worm. De acordo com um dos funcionários de TI nesses hospitais que falou comigo, seus administradores entraram em um servidor da Nuance na hora da infecção da empresa, permitindo que o worm se espalhasse diretamente para os próprios sistemas dos hospitais. Antes das 8h da manhã no fuso horário oriental, ele havia corrompido 2 mil computadores e centenas de servidores.

De acordo com a equipe da Heritage Valley, equipamentos como máquinas de raio-X e tomografia computadorizada não estavam rodando Windows, então elas não se infectaram. Mas o desligamento de cada máquina Windows ainda assim paralisou as operações dos hospitais. "A máquina de ressonância magnética não foi tocada, mas o computador que tinha o software para obter as imagens da máquina foi atingido", ele me disse. "Testes não adiantam se você não consegue ver as imagens."

Ambos os hospitais da Heritage Valley continuaram a atender os pacientes existentes, mas novos pacientes foram recusados durante três dias, disse a equipe. A Associated Press reportou que algumas das cirurgias dos hospitais precisaram ser adiadas. Uma mulher de 56 anos, Brenda Pisarsky, disse à AP que sua cirurgia da vesícula biliar foi interrompida pelo anúncio de alto-falante do hospital chamando os funcionários para o "centro de comando" para lidar com a crise do NotPetya.[7]

"A Europa ou algum lugar dessa região hackeou o Hospital Beaver Medical e o Hospital Swickley e desligou todo o sistema de seus computadores! Aconteceu logo depois que eu entrei na sala de operação!!!" Pisarsky escreveu no Facebook. "Graças a Deus nenhum computador era usado para meu tipo de cirurgia. Outras cirurgias não tiveram tanta sorte e foram canceladas."

■

O caso da Heritage Valley era um ponto fora da curva. A grande maioria dos hospitais que sofreu com o NotPetya, como Sutter Health, sentiu os efeitos por meio do surto de malware da Nuance, não deles próprios. Uma chamada para lidar com o acúmulo crescente de transcrição da Nuance tinha mais de duzentos participantes, Jacki Monson se lembrou.

No caso da Sutter, Monson declarou, no fim das contas a rede do hospital rastreou cada caso urgente e se certificou de que médicos e funcionários de TI atualizassem registros médicos a tempo para prevenir danos. "Felizmente, por causa de como fomos proativos, não tivemos nenhum problema de segurança dos pacientes", disse ela.

Mas nem todo funcionário de hospital estava tão certo disso. Uma analista de sistemas de TI em um grande hospital norte-americano — ela se recusou a me dizer qual — tinha uma história mais preocupante para contar. Depois dos surtos do NotPetya, ela havia focado inicialmente como prevenir sua própria instituição de ser infectada. Foi apenas em uma tarde, uma semana depois, que um colega de trabalho furioso à beira de entrar em pânico a havia alertado sobre dois relatórios de diagnósticos de duas crianças que desapareceram dos registros médicos devido ao apagão da Nuance. Ambas as crianças estavam agendadas para tratamentos cuja segurança dependia de seus registros estarem atualizados. Uma foi transferida para outro hospital e faria uma cirurgia na manhã seguinte.

A funcionária de TI empalideceu. Será que seu hospital tinha sequer uma cópia das mudanças do registro que foram ditadas? Eles teriam que adiar um procedimento que poderia salvar uma vida? Com apenas algumas horas para gastar, ela localizou o próprio arquivo primário de ditados do hospital, ouviu quase quarenta arquivos de áudio, localizou o que era crucial e o enviou para transcrição por um serviço de backup, quase não encaixando o pedido a tempo para a cirurgia da criança prosseguir no dia seguinte.

Ao longo da próxima semana, a funcionária de TI encontrou mais dois casos em que relatórios ditados estavam ausentes nos registros médicos de pacientes pediátricos, cada vez com apenas um ou dois dias antes de um grande tratamento agendado. Em um caso, um médico teve que digitar manualmente o que havia ditado depois de reexaminar a ecografia do coração de uma criança.

Em todos os quatro casos, a funcionária de TI me contou, o hospital conseguiu lidar com as falhas a tempo de prevenir qualquer adiamento ou tratamentos incorreto. Mas, mesmo um ano e meio mais tarde, ela me contou que esses casos, em que o cuidado com crianças foi colocado em perigo por um ciberataque, continuaram a assombrá-la. O apagão da Nuance no hospital e seus efeitos se arrastaram por mais de quatro meses. Sim, os quatro casos que ela viu tiveram finais felizes, ela disse para si mesma. Mas e as centenas de outros hospitais atingidos pelo NotPetya e seus muitos milhares de casos? Depois de ter escapado por pouco, será que ela poderia realmente acreditar que nem mesmo um dentre milhares de pacientes havia sido prejudicado? "Não posso dizer quantos pacientes foram afetados ou quais problemas de saúde poderiam ser causados como resultado do apagão da Nuance", disse ela. "Mas há um potencial gigante para isso ao ver os números de relatórios impactados, por quanto tempo eles ficaram impactados e a natureza crítica do cuidado sendo oferecido."

Se adiamentos aconteceram mesmo em uma minúscula fração desses casos, o prejuízo a vidas humanas poderia ter sido real, argumenta Joshua Corman, pesquisador de segurança da Atlantic Council que também trabalhou como membro da Health Care Industry Cybersecurity Task Force. Ele aponta para um estudo do *New England Journal of Medicine* que mostrou que mesmo um atraso de trânsito de menos que cinco minutos em uma ambulância fazia com que pacientes morressem 4% mais vezes em hospitais durante os trinta dias seguintes.[8] "Pense em cada hospital nos Estados Unidos que usa Nuance. Pense sobre quantos dias o sistema ficou fora do ar, multiplicado pelo número de resultados de laboratório, transferências, altas e quantos desses são sensíveis ao tempo", disse Corman. "Em alguns casos, o tempo importa. O nível de dor é afetado. A qualidade de vida é afetada. A mortalidade é afetada."

28

CONSEQUÊNCIA

Uma semana após o surto do NotPetya, a polícia ucraniana, trajada em uma vestimenta camuflada completa da SWAT e armada com rifles de assalto, irrompeu de vans para dentro da modesta sede do Linkos Group, correndo escada acima como um Team Six do SEAL invadindo o esconderijo de bin Laden.

Eles apontaram rifles para empregados perplexos e os enfileiraram no corredor, como a fundadora da empresa, Olesya Linnyk, mais tarde descreveria para mim. No segundo andar, próximo ao escritório dela, os policiais armados até mesmo arrombaram a porta de uma sala com um bastão de metal, apesar da oferta de Linnyk de abri-la com a chave. "Foi uma situação absurda", disse Linnyk depois de respirar profundamente em exasperação.

O esquadrão de polícia militarizada finalmente encontrou o que estava procurando: a prateleira de servidores M.E.Doc que havia feito o papel de paciente zero na pandemia do NotPetya. Eles confiscaram as máquinas culpadas e colocaram seus discos rígidos em sacolas plásticas pretas.

■

Anton Cherepanov, trabalhando em sua mesa na sala Houston da ESET, notou a conexão do NotPetya ao software de contabilidade da Linkos Group nas primeiras horas da expansão do worm. Em torno das 10h da manhã caótica do ataque, a equipe ucraniana da ESET havia enviado a ele fotos da mensagem de resgate do malware, e ele rapidamente escavou a coleção fresca de malware extraídos do software antivírus da ESET para encontrar uma amostra. Desmembrando o código levemente ofuscado do NotPetya, ele viu que o worm estava sendo deflagrado por um arquivo na máquina das vítimas chamado ezvit.exe — um componente do aplicativo de contabilidade M.E.Doc.

Cherepanov não havia se demorado naquela conexão. Ele estava muito ocupado tentando lançar uma atualização do software antivírus da ESET para proteger os clientes contra as infecções que cresciam como uma bola de neve e então procurando freneticamente e em vão por uma técnica para desembaralhar a criptografia do NotPetya ou até mesmo por um kill switch do tipo do WannaCry em seu código.

Foi apenas nos dias que se seguiram ao caos inicial do NotPetya que Cherepanov retornou à conexão com o M.E.Doc e começou a desembaraçar uma longa linha de elos forenses — uma linha complexa o suficiente para que, mais de um ano depois, eu ter que pedir para ele me explicar várias vezes em uma sala de conferência da sede de Bratislava da ESET.

Cherepanov reconheceu o arquivo ezvit.exe porque ele o viu em um surto de malware mais antigo. O mesmo programa havia sido o transportador para uma infecção diferente que ele havia descoberto em maio de 2017. Cinco dias depois do WannaCry, ele descobriu um pedaço de ransomware conhecido como XData que parecia estar se espalhando através desse arquivo executável ezvit, usando o Mimikatz, mas não o EternalBlue. Na época, ele pensou que as vítimas talvez estivessem sendo enganadas para instalar a versão corrompida pelo malware do M.E.Doc, o tipo de spoofing que hackers usam com frequência para infectar vítimas com ransomware e outros códigos criminosos.

Ele havia alertado os desenvolvedores do M.E.Doc na Linkos Group em um e-mail, recebido um breve reconhecimento, ajudado a ESET a adicionar proteção contra o novo malware e escrito uma publicação de blog sobre suas descobertas. Mas, nos dias que seguiram o frenesi ao redor do WannaCry, poucas pessoas notaram seu aviso sobre um ataque que afetou apenas uma minúscula fração do número de vítimas do WannaCry.

Agora, um mês depois, ele viu o M.E.Doc ser usado para espalhar o NotPetya, um surto muito maior que fazia suas descobertas anteriores e até mesmo o WannaCry parecerem pequenos. Cherepanov havia baixado todas as atualizações de 2017 do M.E.Doc do site da Linkos Group quando detectou pela primeira vez o seu uso para espalhar malware, em maio. Na sequência do NotPetya, ele rapidamente baixou as últimas atualizações do M.E.Doc de maio e junho, logo antes do site ser tirado do ar pela Linkos Group, e passou o resto da semana investigando-as. Olhando para o código, ele percebeu que os hackers não haviam simplesmente distribuído uma versão corrompida do software M.E.Doc para infectar vítimas, como um assassino servindo chá misturado com arsênico. Eles pegaram carona no próprio mecanismo de atualização legítimo do software, algo semelhante a contaminar todo o abastecimento de chá da Índia. Esse extraordinário sequestro da cadeia de suprimentos significava que eles haviam penetrado profundamente nos servidores da Linkos Group. "O *próprio* M.E.Doc era o backdoor", pensou Cherepanov.

Pelo resto da semana, ele se debruçou sobre esse código de atualização corrompido e os registros de malware da ESET, trabalhando por mais de 12 horas por dia para entender exatamente como os hackers haviam transformado esse inócuo pedaço de software de impostos no veículo que carregou o NotPetya para o mundo. Agora estava claro que os mesmos hackers sequestraram as atualizações do M.E.Docs para espalhar o worm de ransomware pelo menos duas vezes, primeiro com o XData em maio, e então o imensamente mais virulento NotPetya em junho.

Mas então Cherepanov começou a fazer outras conexões de volta ao NotPetya, se baseado em uma impressão digital diferente — uma pista que permitira que ele montasse uma linha do tempo muito mais longa.

Ele estava acompanhando de perto o grupo que chamou de TeleBots, e outros chamaram de Sandworm, enquanto o grupo devastava as redes ucranianas com ataques destruidores de dados e temáticos da Fsociety em dezembro do ano anterior — os ataques que haviam levado ao segundo ataque de apagão. Desde então, Cherepanov observou o grupo executar mais intrusões em fevereiro e março de 2017. Em cada um desses casos, em adição à backdoor do Telegram, ele também tinha visto os hackers instalarem outra ferramenta de acesso ao backdoor escrita em uma linguagem de programação conhecida como Visual Basic Scripting Edition, ou VBS.

Era aí que estava a impressão digital que chamou a atenção de Cherepanov. Enquanto ele investigava os mecanismos de sequestro do M.E.Doc, uma grande instituição ucraniana — ele se recusou a me dizer qual — compartilhou com ele outra pista incrível: antes de ter sido infectado com o NotPetya, esse mesmo backdoor VBS e outro script VBS similar foram instalados na rede através do software M.E.Doc corrompido. Uma dessas duas ferramentas VBS parecia ser um tipo de base de apoio secundária — projetada para persistir mesmo se o M.E.Doc fosse descoberto e apagado. A segunda parecia ser um método para testar os controles de backdoor do M.E.Doc antes de ser usado para liberar o payload definitivo do NotPetya.

Essas ferramentas VBS, Cherepanov percebeu, combinavam com os ataques que ele havia visto há mais de seis meses, conectando o NotPetya até a onda de invasões destruidoras de dados que começaram em dezembro de 2016. Ele agora enxergava a conexão brilhante que acorrentava toda a série de incidentes: tudo se ligava ao Sandworm.

Investigando mais a história do Sandworm, ele percebeu que o NotPetya era, ainda mais, um descendente direto dos ataques de KillDisk que se estendiam de volta até 2015. As técnicas de destruição arbitrária de dados haviam evoluído durante quase três anos nas mentes dos atacantes. Na verdade, observando o código, ele podia ver que uma lista de dezenas de extensões de arquivos marcadas para serem apagadas nos ataques de dezembro de 2016 era quase a mesma lista de alvos de criptografia do NotPetya. "Da perspectiva do atacante, eu podia ver o problema. O KillDisk não se espalha", explicou. "Eles estavam testando essa tática: como encontrar mais vítimas, procurando pelos melhores vetores de infecção."

Enquanto ele escavava pelo arquivo de atualizações do M.E.Doc, Cherepanov podia ver que eles haviam encontrado o transportador perfeito no software de contabilidade da Linkos Group. Na verdade, ele descobriu que o Sandworm testou pela primeira vez impulsionar o código de backdoor através do M.E.Doc dois meses antes do NotPetya, em abril. Os hackers desfrutaram de um nível extraordinário de acesso às redes de cada cliente do M.E.Doc por meses, muito antes de eles apertarem o gatilho do payload final. Após anos de experimentos, eles encontraram as chaves perfeitas para o coração da internet ucraniana, ideal para espionagem e sabotagem. Eles a haviam testado, aguardado o momento certo, e então a usaram para liberar um worm que sacudiria o mundo. "Era tão único, tão dedicado e tão paciente", Cherepanov se maravilhou.

Quando ele finalmente compreendeu o cenário completo, eram 3h da manhã de um domingo, e Cherepanov ainda estava em sua mesa do home office em um apartamento ao leste do centro da cidade de Bratislava. Apenas o brilho das telas de computador iluminava o cômodo. Sua esposa fora dormir horas atrás. Ele terminou seu trabalho e deitou na cama, mas a adrenalina e as visões da campanha destrutiva de anos do Sandworm continuaram a percorrer seu cérebro. Ele ficou deitado de olhos abertos até o amanhecer.

■

Uma estranha característica do worm foi largamente esquecida no caos da pandemia do NotPetya: ele pode não ter um kill switch ou antídoto, mas tinha uma vacina.

Em uma terça-feira fatídica no final de junho, Amit Serper, um ex-hacker do governo de Israel com um emprego de pesquisador de segurança para a empresa Cyberason, sediada em Boston, estava de férias em Tel Aviv. Ele estava visitando a família nos subúrbios da cidade quando ficou sabendo da propagação do NotPetya por meio de um jornal televisivo cerca de 7h da noite no horário israelense — o mesmo fuso horário da Ucrânia. Serper estava planejando sair para beber com amigos às 10h da noite. "Eu tenho três horas para matar", pensou. "Vamos brincar."

Serper logo obteve uma cópia do NotPetya e começou a desmembrá-lo em seu MacBook e varrer seu código. Em duas horas, ele tropeçou em algo inesperado: uma chamada de função de "exit process". Uma chamada de função, ou function call, é uma instrução em código — nesse caso, uma instrução que impede o componente de um programa de rodar. Serper começou a trabalhar de trás para frente a partir dessa peculiaridade para determinar qual parte do malware a chamada poderia desligar e o que poderia deflagrá-la. Logo ele chegou a uma conclusão que deixou sua mente quase dormente de animação: a característica que ele havia encontrado escondida no código poderia parar a criptografia destrutiva do NotPetya completamente.

Pouco antes de ir beber na cidade, Serper identificou a exata declaração "if/then" no código que deflagrava esse desligamento: se um arquivo chamado "perfc" sem extensão de arquivo estivesse presente no diretório principal do Windows, então o NotPetya essencialmente desistia, salvando os dados da máquina da destruição. Talvez o arquivo fosse uma característica vestigial do algoritmo de resgate em que o NotPetya se baseava, projetado para prevenir o malware de criptografar os dados duas vezes, deixando-os irrecuperáveis? Independentemente disso, se um administrador instalasse um arquivo com esse nome específico, "perfc", nesse diretório específico, um computador seria poupado do NotPetya, como a história da Páscoa judaica que conta sobre o anjo da morte poupando os primogênitos daqueles que mancharam suas portas com sangue de cordeiro.

Mal conseguindo apreender a ideia de que ele havia encontrado uma solução possível para uma crise global, Serper tuitou sua descoberta. O NotPetya tinha um "kill switch", ele escreveu animado. Talvez não fosse tarde demais para salvar o mundo de sua praga, no fim das contas. Pelas próximas horas, enquanto Serper e seus amigos bebiam cerveja em um bar de Tel Aviv, seu celular foi bombardeado com tantas mensagens de pesquisadores de segurança, administradores de rede e repórteres que travou repetidas vezes.

Mas toda essa animação era, de certo modo, deslocada. Na verdade, Serper não havia encontrado exatamente um kill switch como o que foi descoberto por Marcus Hutchins no WannaCry. A checagem do "perfc" não era um interruptor único que poderia parar o progresso do NotPetya pelo mundo. E, para ter qualquer efeito, o arquivo precisava estar nos computadores *antes* de eles serem infectados. Isso significava que a tarefa de educar as vítimas e distribuir o conserto enfrentava todos os mesmos e antigos problemas epidemiológicos de atualizar software.

Sem dúvida, algumas vítimas potenciais do NotPetya acabaram instalando a vacina de Serper e preventivamente salvaram seus dados. Mas naquela noite, quando a vacina havia chamado a atenção da comunidade de segurança, sendo testada, confirmada e compartilhada, era tarde demais para todos, menos uma pequena fração das vítimas da praga. Os 10 bilhões de dólares de prejuízo do NotPetya estavam largamente e irreversivelmente em andamento. O anjo da morte já havia feito seu caminho.

■

Se não fez nada mais, pelo menos o trabalho de Serper chamou a atenção do governo ucraniano. Cybereason entrou em contato com as autoridades ucranianas para oferecer ajuda. E, seguindo a estranha e dramática batida que essas autoridades haviam acabado de executar na sede da Linkos Group, os policiais em Kiev responderam a equipe da Cybereason com uma oportunidade única: ajudar na análise dos servidores hackeados e confiscados da Linkos Group.

No dia seguinte à invasão da polícia ucraniana na sala de servidores da Linkos, dois colegas de Serper em Kiev receberam acesso aos discos rígidos dos servidores apreendidos, ainda em suas sacolas plásticas pretas. Eles rapidamente copiaram todos os dados das máquinas, e Serper se conectou remotamente aos notebooks de seus colegas no local para analisar os registros da Linkos na sede de Boston da empresa. Desde o meio-dia até mais tarde naquela noite, ele trabalhou para conectar as impressões digitais dos hackers que haviam penetrado a infraestrutura do M.E.Doc da empresa. Serper estava tão absorto, na verdade, que continuou trabalhando em seu notebook mesmo enquanto ia do escritório na Cybereason para casa em um Uber. Em vez de perder tempo com um banho naquela noite, ele continuou fazendo a engenharia reversa no banho, apoiando o computador em uma prateleira sobre a banheira.

Serper, por fim, montou o rascunho de uma história da invasão da Linkos Group: começou com os hackers explorando uma vulnerabilidade no sistema de gerenciamento de conteúdo do servidor web da empresa, o software que usava para editar a aparência de seu site. Dali, os hackers configuraram um "web shell" no servidor, um tipo de painel de administração simples que agia como base de apoio dentro do computador, permitindo que eles instalassem seu próprio software quando quisessem.

Eles haviam, de algum modo, alavancado o controle sobre esse servidor web para obter acesso ao servidor de atualização do M.E.Doc na mesma rede, apesar de Serper não poder me explicar exatamente como. Eles essencialmente transformaram esse servidor de atualização em um farol de comando e controle para suas atualizações de software do backdoor, escondendo a configuração backend inteira de uma infecção de malware tradicional dentro da própria estrutura da Linkos Group, como uma comunidade de parasitas que se abrigaram ao mesmo tempo nas extremidades e no cérebro do hospedeiro.

Ainda mais impressionante era o modo de comunicação entre esse servidor de atualização hackeado e as cópias backdoor do M.E.Doc que ele controlava ao redor do mundo. O M.E.Doc era projetado para se conectar aos servidores da Linkos Group via http, as mesmas comunicações de internet básicas que navegadores web usam para falar com sites. Como tal, essas mensagens http incluem um canal padrão para "cookies", os bits de dados que sites plantam nos navegadores dos usuários para rastrear suas atividades.

Agora, o software de comando e controle instalado no servidor do M.E.Doc hackeado usou o mesmo canal de cookie encoberto para enviar comandos aos computadores que tinham backdoors. Ele poderia enviar uma variedade de instruções, incluindo não apenas instalar arquivos como o NotPetya mas também roubar qualquer arquivo que os hackers escolhessem de uma máquina rodando o software de contabilidade, usando o próprio sistema de comunicação do M.E.Doc para evitar a detecção. "O modo como eles usaram a infraestrutura do M.E.Doc contra você mesmo era muito elegante", disse Serper. "Foi um trabalho bem feito."

Serper ficou chocado com o modo como os hackers eram incompatíveis com as defesas contra eles. Esses intrusos ágeis e inovadores estavam passeando pelos buracos no software do servidor do M.E.Doc que tinha anos de idade, era mal configurado e mal atualizado. "Isso não era um desafio", ele me disse, como se refreando de dizer algo menos educado.

Mas talvez o mais impressionante de tudo era a pura longevidade das desgraças de segurança do M.E.Doc. Nos discos rígidos da empresa, Serper também descobriu outro conjunto mais antigo de arquivos de registro de novembro de 2015, um registro da atividade de rede da empresa anos antes de ela ter se tornado o epicentro do colapso do NotPetya. Nesses registros, Serper encontrou *outra* web shell escondida.

Não havia como dizer se essa infecção mais antiga tinha conexões com o NotPetya ou qualquer grupo específico de hackers. Mas mostrava que alguém tinha acesso secreto à mesma rede que havia servido de epicentro de uma calamidade global por, pelo menos, vinte meses. A empresa que serviria de gatilho para a ciberarma climática do Sandworm foi penetrada silenciosamente antes do primeiro apagão de Natal dos hackers.

29

DISTÂNCIA

Quando Olesya Linnyk fala sobre o NotPetya, ela adquire a paciência cansada de alguém que se acostumou a reviver o pior momento de sua carreira repetidas vezes. "Emocionalmente, foi um filme de terror completo", Linnyk me disse em um tom comedido de repugnância, sentada na sala de conferência da Linkos Group. "Nosso slogan era 'relatórios financeiros sem problemas'. Então nós viramos o problema."

Ao longo dos sete anos anteriores ao malfadado momento da empresa sob os holofotes, Linnyk havia desenvolvido o M.E.Doc como um novo produto independente da empresa de software de contabilidade de seu pai e o nutriu desde a semente da ideia até seu próprio negócio próspero. Ela empregou quase trezentas pessoas, simultaneamente cuidando de quatro crianças, e considerava sua empresa quase como outra filha. "É como minha quinta criança, a mais velha, e minhas outras crianças recebem menos atenção", disse ela com um sorriso efêmero. "Sete anos de reputação destruídos."

Eu estava prestes a fazer a pergunta cruel: então por que, com tanto em jogo para ela, sua empresa e o mundo, a Linkos não se protegeu melhor? Por que deixar um mecanismo tão poderoso para a infecção global desprotegido?

Linnyk me poupou disso ao responder a questão antes que eu pudesse perguntar. Ela insistiu que sua empresa não havia negligenciado de propósito a própria segurança e a de seus clientes contra ciberataques. Eles simplesmente nunca imaginaram que pudessem ser um alvo. "Nós fazemos coisas bem simples e básicas. Nós ajudamos contadores", disse ela. "Nós nos víamos bem distantes dos problemas de cibersegurança."

O entendimento de "distância" me pareceu um tipo de resumo conciso de uma atitude maior que fez com que os efeitos épicos do NotPetya na internet global fossem possíveis. A Linkos Group não havia sequer imaginado que poderia ser uma transportadora para um contágio digital mundial. A polícia ucraniana, na sequência do desastre, encenou uma batida espalhafatosa na sede do ponto de origem inconsciente do worm enquanto os verdadeiros perpetradores do ataque observavam com impunidade, provavelmente a milhares de quilômetros de distância. A comunidade de inteligência norte-americana — e em um grau menor o criador do Mimikatz — não havia calculado as potenciais consequências de suas ferramentas caindo em mãos inimigas. Parecia que até os criadores do próprio NotPetya não haviam entendido a extensão dos danos colaterais do worm além da Ucrânia, tanto para o Ocidente quanto para a própria Rússia.

Mas o maior ponto cego, talvez, possa ser encontrado na atitude ocidental com a Ucrânia e o silêncio frente à ciberguerra que a afligia. Por uma década, os Estados Unidos trataram os ciberataques russos em seus vizinhos — Estônia, Geórgia e acima de tudo a Ucrânia — como um problema "distante". A administração Obama observava desde 2015 enquanto a Ucrânia se tornava uma vítima indefesa e um laboratório do tamanho de um país para as técnicas de hacking mais cruéis da Rússia. Isso permitiu que os hackers cruzassem uma linha vermelha depois da outra, incluindo não um, mas dois ataques de apagão sem precedentes. O segundo havia acontecido no tempo certo para escorrer pelas fissuras diplomáticas, uma vez que a administração já tinha um pé para fora da porta, terminando o mandato sem uma única reprimenda pública dessas campanhas de sabotagem.

A administração Trump, claro, fez essas concessões a Putin de modo muito mais explícito. As negações niilistas de Trump fizeram do hacking da Rússia sobre alvos da eleição norte-americana um assunto para debate — frente à crescente e incontestável evidência — sem deixar espaço até mesmo para uma discussão do hacking imensamente mais agressivo de instituições críticas na Ucrânia. Ao mesmo tempo, Trump havia elogiado abertamente Putin, chamando-o repetidamente de um "líder forte" em comentários públicos e até elogiando sua resposta às sanções da administração Obama.[1]

Enquanto isso, o amplo isolacionismo de sua administração telegrafava ao mundo que a Ucrânia estaria completamente sozinha frente aos ataques russos — físicos ou digitais. "Por que os contribuintes norte-americanos deveriam se interessar pela Ucrânia?" o secretário de estado de Trump, Rex Tillerson, perguntou insensivelmente a um grupo de diplomatas em uma reunião na Itália, três meses antes da liberação do NotPetya.[2]

O NotPetya forneceu uma resposta bem-arranjada à questão de Tillerson. Os norte-americanos haviam ignorado a ciberguerra crescente da Ucrânia frente aos avisos repetidos de que os ataques logo se espalhariam para o resto do mundo. Então, repentinamente, esse exato cenário virou realidade, e a um custo imenso.

O resultado de toda essa falta de visão combinada era o mais próximo que a terra já viu de um apocalipse de ciberguerra há muito previsto que paralisaria as infraestruturas. A uma extensão nunca vista antes — ou desde o momento da escrita deste livro —, um único ciberataque surpresa derrubou um pedaço das fundações da civilização, de farmacêuticas ao transporte e à alimentação. Distribuído ao redor do mundo, e de modo muito mais concentrado para a própria Ucrânia, o NotPetya foi o "Pearl Harbor eletrônico" que John Hamre havia avisado em 1997.

Até mesmo Thomas Rid, um professor de estudos militares e estratégicos na Johns Hopkins que escreve ceticamente sobre o potencial para a ciberguerra, criticando metáforas exageradas de "ciberarmas" e "ciber 11 de Setembro" iminente, havia dito que o NotPetya finalmente representava um evento que pedia esse tipo de hipérbole. "Se algo chegou perto de um 'ciber 11 de Setembro'", Rid me disse, "foi isso".

■

Avaliando a extensão dos prejuízos do NotPetya, suas vítimas muitas vezes me descreviam em termos de um patógeno incontrolável ou um desastre natural. Mas, é claro, não havia nada de natural nisso. O worm foi feito por humanos, imbuído com as intenções maliciosas de seus criadores. A questão permanecia: *Quais* eram as intenções desses hackers?

Quase um ano após o ataque, eu visitei a nova sede melhorada da ISSP, que havia abandonado seu antigo e sombrio bairro e se mudado para um complexo de startups da moda que incluía um escritório satélite da Uber. Em uma sala de conferência do edifício, eu me encontrei com Oleksii Yasinsky, cuja aparência havia mudado na direção oposta dos seus arredores: em vez de um visual bem passado de negócios, ele agora vestia jeans puídos, uma camiseta branca e uma barba por fazer de dias, o uniforme de um especialista de cibersegurança sobrecarregado.

Yasinsky e seu chefe, o cofundador da ISSP Oleh Derevianko, logo se lançaram na explicação sobre o propósito do NotPetya com todas as teorias comuns sobre a ciberguerra da Ucrânia: intimidação, experimentos, danos colaterais. Mas eles adicionaram outra declaração notável: que o NotPetya tinha o objetivo de não apenas destruir, mas servir como um esforço de limpeza. Afinal, eles apontaram, os hackers que lançaram o NotPetya primeiro tiveram meses de acesso desimpedido às redes das vítimas por meio da infraestrutura sequestrada do M.E.Doc. Além do pânico e da disrupção causados, o NotPetya pode também ter apagado evidência de espionagem ou até mesmo reconhecimento para sabotagens futuras.

Na verdade, quando Yasinsky olhou para as redes das vítimas do NotPetya na Ucrânia nos dias e semanas que se seguiram ao ataque do worm, ele encontrou algo que ninguém mais havia me descrito: o arquivo "perfc" que Amit Serper havia identificado como a vacina do NotPetya apareceu em computadores que não haviam sido afetados pelo worm, perto de 10% das máquinas em alguns casos. Os administradores das empresas das vítimas contaram a ele que não haviam instalado a vacina. Mas esses computadores haviam, mesmo assim, sido poupados da criptografia.

Yasinsky acreditava que a "vacina" havia, na verdade, servido um propósito diferente nas mãos dos hackers: foi projetada para preservar seu acesso. Mesmo depois de uma vítima reconstruir sua rede, ela pode não reconstruir esses computadores vacinados e incólumes. E essas máquinas podem ter alguma outra infecção esperta que nem as vítimas, nem a ISSP haviam identificado ainda. "A Ucrânia foi usada como backdoor do mundo inteiro", disse Yasinsky. E alguma parte desse backdoor, alertou, pode permanecer aberta.

Enquanto eu falava com outro analista de cibersegurança sobre o NotPetya, a ideia de que empresas não ucranianas atingidas pelo worm foram dano colateral parecia a ele uma simplificação. Serper, a ESET e a divisão de segurança Talos da Cisco notaram que o backdoor do M.E.Doc tinha a habilidade de enviar aos hackers um determinado número de identificação de impostos emitido pelo governo ucraniano conhecido como EDRPOU, extraindo esse número de cada instalação do M.E.Doc.[3] Essa ID permitiria que os hackers olhassem cada entidade legal que havia se registrado com o governo ucraniano, criando um catálogo exato de cada vítima potencial antes de liberar o worm em seu sistema. Se eles assim desejassem, poderiam ter evitado cuidadosamente a imensa maioria dos danos colaterais, coordenando uma campanha de ataques de mísseis guiados com precisão.

Craig Williams, da Cisco, argumentou que isso significava que a Rússia sabia muito bem a extensão da dor que o worm infligiria internacionalmente. A chuva radioativa, ele postulou, não foi um acidente. Em vez disso, foi um tipo de embargo comercial hiperagressivo, com o objetivo de punir explicitamente qualquer um que se atrevesse a manter um escritório dentro das fronteiras do inimigo da Rússia. "Qualquer um que pense que isso foi acidental está imaginando fantasias", disse Williams. "Isso foi um pedaço de malware projetado para enviar uma mensagem política: se você fizer negócios na Ucrânia, coisas ruins acontecerão com você."

Outros debates sobre as intenções do NotPetya persistem até hoje. Alguns pesquisadores de cibersegurança apontam para o imenso dano que ele fez às empresas russas como evidência de que não poderia ter sido uma operação do governo russo. Vesselin Bontchev, um pesquisador de segurança na Academia

Búlgara de Ciências, destacou erros no código do componente de ransomware do NotPetya que ele argumenta ser o trabalho de hackers pouco sofisticados, não agentes do governo russo, apesar de notar que o backdoor do M.E.Doc de fato tem todas as marcas de uma operação de inteligência governamental. Na verdade, os mistérios sobre o raciocínio escondido por trás das camadas de desvio do NotPetya podem nunca ser resolvidos definitivamente, a não ser que os próprios criadores revelem suas intenções.

Mas, independentemente do alvo e seu propósito, a lição objetiva mais duradoura do NotPetya pode simplesmente ser o estranho cenário extradimensional do campo de batalha no qual ele foi lançado. Essa é a geografia atordoante da ciberguerra: de maneiras que ainda desafiam a intuição humana, fantasmas dentro da sala de servidores do M.E.Doc em um canto sujo de Kiev espalharam caos nas salas de conferência douradas das agências federais da capital, em portos pontilhando o globo, nas sedes imponentes da Maersk no porto de Copenhague, nas salas de operação de hospitais norte-americanos, e na economia global. "De alguma maneira a vulnerabilidade desse software ucraniano de contabilidade afeta a cadeia de vacinas da segurança nacional norte-americana e o transporte marítimo global?" Joshua Corman, o pesquisador de cibersegurança no Atlantic Council me perguntou, como se ainda se intrigasse com o formato do buraco de minhoca que tornou essa causa e efeito possíveis. "A física do ciberespaço é totalmente diferente de todos os outros domínios da guerra."

Nessa física, o NotPetya nos lembra, a distância não é defesa. Cada bárbaro já está em cada portão. E a rede de emaranhamentos nesse éter, que unificou e elevou o mundo pelos últimos 25 anos pode, ao longo de algumas horas em um dia de verão, trazê-lo à beira de uma paralisação violenta.

PARTE V

IDENTIDADE

Traição dentro da traição dentro da traição.

30

GRU

No final de 2017, eu já estava rastreando o Sandworm há mais de um ano. Passei boa parte desse tempo estudando como a apoteose do NotPetya havia se desenvolvido ao redor do globo. Agora o grupo tinha minha atenção total: seus membros se distinguiram em minha mente como os hackers mais perigosos do mundo. E ofendia minhas sensibilidades como repórter que eu praticamente ainda não fizesse ideia de quem *era* o Sandworm.

Sim, parecia que eles eram russos e quase certamente controlados pelo governo russo. Mas eu queria mais. Queria aprender sobre as pessoas individuais causando o caos do Sandworm atrás de teclados e telas de computador, seus nomes, rostos e motivos pessoais — ou o mais perto que pudesse chegar desses detalhes sobre um grupo operando a meio mundo de distância, com anos de experiência profissional explorando o potencial da internet para o anonimato.

O Sandworm estava virando um tipo de obsessão para mim, assim como havia virado para John Hultquist anos antes. E eu também compartilhava algo com Hultquist e com outros, como Oleksii Yasinsky e Rob Lee: eu havia me unido ao grupo solitário de Cassandras determinado a chamar a atenção para o grupo, mesmo enquanto o resto do mundo parecia determinado a ignorá-lo.

Junto com sua devastação sem precedentes, o worm NotPetya do Sandworm deixou em seu rastro seis meses de silêncio inexplicável. Pelo resto do verão, outono e até o inverno de 2017, nenhuma vítima do NotPetya fora da Ucrânia nomearia a Rússia como a perpetradora do ataque. E nenhum outro governo além do ucraniano falaria publicamente para nomear o Kremlin. A Rússia parecia ter lançado uma arma de ciberguerra que havia cruzado incontáveis fronteiras, violado praticamente todas as normas imagináveis de hacking patrocinado por Estado, e ainda assim não ganhou nenhuma repreensão do Ocidente.

Três dias depois do surto do NotPetya, o Cooperative Cyber Defence Centre of Excellence da OTAN, estabelecido na Estônia na sequência da primeira e dura onda de ciberataques da Rússia em 2007, emitiu uma declaração morna: chamando a comunidade internacional para fazer algo e observando que o NotPetya devia ser trabalho de algum governo, em algum lugar. "NotPetya foi provavelmente lançado por um agente governamental ou não governamental com o apoio ou a aprovação de um Estado", dizia a declaração. "Outras opções não são prováveis."[1]

Mas havia parado antes de nomear a Rússia. E havia dito que quaisquer contramedidas necessitariam de atribuição definitiva do ataque à sua fonte, que argumentava ainda ser um mistério. Mesmo com uma atribuição mais firme, a declaração havia dito, com ingenuidade ou para soar legalista, o NotPetya não infligiu de fato "consequências comparáveis a um ataque armado", e portanto não deflagrou o Artigo 5 da provisão do coletivo de defesa da OTAN — artigo que exigia que Estados-membros tratassem um ataque militar contra um deles como um ato de guerra contra todos.[*]

Além de breves declarações públicas, como essa do presidente da Maersk, Snabe, no Fórum Econômico Mundial, as vítimas internacionais do NotPetya compartilharam a quantidade mínima de informação necessária para explicar os danos crescentes que eram legalmente obrigados a reportar aos acionistas. Mesmo enquanto a tinta vermelha jorrava por suas planilhas de balanço, nenhuma dessas multinacionais nomearia a Rússia como a agressora. Era como se as empresas estivessem educadamente se afastando do corpo a corpo bagunçado dos conflitos geopolíticos ou, talvez o mais provável, evitando aumentar as chamas de uma história que elas temiam que pudesse chamar a atenção para suas vulnerabilidades de cibersegurança.[†]

Na verdade, a evidência da responsabilidade da Rússia já estava clara o suficiente para mim. Anton Cherepanov, na ESET, publicou sua análise das linhas entrelaçadas de pistas forenses mostrando que o Sandworm estava muito pro-

---

* No final de 2018, essa declaração de que o NotPetya não chegou ao nível de um ato de guerra seria formalmente contestada por uma vítima inesperada do prejuízo do worm: uma empresa de seguros.[2] Quando a produtora de alimentos Mondelēz processou por uma compensação de 100 milhões de dólares da Zurich Insurance Group por seus prejuízos do NotPetya, a seguradora rejeitou o pedido, citando uma provisão contratual de que seu seguro não cobria nenhum "ato hostil ou de guerra" por um "governo ou poder soberano". A Mondelēz processou e, até o momento de escrita deste livro, o caso segue em aberto.

† Aprender os detalhes desses ataques, como os que incluí nos capítulos anteriores deste livro, exigiria meses de conversas anônimas nos bastidores com funcionários antigos e atuais de empresas vítimas como a Maersk, muitos dos quais estavam aterrorizados com a possibilidade de terem suas carreiras arruinadas se seus superiores soubessem que eles estavam falando com um repórter sobre os efeitos do NotPetya.

vavelmente por trás do NotPetya. Resmas de outros relatórios públicos mostraram que o mesmo grupo era responsável pela ciberguerra crescente na Ucrânia, incluindo os dois apagões — todos os sinais apontando para a culpabilidade do Kremlin.

A apatia do mundo ocidental enquanto aquelas primeiras operações de sabotagem se acomodavam na Ucrânia parecia racional, ainda que cruelmente egoísta. Agora, de algum modo, os mesmos países estavam ignorando um ataque que havia se materializado com efeitos épicos em seu próprio solo.

Essa indiferença aparente, particularmente por parte dos Estados Unidos, era enlouquecedora. A falta de vontade do presidente Trump em reconhecer o hacking russo que havia ajudado sua campanha estava agora se estendendo para *todos* os hackings russos, não importa o quão destrutivos? Ou sua administração era simplesmente incompetente ou mal informada? "Eles nunca sequer *nomearam o agente*", Rob Lee me contou no final de 2017, maravilhado com a persistente falta de resposta do governo às provocações do Sandworm.

"O NotPetya testou as linhas vermelhas do Ocidente, e o resultado do teste foi que não havia linhas vermelhas", disse Thomas Rid, da Johns Hopkins. "A falta de qualquer resposta apropriada é quase um convite para agravar ainda mais."

▪

Finalmente, em janeiro de 2018, as primeiras rachaduras nessa parede de silêncio começaram a aparecer. Ellen Nakashima, a repórter e agente de inteligência veterana no *Washington Post* que havia dado a primeira notícia sobre a invasão do Comitê Nacional Democrata, publicou uma breve história de apenas 424 palavras. A manchete era: "Forças militares russas estavam por trás do 'NotPetya' em ciberataque na Ucrânia, conclui a CIA."[3] A história citava oficiais de inteligência norte-americanos não nomeados que viram um relatório da CIA, datado do último mês de novembro, que afirmava com "alta confiança" que hackers militares russos haviam criado o NotPetya. Uma declaração dessas de uma agência de inteligência como a CIA carregaria ainda mais significado do que um achado semelhante de uma empresa de inteligência privada como a CrowdStrike ou a FireEye. A CIA, assim como a NSA, tem habilidades únicas para penetrar até a fonte de um ciberataque com técnicas de espionagem digital e humana que seriam ilegais para praticamente qualquer outra pessoa.

O relatório de Nakashima não apenas sugeriu que o governo norte-americano acreditava fortemente que o Estado russo estava por trás do ataque. Ele também nomeou a organização específica para a qual os programadores do NotPetya trabalhavam: o Centro Principal de Tecnologias Especiais, ou GTsST, uma parte da agência de espionagem militar da Rússia conhecida como Diretório Principal de Inteligência, ou Glavnoye Razvedyvatel'noye Upravleniye, comumente referido pelo acrônimo russo — GRU.

Repentinamente, fontes governamentais anônimas estavam não apenas responsabilizando a Rússia, mas apontando para uma resposta — ainda que sem explicação — para o mistério maior da identidade do Sandworm. A resposta, que o GRU era responsável pelo NotPetya e, por inferência, que a campanha de anos de duração de ataques crescentes na Ucrânia também recaía sob as circunstâncias do GRU, era, ao mesmo tempo, uma revelação enorme e não totalmente surpreendente. O GRU era, afinal, a mesma agência cujos hackers do Fancy Bear já haviam sido revelados como os principais intrometidos tanto na eleição presidencial norte-americana de 2016 quanto na eleição presidencial ucraniana de 2014 — na última sob o disfarce do grupo hacktivista CyberBerkut. Parecia apropriada a ideia de que o Sandworm, o cruzador definitivo das linhas vermelhas da ciberguerra, era parte da mesma instituição responsável por essas outras tentativas irresponsáveis e fora das normas de sabotar a democracia.

Na verdade, eu já havia ouvido pistas da conexão do Sandworm aos hackers do Fancy Bear do GRU. Um ano antes, eu estava sentado com John Hultquist no gramado de um hotel na costa leste da ilha caribenha de São Martinho. Estávamos almoçando durante um intervalo do Security Analyst Summit realizado pela empresa de segurança russa Kaspersky. Comecei a indagar Hultquist sobre seu tópico favorito, o grupo hacker que ele ajudou a descobrir e nomear e que meses antes havia derrubado a rede elétrica ucraniana pela segunda vez.

"Isso é só rumint", ele prefaciou sua resposta, abaixando a voz. ("Rumint" é um jargão da comunidade de inteligência que é meio uma piada: assim como "sigint" se refere à inteligência coletada de sinais interceptados e "humint" é inteligência coletada a partir de fontes humanas, "rumint" significa pistas colhidas dos rumores da comunidade de inteligência — em outras palavras, fofoca sem fundamento.)

Hultquist disse que ouviu de fontes bem localizadas que o Sandworm e o Fancy Bear eram uma coisa só. "Eu até ouvi pessoas usarem os nomes de modo intercambiável", disse ele com uma sobrancelha levantada. Eu respondi, confuso, que os dois grupos pareciam ter conjuntos de ferramentas e até personalidades distintos — que o Sandworm focava disrupção de infraestrutura sofisticada enquanto o Fancy Bear praticava operações de hacking mais básicas e ruidosas, como vazamentos políticos e campanhas de difamação.

Hultquist deu de ombros, parecendo tão intrigado quanto eu. Sua runmint foi só até aí e não se estendeu.

Agora a história do *Washington Post* parecia oferecer uma forma de interpretar essa dica: o Sandworm e o Fancy Bear eram ambos grupos de hackers dentro do GRU. Talvez os contatos governamentais de Hultquist simplesmente não haviam se dado ao trabalho de diferenciá-los, pintando ambas as operações hiperagressivas do GRU com o mesmo pincel largo.

Nos meses que se seguiram à história do *Post*, eu me encontrei, em um determinado momento, com um par de oficiais da SBU, a principal agência de inteligência da Ucrânia, em uma sala de conferência com as cortinas fechadas no centro de Kiev. Quando lhes perguntei sobre os ataques atribuídos ao Sandworm, eles fizeram a mesma declaração confusa que eu havia ouvido da rumint de Hultquist. "Fatores diferentes nos permitem concordar com nossos colegas norte-americanos que esse é um grupo chamado Fancy Bear", disse um analista da SBU chamado Matviy Mykhailov, mais uma vez juntando o Sandworm com o que eu pensava ser uma entidade hacker distinta. "O GRU provavelmente está por trás dos ataques disruptivos na infraestrutura ucraniana."

Um colega advogado mais velho e cauteloso, sentado ao lado de Mykhailov, ergueu um dedo. "Talvez", ele adicionou em inglês. (Quando eu mencionei essa estranha conversa para o observador da Rússia, Mark Galeotti, no Instituto de Relações Internacionais, ele disse que fontes de inteligência lhe contaram que o Sandworm era o GRU em termos menos incertos. "Uma conversa sem advogados e com álcool tende a levar a discussões mais sinceras", disse.)

As pistas eram confusas e incompletas. Mas, no começo de 2018, elas estavam levando a algo extraordinário: uma única agência dentro do governo russo era responsável por pelo menos três dos marcos de hacking mais descarados da história, todos apenas nos últimos três anos. O GRU, ao que agora parecia, projetou os primeiros apagões causados por hackers, o estratagema para interferir na eleição presidencial norte-americana e a ciberarma mais destrutiva já lançada. Uma questão maior começou a assomar minha mente: quem era o GRU?

31

DESERTORES

Durante a maior parte dos cem anos desde a fundação do GRU nos primeiros dias da União Soviética, a instituição esteve encoberta quase inteiramente em mistério. A agência não apenas escondeu seus objetivos, suas táticas e ferramentas ou sua estrutura organizacional. Por décadas, escondeu o fato de sua própria existência.

O GRU foi criado por Lênin em 1918 — e inicialmente chamado de Diretoria de Registro, ou RU — para servir como olhos e ouvidos do Exército Vermelho e equilibrar o poder da temida KGB, então conhecida como Cheka. A missão da agência de espionagem militar, diferentemente da KGB, era atribuída a operações estrangeiras e não compartilhava da vigilância e eliminação de inimigos domésticos que deu à KGB sua reputação aterrorizante.[1] O foco estrangeiro significava que o GRU nunca precisou instilar medo nos sujeitos soviéticos, como fazia a KGB. Não propagandeava seu poder insidioso com grandes sedes ou uma praça central em Moscou nem nunca levou a culpa pública por expurgações internas, repressões e execuções em massa quando o Partido Comunista precisava de um bode expiatório para essas atrocidades, como quando Khrushchev culpou a KGB pelos massacres políticos injustificados conhecidos como o Grande Terror.[2]

Durante a maior parte de sua longa e obscura história, essa disciplina de confidencialidade institucional teve seu efeito pretendido. Mesmo enquanto o GRU empunhou várias vezes o orçamento e a mão de obra da KGB em suas operações de sabotagem e espionagem estrangeira — e mesmo enquanto sobrevivia à KGB, que foi oficialmente dissolvida depois do colapso da União Soviética —, o nome do GRU foi, por décadas, raramente escrito ou falado em público. Operava silenciosamente, pouco conhecido pelos cidadãos soviéticos ou russos e menos conhecido ainda em países estrangeiros, onde executava o seu trabalho de modo invisível.

A maior parte do que o mundo sabe sobre a história do GRU e as pessoas dentro dele vem de raros desertores e agentes secretos. E o GRU minimizou esses vazamentos ao impor consequências lendárias de tão severas a qualquer um que se atrevesse a traí-lo. Vladimir Rezun, o capitão do GRU que conseguiu desertar em 1978, escreveu em suas memórias como, no primeiro dia de seu treinamento na agência, exibiram para ele um vídeo de um coronel vira-casaca que estava amarrado a uma maca com fios e então era empurrado para uma fogueira, sendo cremado vivo.[3] Em outra ocasião, ele escreve ter ouvido de um superior que um agente desleal foi colocado vivo em um caixão e enterrado.[4]

Nenhuma dessas histórias de horror foi confirmada de modo independente. Em vez disso, a primeira história publicamente registrada do Ocidente sobre uma fonte malfadada do GRU foi a de Pyotr Popov, um jovem tenente-coronel alocado em Viena. Em 1953, Popov deixou uma nota em um carro estacionado de um diplomata norte-americano oferecendo servir como espião norte-americano dentro do GRU. O homem de 29 anos cresceu como filho de fazendeiros pobres na região norte do rio Volga e nunca perdoou o regime de Stalin pela brutalização da classe camponesa, que nos anos de 1930 devastou algumas regiões da Rússia tão bem quanto na Ucrânia.[5]

Ao longo dos próximos seis anos, enquanto trabalhava para recrutar agentes soviéticos em Viena e então em Berlim, Popov também se encontrou com a CIA e identificou quase que a estrutura de comando inteira do GRU, incluindo mais de 650 oficiais da agência.[6] Então, em 1959, após uma operação malfeita ao escoltar um espião soviético em um voo para fora de Berlim, Popov foi investigado por autoridades russas, que o prenderam, transformaram-no brevemente em um agente duplo e então atiraram nele.[7]

O papel de Popov como um vazador do GRU para a inteligência ocidental foi logo substituído por uma fonte muito mais valiosa: Oleg Penkovsky. O coronel do GRU, que ganhou da CIA o codinome de HERÓI, se tornaria um dos agentes secretos de alto escalão mais prolíficos na história da Guerra Fria. Como Popov, Penkovsky tinha um profundo ressentimento pelo regime soviético enraizado em queixas históricas: seu pai foi morto em um cerco durante a guerra civil russa enquanto servia no Exército Branco czarista, e ele sentia que seu próprio avanço nas forças militares soviéticas era bloqueado por essa história de família.[8] Ele também queria fazer dinheiro suficiente com sua traição secreta para comprar um carro e uma casa de campo fora de Moscou, para escapar do apartamento de dois quartos onde morava com três gerações de sua família e algum dia se mudar com ela para o Ocidente.[9]

Iniciando em 1961, após entrar em contato com a inteligência do Reino Unido por intermédio de um homem de negócios britânico, ele passou dezoito meses alimentando os governos britânico e norte-americano com um fluxo constante de relatórios confidenciais e fotografias. Ele passava os materiais a oficiais em Londres — onde foi alocado para executar espionagem industrial para os soviéticos — ou em reuniões em um parque de Moscou com a esposa do oficial de inteligência britânico, que escondia rolos de filmes dentro de caixas de doces em seu carrinho de bebê.[10]

Esses vazamentos são largamente creditados com a mudança do curso da história. Eles incluíam informação detalhada sobre o tamanho do arsenal nuclear soviético, que o governo dos Estados Unidos havia superestimado imensamente e na corrida armamentista. Em 1961, mais importante, Penkovsky forneceu pistas que mais tarde permitiram à Casa Branca deduzir as táticas de Khrushchev enquanto o líder soviético se movimentava para colocar mísseis nucleares em Cuba. De acordo com alguns relatos, foi esse aviso que permitiu que o presidente John F. Kennedy confrontasse Khrushchev e começasse negociações para remover as armas dias antes de elas estarem operacionais.[11]

Quase imediatamente depois, a trapaça de Penkovsky foi identificada pela inteligência russa. Ele foi preso, interrogado repetidamente e então executado. Como exatamente ele foi pego nunca foi revelado.[12]

Penkovsky deu ao Ocidente um entendimento sem precedentes do funcionamento interno das forças militares soviéticas e do pensamento estratégico de Khrushchev. Mas ele também deu a seus guias ocidentais, de modo menos intencional, um novo sentido sobre a mentalidade hiperagressiva e insensível de um oficial de alto escalão do GRU.

Penkovsky passou essa forte impressão em sua primeira reunião com a CIA e o MI6 britânico em um hotel de Londres. Após uma pausa na entrevista para comer sanduíches e beber vinho branco seco alemão, Penkovsky sugeriu, sem ser pedido, que estava pronto para liderar uma equipe que esconderia pequenas armas nucleares equivalentes a 2 mil toneladas de TNT ao redor das sedes das forças militares soviéticas em Moscou, do Partido Comunista e da KGB. Sob o comando dos britânicos ou norte-americanos, sua equipe explodiria todos esses edifícios, matando toda a equipe mais antiga do governo da URSS.[13]

Penkovsky explicou calmamente que poderia ajudar a localizar alvos similares em todas as maiores cidades soviéticas, assim como edifícios comerciais e residenciais ao redor deles que serviriam como esconderijo para armas atômicas. Ele não mencionou os muitos milhares de civis que morreriam nas explosões e na chuva radioativa subsequente.

Os interrogadores ocidentais de Penkovsky estavam aturdidos. De acordo com transcrições da reunião, eles ignoraram sua proposta e continuaram perguntando sobre as habilidades soviéticas. Mas, no entendimento da história sobre a inteligência militar soviética, a sugestão de Penkovsky pode ter sido um dos momentos mais reveladores de sua carreira: um vislumbre de como os oficiais do GRU percebiam inovações em destruição em massa e sua vontade de usá-las.

▪

Se Popov e Penkovsky serviram como as melhores fontes de informação sobre o GRU nas salas sem janela das agências de inteligência ocidentais, Vladimir Rezun preencheria esse mesmo papel para o público ocidental: o contador de histórias mais prolífico do GRU.

Em 1978, Rezun desertou de sua posição como capitão do GRU, passando uma nota à embaixada britânica em Viena e fazendo seu caminho até Londres. Como descreveu mais tarde, ele havia sido ordenado a trair um amigo na agência e nunca perdoou o sistema soviético que o forçou a tomar essa decisão.[14] Em sua nova vida, ele se tornou um escritor prolífico de relatos completos do seu tempo na inteligência soviética — mas com a maior parte dos segredos verdadeiramente valiosos removidos ou obscurecidos, e outros detalhes fabricados ou exagerados, avisam alguns especialistas em inteligência.[15] Seus livros mais reveladores, escritos sob o pseudônimo Viktor Suvorov, incluem *Inside Soviet Military Intelligence* (que ele dedicou a Oleg Penkovsky) e um livro de memórias chamado *Inside the Aquarium*, uma referência ao edifício de vidro de nove andares no campo de pouso Khodinka, em Moscou, que havia servido como sede do GRU.[16]

Neles, Rezun conta sua própria história de ser extraído da posição inferior de comandante da companhia de tanques e preparado para o GRU. Ele descreve uma prova de entrada de uma semana que consistiu em milhares de perguntas por 72 horas, algumas vezes sem comida ou água, e sua ascendência na agência, de um inferior "borzoi" com a tarefa de apoiar outros oficiais a um "viking", um espião talentoso comandando seus próprios informantes.[17] Rezun detalhou o trabalho diário de recrutar civis ocidentais como fontes e pesquisar e catalogar "dead drops" — localizações secretas onde a informação poderia ser escondida e pega por outros agentes, às vezes em compartimentos debaixo da terra, submersos ou camuflados de pequenos objetos mundanos, como rebites falsos nos suportes de uma ponte.[18]

De acordo com Rezun, praticamente qualquer exposição ou conferência de tecnologia estava apinhada de agentes do GRU, que viam os eventos como locais prósperos para a aquisição de fontes para a espionagem industrial.[19] O espaço também era o domínio do GRU: ele escreve que um terço de todos os satélites soviéticos foram usados pelo GRU, e a "imensa maioria" de cosmonautas devotara quase metade de seu tempo às tarefas de espionagem do GRU.[20] A própria inovação de Rezun, como ele conta, foi ter a ideia de comprar uma série de hotéis na Europa que eram inteiramente controlados pelo GRU e projetados para atrair oficiais ocidentais de férias nos Alpes e mirar neles como fontes em potencial.[21]

Mas o relato de Rezun do GRU não é limitado à mera espionagem. Ele também passou por um breve período no braço de forças especiais da agência conhecida como *spetsnaz*, dedicado à sabotagem, assassinatos e terrorismo. Cada um dos cinquenta ou mais departamentos de inteligência das forças armadas soviéticas incluía um subgrupo, ele diz. "Essa companhia, que numera 115 sabotadores e assassinos, é capaz de penetrar no território do inimigo para matar e sequestrar pessoas, explodir pontes, estações de energia elétrica, barragens, oleodutos e assim por diante", escreveu Rezun.[22]

Ele descreve como essas forças especiais desciam de paraquedas atrás das linhas inimigas vestindo "botas de paraquedista" de couro de boi com solas projetadas para o engano: dependendo da missão, os padrões intercambiáveis das solas poderiam ser projetados para imitar aqueles do adversário ou de outro país. Em alguns casos, ele escreveu, eles calçavam botas que deixavam pegadas com o calcanhar na frente e o dedão atrás para que parecessem viajar na direção oposta, com cada membro do grupo pisando nas pegadas dos outros para esconder seus números.[23]

Alguns dos detalhes mais sensacionais que Rezun descreveu sobre as práticas de *spetsnaz* parecem borrar a linha entre o fato e a ficção da ameaça vermelha. Ele descreve como os soldados aperfeiçoavam suas habilidades de combate corpo a corpo lutando com "bonecos" — prisioneiros desesperados de prisões soviéticas condenados à morte. (Enquanto essa descrição tem sido discutida, um relatório da Anistia Internacional de 1996 observou que a *spetsnaz* era de fato autorizada a usar prisioneiros em seu treinamento, muitos dos quais eram torturados ou maltratados no processo.)[24] Ele foi além em outro livro questionavelmente preciso chamado *Spetsnaz*. Nesse volume, declara que, além de explosivos plásticos, minas e outras ferramentas típicas de sabotagem, as forças especiais carregavam armas químicas e biológicas, assim como pequenas armas nucleares com carga igual a mais ou menos 2 mil toneladas de TNT, o mesmo tamanho das bombas atômicas que Oleg Penkovsky havia sugerido plantar no centro de Moscou.[25]

Por mais duvidosas que possam ser as descrições de Rezun sobre essas armas de destruição em massa, outro desertor do GRU as repetiria em termos ainda mais chocantes uma década depois. Stanislav Lunev, um coronel do GRU que desertou para os Estados Unidos em 1992, escreveria sua própria biografia reveladora, intitulada *Through the Eyes of the Enemy* ["Pelos Olhos do Inimigo", em tradução livre]. Nesse volume fino, Lunev, que disse estar descontente com a corrupção do governo russo depois do colapso da URSS, não só reforçou as declarações de Rezun sobre as gigantescas tramas de sabotagem do GRU. Ele também declarou que a Rússia e o GRU as desenvolveram na era pós-soviética.

O livro de Lunev declarou que, de fato, os agentes do GRU *já haviam* plantado armas nucleares do tamanho de maletas em solo norte-americano, prontas para serem detonadas durante uma guerra. Em tom mais especulativo, ele argumentou que agentes militares russos também estavam preparados para envenenar o abastecimento de água das cidades norte-americanas com armas químicas e biológicas. "Um alvo provável seria o rio Potomac, mirando em residentes de Washington", escreveu.[26] "Pequenas quantidades das armas causariam epidemias menores. Grandes quantidades poderiam ter um impacto mortal inimaginável."

Após audiências do Congresso sobre essa ameaça da maleta, as declarações de Lunev sobre a bomba seriam parcialmente desacreditadas quando o FBI contou ao congressista Curt Weldon em 2001 que Lunev havia exagerado a ameaça.[27] Mas outros desertores soviéticos confirmaram que a URSS havia de fato fabricado pequenas armas nucleares táticas mais ou menos alinhadas com as descrições de Lunev, e que a Rússia continuara a planejar o lançamento de armas biológicas nos Estados Unidos no caso de uma guerra em grande escala.[28]

As declarações mais abrangentes de Lunev sobre preparações de sabotagem em larga escala, como muitas de Rezun, podem nunca ser confirmadas ou provadas falsas; o GRU era, afinal de contas, projetado desde o início para se esquivar desse tipo de certeza sobre suas práticas. Mas, no livro dele, Lunev fornece uma passagem que parece oferecer uma das visões possíveis mais claras dentro das mentes dos sabotadores do GRU, que executariam ataques similares em cada nível da sociedade civil inimiga, por meio da internet, duas décadas mais tarde. "Não deveria ser chocante que os *Spetsnatz* se infiltrariam nos Estados Unidos", escreveu ele.[29]

> É simplesmente uma boa prática militar. Guerra é guerra. Parece simples, mas muitos norte-americanos parecem acreditar que deveria existir um código dos cavalheiros, que a guerra deveria ser lutada por soldados em campos de batalha remotos. Os norte-americanos acreditam que a guerra deve ser estéril, porque nunca atingiu seu solo desde a Guerra Civil de 130 anos atrás e, mesmo naquela época, atingiu apenas a parte sul do país. A Rússia tem sido devastada por séculos por cada pretenso conquistador mundial. Milhões de russos morreram em seu território durante as guerras. Esse é um sentimento que os norte-ameri-

canos não conhecem. A única maneira de conseguir fazer um inimigo se render é levando a guerra para seu povo.

■

Não existe nenhum Rezun ou Lunev para o GRU de hoje. O último desertor de alto escalão do GRU conhecido pelo público é Sergei Skripal, um ex-paraquedista que alcançou o posto de coronel antes de começar a trabalhar secretamente para o MI6 britânico em 1996. Ele se encontrou em segredo com treinadores britânicos na Itália, Malta, Portugal e Turquia e em um determinado ponto escreveu notas em tinta invisível nas margens de um romance, que sua esposa passou a agentes na Espanha. Skripal sabia poucos detalhes operacionais, mas descreveria a estrutura do GRU para a inteligência britânica e nomearia centenas de agentes do diretório. Pelo que se sabe, ele permaneceu um patriota russo; simplesmente traiu os colegas por dinheiro.[30]

Em 2004, Skripal foi preso pelo FSB, o sucessor da KGB focado em assuntos domésticos. Ele passou seis anos na prisão antes de ser liberado como parte de uma troca de espiões internacionais. Reportagens da BBC mais tarde iriam sugerir que ele continuou a agir silenciosamente como fonte de agências de inteligência ocidentais durante anos por vir.[31]

Então, no começo de março de 2018, Skripal e sua filha de 33 anos, Yulia, foram encontrados em um banco em Salisbury, cidade a 128 quilômetros a sudoeste de Londres, para onde ele havia se mudado desde a deserção. O pai e a filha estavam semiconscientes, em convulsão, espumando pela boca e com dificuldade para respirar.[32]

Nos meses que se seguiram, foi revelado que uma dupla de agentes do GRU viajou para Salisbury e envenenou os Skripals com um agente nervoso mortal conhecido como Novichok, projetado para causar paralisia e sufocamento. O potentíssimo veneno havia sido espirrado na porta de entrada da casa de Skripal, e vestígios da toxina também apareceram em dois restaurantes que ele e a filha visitaram.

Yulia e Sergei Skripal foram admitidos no hospital mais próximo e passaram meses em recuperação, mal escapando da morte.* Mas a mensagem havia sido enviada, para Skripal e qualquer outro pretenso memorialista da agência de in-

*Tragicamente, dois cidadãos britânicos foram hospitalizados meses depois com os mesmos sintomas dos Skripals, aparentemente depois de pegar uma garrafa de agente nervoso Novichok descartada pelos pretensos assassinos de Skripal.[33] Um deles, Dawn Sturgess, de 44 anos, morreu nove dias mais tarde.

teligência das forças militares modernas da Rússia: é isso que acontece a quem revela segredos.

Quando o envenenamento dos Skripals chegou ao noticiário, eu estava no último estágio de ler uma pequena montanha de biografias e autobiografias dos últimos desertores do GRU, fazendo meu caminho pela história da agência em direção ao presente. Mas o caso de Skripal deixou claro: se eu ia aprender mais sobre a mesma instituição hoje, não seria lendo livros reveladores. Seria ligando as pistas e os vislumbres da verdade para encontrar meu próprio caminho no escuro.

32

INFORMATSIONNOYE PROTIVOBORSTVO

Apesar de todo o papo ameaçador dos desertores sobre sabotar a infraestrutura além das linhas inimigas, bombas nucleares táticas e armas químicas, o GRU parecia ter chegado tarde à ideia de que a internet poderia ser o veículo para uma nova classe de armamentos não convencionais. Em minhas conversas com as raras fontes que consegui encontrar que haviam de fato falado com pessoas na inteligência russa, ninguém podia apontar para muitas evidências de que o GRU estava envolvido nos experimentos primitivos iniciais da Rússia na ciberguerra ou até em ciberespionagem básica, do Moonlight Maze à blitz da web estoniana.

Afinal de contas, foi a KGB, não o GRU, que contratou os hackers freelance da Alemanha Ocidental que inventaram o hacking patrocinado pelo Estado nos anos 1980, como contado por Cliff Stoll em *Cuckoo's Egg*. Andrei Soldatov, um dos poucos jornalistas e autores russos que passou anos investigando agências de inteligência russa, me disse que, na era dos anos 1990 da ciberespionagem russa, o hacking do Kremlin e a cibersegurança eram dominados por uma agência chamada FAPSI — a Agência Federal de Informação e Comunicações do Governo —, que agia como uma equivalente russa da NSA.

Em 2003, a FAPSI foi canibalizada por seus irmãos de inteligência, com a maioria de seus papéis principais ficando a cargo da FSB, uma das várias agências criadas dos restos da KGB. O resultado, como Soldatov descreveu, foi que a FSB ficou encarregada da maior parte do hacking patrocinado pelo Estado do Kremlin pelo resto da década. "Quando a FAPSI se fundiu com a FSB, eles foram colocados no comando", ele me contou quando o entrevistei em um bar de hotel antes de sua palestra na PutinCon, uma conferência em Nova York dedicada a receber os críticos mais vocais do presidente russo. "Em todos os níveis, eles definiram as regras." Essa hierarquia significava que o GRU havia se tornado secundário à FSB ao longo das incipientes ciberguerras na Estônia e na Geórgia, relegado à inteligência tradicional em apoio direto das forças militares em vez do novo e animador reino das operações digitais ofensivas.*

Mas a guerra de 2008 na Geórgia foi um ponto de virada para o GRU: foi, aos olhos do Kremlin, considerada evidência da incompetência indesculpável da agência. Enquanto a Rússia havia dominado o conflito georgiano, e as forças *spetsnaz* do GRU tiveram um bom desempenho, a inteligência falha da agência também levou a vergonhas como o bombardeio de campos de voo georgianos já abandonados. Os espiões do GRU não perceberam que os georgianos possuíam mísseis antiaéreos que ameaçavam as operações da força aérea russa.[1] Tentativas de interceptar as comunicações georgianas falharam.[2] Moscou passou a ver o GRU como muito obcecado pelo estilo *spetsnaz* de batidas "correr e atirar", e sem foco suficiente em operações de influência e espionagem mais sutis.[3]

O resultado, no ambiente perverso da traição interagência russa, foi o GRU ser destituído de suas responsabilidades e humilhado. O então presidente da Rússia, Dmitry Medvedev, entregou muitos de seus deveres de inteligência para a FSB e o serviço de inteligência estrangeira conhecido como SVR. Mil oficiais do GRU foram demitidos ou realocados, junto com quase toda a *spetsnaz*, que foram movidos para outro braço do controle militar.

O Kremlin considerou um rebaixamento burocrático que privaria a agência de contato direto com o presidente Medvedev e a fonte de todo o poder verdadeiro, Putin. (O GRU foi até mesmo ameaçado com a remoção do G, tornando-o simplesmente *um* diretório de inteligência em vez do "principal". Em vez disso, seria estranhamente renomeado o Diretório Principal, ou GU, apesar de muitos no Ocidente continuarem a chamá-lo pelo nome de três letras mais conhecido.)[4] Até o emblema da agência, um morcego preto ameaçador com suas asas assomando o globo, foi substituído pela imagem muito menos assustadora de uma flor. "Isso, para mim, também foi um tipo de insulto", disse Soldatov.

Mas o GRU, diferentemente da FAPSI antes dele, não foi destruído. Em vez disso, foi no período resultante de reforma e mutação que o GRU contemporâneo nasceu.

Muito do conflito interagência que moldou essa ressurreição permanece inteiramente escondido de observadores externos. "Foi como assistir a bulldogs

---

* Uma pista sugere o envolvimento do GRU nos ciberataques georgianos: o site StopGeorgia.ru, que parecia projetado para recrutar e equipar hacktivistas para participar desses ataques, era hospedado por uma empresa chamada SteadyHost, sediada ao lado de um conhecido instituto de pesquisa do GRU em Moscou.[5]

brigando debaixo de um tapete", disse Keir Giles, um observador da Rússia para o think tank britânico Chatham House e ex-consultor da Academia de Defesa do Reino Unido. "Você só espera para ver qual vai sair por cima."

A reforma do GRU se beneficiou de duas mudanças de pessoal ao longo dos anos seguintes: primeiro veio a demissão do diretor da agência, Valentin Korabelnikov, que "parecia mais confortável acompanhando equipes de assassinato Spetsnaz na Chechênia do que jogando a política do palácio em Moscou", como Mark Galeotti escreveu em *Foreign Policy*.[6] Korabelnikov foi substituído em 2011 por Igor Sergun, que tinha uma relação mais próxima com Putin e muito mais talento para navegar o labirinto traiçoeiro.[7] Então veio um novo ministro de defesa em 2012, Sergey Shoygu, que apoiou o papel reemergente do GRU como a ponta da lança das forças armadas russas.

Enquanto isso, por baixo da coberta de sigilo, o GRU começou o processo de se reinventar como a agência de hacking mais agressiva no governo russo — ou talvez no mundo. "Eles estavam deprimidos, tentando não serem rebaixados", diz Galeotti, que passou trinta anos falando com pessoas da inteligência russa, inicialmente como funcionário do Escritório do Exterior do Reino Unido, e escreveu mais no registro público sobre o GRU moderno do que talvez qualquer outro analista. "De 2008 a 2014, o GRU estava tentando demonstrar mais uma vez seu papel e valor para o Kremlin. Uma forma era levar o mundo cibernético mais a sério."

Enquanto buscava se reformar, de acordo com Galeotti, a recente ciberguerra georgiana deu à agência um rascunho de modelo. "Foi quando o GRU disse 'ahá'", disse Galeotti. "Algo tão simples quanto derrubar e realizar o deface de sites pode fazer a diferença em uma guerra." (Em 2010, o Stuxnet demonstraria um modelo imensamente mais poderoso de ciberguerra, mas um modelo que parecia permanecer além das capacidades tecnológicas do GRU por anos por vir.)

Ninguém que eu questionei podia me dizer os detalhes internos da metamorfose do GRU. Mas o momento dessas mudanças me pareceu mais do que uma coincidência: os anos alinhavam mais ou menos com a linha do tempo dos ataques do Sandworm que a equipe de John Hultquist na iSight Partners havia descoberto, das primeiras invasões conhecidas dos hackers em 2009 até a sua emergência como uma operação focada em infraestrutura crítica e unicamente perigosa em 2014.

Quando a Rússia invadiu a Ucrânia naquele mesmo ano, o retorno do GRU era evidente. A tomada de poder da Crimeia se baseava em um plano derivado em grande parte da inteligência do GRU. Foi o GRU que liderou a invasão de "pequenos homens verdes" que armaram e incitaram separatistas russos no leste da Ucrânia.*[8] E, sem que o mundo soubesse, a agência já estava secretamente preparando o terreno para um tipo de ciberguerra que a internet nunca havia visto antes.

A nova encarnação da agência de inteligência militar de cem anos de idade da Rússia havia "mostrado ao resto do mundo como a Rússia espera lutar suas guerras futuras: com um misto de invisibilidade, negação, subversão e violência cirúrgica", Galeotti escreveu em julho daquele ano.[9] "O GRU está de volta ao jogo global de assombros e com um novo manual de regras que desafiará o Ocidente nos anos por vir."

■

Nada dessa história, porém, respondeu a minha questão subjacente: o que o Sandworm estava pensando? O que motiva a ciberguerra sem limites, sem discriminação entre soldado e civil?

Outro documento recente parecia oferecer uma visão através do buraco da fechadura para o pensamento das forças militares russas e seu entendimento dessa distinção. Em 2013, o periódico em língua russa *Voenno-Promyshlennyi Kur'er*, ou *Correio Industrial Militar*, publicou um artigo de 2 mil palavras com o título absurdamente seco: "O Valor da Ciência na Previsão." Era baseado em uma palestra proferida pelo chefe da Equipe Geral das forças militares russas, o general Valery Gerasimov.[11] O artigo foi pouco notado no Ocidente, mas Mark Galeotti publicou uma tradução em seu blog um ano depois.[12]

"No século XXI, nós temos a tendência a borrar as fronteiras entre os estados de guerra e paz", o artigo começava. "Guerras não são mais declaradas e, tendo começado, prosseguem de acordo com um modelo desconhecido."

> Novas tecnologias da informação têm permitido reduções significativas nas brechas informacionais, temporais e espaciais entre órgãos de força e controle. Batalhas frontais de amplas formações de forças nos âmbitos operacional e estratégico estão gradualmente se tornando coisa do passado. Ação de longa distância e sem contato contra o inimigo se torna o principal meio para alcançar objetivos operacionais e de combate. A derrota dos objetivos do inimigo é conduzida por toda a profundidade do território dele.

---

* Na primavera de 2018, o meio de comunicação investigativo *Bellingcat* e o site de notícias russo *The Insider* também nomeariam dois oficiais do GRU como responsáveis pela derrubada do voo MH17 da Malaysian Airlines, que resultou em 298 mortes civis.[10] Nos meses seguintes, os mesmos investigadores também nomeariam três agentes do GRU como os responsáveis pela tentativa de assassinato de Sergei Skripal.

Um gráfico publicado com o artigo listava de modo sucinto "novas formas e métodos" de guerra como tópicos. Eles incluíam:

- "Redução do potencial econômico-militar do Estado pela destruição de instalações de importância crítica da infraestrutura civil e militar em um curto período de tempo."
- "Guerra simultânea em todos os ambientes físicos e no espaço da informação."
- "O uso de operações indiretas e assimétricas."

Como o exemplo principal desse novo formato de guerra, Gerasimov apontou para as revoluções da Primavera Árabe ao longo do norte da África, argumentando que elas mostraram como fatores políticos externos podem enfraquecer ou destruir um regime. Essa parte de sua análise refletiu a duvidosa teoria da conspiração — sem dúvida comumente acreditada no Kremlin — de que os levantes na Tunísia, no Egito e na Líbia foram todos, de algum modo, secretamente fomentados por governos ocidentais.

Mas, como Galeotti escreveu em seu comentário sobre o artigo de Gerasimov, as comparações com a Primavera Árabe pareciam ser apenas uma máscara para falar sobre como a própria Rússia poderia enfraquecer ou destruir seus próprios inimigos. E o caminho para fazer isso, Gerasimov argumentou, era com ataques encobertos, assimétricos e não tradicionais nos pilares de sua estabilidade social, muitas vezes por meio do que ele chamou de *informatsionnoye protivoborstvo*, ou "confrontação informacional".

Quando Galeotti publicou sua opinião sobre o discurso de Gerasimov em julho de 2014, intitulando sua publicação como "A 'Doutrina Gerasimov' e a guerra não linear russa", ele viu no discurso uma explicação presciente da estratégia que a Rússia já havia utilizado nos primeiros meses de sua invasão ucraniana. Mesmo antes de quaisquer sinais de uma ciberguerra terem surgido, a Rússia estava escondendo tropas na fronteira sem uniforme, inundando a mídia ucraniana com desinformação e explorando instabilidades internas.

Mas, quando a interferência do GRU na eleição presidencial dos Estados Unidos emergiu, dois anos depois, repentinamente pareceu sugerir um exemplo muito mais insidioso e de largo alcance das ideias que Gerasimov descreveu, agora postas em prática. Conforme o alvoroço sobre o hacking russo relacionado às eleições crescia no final de 2016 e 2017, a Doutrina Gerasimov começou a ser referenciada na mídia hegemônica ocidental como a chave para entender toda a guerra russa. A ideia foi repetida de forma ampla o suficiente para que o próprio Galeotti sentisse necessidade de se afastar dela, apontando que Gerasimov dificilmente foi o primeiro a sugerir guerras híbridas que se estendessem além da frente militar tradicional — a guerra georgiana ofereceu um exemplo claro cinco anos antes —, e que sua "Doutrina Gerasimov" não era nem mesmo uma doutrina completa ou formal, mas uma olhadela momentânea na evolução do pensamento militar russo.

Mas, no começo de 2018, depois de o Sandworm ter sido ligado diretamente às forças militares russas, eu não podia deixar de ver como as ideias de Gerasimov também explicavam as ações do Sandworm. A "confrontação informacional" que Gerasimov sugeriu não estava necessariamente limitada à desinformação ou propaganda. Na verdade, tanto Galeotti quanto Giles enfatizaram para mim que não há distinção no vocabulário comum russo entre "guerra da informação" e um conceito de "ciberguerra" que sugere consequências disruptivas ou físicas do hacking. Ambos estão sob o mesmo termo, *informatsionnaya voyna*. "Seja para mudar a mente de alguém ou atingir um objetivo físico, é a mesma coisa", disse Giles.

As "ações de longa distância e sem contato" contra alvos inimigos "por toda a profundidade do território dele" que Gerasimov descreveu combinavam perfeitamente com o modus operandi do Sandworm, dos apagões ao NotPetya. O Sandworm não era um elemento aberrante ou trapaceiro nas forças armadas russas. Era uma expressão direta da estratégia de seus líderes mais experientes.

■

Se o esboço vago do pensamento do GRU e das forças militares russas era difícil de discernir no âmbito oficial, era mais difícil ainda entrar na mente dos membros de baixo escalão. Quando perguntei a Galeotti e Soldatov qual era o perfil psicológico do hacker comum do GRU, ambos começaram com uma resposta simples: eles seguem ordens.

A FSB, como Galeotti explicou, misturou os hackers de sua equipe com cibercriminosos recrutados, muitas vezes forçando-os a cooperar para evitar a prisão. Quando o GRU começou a construir suas próprias operações de hacking em 2008, Galeotti diz que eles seguiram o processo mais lento e seguro de recrutar seus hackers aos dezoito ou dezenove anos e então treiná-los, como faria com qualquer soldado.

No âmbito mais prosaico, isso significava que era mais provável que hackers do GRU vestissem um uniforme para trabalhar em um edifício do GRU, comparados com hackers de outras agências russas. Mas essa mentalidade de soldado também significava que os hackers do GRU tinham menos receio de executar campanhas de alto risco ou altamente destrutivas, disse Galeotti. A agência mantém uma cultura militar de macho que recompensa o risco assumido, mesmo ao ponto de não permitir uma visão do futuro. "É mais provável que eles sejam promovidos porque tentaram algo, mesmo que não tenha funcionado, do que porque são um par de mãos seguras", contou Galeotti. "Se você provar que é agressivo e eficaz, os chefes vão sorrir com isso."

Apesar de muitos *spetsnaz* terem sido retirados do controle do GRU anos antes, a agência ainda servia como a casa de sabotadores e assassinos de operações especiais, Galeotti me lembrou, e esse espírito infectou toda a agência. "O adido de defesa e o comando que atravessam as linhas inimigas para explodir pontes e assassinar pessoas estão na mesma organização", contou. "Às vezes eles são a mesma pessoa. No mínimo, eles sentem uma conexão."

Muito da mentalidade de baixo escalão do GRU, como os observadores da Rússia com os quais falei descreveram, parecia também se alinhar com o cinismo de Gerasimov, a mesma teoria da conspiração que o levou a acreditar que o Ocidente havia incitado a Primavera Árabe. A soberania da Ucrânia, muitos russos acreditavam, era inteiramente uma criação do Ocidente, suas revoluções recentes eram apenas mais golpes deflagrados pelos Estados Unidos. Atacar a pseudonação da Ucrânia não era só uma tarefa oportuna para agradar seus superiores, mas um dever patriótico em uma segunda guerra fria não declarada e em curso com a Europa e os Estados Unidos.

O retrato estereotípico do hacker do GRU, porém, estava longe de ser universal, Soldatov me alertou. Alguns, ao contrário da descrição de Galeotti, são de fato autônomos externos e freelancers do setor privado, recrutados para o serviço com quase nenhuma escolha no assunto.

Para esses personagens secundários na órbita do GRU, a motivação pessoal é diferente. Recuse emprestar seus serviços como pesquisador, desenvolvedor ou até mesmo um hacker operacional, e você pode enfrentar a destruição de seu negócio, sua carreira ou pior. Soldatov me disse: "As pessoas escondem o medo com muitas coisas: com patriotismo, com cinismo, mas quando você fala com elas, vê que o medo desempenha um papel enorme. Você se aprofunda, e, por baixo da superfície, há o medo."

33

A PENALIDADE

Em uma tarde de fevereiro de 2018, a Casa Branca de Trump liberou uma declaração extremamente curta e direta:

> Em junho de 2017, as forças militares russas lançaram o ciberataque mais destrutivo e dispendioso da história.[1]
>
> O ataque, apelidado de "NotPetya", rapidamente se espalhou pelo mundo, causando bilhões de dólares em prejuízo ao redor da Europa, Ásia e das Américas. Era parte do esforço em curso do Kremlin de desestabilizar a Ucrânia e demonstrar cada vez mais claramente o envolvimento da Rússia no conflito em curso. Isso foi também um ciberataque irresponsável e indiscriminado que será respondido com consequências internacionais.

Com essas quatro frases exibidas em uma página do site da Casa Branca, o governo norte-americano havia finalmente reconhecido de forma pública a ciberguerra da Rússia na Ucrânia. Esse reconhecimento veio quase três anos e meio após o começo do cerco e quase oito meses após ter explodido para o resto do mundo.

O anúncio parecia atrasado até mesmo na escala de tempo daquele dia: a agência de inteligência britânica GCHQ havia publicado sua própria declaração culpabilizando a Rússia pelo NotPetya naquela manhã, antecipando a Casa Branca. Mas, depois da declaração dos Estados Unidos no fim da tarde, agências de inteligência do Canadá, Austrália e Nova Zelândia seguiram com suas próprias confirmações. À noite, todas as chamadas Cinco Olhos — as agências parcamente aliadas desses cinco países anglófonos — montaram um conjunto raro de confirmações ligando o NotPetya à Rússia e condenando o ataque com a intenção de não deixar espaço para a dúvida sobre seus achados.[2]

O Kremlin, é claro, negou de qualquer maneira. "Nós rejeitamos fortemente acusações como essas, nós consideramos que elas não têm embasamento, são parte da campanha também sem embasamento de ódio contra a Rússia", disse o porta-voz de Putin, Dmitry Peskov, a repórteres em Moscou.[3]

A Casa Branca nunca reforçaria publicamente sua declaração com evidências. Mas prometeu consequências e, um mês depois, estas chegaram: o Tesouro norte-americano anunciou novas sanções contra dezenove pessoas e cinco organizações.[4] Muitos dos nomes individuais, porém, pareciam não ter nada a ver com o NotPetya. Os culpados listados foram agrupados em uma coleção ampla de mau comportamento russo, ainda muito focado na interferência na eleição de 2016. Eles incluíam uma dúzia de funcionários na Agência de Pesquisa de Internet, a instituição sediada em São Petersburgo que pagou trabalhadores civis para inundar as mídias sociais com conteúdo divisivo e pró-Trump, assim como uma empresa de consultoria e uma empresa de refeições ligadas a esse negócio. Mas eles também nomearam o GRU e seu diretor, Igor Korobov, junto com três vice-chefes da agência. Enquanto esses oficiais do GRU já haviam sido listados nas sanções anteriores de Obama, a nova lista incluía um vice-chefe que não fora sancionado anteriormente, assim como o chefe da academia de treinamento do GRU.

Como muitas sanções, a punição foi puramente financeira. Mas teria um impacto pessoal em seus alvos assim mesmo. Para os que foram nomeados, viver uma vida divorciada da interação com todas as empresas norte-americanas — e qualquer outro negócio que queira permanecer amigável com os Estados Unidos — não seria fácil, como o observador da Rússia do Centro de Estudos Internacionais e Estratégicos James Lewis me contou na época. "Faz você virar um forasteiro em Wall Street", disse Lewis. "Você vai tirar férias na Hungria e apresentar um cartão de crédito russo? O que é um cartão de crédito russo? Você está excluindo essas pessoas da economia norte-americana, e isso tem um efeito global."

Após todas as suas negações sobre o hacking russo, a administração Trump parecia ter percebido, levando um tempo glacial, que não podia mais ignorar as devastações digitais e crescentes do Kremlin. "Por mais difícil que possa ser acreditar, parece que a atitude da Casa Branca em relação à Rússia está endurecendo", disse Lewis.

Em uma chamada telefônica com repórteres no dia em que as sanções foram anunciadas, o conselheiro de segurança interna do presidente Trump, Tom Bossert, deixou claro que, de fato, foi o NotPetya que mais exigiu uma reparação — que havia violado uma linha vermelha, dita ou não dita, sobre como os Estados Unidos esperam que países amigos se comportem na internet. "Os Estados Unidos acham que qualquer malware que se propaga de modo irresponsável, sem fronteiras, viola todos os padrões e expectativas de proporcionalidade e discriminação. Nações verdadeiramente responsáveis não se comportam dessa maneira", disse Bossert na chamada. "Nós temos uma expectativa adicional que ferramentas como o NotPetya não sejam usadas de modo irresponsável, causando 10 bilhões ou mais em danos ao redor do globo, não apenas na Europa, mas nos Estados Unidos."

Com as sanções daquele dia, Bosser disse, o governo norte-americano queria não deixar dúvidas sobre os contornos dessa linha vermelha. "Deixamos a regra clara", Bossert adicionou. "Nós começamos a deixar claro a penalidade associada com essa regra."

▪

A repreensão da Casa Branca à Rússia atingiu um tom otimista para qualquer um que queria prevenir as ciberguerras em grande escala do futuro: finalmente, o pior ciberataque da história havia ganho *algum* tipo de resposta, em vez da impunidade pura que parecia ter amparado as ações do Sandworm por anos.

Mas foi sombreado por outra nota simultânea de ameaça: em um anúncio feito no mesmo dia das sanções, o FBI e o DHS também confirmaram que hackers russos haviam, no início de 2016, mirado em uma ampla gama de alvos de infraestrutura crítica norte-americana, incluindo companhias elétricas e de água, algumas das quais eram usinas nucleares.[5] E, diferentemente de avisos anteriores sobre esses alvos, como as invasões iniciais do Sandworm nas instalações norte-americanas em 2014, esses hackers cavaram fundo.

Em um punhado de casos — felizmente não em instalações nucleares —, os intrusos penetraram além das redes de TI tradicionais das companhias e mergulharam em seus sistemas de controle industrial. Eles não haviam cruzado a linha de causar disrupções ao equipamento físico, mas ganharam acesso o suficiente aos controles desses equipamentos para que pudessem começar a manipulá-los como quisessem. Meses depois, o secretário de Segurança Interna Kirstjen Nielsen explicaria que a operação parecia ser de reconhecimento — o que ele descreveu como tentar fazer uma "preparação do campo de batalha".[6]

De todo modo, esses hackers eram distintos do Sandworm. Até onde os pesquisadores de segurança poderiam dizer, o novo grupo não usava nenhuma das ferramentas, técnicas ou infraestrutura únicas do Sandworm. A empresa de segurança Symantec havia primeiro detalhado seus ataques em um relatório seis meses antes e atribuído as intrusões a um grupo chamado Dragonfly 2.0, sem nomear qualquer nação onde os hackers pudessem estar localizados.[7] Mas a

Symantec percebeu que ninguém antes havia encontrado evidência de penetrações tão profundas em redes de companhias elétricas — exceto nos dois apagões da Ucrânia.

"Há uma diferença entre estar a um passo de conduzir sabotagem e realmente... Ser capaz de virar um interruptor na geração de energia elétrica", Eric Chien, um analista de segurança da Symantec, me disse na época. "Estamos falando agora sobre a evidência técnica firme de que isso poderia acontecer nos Estados Unidos, e não há nada mais no caminho a não ser a motivação de alguns agentes no mundo lá fora."

Agora, em março de 2018, o governo norte-americano estava confirmando o que todo mundo suspeitava: que o agente com os dedos naquele interruptor era a Rússia, a única nação cujos hackers já haviam se atrevido a desligar a energia dos civis. Mesmo enquanto o mundo estava despertando para a ameaça do Sandworm, os experimentos do grupo em sabotagem social pareciam estar metastizando para outras operações hackers russas — e para novas vítimas.

34

BAD RABBIT, OLYMPIC DESTROYER

A atribuição do NotPetya às forças militares russas foi a confirmação mais forte até então da identidade GRU do Sandworm. Mas, quando essa identidade parecia estar vindo à tona nos primeiros meses de 2018, dois eventos estranhos anuviaram o cenário, cada qual parecendo intuitivamente ligado ao rastro de disrupção do grupo hacker. E, ainda assim, eles incluíam aberrações misteriosas do perfil do Sandworm, quebrando qualquer modelo mental limpo que eu havia tentado usar para entender suas ações.

O primeiro evento veio como um tipo de choque após o NotPetya. Cedo na manhã de 24 de outubro de 2017, Anton Cherepanov da ESET estava sentado no mesmo assento na mesma sala Houston da sede da ESET quando começou a, mais uma vez, receber screenshots de mensagens de ransomware tiradas pelos clientes do leste europeu da empresa de segurança. Dessa vez essas mensagens tinham as inexplicáveis palavras "BAD RABBIT" exibidas sobre a ordem para que as vítimas fizessem um pagamento em Bitcoin para descriptografar seus arquivos. Mais uma vez, o malware estava se espalhando rapidamente através das redes ucranianas. Logo havia atingido o aeroporto de Odessa e o metrô de Kiev, paralisando de novo os pagamentos de cartão de crédito do sistema de transporte.

Cherepanov descreveria o sentimento como um tipo de déjà-vu. Assim como ele havia feito com o NotPetya quatro meses antes, Cherepanov escavou uma amostra fresca do malware da coleção de antivírus da ESET e começou a desmembrar o código. Ele logo encontrou que, assim como antes, o malware usava o Mimikatz e uma técnica vazada da NSA para irradiar suas infecções de máquina a máquina. Mas, surpreendentemente, não incluía o código EternalBlue usado no NotPetya. Em vez disso, usava apenas o programa EternalRomance do conjunto de ferramentas vazadas da NSA, que mirava versões mais antigas do Windows, junto com um mecanismo de código personalizado que fazia um circuito usando uma coleção de senhas comuns, enquanto tentava se espalhar por intermédio da mesma característica de comunicações computador a computador que as ferramentas de hacking da NSA exploravam.

Mais estranho ainda eram as estatísticas que a ESET começou a extrair dos computadores ao redor do mundo que rodava seu software antivírus. Elas mostravam que, dessa vez, o worm havia apenas criptografado algumas centenas de máquinas — uma minúscula fração dos resultados destrutivos do NotPetya. E o mais esquisito de tudo, os números das vítimas haviam mudado: a ampla maioria dos computadores infectados não estava na Ucrânia, mas na Rússia. Um total de 65% das vítimas que a ESET detectou eram russas, comparadas com apenas pouco mais de 12% na Ucrânia.

Enquanto a ESET e analistas na empresa de segurança russa Kaspersky analisaram a fonte do malware Bad Rabbit (como eles imediatamente nomearam), encontraram que ele havia se espalhado por meio de um chamado ataque de watering hole, a técnica de hackear certos sites para infectar os visitantes desses sites. Os hackers invadiram uma série de sites de notícias na Rússia, Ucrânia, Bulgária e Turquia e implantaram um código em suas páginas que pediam ao visitante para instalar uma falsa atualização do software Flash contendo o ransomware. Essa técnica parecia bruta e desleixada comparada com o backdoor poderoso focado na Ucrânia que transportou a carga do NotPetya.

Mas restava certa dúvida de que o Bad Rabbit havia sido liberado pelos mesmos hackers do NotPetya. Ele continha um total de 67% do mesmo código, de acordo com a empresa de segurança CrowdStrike.[1] A Kaspersky revelou dentro de horas do surto do Bad Rabbit que existia uma prova ainda mais forte: o NotPetya, ao que parecia, também havia sido distribuído por meio de um ataque de watering hole em pelo menos um caso. A Kaspersky descobriu que o site de notícias ucraniano Bahmut.com.ua havia sido hackeado e usado para entregar o NotPetya em sua data de deflagração, no dia 27 de junho. Os analistas da empresa então conectaram essa brecha do site a uma série de ataques em outros trinta sites, muitos dos quais agora estavam espalhando o Bad Rabbit. Os criadores do NotPetya, ao que parecia, estavam preparando o terreno há meses para o Bad Rabbit que viria.

Mas por quê? Mesmo no outono de 2017, antes de o Sandworm ter sido oficialmente ligado às forças militares russas, todos os sinais apontavam que os hackers do grupo estavam trabalhando a serviço do Kremlin. O que motivaria hackers do governo russo a propositadamente infectar centenas de computadores russos com malware?

Enquanto Cherepanov e seu chefe, Robert Lipovsky, se intrigavam com as pistas incongruentes, eles perceberam um elemento suspeito do ataque Bad

Rabbit: como exatamente o malware havia alcançado a infraestrutura ucraniana, como as redes do metrô e do aeroporto, continuava inexplicado, mas essas infecções pareceriam ter alvos muito precisos. Enquanto isso, o ataque watering hole que atingiu computadores russos parecia mais aleatório.

"Parecia uma cortina de fumaça", Lipovsky me contou. "Eles tinham alvos que queriam infectar. Então liberaram seu malware em todos os outros lugares como uma distração."

Lipovsky avisou que ele podia apenas especular — o Bad Rabbit ainda desafiava uma explicação intuitiva. Mas sua teoria sugeria que o ataque tinha, talvez, dois objetivos distintos: ele desferiu mais um golpe, de passagem, contra a infraestrutura da Ucrânia. E, ao mesmo tempo, criou uma nova camada de confusão para os investigadores. "Isso embaça as coisas", disse Lipovsky. "Torna impossível atribuir o ataque com base no país alvo."

O GRU era mesmo tão insensível para destruir aleatoriamente os computadores dos próprios cidadãos russos, simplesmente como um estratagema? Na verdade, sua próxima operação revelaria que ele estava disposto a ir muito mais longe no interesse de semear a incerteza.

■

Logo antes das 8h da noite no dia 9 de fevereiro de 2018, no alto das montanhas no nordeste da Coreia do Sul, Sang-jin Oh estava sentado em uma cadeira de plástico a algumas dezenas de fileiras de distância do chão do imenso estádio olímpico pentagonal de Pyeongchang. Ele vestia uma jaqueta cinza e vermelha oficial das Olimpíadas que o mantinha aquecido apesar do tempo quase congelante, e seu assento, atrás da seção de imprensa, tinha uma visão clara do palco circular e elevado a algumas centenas de metros à sua frente. A cerimônia de abertura das Olimpíadas de Inverno de 2018 estava prestes a começar.

A antecipação vibrava entre a plateia de 35 mil pessoas. Mas poucos sentiam tão intensamente quanto Oh. Por mais de três anos, o funcionário público de 47 anos esteve na posição de diretor de tecnologia para o comitê de organização dos Jogos Olímpicos de Pyeongchang. Ele supervisionou a configuração de um back end de TI para os jogos que consistia em mais de 10 mil computadores, quase 25 mil dispositivos móveis, 6.300 roteadores Wi-Fi e 300 servidores em 2 data centers sediados em Seul, com mais de 100 servidores adicionais em instituições de empresas parceiras.

Alguns minutos mais cedo, ele escutou de uma dessas empresas parceiras que estavam tendo algum tipo de problema técnico. Os glitches da empresa, na verdade, haviam sido uma dor de cabeça prolongada. A resposta de Oh foi a irritação: mesmo agora, com os holofotes do mundo inteiro no evento que eles estavam gerenciando, a empresa ainda estava consertando bugs?

Os data centers em Seul, porém, não estavam relatando nenhum problema do tipo, e a equipe de Oh acreditava que os problemas no data center do parceiro eram gerenciáveis. Ele ainda não sabia que já estavam prevenindo alguns participantes de imprimir ingressos que os deixariam entrar no estádio. Ele se acomodou em seu assento, pronto para assistir a um marco de sua carreira acontecer.

Dez segundos antes das 8h da noite, os números começaram a se formar, um por um, em luz projetada ao redor do palco, enquanto um coro de vozes de crianças fazia a contagem regressiva para o início do evento:

"Sip!"

"Gu!"

"Pal!"

"Chil!"

No meio dessa contagem regressiva, o Samsung Galaxy Note 8 de Oh se acendeu abruptamente. Ele olhou para baixo e viu a mensagem de um subordinado no KakaoTalk, um popular app coreano de mensagens. A mensagem compartilhava talvez a pior notícia que Oh poderia ter recebido naquele exato momento: alguma coisa estava derrubando todos os controladores de domínio nos data centers de Seul.

Enquanto a abertura começava, milhares de fogos de artifícios explodiram ao redor do estádio e dúzias de bonecos gigantes e dançarinos coreanos entraram no palco. Oh não viu nada disso. Ele estava trocando mensagens de texto furiosamente com sua equipe enquanto observavam o completo apagamento de toda a configuração de TI. Ele logo percebeu que o que a empresa parceira havia relatado não era um mero glitch. Era o primeiro sinal de um ataque se desdobrando. Ele precisava chegar ao seu centro de operações de tecnologia.

Enquanto Oh se encaminhou para fora da seção de imprensa em direção à saída, repórteres ao seu redor já começavam a reclamar que o Wi-Fi parecia ter parado de funcionar de repente. Milhares de TVs conectadas à internet exibindo a cerimônia no estádio e doze outras instalações olímpicas haviam apagado. Cada portão de segurança RFID que dava entrada para cada edifício olímpico estava fora do ar. O app oficial das Olimpíadas também não funcionava, buscando dados de servidores back end que repentinamente não tinham nada a oferecer. Isso significava que um número desconhecido de membros do público não conseguiu carregar seus ingressos para seus celulares, bloqueando-os da performance.

O sentimento, para Oh, era enfurecedor e surreal. O comitê de organização de Pyeongchang havia se preparado para isso: seu grupo consultivo de cibersegurança se encontrou vinte vezes desde 2015. Eles conduziram treinos desde junho do ano anterior, simulando desastres como ciberataques, incêndios e terremotos. Mas Oh ainda mal podia acreditar que um desses cenários dignos de pesadelo agora era real. "Aconteceu de verdade", Oh pensou consigo mesmo, como se para se sacudir da sensação de que era tudo um sonho ruim.

Assim que Oh fez seu caminho no meio da multidão, correu em direção a uma das saídas do estádio, para o ar congelante da noite de inverno de Pyeongchang, e atravessou o estacionamento, agora junto de dois outros funcionários de TI. Eles pularam em uma SUV Hyundai e começaram o caminho de 44 minutos para o leste, através de montanhas até a cidade costeira de Gangneung, onde o centro de operação de tecnologia estava localizado.

Do carro, Oh imediatamente fez ligações para avisar funcionários no estádio para começar a distribuir hot spots de Wi-Fi para repórteres e dizer aos seguranças para conferir as credenciais manualmente, porque todos os sistemas de RFID estavam fora do ar. Mas ele sabia que em apenas duas horas a cerimônia de abertura acabaria, e todas as dezenas de milhares de atletas, visitantes dignitários e expectadores no evento descobririam que não tem conexão Wi-Fi e acesso ao app Olímpico cheio de agendas, informação do hotel e mapas. O resultado seria uma confusão humilhante. E, se eles não pudessem recuperar os servidores até a manhã seguinte, o back end de TI inteiro do comitê de organização — responsável por tudo, desde refeições a reservas de hotéis e ingressos do evento — permaneceria offline. Um tipo de fiasco tecnológico que nunca antes havia atingido as Olimpíadas aconteceria em um dos países mais conectados do mundo.

Às 9h da noite, com a cerimônia a meio caminho andado, Oh chegou ao centro de operações de tecnologia em Gangneung — uma grande sala aberta, com uma parede coberta em telas, e mesas e computadores para 150 funcionários. Quando entrou, muitos desses funcionários estavam de pé, aglomerados, discutindo nervosamente como responder ao ataque que também os havia bloqueado de muitos de seus próprios serviços básicos, como e-mail e mensagens.

Todos os nove controladores de domínio da equipe olímpica, os mesmos servidores de suporte principal cujo apagamento quase prejudicou permanentemente a Maersk, foram paralisados de algum modo. A equipe decidiu responder com uma solução temporária, configurando todos os servidores sobreviventes que alimentavam serviços críticos, como Wi-Fi e o app olímpico, a simplesmente desviar desses controladores de domínio mortos. Eles conseguiram trazer os sistemas de volta ao ar apenas alguns minutos antes do fim da cerimônia.

Ao longo das próximas duas horas, enquanto tentavam reconstruir os controladores de domínio para recriar uma rede mais segura no longo prazo, os funcionários descobririam que os servidores eram misteriosamente prejudicados repetidas vezes. Alguma presença maliciosa na rede permanecia perturbando os servidores mais rápido do que eles poderiam reconstruí-los.

Alguns minutos antes da meia-noite, Oh e seus administradores decidiram, com relutância, cortar todos os sistemas da internet em uma tentativa de isolá-los dos sabotadores, que ainda devem ter mantido uma presença interna. Isso significava derrubar cada serviço — mesmo o site público das Olimpíadas —, enquanto trabalhavam para extrair a infecção de malware que estava dilacerando a rede por dentro.

Pelo resto da noite, Oh e sua equipe trabalhariam desesperadamente para reconstruir a infraestrutura de TI olímpica. Foi apenas pouco depois das 5h da manhã que uma empresa de segurança coreana trabalhando com o comitê de organização, AhnLab, conseguiu criar uma assinatura de antivírus que podia ajudar a equipe de Oh a vacinar os milhares de computadores e servidores da rede contra o misterioso malware que estava na raiz do ataque, um arquivo chamado simplesmente winlogon.exe. Às 6h30 da manhã, os administradores olímpicos redefiniram as senhas de 120 funcionários para bloquear quaisquer meios de acesso que os hackers possam ter roubado. Pouco antes das 8h naquela manhã no horário coreano, quase exatamente 12 horas depois de o ciberataque nas Olimpíadas ter começado, Oh e os funcionários insones terminaram de reconstruir os servidores de backups e reiniciaram cada serviço.

Incrivelmente, sua resposta de triagem de emergência funcionou. Os eventos do dia de skating e salto de esqui seguiram em frente com pouco menos do que alguns soluços do Wi-Fi. Robôs no estilo do R2-D2 moviam-se pelos locais olímpicos, aspirando o chão, entregando garrafas de água e repassando a previsão do tempo. Um repórter do *Boston Globe* mais tarde chamou os jogos de "impecavelmente organizados". Um colunista do *USA Today* escreveu que "é possível que nenhum Jogos Olímpicos tenha tido tantas peças em movimento ao mesmo tempo". Milhares de atletas e milhões de expectadores permaneceram alegremente ignorantes que a equipe de TI das Olimpíadas havia passado a noite anterior lutando contra um inimigo invisível que ameaçava arremessar o evento inteiro ao caos.

Mesmo assim, Oh ainda ardia de raiva quando se lembrava da noite da cerimônia de abertura. "Para mim, as Olimpíadas são sobre paz. Ainda me deixa furioso que, sem qualquer propósito claro, alguém hackeou esse evento", ele me contou meses depois. "Se não tivéssemos resolvido, teria sido uma enorme mancha negativa nesses jogos de paz. Eu só posso esperar que a comunidade internacional encontre uma maneira para que isso nunca mais aconteça."

35

BANDEIRAS FALSAS

Em horas, rumores começaram a gotejar para a comunidade de cibersegurança que os glitches no app, no site e no Wi-Fi durante a cerimônia de abertura das Olimpíadas foram causados por jogo sujo. O comitê de organização de Pyeongchang logo confirmou que havia de fato sido o alvo de um ciberataque, mas se recusou a comentar a fonte do ataque. Em vez disso, o incidente se tornou um "Quem matou?" hacker no cenário mundial — com um número irritante de potenciais culpados.

O suspeito comum para qualquer ciberataque na Coreia do Sul é, claro, a Coreia do Norte. Os dois países nunca decretaram oficialmente o fim da guerra civil que se seguiu à sua separação em 1945, e hackers trabalhando a serviço do reino eremita há muito tempo faziam de seus vizinhos do sul o mesmo tipo de saco de pancadas online que a Rússia fazia da Ucrânia. Por uma década, hackers da Coreia do Norte atingiram alvos da Coreia do Sul com tudo, desde ondas brutas de tráfego web falso a malware apagador de dados — meios tão implacáveis quanto as táticas de ciberguerra do Sandworm, senão mais sofisticadas. Durante o período preparatório para as Olimpíadas, analistas na empresa de cibersegurança McAfee haviam avisado que hackers falantes de coreano miravam organizadores da Olimpíada de Pyeongchang com e-mails de phishing e o que parecia um malware de espionagem, sugerindo em uma ligação telefônica comigo que a Coreia do Norte provavelmente estava por trás do esquema de espionagem.[1]

Mas, conforme as Olimpíadas começaram, parecia que a Coreia do Norte estava experimentando uma abordagem mais amigável. O ditador da Coreia do Norte, Kim Jong-un, enviou sua irmã como emissária diplomática aos jogos e convidou o presidente da Coreia do Sul, Moon Jae-in, para visitar a capital norte-coreana de Pyongyang.[2] Os dois países deram até mesmo o passo surpreendente de combinar suas equipes olímpicas femininas de hóquei em uma demonstração de amizade.[3] Por que a Coreia do Norte lançaria um ciberataque disruptivo no meio dessa ofensiva de charme?

Então havia a Rússia. O Kremlin tinha seu próprio motivo para fazer um ataque em Pyeongchang: seus hackers do Fancy Bear estavam, na verdade, hackeando e vazando dados de alvos relacionados às Olimpíadas há anos em retaliação pelas investigações antidoping que puniram atletas russos pelo uso coordenado de drogas que melhoram o desempenho. Antes dos jogos de inverno de 2018, o Comitê Olímpico Internacional tomou a medida final de oficialmente banir a Rússia de vez. Atletas russos poderiam competir, mas não vestir bandeiras russas ou as cores nacionais, e qualquer medalha seria atribuída a eles individualmente, não ao seu país de origem.[4]

Era exatamente o tipo de desrespeito que poderia inspirar o Kremlin a lançar um pedaço de malware disruptivo contra a cerimônia de abertura. Se o governo russo não poderia aproveitar as Olimpíadas, então ninguém poderia.

Se a Rússia estava tentando enviar uma mensagem com o ataque nos servidores da Olimpíada, porém, dificilmente foi uma mensagem clara. Dias *antes* da cerimônia de abertura, ela já havia negado preventivamente qualquer hacking que mirasse as Olimpíadas. "Nós sabemos que a mídia ocidental está planejando pseudoinvestigações no tema de 'impressões digitais russas' em ataques hackers sobre recursos de informação relacionados ao evento dos Jogos Olímpicos de Inverno na República da Coreia", disse o ministro do Exterior russo à Reuters.[5] "É claro, nenhuma evidência será apresentada ao mundo."

Na verdade, haveria bastante evidência sugerindo vagamente a responsabilidade da Rússia. Mas analisar as impressões digitais forenses do ataque acabaria sendo ainda mais confuso do que desembaraçar o motivo geopolítico.

Três dias depois da cerimônia de abertura, a divisão de segurança Talos da Cisco revelou que obteve e dissecou o malware que atacou as Olimpíadas, chamado de Olympic Destroyer. Alguém do comitê de organização olímpico ou talvez a empresa de segurança coreana AhnLab havia feito o upload do código para análise no VirusTotal, onde os engenheiros de reversão da Cisco o encontraram. A descrição da anatomia do Olympic Destroyer que a Cisco publicou parecia, em grande parte, tanto o NotPetya quanto o Bad Rabbit: tinha uma ferramenta de roubo de senhas similar ao Mimikatz, combinando mais uma vez essas senhas roubadas com características legítimas do Windows para se espalhar entre computadores em uma rede, e então um componente de apagamento que deletava o arquivo de configuração de inicialização da máquina antes de desligar o computador para que ele não pudesse ser reiniciado.

Mas, diferentemente do Bad Rabbit, parecia não existir combinações claras no código entre o NotPetya e o Olympic Destroyer. Apesar de conter características similares, eles foram aparentemente recriados do zero ou copiados de algum lugar. Analistas na empresa de segurança CrowdStrike encontrariam outra impressão digital russa evidente: a versão da linguagem de programação C++ que o malware olímpico utilizava era a mesma do ransomware XData do Sandworm, por exemplo, assim como seu mecanismo para lidar com as credenciais roubadas das máquinas das vítimas. Mas, quando analistas de malwave cavaram mais fundo, as pistas ficaram mais estranhas. A porção de apagamento de dados do Olympic Destroyer compartilhava características com uma amostra de código de apagamento de dados que foi usado não pela Rússia, mas pelo grupo hacker norte-coreano conhecido como Lazarus.[6] Quando pesquisadores da Cisco puseram as estruturas lógicas dos apagadores lado a lado, elas pareciam combinar um pouco. E ambas destruíam arquivos com o mesmo truque distinto de apagar apenas os primeiros mil bytes.[7] A Coreia do Norte estava por trás do ataque, no fim das contas?

Mas ainda existiam mais sinais contraditórios. A empresa de segurança Intezer percebeu que um pedaço do código semelhante ao Mimikatz no Olympic Destroyer combinava exatamente com ferramentas usadas por um grupo hacker conhecido como APT3. A empresa também rastreou um componente que o Olympic Destroyer usou para gerar chaves de criptografia de volta a um terceiro grupo, APT10.[8] Eles apontaram que o componente de criptografia nunca havia sido usado antes por qualquer outro grupo hacker, até onde os analistas da empresa tinham conhecimento. Ambos, APT3 e APT10, foram nomeados por múltiplas empresas de cibersegurança como provavelmente conectados ao governo chinês.[9]

Rússia? Coreia do Norte? China? Quanto mais fundo os analistas forenses olhavam, mais longe eles pareciam estar de uma conclusão definitiva.

O mundo da segurança já havia visto muitas bandeiras falsas antes: os hackers patrocinados por Estados por trás de cada grande ataque por anos fingiram ser algo diferente, suas máscaras variando de cibercriminosos a hacktivistas e agentes de outros países. Mas isso era diferente. Ninguém havia visto tantas enganações embrulhadas no mesmo pedaço de software. Aventurar-se no código do Olympic Destroyer era como andar em um labirinto de espelhos com uma bandeira falsa diferente em cada fim de corredor.

■

No meio dessa névoa de confusão e desvios, um vazamento para Ellen Nakashima do *Washington Post* atravessou o caminho com uma declaração inequívoca. Sua manchete: "Espiões Russos Hackearam as Olimpíadas e Tentaram Fazer a Coreia do Norte Parecer Culpada, Dizem Oficiais Norte-Americanos."[10]

Mais uma vez, o *Washington Post* citava fontes anônimas da inteligência norte-americana — duas delas — que declaravam que o Centro Principal de Tecnologias Especiais do GRU estava por trás do ataque, os mesmos hackers responsáveis pelo NotPetya. O Olympic Destroyer, ao que parecia, era trabalho do Sandworm, ou pelo menos de seus colegas na mesma agência.

A história do *Washington Post* parecia verdade. Apesar de todos os truques, o Olympic Destroyer parecia, para mim, o tipo de sabotagem irresponsável que o Sandworm e o GRU andavam fazendo há anos. Mas a reportagem de Nakashima não citava evidências — pelo menos nada que o público pudesse verificar. Com a negação proativa do Kremlin quanto ao hacking nas Olimpíadas, o resultado era um tipo de impasse entre duas declarações contraditórias de governos. Apesar de um desses governos ser imensamente mais crível do que o outro, o debate dificilmente estava resolvido para os céticos da comunidade de cibersegurança. Como eles poderiam ter certeza de que "oficiais norte-americanos" anônimos resolveram o mistério e não apenas caíram em uma das mentiras em camadas do Olympic Destroyer?

Logo outro conjunto de pistas emergiu de uma fonte improvável: Kaspersky Labs. Depois do roubo dos Shadow Brokers da NSA ter sido conectado ao software da Kaspersky, a nuvem de suspeitas ao redor da empresa de segurança sediada em Moscou se tornava cada vez mais espessa. Mas, em março de 2018, ela adentrou no pântano do Olympic Destroyer e emergiu com evidência que reforçou o caso contra a Rússia.

A Kaspersky obteve sua cópia do malware Olympic Destroyer não do comitê de organização olímpico, mas de um hotel resort de ski que também foi atingido no ataque. Parecia, na verdade, que os hackers tentaram invadir uma ampla gama de alvos relacionados às Olimpíadas, além das próprias Olimpíadas, mas a Kaspersky poderia confirmar apenas que dois resorts de ski haviam sido invadidos (junto com uma empresa de automação de equipamento de ski e Atos, um fornecedor de serviços de TI na França). O hotel que compartilhou a amostra de malware com a Kaspersky havia sido seriamente infectado, a um grau que seus portões de ski e teleféricos automáticos foram temporariamente paralisados.

Quando a equipe coreana da Kaspersky enviou a amostra de malware de volta a Moscou para análise, sua Equipe Global de Análise & Pesquisa começou a vasculhar por impressões digitais. Mas, em vez de focar o código do malware, como outras empresas como a Cisco e a Intezer fizeram imediatamente, eles olharam para sua "header", uma parte dos metadados do arquivo que inclui pistas sobre o tipo de ferramentas de programação que foram utilizadas para escrevê-lo. Comparando essa header com outras no enorme banco de dados de amostras de malware da Kaspersky, encontraram uma que combinava perfeitamente com a mesma amostra do malware apagador de dados norte-coreano que a Talos da Cisco já disse compartilhar traços com o Olympic Destroyer.

Mas, nesse caso, um pesquisador sênior da Kaspersky chamado Igor Soumenkov decidiu olhar mais a fundo. Soumenkov, um hacker prodígio que foi recrutado para a equipe de pesquisa da Kaspersky quando adolescente anos antes, tinha um conhecimento profundo e único de headers de arquivo e decidiu checar novamente os achados dos colegas. Ao final de uma noite longa no escritório da empresa em Moscou, ele determinou que os metadados da header não batiam de verdade com outras pistas no próprio código do Olympic Destroyer; o malware não foi escrito com as ferramentas de programação que a header sugeria. Os metadados haviam sido forjados.[11]

Isso era algo diferente de todos os outros sinais de desvio sobre os quais os pesquisadores haviam se fixado. As outras pistas falsas no Olympic Destroyer eram tão irritantes, em parte, porque não havia como dizer quais pistas eram reais e quais eram enganação. Mas agora, enfiado nas dobras de bandeiras falsas enroladas no malware olímpico, Soumenkov encontrou uma bandeira que era *provavelmente* falsa.

Agora estava claro que alguém tentou fazer o malware parecer norte-coreano e só falhou devido a um descuido em uma instância e graças à tripla análise fastidiosa de Soumenkov. "É uma bandeira falsa completamente verificável. Podemos dizer com 100% de confiança que é falsa, então não é o Grupo Lazarus", Soumenkov diria mais tarde em uma apresentação no Kaspersky Security Analyst Summit, usando o nome para os hackers que se acreditava largamente serem norte-coreanos.[12] Ainda assim, seja por rigor cético ou alguma influência secreta do Kremlin, os pesquisadores da Kaspersky se recusaram a declarar publicamente quem eles acreditavam estar por trás do malware.

Se o Olympic Destroyer era trabalho do GRU, seu momento parecia mais do que coincidência. Logo, quando as forças militares russas estavam prestes a serem repreendidas e punidas publicamente pelo maior ciberataque na história, convenientemente apareceu um pedaço de malware que parecia projetado para colocar em cheque a habilidade fundamental de pesquisadores de segurança para determinar a fonte de qualquer ciberataque. "Mesmo enquanto cumpria sua missão, também enviou uma mensagem à comunidade de segurança: vocês não deveriam ser tão rápidos para fazer atribuições", Craig Williams, da Cisco, me contou. "*Vocês podem ser enganados.*" Era como se o GRU, sentindo a proximidade dos investigadores no seu rastro, soltasse uma bomba de fumaça e escapasse.

Todos os sinais, mais do que nunca, apontavam para a Rússia, e não para a Coreia do Norte, como a perpetradora do hacking olímpico. Mas, enquanto o mistério se desdobrava, eu me lembrei das botas de paraquedismo que Vladimir

Rezun descreveu sendo usadas pelo *spetsnaz*, com solas projetadas para imitar o rastro de inimigos. As bandeiras falsas estavam cumprindo seu papel: assim que elas apareceram, cada pedaço de evidência estava contaminado com dúvidas, mesmo quando a verdade era exibida claramente bem à nossa frente.

36

74455

Em um dia morno de outono em setembro de 2018, eu saí do carro de John Hultquist e andei pela calçada de sua casa de dois andares em um subúrbio idílico de Washington, D.C., completa com um quintal bem mobiliado e um goldendoodle muito afetuoso chamado Penny.

Hultquist, vestindo uma camiseta verde e shorts, me convidou para entrar. Estávamos nos encontrando em sua casa porque ele estava fora da sede do FireEye de licença-paternidade durante o último mês, após o nascimento de sua segunda criança. Esse tempo longe do escritório, é claro, não havia diminuído sua obsessão pelo Sandworm. Quando nos sentamos à mesa da cozinha, ele primeiro me contou que já havia escrito 10 mil palavras de um romance ao estilo de Tom Clancy — puramente fictício, é claro — sobre um pesquisador de cibersegurança que se vê rastreando uma trilha de destruição de uma equipe de grandes hackers. O título provisório até o momento era: "Johnny Salva a Internet."

Mas Hultquist continuava a trabalhar em sua caçada hacker não ficcional também. Ele me pediu para ir a Nova York porque ele e sua equipe de pesquisadores fizeram novas conexões que ele queria mapear para mim pessoalmente — conexões significativas e, ele me avisou, muito, muito complicadas. Liguei o gravador de voz em meu celular.

"Eu acho... 7-4-4-5-5", Hultquist disse repentinamente, sem preâmbulos. "Acho que esse é o seu cara."

Eu parei, pasmo. "O que isso significa?", perguntei devagar, intrigado com o tipo de código que essa série de números poderia representar.

"Acho que 7-4-4-5-5 é o Sandworm", disse ele simplesmente.

"O que é 7-4-4-5-5?", perguntei, ainda confuso e imaginando se Hultquist estava gostando desse jogo.

"Essa é a unidade", Hultquist soletrou pacientemente, como se falasse com uma de suas crianças. "Acho que a Unidade 74455 são os seus caras."

Ainda levei mais um momento para entender o que Hultquist estava me contando: uma resposta, de algum modo, ao mistério que havia me perseguido por mais de um ano, e a Hultquist há mais tempo. Ele quis dizer que o Sandworm era a Unidade 74455 do GRU.

Antes de Hultquist sequer explicar a evidência por trás de sua declaração, apenas ouvir esse número já parecia uma epifania. Aqueles cinco dígitos sozinhos não me diziam nada imediatamente sobre o Sandworm que eu já não soubesse, mas continham a promessa de representar o nome secreto com o qual o Sandworm chamava a si mesmo. O número da unidade também pode conter a chave para entender os humanos escondidos por trás daquele codinome, sentados na outra ponta da internet.

Quando pedi a Hultquist para explicar como ele havia chegado àquela conexão, ele abriu seu notebook e puxou um relatório da FireEye datado de junho de 2018, que ele disse que a empresa havia distribuído para alguns de seus clientes de inteligência, mas não havia compartilhado publicamente. Era intitulado "Mirando as Eleições Francesas e Norte-Americanas Conectadas ao Incidente Olímpico e Outros". Eu podia ver em um relance que continha páginas e páginas de gráficos e links entre dados técnicos. Pelas próximas duas horas, Hultquist me guiaria por uma série de conexões que redefiniriam por completo como eu pensava o Sandworm, seu lugar dentro do GRU e sua missão.

"Basicamente você consegue ir do NotPetya até as Olimpíadas e ao hacking da infraestrutura das eleições", Hultquist resumiu quando começamos. "Você tem uma rede e tanto aqui, meu amigo."

■

Quando o pesquisador Michael Matonis, que trabalhava para Hultquist, encontrou a ponta solta que desfiaria a rede em fevereiro de 2018, não foi buscando por pistas no código do payload do Olympic Destroyer. Em vez disso, nos dias que imediatamente se seguiram à notícia do ciberataque olímpico, Matonis olhou para um elemento muito mais mundano da operação: o documento Word falso e atado por malware que serviu como o primeiro passo na sabotagem olímpica quase desastrosa.

Quando Matonis extraiu o documento infectado do VirusTotal, ele viu que a isca foi enviada aos funcionários do Comitê Olímpico Internacional mais de dois meses antes do começo das Olimpíadas, no final de novembro de 2017. O arquivo Word se passava por uma lista de delegados VIP dos jogos, mas escondia um macro script malicioso, o mesmo truque simples de programa dentro do documento que a equipe de Hultquist viu o Sandworm usando em 2014 e que havia continuado a usar desde o primeiro ataque do apagão.

Assim como Drew Robinson havia feito quando estava trabalhando no escritório da iSight em outra investigação para a equipe de Hultquist, três anos antes, Matonis começou a vasculhar a coleção histórica de malware da FireEye e o VirusTotal, buscando por correspondências àquela amostra de código. Na primeira varredura, ele não encontrou nada. Mas Matonis percebeu que algumas dezenas de documentos infectados por malware nos arquivos correspondiam ao esboço de características de seu arquivo: eles carregavam macros de Word embutidos de modo similar e, como o arquivo que mirava nas Olimpíadas, foram construídos para lançar um determinado conjunto comum de ferramentas hackers chamado PowerShell Empire.

As armadilhas maliciosas de macro do Word, porém, pareciam muito diferentes uma da outra. Cada uma tinha camadas de ofuscação — assim como aquele primeiro pedaço de malware do Sandworm que Robinson havia descoberto no escritório da iSight — e essa camada codificada de ruído parecia completamente diferente para cada amostra.

Mas, enquanto Matonis comparava os espécimes de malware, limpando o ruído atrás de pistas, ele encontrou uma conexão. Matonis se recusou a me dizer o padrão que ele extraiu da aleatoriedade; como um bom apostador, ele queria manter o segredo dos hackers para poder usá-lo novamente no futuro. Mas o resultado, de maneira mais abstrata, era que, enquanto os arquivos pareciam diferentes, o *modo* que eles pareciam diferentes parecia uniforme. Na verdade, como punks adolescentes que prendiam os bottons das bandas mais obscuras em suas jaquetas e arrumavam o cabelo no mesmo formato, sua tentativa de parecer único o tornou parte de um grupo distinto reconhecível.

Matonis logo entendeu que a fonte desse sinal do ruído era uma ferramenta comum usada para criar cada um dos documentos com armadilhas. Era um programa de código aberto, encontrado facilmente online e chamado Malicious Macro Generator. Matonis especulou que os hackers escolheram o programa para se misturar com outros autores de malware. Mas, além de suas ferramentas compartilhadas, o grupo de malware também estava amarrado pelos nomes de autores que Matonis extraiu dos metadados do arquivo: quase todos haviam sido escritos por alguém chamado "AV", "BD" ou "john". Quando ele olhou para os servidores de comando e controle que o malware se conectava — as cordas que controlariam os fantoches de quaisquer infecções bem-sucedidas —, quase todos os endereços de IP dessas máquinas também se sobrepunham.

As impressões digitais dificilmente eram exatas. Mas, ao longo de várias semanas, ele montou uma malha frouxa de pistas que formavam uma rede sólida, conectando os documentos Word falsos.

Quando ele estabeleceu essas conexões, foi o conteúdo visível desses arquivos Word, não o malware escondido, que bombeou o sangue de Matonis. Dois documentos da coleção, que se estendia até a primavera de 2017, pareciam mirar em grupos de ativistas LGBT ucranianos, usando arquivos infectados que fingiam ser um documento de estratégia de organizações pelos direitos dos gays e um mapa da parada do orgulho de Kiev. Outros documentos miravam empresas ucranianas e agências governamentais com uma cópia corrompida de um projeto de lei.

Na cabeça de Matonis, todos os outros suspeitos do ataque olímpico evaporaram. Apenas um país estava mirando a Ucrânia na mesma campanha hacking, quase um ano antes, e não era a China nem a Coreia do Norte.

Estranhamente, outros documentos infectados na coleção desenterrada por Matonis pareciam buscar vítimas no mundo imobiliário e de negócios da Rússia. Será que uma equipe de hackers russos tinha a tarefa de espionar algum oligarca russo a serviço de seus superintendentes de inteligência? Será que eles estavam envolvidos em cibercrime com motivações financeiras como bico? Independentemente disso, Matonis sentiu que estava a caminho de final e definitivamente atravessar as bandeiras falsas do ciberataque olímpico para revelar sua verdadeira origem: o Kremlin.

■

Depois de Matonis fazer essas primeiras e emocionantes conexões do Olympic Destroyer a um conjunto muito familiar de vítimas de hacking russo, ele queria ver até onde essas conexões o levariam. Ele disse a Hultquist que não iria para o escritório da FireEye pelo futuro próximo. Em vez disso, trancou-se no porão de seu apartamento subterrâneo no bairro da Colina do Capitólio, em Washington, D.C. Pelas três semanas seguintes, ele mal saiu daquela caixa de 37 metros quadrados, trabalhando em seu notebook em uma cadeira dobrável, com as costas para a única janela da casa que produzia luz solar e se debruçando sobre cada dado que pudesse revelar o próximo grupo de alvos dos hackers.

Um detetive da era pré-internet pode começar uma busca rudimentar por uma pessoa consultando uma lista telefônica. Matonis começou escavando o equivalente online, o diretório da rede global da web conhecido como domain name system, ou DNS. Servidores DNS traduzem domínios legíveis por humanos como "facebook.com" em endereços de IP legíveis por máquinas que descrevem a localização de um computador em rede que roda aquele site ou serviço, como 69.63.176.13. Matonis começou a conferir meticulosamente cada endereço de IP que seus hackers haviam usado como servidor de comando e controle na campanha de documentos Word maliciosos que ele acabara de descobrir, traduzindo esses domínios em qualquer endereço de IP que houvesse hospedado eles. Ao mesmo tempo, usava uma ferramenta de pesquisa reversa para inverter a busca, encontrando cada domínio que foi hospedado em qualquer endereço de IP único para montar um gráfico em árvore.

Assim que ele criou esses mapas em formato de árvores para dezenas de endereços de IP e nomes de domínio conectados ao ataque olímpico, um galho dessa exploração levou a um domínio que acendeu como neon na mente de Matonis. Três links abaixo da sua corrente de endereços de IP e domínios, lá estava: account-loginserv.com.

Uma memória fotográfica é um truque útil para um analista de inteligência. Assim que Matonis viu o domínio account-loginserv.com, ele soube instantaneamente que já havia visto o mesmo domínio um ano antes em um "flash" do FBI, um alerta breve enviado aos praticantes de cibersegurança dos Estados Unidos e potenciais vítimas. Esse alerta ofereceu um detalhe novo sobre os hackers que haviam invadido os conselhos eleitorais estaduais de Illinois e Arizona em 2016: os mesmos intrusos também haviam falsificado e-mails de uma empresa de tecnologia de votos, VR Systems, em uma tentativa de enganar mais vítimas relacionadas à eleição a darem suas senhas.*

Matonis desenhou um mapa confuso das conexões em um pedaço de papel, que ele colou na geladeira com um ímã do Elvis, e se maravilhou com o que havia encontrado. Baseado no flash do FBI — e Matonis me disse que confirmou a conexão com outra fonte humana que ele se recusou a revelar —, os e-mails falsos da VR Systems eram parte de uma campanha de phishing que também usou uma página de login falsificada no domínio account-loginserv.com que ele encontrou no mapa do Olympic Destroyer. Ao final de sua longa cadeia de endereços de IP e domínios, Matonis encontrou uma impressão digital que conectava os atacantes olímpicos a uma operação hacking que mirou diretamente a eleição norte-americana de 2016.

Desde a adolescência, Matonis era um fã de motos. Quando teve idade o suficiente para dirigir uma legalmente, arrumou dinheiro suficiente para comprar uma Honda CB750 de 1975. Um dia, um amigo deixou que ele dirigisse sua Harley-Davidson 2001 com um motor 1100 EVO. Em três segundos, ele estava voando por uma estrada do campo no interior de Nova York a 105 km/h, rindo incontrolavelmente e, ao mesmo tempo, temendo pela própria vida.

Quando Matonis finalmente desenhou sua teia forense, sendo mais esperto que o malware mais enganoso da história, ele diz que sentiu a mesma sensa-

* A whistleblower Reality Winner, trabalhando em uma empresa autônoma, vazou documentos para o site de notícias *The Intercept*, revelando que os mesmos hackers invadiram também a VR Systems.

ção, uma adrenalina que ele só poderia comparar com arrancar naquela Harley-Davidson na primeira marcha. Ele sentou-se sozinho em seu apartamento na capital, olhando para a tela e rindo.

37

A TORRE

Quando Matonis relatou seu achado para seu chefe, John Hultquist, eles concordaram que não havia mais dúvida: os hackers por trás do Olympic Destroyer eram russos. Mas será que esse era o trabalho de sua equipe favorita de ciberguerreiros devastadores, o Sandworm?

Matonis havia feito algumas conexões sólidas, mas não tão definitivas, entre o próximo conjunto de operações que havia descoberto e a antiga atividade do Sandworm: os hackers olímpicos estabeleceram seus servidores de comando e controle em data centers gerenciados por empresas específicas, como Fortunix Networks e Global Layer, escolhidas provavelmente porque essas empresas aceitam pagamentos em Bitcoin, o que deixa mais difícil qualquer análise forense para rastrear o dinheiro. E, em um punhado de casos, ele podia ver que essas empresas de hospedagem se sobrepunham: Fortunix foi usada para alguns dos ataques originais de BlackEnergy, e então de novo pelos hackers olímpicos. Outros ataques no agrupamento olímpico pareciam ter sido hospedados com a Global Layer, assim como os servidores de comando e controle do Sandworm foram usados para controlar os servidores sequestrados do M.E.Doc.

Logo, Matonis fez uma conexão ainda mais extraordinária: um dos mesmos conjuntos de servidores de comando e controle que o Sandworm usou em seus ataques destrutivos em menor escala antes do NotPetya também estava relacionado à operação de hacking e vazamento que mirou a campanha do candidato presidencial francês Emmanuel Macron.* O mesmo grupo de servidores back end que o Sandworm estava usando para seus experimentos pré-NotPetya serviu também de infraestrutura para outra operação de hackear e vazar mirando uma eleição. O NotPetya estava conectado à interferência na eleição francesa,

* As pistas que levaram Matonis a fazer essa conexão, ligando o Sandworm à operação de hacking focada na eleição francesa, representam outro caminho longo e intricado através da rede de sua investigação. Para uma explicação completa, veja o apêndice.

assim como o Olympic Destroyer estava conectado à interferência na eleição norte-americana. As linhas da imensa rede de análise da FireEye violavam qualquer fronteira clara que eu pudesse ter imaginado entre guerra informacional política e ciberguerra destrutiva.

A primeira vez que eu falei com Matonis sobre o Sandworm, no começo de 2018, ele descreveu o grupo para mim como um martelo na caixa de ferramentas de hacking da Rússia. "Você os chama quando quer destruir algo", ele me disse durante o café da manhã em uma conferência. Mas sua ideia da missão do Sandworm estava mudando — assim como a minha. Qualquer conceito simples do Sandworm como braço do GRU focado puramente em sabotagem agora parecia incompleto. Estava ficando claro que as equipes de hacking do GRU trabalhavam juntas.

▪

Em junho, a FireEye reuniu os achados de Matonis em um relatório intrincado para seus clientes, que mais tarde Hultquist me mostraria em sua cozinha. Enquanto isso, Matonis havia feito mais uma conexão: a mesma campanha de documentos Word infectados que miravam ativistas ucranianos, negócios imobiliários russos e as Olimpíadas também mirou a Organização para a Proibição de Armas Químicas, um grupo de pesquisa de armas químicas sediado em Spiez, na Suíça, que estava investigando o envenenamento do desertor do GRU Sergei Skripal e sua filha. As setas apontando para o envolvimento da Rússia eram mais claras do que nunca.

Um mês depois de a FireEye publicar essas descobertas privadamente, o governo norte-americano forneceu outra peça final do quebra-cabeças que Matonis e Hultquist estavam montando. No dia 14 de julho, o Departamento de Justiça dos Estados Unidos acusou formalmente doze hackers do GRU pelo papel de interferência na eleição norte-americana de 2016.[1] Essas acusações criminais demonstrariam o nível penetrante de detalhe que pode ser revelado sobre hackers distantes e patrocinados por Estados quando o poder investigativo completo das agências de inteligência norte-americanas é chamado a agir.

A acusação, feita pelo procurador especial Robert Mueller como parte da investigação independente criada para examinar o papel completo da Rússia na eleição de 2016, chegou até a nomear exatamente quais funcionários do GRU haviam feito qual papel na operação de hacking: um agente do GRU chamado Aleksey Viktorovich Lukashev, por exemplo, foi acusado de enviar e-mails de phishing que miravam o Partido Democrático e os funcionários da campanha de Clinton. Sergey Aleksandrovich Morgachev supostamente supervisionou a equipe que construiu e executou o malware utilizado para espionar a equipe do DNC por meses. Outro oficial do GRU, Ivan Sergeyevich Yermakov, foi acusado de roubar os e-mails do servidor do DNC que mais tarde foram vazados com um efeito desastroso. O documento até nomeava a unidade específica do GRU para a qual a maioria dos hackers trabalhava — 26165 — e o endereço de seu edifício em Moscou: Komsomolsky Prospekt, nº 20.

Como a maioria das acusações de hackers de governos estrangeiros, os supostos criminosos provavelmente nunca enfrentariam essas acusações em um tribunal. Em vez disso, elas eram projetadas para enviar uma mensagem — nomear e envergonhar os hackers individuais envolvidos — e impor restrições draconianas em suas vidas. Nunca mais eles poderiam botar o pé em um país que tivesse um tratado de extradição com os Estados Unidos sem serem presos.

Quando eu li a acusação pela primeira vez, por mais reveladora que possa ter sido sobre o hacking eleitoral da Rússia — a iniciativa liderada pela equipe conhecida como Fancy Bear —, eu a encarei como irrelevante para a busca pelos hackers mais destrutivos do Sandworm. Mas Hultquist, com os segredos dos achados de Matonis frescos em seu cérebro, a leu de modo diferente. Ele focou as acusações contra um hacker do GRU em particular dentre os doze: Anatoliy Sergeyevich Kovalev.

Kovalev foi destacado no documento por ter hackeado pelo menos um conselho eleitoral estadual em 2016, supostamente roubando dados de 500 mil eleitores, incluindo nomes, endereços, datas de nascimento, número da carteira de motorista e números parciais da Segurança Social. A acusação apontava Kovalev também pela invasão de uma empresa cujo software era usado para verificar as informações do registro de eleitor.

Essas invasões, Hultquist podia ver, eram parte da rede que Matonis havia desenhado: na infraestrutura que permitiu esses ataques nos conselhos eleitorais, Matonis encontrou pistas forenses que se conectavam fortemente ao ataque contra as Olimpíadas e, de forma mais circunstancial, ao NotPetya e ao Sandworm. Essa acusação de hacking eleitoral revelou culpados que eram conectados a uma rede de caos muito maior.

Kovalev, detalhava a acusação contra ele, não fazia parte da mesma unidade 26165 como a maioria dos hackers acusados. Ele e outros dois funcionários do GRU — Aleksandr Vladimirovich Osadchuk e Aleksey Aleksandrovich Potemkin — eram parte da unidade 74455, sediada em uma localização diferente fora de Moscou: na rua Kirova, nº 22, na cidade vizinha de Khimki, um edifício identificado na acusação como "a Torre".

A Unidade 74455 forneceu servidores back end para as intrusões da Unidade 26165 no Comitê Nacional Democrata e na campanha de Clinton, declarava a acusação. O mais surpreendente, porém, era que a acusação culpava a 74455 de "auxiliar" na operação que vazou e-mails roubados nessas operações. A Unidade 74455, declaravam as acusações, havia ajudado a configurar o DCLeaks.com e até Guccifer 2.0, a falsa persona hacker romena que assumiu a autoria das intrusões e entregou os e-mails roubados dos democratas ao WikiLeaks.

Uma nova teoria cristalizou na mente de Hultquist. A Unidade 26165 era o Fancy Bear. A Unidade 74455 era o Sandworm. As operações dessas duas equipes estavam intimamente entrelaçadas, eram lados diferentes da mesma moeda GRU. E os endereços onde elas trabalhavam estavam agora totalmente disponíveis ao público.

■

O FBI forneceu em seu site as fotografias de onze dos doze hackers acusados, e, após me encontrar com Hultquist, eu encarei as fotos de três membros da Unidade 74455. Aleksandr Osadchuk, o coronel que liderava a unidade, era um homem de 56 anos com olhos castanhos e as feições largas e quadradas de um personagem de *Dick Tracy*. Em sua fotografia, ele vestia um uniforme militar russo de coloração azul-marinho, carregado de medalhas e broches.[2]

No site de um vendedor ucraniano de antiguidades e colecionáveis, um desses broches parecia estar à venda — a fotografia do FBI era de uma resolução muito baixa para ter certeza —, um pedaço redondo de metal dourado incrustado com a imagem de um diamante branco no centro.[3] Um raio e uma espada cortavam o círculo, cruzando-se atrás da gema. Na região inferior da imagem havia uma faixa com os números "74455" escritos. Do outro lado havia uma gravação que se traduzia para "a serviço da pátria".

Eu fiquei mais intrigado com os dois outros rostos: Anatoliy Kovalev e Aleksey Potemkin eram homens muito mais novos. Potemkin, o mais velho dos dois, com 35 anos, vestia uma camisa azul e gravata, com um boné verde que escondia o que parecia um cabelo raspado rente à cabeça. Seus olhos azul-claros encaravam a câmera com um olhar duro e quase desdenhoso.[4]

Kovalev, acusado do hacking direto de pelo menos um site do conselho eleitoral estadual norte-americano, era listado com a idade de apenas 27 anos.[5] Sua fotografia, cortada na altura do pescoço, não mostrava seu uniforme e, apesar do cabelo raspado, ele tinha o rosto aberto e inteligente que eu poderia imaginar em qualquer hacker de qualquer empresa de cibersegurança ou faculdade ao redor do mundo. Em 2017, Kovalev foi listado no site da conferência de cibersegurança Positive Hack Days como participante. Ele anotou sua afiliação como a Universidade Estadual Técnica de Moscou.[6] Meu tradutor de russo ligou para a instituição e descobriu que ninguém lá havia ouvido falar nele.

Agora eu tinha três nomes, três rostos e um endereço. Elas eram as pistas mais básicas. Mas eram também, comecei a perceber nos dias que se seguiram ao meu encontro com Hultquist, a coisa mais próxima de evidências sólidas que eu conseguiria. Com esses nomes e o endereço da Torre marcados a ferro em minha mente, eu reservei uma passagem de avião para a Rússia.

38

RÚSSIA

No final de novembro de 2018, eu cheguei em São Petersburgo, em uma das noites congelantes de inverno com dezessete horas de duração. Na manhã seguinte eu andei até o clube A2 Green Concert no centro da cidade, uma gigantesca casa de música com as paredes internas de tijolos brilhando em verde e roxo e vibrando com o baixo. Em duas dessas salas, hackers em cima do palco apresentavam pesquisas técnicas em tudo, desde métodos de sequestro de sistemas de controle industrial até engenharia reversa do hardware de caixas eletrônicos. No resto do edifício, pessoas jovens e vestidas de modo sóbrio se aglomeravam nos corredores e bares da casa. Em uma mesa, o banco nacional da Rússia, Sberbank, estava recrutando engenheiros de segurança. Em outra, hackers se juntavam com seus notebooks, tentando ganhar uma disputa de quem conseguia invadir um servidor de e-mail no menor tempo possível. Isso era a ZeroNights — uma das duas maiores conferências de hackers na Rússia e o que eu esperava que fosse minha melhor chance de aprender como a comunidade hacker da Rússia interagia com o GRU.

Durante os dois dias seguintes da conferência, eu perguntaria a qualquer hacker russo com quem eu pudesse começar uma conversa sobre o tópico que talvez fosse o pior quebra-gelo possível do evento: os serviços de inteligência do país. A maioria deles se retraiu visivelmente assim que eu mencionei o assunto, e disse que não tinha nada a ver com o tópico, encontrou uma desculpa e foi embora. Os poucos que falaram me contaram que não sabiam quem eram os três membros da 74455 do GRU que eu estava procurando ou qualquer outro agente do GRU. O que eles me disseram pareceu me levar para mais longe ainda da verdade: *o governo russo não tem hackers sofisticados; não pode pagar o suficiente para consegui-los. Ninguém em um evento como esse trabalha com as agências de inteligência russas. Nenhum hacker russo com qualquer habilidade é ao mesmo tempo esperto o suficiente para ser um hacker talentoso e estúpido o suficiente para ser um agente patriótico do GRU. Eu não quero falar com ninguém que acredita na história de que a Rússia hackeou a eleição norte-americana. A rede elétrica da Ucrânia? Você nem precisa hackeá-la. Só precisa esperar um pouco e ela vai ruir sozinha.*

Finalmente um pesquisador de segurança sentou-se comigo e admitiu abertamente que ele e outros conhecidos seus vendiam ferramentas de hacking para o governo russo — ainda que indiretamente. No caso dele, ele ofereceu um serviço de assinatura para vulnerabilidades de zero-day e as ferramentas para explorá-las. Os alvos de suas mercadorias de hacking, ele disse, eram software de sistemas de controle industrial.

Entre seus compradores, estavam testadores de penetração procurando encontrar as vulnerabilidades de seus clientes, agências governamentais norte-americanas e, ele acreditava, empresas russas que serviam de fachada para funcionários da inteligência do Kremlin, apesar de ele se recusar educadamente a apontar qualquer cliente pelo nome. Ele me contou que não conhecia ninguém que houvesse sido coagido a trabalhar com o FSB ou o GRU, mas não tinha dúvida de que ele e seus associados hacker haviam — sabendo ou não — feito acordos com eles. "Eles não precisam pressioná-lo, isso era só no passado", disse ele calmamente, enquanto estávamos sentados na sacada da casa, com o cheiro rançoso de cigarros soprando da sala de fumantes ao nosso lado. "O dinheiro resolve muitos problemas."

Será que ele acreditava que agentes do GRU ou das empresas de fachada estavam agora na ZeroNights, recrutando ou comprando ferramentas? Ele não sabia, mas certamente os havia visto em outras conferências russas, conforme me contou. "Eles não andam por aí vestindo distintivos", afirmou. "Podem ser qualquer um aqui."

■

Saí de São Petersburgo depois da conferência, mais confuso do que esclarecido com a conversa, e embarquei no trem-bala Sapsan em direção a Moscou. Naquela noite eu emergi da estação Leningradsky para o núcleo da capital russa logo quando uma neve suave estava começando a cair. Mas, mesmo enquanto eu me aproximava do coração geográfico do GRU, me vi batendo a cabeça contra sua parede de segredos.

Eu senti essa impenetrabilidade de maneira tangível no dia seguinte, quando fiz uma visita à sede global da Kaspersky Labs, chegando ao edifício de vidro reluzente em uma rodovia no noroeste de Moscou, com orquídeas e uma escultura de Salvador Dalí de um elefante decorando o saguão de painéis brancos. Em uma sala de conferência no quarto andar, eu me encontrei com Igor

Soumenkov, o brilhante pesquisador de segurança que havia encontrado a primeira e mais reveladora pista inocentando a Coreia do Norte pelo ataque do Olympic Destroyer.

Eu o entrevistei por uma hora sobre esse achado impressionante, e o homem magro de 32 anos e rosto simpático explicou o caso pela inocência da Coreia do Norte em um inglês perfeito, com toda a confiança e clareza de um professor universitário. No quadro branco da sala de conferência, ele desenhou gráficos de como compiladores de software funcionam para explicar a incompatibilidade da header do malware que mostrava a tentativa fracassada de uma bandeira falsa. Até então, a Kaspersky também fez as mesmas conexões do Olympic Destroyer que Michael Matonis da FireEye havia encontrado, conectando os hackers olímpicos a ataques mirando a Ucrânia, negócios russos e o laboratório de armas químicas suíço. (Soumenkov não mencionou a conexão desses hackers aos ataques nos conselhos eleitorais estaduais norte-americanos, que os conectava à Unidade 74455 do GRU. Porque Matonis e Hultquist haviam compartilhado esse dado-chave comigo em privado, eu não mencionei a Soumenkov também.)

Perto do final do meu briefing de uma hora com Soumenkov, eu resumi o que ele havia me explicado: o ataque olímpico claramente não foi trabalho da Coreia do Norte. "Não parecia nada com eles", Soumenkov concordou.

E certamente não foram os chineses, apesar do código falso mais transparente escondido no Olympic Destroyer que enganou alguns pesquisadores antes: "O código chinês é muito reconhecível, e isso parece diferente", Soumenkov concordou de novo.

Finalmente, eu perguntei a questão evidente: se não foi a China nem a Coreia do Norte, então quem foi? Parecia que a conclusão do processo de eliminação estava praticamente sentada ali na sala de conferência conosco e ainda assim não podia ser dita em voz alta.

"Ah, para essa questão, eu trouxe um jogo legal", disse Soumenkov, adquirindo um tom animado. Ele pegou uma pequena bolsa de tecido preto e tirou um conjunto de dados. Em cada face dos pequenos cubos pretos estavam escritas palavras como "Anônimos", "Cibercriminosos", "Hacktivistas", "USA", "China", "Rússia", "Ucrânia", "Ciberterroristas", "Irã". Eu já vi esses chamados dados de atribuição antes: um adereço projetado para ilustrar a ideia niilista de que nenhum ciberataque poderia ser rastreado até a fonte e qualquer um que tentasse estava simplesmente adivinhando.

Enquanto segurava os dados, as bochechas de Soumenkov adquiriram um tom levemente avermelhado. Talvez a sala estivesse abafada, embora eu não sentisse isso. Ou talvez Soumenkov estivesse sentindo vergonha de esconder uma resposta que sua própria honestidade intelectual inata ajudou a descobrir. Ou talvez ele estivesse sentindo o medo que Andrei Soldatov me descreveu sobre a comunidade de cibersegurança russa, escondendo-se logo abaixo da pele.

Soumenkov jogou os dados sobre a mesa. "A atribuição é um jogo traiçoeiro", disse ele. "Quem está por trás disso não é nossa história nem nunca será."

■

Na minha última manhã na Rússia, saí do meu hotel e caminhei ao longo da margem do rio Moscou em direção ao Komsomolsky Prospekt, 20, a casa da Unidade 26165 do GRU, o agente principal na operação de interferência russa mirando a eleição norte-americana de 2016. Enquanto eu me aproximava do agora notório endereço nomeado na acusação dos Estados Unidos contra esses hackers, passei por uma igreja ortodoxa ornamentada e, então, uma série de prédios longos e de tom amarelo desbotado que preenchiam um quarteirão inteiro. O terço central de cada prédio tinha uma série de colunas gregas na fachada, como se para sinalizar sua identidade inócua como uma instituição acadêmica — oficialmente, o Instituto de Instrutores Militares.

Mas ver o edifício pessoalmente deixou claro que ele continha algo muito mais bem guardado do que uma escola. Sua porta de entrada havia sido coberta perfeitamente com painéis vermelhos de madeira, e a entrada lateral era absurdamente bem protegida: guardas vigiavam visitantes através de um portão de metal, rodeados por três montes fortificados de sacos de areia, cada um com uma placa curva de aço na frente, com um buraco para o cano de um rifle. Cada um dos três bunkers em miniatura era pintado de verde e coberto por rede de camuflagem e, portanto, parecia ridiculamente conspícuo em uma calçada no centro de Moscou. Eu observei quando dois homens mais velhos em jaquetas pretas e um homem jovem em um uniforme verde de inverno entraram pelo portão. Então, me apressei para fora dali, antes que os guardas pudessem me notar encarando.

Talvez o Sandworm estivesse dentro daquele portão. Mas a teoria de Hultquist, a única que havia tentado traçar uma linha do caminho inteiro do primeiro ataque de BlackEnergy na Ucrânia até o número e endereço da unidade, apontou para outro lugar. Eu queria ver esse prédio também. Quando a neve começou a cair de novo, embarquei no metrô e fui em direção ao norte, quase até o fim da linha. Depois de quase uma hora, emergi na superfície e peguei um táxi que cruzou o Canal de Moscou até a cidade suburbana de Khimki. O motorista do táxi me deixou na rua Kirova, nº 22: a Torre, lar da Unidade 74455 do GRU.

A vizinhança de Khimki que confina o Canal de Moscou é feita de apartamentos soviéticos de tijolos dos anos de 1960 e 1970. Naquela tarde, seus gramados silenciosos estavam cobertos de neve, um cenário idílico da nostalgia comunista. Mas, na ribanceira do canal, a Torre se erguia sobre eles, mais de 25 andares de vidro e aço.

Passei na frente de uma oficina mecânica, uma academia de ginástica comunitária e o portão fortificado da torre, marcado como o Glavnoye Upravleniye Obustroystva Voysk — traduzindo para algo como "Diretório-geral para o Arranjamento de Tropas" —, que estava rodeado por câmeras de vigilância. Desci por uma escada de metal até um caminho perto do canal, que havia se alargado ao norte da cidade e congelado, tornando-se uma faixa lisa perfeita de neve branca.

Com as costas viradas para o canal, a Torre se erguia diretamente sobre mim, bloqueada por uma cerca alta de ferro em um monte íngreme. Eu não consegui distinguir nenhuma figura humana através das janelas sem usar um par de binóculos, algo que eu não era corajoso o suficiente para tentar.

Eu me dei conta de que isso era o mais próximo que eu conseguiria chegar dos hackers que eu estava seguindo há dois anos. Depois de viajar quase 8 mil quilômetros, eu não estava mais perto de entender ou desmascarar o Sandworm do que estava na cozinha de John Hultquist, no norte de Virgínia.

Eu senti a necessidade de buscar o lugar onde o Sandworm vivia. Mas agora parecia que eu havia sido enganado pela mesma peculiaridade da geografia da ciberguerra que fez da batida da polícia ucraniana na sala de servidores do M.E.Doc tão absurda. Assim como o NotPetya desafiou a intuição humana sobre a origem física do lançamento de uma arma — e assim como a distância não havia protegido as vítimas —, a proximidade não havia me trazido de modo significativo para perto dos perpetradores.

Um guarda apareceu na borda do estacionamento acima de mim, observando de dentro da cerca da Torre — se estava me olhando ou fazendo uma pausa para fumar, eu não poderia saber. Era hora de ir embora. Caminhei para o norte, ao longo do canal de Moscou, para longe da Torre e entre o burburinho dos parques cobertos de neve da vizinhança e das trilhas até a estação de trem mais próxima. No trem de volta para o centro da cidade, vislumbrei o edifício de vidro uma última vez do outro lado do canal congelado antes de ele ser engolido pelo horizonte urbano de Moscou.

39

O ELEFANTE E O INSURGENTE

Quando Hultquist me contou que a Unidade 74455 do GRU era o Sandworm, eu quis acreditar nele. Esses cinco dígitos, por mais impenetráveis que pudessem ser, pareciam oferecer um tipo de solução ao mistério do Sandworm. Mas, mesmo antes de voar até a Rússia com a Torre pendurada na minha imaginação, eu não podia ignorar o ceticismo irritante me dizendo que a história completa não era tão simples.

Rob Lee, com seu pedigree oficial como um caçador de hackers da NSA, me avisou meses antes que os pesquisadores internacionais que rastreavam o Sandworm — da FireEye à Kaspersky e a ESET — estavam todos apenas enxergando pedaços da imagem geral. Na maior parte das vezes, apontou, eles estavam analisando pistas no malware deixado para trás na sequência dos ataques dos hackers, e não outras evidências como os dados de intrusão extraídos dos registros das vítimas.

O problema com essa abordagem de análise de malware, Lee explicou, era que operações de hacking altamente sofisticadas não são tipicamente executadas por uma única equipe trabalhando sozinha. Em vez disso, como em qualquer indústria bem desenvolvida, os hackers dentro de qualquer agência de inteligência competente se especializam. Uma equipe pode receber a tarefa de apenas construir ferramentas. Outra pode se concentrar em ganhar o acesso inicial às redes do alvo. Uma terceira pode receber a tarefa de firmar a base de apoio, monitorando o spyware implantado ou executando o próximo estágio da intrusão, como penetrar da rede de TI aos computadores que se conectam aos sistemas de controle industrial.

O problema com a história do Sandworm como eu conhecia, Lee apontou, era que o grupo foi rastreado, na maior parte, mediante pistas no software que usava. Mesmo o seu nome havia saído das referências a *Duna* no código de sua infecção com BlackEnergy. A comunidade de pesquisa de cibersegurança começou a partir dessas impressões digitais iniciais, encontrando outras pistas de software que se conectavam a essas intrusões e agrupava as operações como o trabalho do Sandworm. Mas e se essas operações compartilhavam apenas os mesmos desenvolvedores de software e diferentes equipes de operações haviam executado o código em seus ataques? "Você está rastreando o malware. As pessoas que o desenvolveram nem sempre são as mesmas pessoas que o utilizaram", Lee me avisou em uma ligação telefônica. O resultado pode ser mal-entendidos similares a ligar uma série de assassinatos ao trabalho de uma única gangue quando, na verdade, eles apenas foram executados com armas de uma mesma loja.

Parecia verdade, eu tinha que admitir, que existiam pelo menos duas linhas distintas dentro das frentes de ciberguerra do Sandworm: uma que parecia ter a intenção de destruir dados, do KillDisk ao NotPetya, e uma que parecia estar aperfeiçoando ataques com efeitos físicos, culminando no Crash Override ou Industroyer. E se esses fossem grupos diferentes, conectados apenas por uma equipe de desenvolvimento de software em comum?

Na Dragos, Lee procurou esclarecer a distinção criando um novo nome para o que ele considerava ser a equipe de desenvolvimento do Sandworm, chamando-a de "Electrum" em referência ao malware do apagão. Na verdade, ele argumentou, essa equipe de desenvolvedores pode não ser parte da mesma agência, mas uma equipe terceirizada. "Merda, o que estamos rastreando como Electrum pode ser a Booz Allen da Rússia", brincou Lee. "Eles podem ser do GRU, mas também podem ser um recurso compartilhado."

A empresa de segurança CrowdStrike, que inicialmente liderou a análise dos ataques do Fancy Bear nos alvos eleitorais norte-americanos, sugeriu uma teoria diferente, mas similarmente espinhosa: o Sandworm — ou Voodoo Bear, como a CrowdStrike havia nomeado o grupo — pode ser a tripulação de peso pesado chamada ao final de uma operação quando a inteligência russa está querendo infligir o máximo de danos. O vice-presidente de inteligência da CrowdStrike, Adam Meyers, sugeriu — mas se recusou a mostrar evidência que fundamentasse — que havia visto as impressões digitais do grupo aparecerem ao longo de múltiplos outros grupos de hacking russos, incluindo um que a CrowdStrike acreditava nem ser uma operação do GRU, mas do FSB.

A teoria em desenvolvimento de Meyers era que o Voodoo Bear/Sandworm pudesse ser um recurso compartilhado de um tipo diferente do que Lee havia descrito: outro grupo pode receber a tarefa de obter acesso e o Sandworm assumiria quando era hora de lançar o payload. "O Voodoo Bear pode ser um grupo especializado de sabotagem que é um esforço colaborativo entre o GRU e a FSB", disse Meyers. "Pode ser tipo um esforço de equipe que assume para fazer ataques destrutivos ou disruptivos."

No outono de 2018, a FireEye compartilhou comigo uma teoria completamente diferente. Ouvindo a análise de Michael Matonis de servidores de comando e controle que se sobrepunham entre os ataques olímpicos, o NotPetya e as operações de hacking relacionadas às eleições, eu não podia deixar de pensar se isso não representava *outra* maneira distinta de rastrear o Sandworm que poderia bagunçar mais ainda o cenário. Afinal de contas, Matonis estava rastreando as conexões de infraestrutura entre ataques diferentes e conectando-as com as operações e malware do Sandworm. Mas, se Lee estava certo, esses três elementos — o software, os servidores e as mãos no teclado — podem todos ser o trabalho de equipes diferentes.

A ampla comunidade de pesquisa que rodeava o Sandworm começava a me lembrar da história sobre os homens cegos ao redor de um elefante. Um homem segura a cauda do elefante e decide que é uma corda. Outro toca na perna e a declara um pilar. Um terceiro sente a orelha e jura que o elefante deve ser um tipo de ventilador grande.

Os detetives rastreando o Sandworm estavam passando a mão sobre todos esses pedaços de anatomia e chegando a conclusões igualmente discrepantes. Alguns, como Hultquist e Matonis, estavam fazendo o salto lógico necessário para montar suas experiências táteis na ideia de um único animal complexo. Outros, como Lee, estavam descrevendo com cuidado apenas aquilo que conseguiam observar diretamente — uma tromba aqui, uma cauda ali, cada um podendo ser um organismo independente. Depois de todos os anos de esforço e descobertas forenses, indo até os primeiros vestígios do Sandworm, a forma completa do animal permanecia um mistério frustrante.

■

Apenas alguns dias depois da minha visita a John Hultquist, porém, o National Cyber Security Centre do governo britânico publicou um documento extraordinário. Ele servia como confirmação final da conexão do GRU ao Sandworm, estabelecendo uma camada de verdade basal sob a névoa da ciberguerra.

Como eu já esperava de declarações governamentais sobre hacking patrocinado por Estados, esta fornecia apenas conclusões, não as pistas que levaram a ela. Mas servia como um tipo de repreensão geral ao governo russo por quase todos os ciberataques que eu havia associado com o Sandworm ao longo dos últimos dois anos. E resolveu quaisquer questões finais e persistentes sobre qual agência de inteligência poderia ser a responsável, no fim das contas.

"Nossa mensagem é clara: junto com nossos aliados, vamos expor e responder às tentativas do GRU de minar a estabilidade internacional", dizia a declaração do secretário do Exterior do Reino Unido, Jeremy Hunt.[1] "As ações do GRU são irresponsáveis e indiscriminadas: eles tentam minar e interferir em eleições em outros países; estão até mesmo preparados para danificar empresas russas e cidadãos russos. Esse padrão de comportamento demonstra seu desejo de operar sem consideração com a lei internacional ou normas estabelecidas e fazê-lo com uma sensação de impunidade e sem consequências."

A declaração era seguida de duas listas. Uma enumerava os apelidos que a comunidade de cibersegurança havia usado para grupos cuja associação com o GRU o governo britânico podia confirmar agora. Esses nomes incluíam praticamente todas as maneiras de se referir aos jogadores russos conhecidos na história deste livro: "Fancy Bear", "Black Energy Actors", "Cyber Berkut", "Voodoo Bear" e, finalmente, "Sandworm".

O documento seguia em frente para listar uma série de operações relacionadas a esses agentes: NotPetya. Bad Rabbit. Os ataques no Comitê Nacional Democrata. As intrusões da Agência Mundial de Antidoping. A tentativa de invasão da Organização pela Proibição de Armas Químicas que Matonis relacionou ao Olympic Destroyer. Para cada uma dessas operações, o National Cyber Security Centre declarava (com ênfase própria) que havia "*forte confiança* de que o GRU era *quase que certamente* responsável".

Não havia mais espaço para dúvidas sobre esse fato subjacente: seja qual for a forma do Sandworm, quase todos os ataques que alguém havia atribuído a eles foram nomeados como trabalho do GRU.

Esse soar das trombetas veio, na verdade, logo quando as fronteiras claras que descrevem o Sandworm como uma entidade começaram a ruir. Minha sensação de uma distinção entre o Sandworm e o Fancy Bear estava se dissolvendo.* Acreditei que o Sandworm fosse uma única unidade de ciberguerra focada na disrupção física, mas isso agora parecia ser algo menos definido. A linha entre o desenvolvimento e as equipes de operações estava borrada também. Sua missão, como eu a entendia, não tinha mais a pureza de uma campanha de ciberataque de sabotagem, mas estava misturada com operações de influência eleitoral.

Tudo isso significava que pensar no grupo que a equipe de Hultquist descobriu em 2014 como uma entidade distinta e nomeada, com seu próprio conjunto discreto de operações, estava perdendo a utilidade. Esse modelo simples não se

---

* Ao mesmo tempo, outro conjunto de novas pistas também estava borrando a linha entre o Sandworm e o Fancy Bear:[2] em outubro de 2018, a ESET revelou uma caixa de ferramentas chamada GreyEnergy, que a empresa disse que o Sandworm havia usado como sucessora do BlackEnergy para mirar em vítimas de sistemas de controle industrial na Ucrânia e na Polônia. Então, em fevereiro de 2019, a Kasperky expôs uma conexão entre esse malware GreyEnergy e o Fancy Bear, destacando um grupo dentro do Fancy Bear que parecia estar mirando nas mesmas vítimas ao mesmo tempo que o malware GreyEnergy e usando os mesmos servidores de comando e controle.

encaixava mais na realidade. A história do Sandworm, de certa maneira, havia acabado.

O mistério fundamental de sua identidade, porém, foi resolvido. A resposta era uma que estava entrando em foco o tempo inteiro. Não importa qual parte do elefante os homens cegos estavam tocando. O animal era o GRU, trabalhando a serviço da Federação Russa e seu presidente, Vladimir Putin.

■

A teoria unificadora do Sandworm de Hultquist, que mapeava claramente a equipe como a Unidade 74455 e sua Torre de Khimki, poderia ser correta — ou talvez não. Ninguém fora de uma agência de inteligência jamais poderá confirmar ou refutar isso.*

Mas, quando Hultquist descreveu sua teoria para mim em sua cozinha, naquela tarde quente de outono em 2018, ela havia sido, de certo modo, muito pesada para meu cérebro processar. Os mesmos hackers do GRU haviam apagado as luzes na Ucrânia, liberado o NotPetya, atacado as Olimpíadas, hackeado os conselhos eleitorais estaduais norte-americanos e até ajudado a configurar a persona falsa e bizarra do Guccifer 2.0? Como essas missões absurdamente díspares poderiam todas remeter a uma única equipe de hacking dentro do GRU?

Mas, para Hultquist, conectar o Sandworm à 74455 tinha um certo poder explanatório contraintuitivo. Como ele me descreveu, essa conexão trazia o propósito por trás da história inteira do grupo em foco. Agora ele podia ver que não havia uma linha entre a operação de influência para interferir nas eleições e os

* Em fevereiro de 2020, essa questão finalmente foi respondida. O Departamento de Estado dos Estados Unidos e o National Cybersecurity Center do Reino Unido (NCSC) publicaram em conjunto declarações respondendo a uma onda de ciberataques que atingiram o país da Geórgia vários meses antes. Os ataques, que focaram duas empresas de hospedagem georgianas, Pro-Service e Serv.ge, derrubaram milhares dos sites do país e perturbaram a transmissão de duas estações de televisão. Em suas declarações, o Departamento de Estado e o NCSC do Reino Unido condenaram os ciberataques e também nomearam os culpados por trás deles. Como escreveu o Departamento de Estado, os hackers responsáveis trabalharam no Centro Principal de Tecnologias Especiais do GRU, ou GTsST, "também conhecido como Unidade 74455 ou Sandworm". O NCSC foi ainda mais específico: "O ciberprograma responsável por essas disrupções é conhecido em código aberto, de modo variado, como equipe Sandworm, grupo BlackEnergy, Telebots e Voodoo Bear. É operado pelo Centro Principal de Tecnologias Especiais do GRU, muitas vezes referido pela abreviação 'GTsST', ou seu número de posto de campo 74455." O NCSC seguiu em frente para listar a longa ficha dos ataques anteriores do grupo, incluindo BlackEnergy, Industroyer, NotPetya e Bad Rabbit. Nessas declarações, as duas agências, por fim e definitivamente, confirmaram a teoria de Hultquist sobre a identidade do Sandworm.

ataques disruptivos à infraestrutura. *Tudo isso* era uma operação de influência, ele acreditava.

"Não é para apagar as luzes", disse Hultquist, seus olhos abertos em uma epifania. "É para deixar as pessoas *saberem* que você pode apagar as luzes."

A ciberguerra da Rússia na Ucrânia não havia, na verdade, resultado em ganhos militares concretos, conforme apontou Hultquist, nem em ganhos territoriais, baixas inimigas ou vitórias táticas. O propósito inteiro era psicológico: reduzir a vontade do povo ucraniano de lutar. "Não é para fazer mudanças específicas no campo de batalha. É para fazer as pessoas sentirem que não estão mais seguras", Hultquist insistiu. "Não havia nenhum objetivo militar de longo prazo. Era um objetivo *psicológico,* tirar a guerra da frente leste e trazê-la para Kiev."

Assim como o hacking eleitoral é para sacudir as fundações da confiança dos cidadãos de que sua democracia está funcionando, o hacking de infraestrutura é para sacudir sua fé na segurança fundamental da sociedade, Hultquist me contou, ecoando o sentido unificado de guerra informacional que o artigo de Gerasimov havia descrito cinco anos antes. "A fundação de um governo é a habilidade de proteger seu povo", Hultquist continuou, seguindo como se minhas perguntas tivessem destravado uma enxurrada de ideias que ele estava segurando há meses. "Se eles não podem fazer isso — se não podem proteger esses alvos frágeis —, eles não parecem legítimos."

A ameaça, Hultquist argumentou, era em essência a mesma que ele havia enfrentado no Iraque e no Afeganistão: a destruição repentina e imprevisível que mirava mais em estilhaçar a sensação de segurança do que avançar o controle militar de verdade. "O motivo pelo qual você faz terrorismo raramente é matar *aquelas* vítimas em particular", disse Hultquist. "Isso não degrada a capacidade de lutar do adversário. Isso nunca foi o motivo de alguém querer me atingir com um artefato explosivo. É sobre dar um susto do caralho nas pessoas para que elas percam a vontade de lutar, mudem de ideia sobre a legitimidade de seu próprio serviço de segurança ou reajam de modo exagerado."

A teoria de ciberguerra que Hultquist estava descrevendo soava menos como uma nova frente para guerras tradicionais do que uma nova forma de insurgência. E, enquanto ele falava, me ocorreu que esse papel, de um insurgente, pode ser a descrição mais precisa do lugar da Rússia na geopolítica moderna. Putin tem pouca esperança de possuir mais armas do que o Ocidente como o centro do poder global em um confronto simétrico. A economia da Rússia é menor do que a da Itália ou do Canadá. E mesmo com os gastos descomunais com a guerra em relação a essa economia, o orçamento militar é pouco mais de um décimo do dos Estados Unidos.[3]

Ainda assim, a Rússia lança seus artefatos explosivos — NotPetya, a interferência nas eleições norte-americanas, o ataque nas Olimpíadas — como táticas baratas e assimétricas para desestabilizar uma ordem de mundo que há muito tempo se virou contra ela. "Esta é a Rússia: em apuros, com poucos recursos, estendendo-se e tocando as pessoas", Hultquist finalmente concluiu.

Ele não mencionou o outro corolário de sua teoria de ciberguerra, aquela que ele conhecia muito bem de sua experiência no Iraque e, mais que tudo, no Afeganistão. Uma dessas guerras se estendia há quase uma década. A outra começou quando Hultquist ainda estava na faculdade e continua até o momento da escrita deste livro. Contrainsurgências são longas. E para esta, que é digital, não há fim à vista.

PARTE VI

LIÇÕES

O conceito de progresso age como um mecanismo de proteção para nos defender dos horrores do futuro.

40

GENEBRA

Em uma tarde no fim de janeiro de 2018, pouco mais de um ano depois de J. Michael Daniel sair da Casa Branca como um oficial do braço executivo pela última vez, eu me encontrei com ele para um café no 64º andar do World Trade Center, o edifício onde eu trabalhava para a revista *Wired*. A reunião era um tipo de entrevista atrasada sobre a saída dele, uma chance de olhar para seu histórico como o principal oficial de cibersegurança de Obama, responsável por supervisionar o tratamento da administração de cada conflito na internet pelos quase cinco anos em que ocupou a posição.

Daniel tinha orgulho desse histórico, que incluía respostas cuidadosamente calibradas para tudo, desde ataques DDoS iranianos em bancos norte-americanos ao ataque norte-coreano na Sony e os ataques russos na eleição norte-americana. Mas eu queria falar com ele sobre a série de eventos aos quais a administração Obama não ofereceu praticamente nenhuma resposta: a ciberguerra ucraniana e, em particular, os primeiros ataques de apagão do mundo executados pelo Sandworm logo antes do Natal de 2015.

"Acredito que a Casa Branca e a administração Obama lidaram razoavelmente bem com esses incidentes, considerando o que sabíamos na época e o entendimento em evolução", disse Daniel judiciosamente, depois de se sentar em um sofá com vista para o centro de Manhattan.

Eu segui com uma pergunta indelicada: olhando em retrospecto e com esses anos de ciência de que os mesmos hackers lançariam a maior e mais cara pandemia global de malware da história, ele não se arrepende de não agir contra esses hackers antes, na época do primeiro ataque sem precedentes na infraestrutura? Se não com sanções ou acusações, por que pelo menos não responder a esses apagões com uma declaração pública, denunciando os ataques à rede elétrica como um comportamento inaceitável no cenário internacional?

A primeira resposta mais clara de Daniel foi a de que ele pode muito bem ter advogado por respostas desse tipo — se os ataques tivessem mirado em norte-americanos ou mesmo em membros da OTAN. "Há uma distinção entre o que acontece no exterior e o que acontece a uma empresa norte-americana ou em solo norte-americano", disse.

Mas então Daniel seguiu com uma justificativa mais sombria e realpolitik para a inação dos Estados Unidos frente à ciberguerra da Ucrânia: a de que os Estados Unidos poderiam não *querer* que ciberataques de guerra contra infraestrutura crítica se tornassem algo fora dos limites — eles querem a liberdade de executar esses ataques eles mesmos. "Essa é a tensão fundamental", ele continuou. "Não queremos tirar nenhuma opção da mesa."

No final da década de 1990, na guerra em Kosovo, Daniel apontou, aviões da OTAN soltaram bombas que explodiram no ar sobre os alvos e liberaram uma chuva de minúsculas fibras de carbono projetadas para interferir em equipamentos eletrônicos, derrubando cinco usinas elétricas que distribuíam eletricidade para as forças armadas sérvias. "Nós precisamos advogar consistentemente pela não disrupção da infraestrutura em tempos de paz", disse Daniel. "Você pode argumentar que, em tempos de guerra, a rede elétrica é um alvo legítimo."

Mas nada disso oferecia uma resposta inteiramente satisfatória. A Ucrânia pode ter estado em guerra com a Rússia, mas a rede elétrica que atendia civis ucranianos ocidentais no lado oposto do país onde ocorria aquela luta não poderia remotamente ser chamada de um alvo militar. E a situação da Ucrânia, de não ser membro da OTAN, não impediu o mundo de condenar publicamente a invasão da Rússia à Crimeia e Donbas, e até de atingir a Rússia com sanções por essa agressão física, menos de um ano antes de dar um passe não dito ao país para seus ataques digitais subsequentes.

Enquanto eu pressionava Daniel, suas respostas se tornaram mais elípticas: ele não estava presente em todas as discussões sobre as relações da Rússia na época, disse. Outras partes do braço executivo estavam considerando os ciberataques ucranianos parte de uma rede emaranhada e maior de relações que também incluía o desenrolar sangrento da Síria, onde a Rússia e os Estados Unidos estavam em desacordo. A política administrativa dos Estados Unidos sobre a Rússia ainda estava recalibrando depois de sua tentativa anterior de uma "redefinição" amigável com o Kremlin, uma distensão estilhaçada pela invasão da Crimeia. Ele não queria revelar conversações privadas com o presidente que ele considerava serem protegidas pelo privilégio executivo. Ele não queria oferecer soluções em retrospectiva.

Mas na terceira vez que perguntei se ele se arrependia de não fazer mais, Daniel admitiu abertamente que sim. "Eu queria que tivéssemos sido mais diretos e feito algo mais forte sobre esse assunto, sim", disse.

Então ele ofereceu algo incomum para alguém que foi um oficial político por toda a vida: uma série de pensamentos honestos que, além de seus argumentos legalistas, parecia uma análise profundamente pensada de uma decisão passada que ele ainda não tinha certeza se havia feito corretamente. "Isso é uma área incrivelmente nova", disse Daniel, agora falando em um tom diferente e sem guardas. "Nós não fizemos a transformação para pensar sobre essa rede nodal na velocidade da luz que não funciona de acordo com a física do mundo real e ainda assim está intimamente conectada com o mundo real, cada vez mais.

"Nosso entendimento ainda está avançando. O que importa é que tomemos essas lições e as apliquemos daqui em diante", concluiu. "Porque é um daqueles assuntos que vai voltar. Vai acontecer de novo."

▪

Quatro meses mais tarde, em maio de 2018, era a vez de Tom Bossert fazer uma entrevista de saída. Até abril, Bossert era o conselheiro de Segurança Interna de Trump e, portanto, o oficial mais experiente com foco em cibersegurança. Então veio a última reorganização do gabinete tumultuado de Trump, dessa vez liderada por seu agressivo novo conselheiro de Segurança Nacional, John Bolton. Bossert se demitiu depois de pouco mais de um ano no trabalho — amigavelmente, ele foi cuidadoso ao me assegurar.

Encontrei o recém-desempregado Bossert na Union Square de Manhattan após o término de suas reuniões, com algumas horas sobrando antes de seu trem de volta para D.C. e necessitado de uma rosquinha. "Você não pode ir a Nova York e não comer uma rosquinha", ele me disse enquanto eu andava a passos rápidos pela rua para acompanhá-lo. Alto e bonito, Bossert projetava a importância e falta de paciência de um político, e me vi agindo instintivamente como seu assistente pessoal, consultando o Yelp para encontrar uma rosquinha para Bossert. Ele considerou minha sugestão e, em uma decisão executiva, a dispensou, por ser longe demais para ir a pé; em vez disso, virou-se apressando-se em direção a um Au Bon Pain.

Bossert, ainda mais do que Daniel, era ferozmente orgulhoso de suas conquistas na Casa Branca. Afinal, foi ele quem finalmente reprimiu o Sandworm com sanções de verdade em resposta ao NotPetya após anos de inação. "Minha premissa ao chegar, que eu mantive ao longo de todo o meu tempo por lá, era ser agressivo, ativo sobre a responsabilização", disse ele assim que se sentou à mesa ao lado da janela com seu sanduíche de rosquinha. "Não é só pelo conhecimento puro. É pela ação punitiva quando você determina um culpado."

Claro, as sanções sobre o GRU em resposta ao NotPetya vieram oito meses depois do ocorrido. Mas elas enviaram a mensagem necessária, e bem a tempo,

Bossert adiciona, para pressionar aliados da União Europeia a votar para continuar as sanções mais amplas sobre a Rússia, que haviam sido promulgadas em resposta à invasão da Ucrânia em 2014.

Mas Bossert insistiu, com a precisão lógica de seu treinamento legal, que a decisão de sancionar os perpetradores do NotPetya foi baseada em uma decisão que permanecia distinta do contexto maior do comportamento da Rússia na Ucrânia. "Há a expectativa de discriminação e proporcionalidade", afirmou, explicando seu argumento como um juiz dando uma declaração veloz de sentença. "A teoria por trás da minha raiva com esse ciberataque em particular é que seu prejuízo distribuído não foi só previsível; era óbvio que se propagaria sem controle para fora da Ucrânia."

Tudo isso parecia certo, concordei. Mas e sobre todos os ataques que o GRU lançou contra a Ucrânia *antes* do que transbordou para se tornar o maior ciberataque da história? E sobre os argumentos feitos por Rob Lee, Thomas Rid e outros de que o uso de ciberataques sem precedentes na infraestrutura civil da Ucrânia durante anos, incluindo dois apagões, já deveriam ser suficientes para deflagrar uma resposta? Afinal, o malware Industroyer/Crash Override que derrubou a rede elétrica de Kiev veio à luz em junho de 2017, durante a vigia de Bossert.

"Eles estavam irritados porque os ataques do apagão na Ucrânia não foram recebidos com uma resposta dos Estados Unidos contra a Rússia?", Bossert me perguntou com as sobrancelhas erguidas. "Esqueça o componente cibernético e pense em qualquer ato de agressão. Pense que há atos regionais de agressão acontecendo em quaisquer lugares no mundo. Qual é a responsabilidade dos Estados Unidos e o cálculo de risco para entrar nessa briga?"

Os avisos de Cassandra sobre o Sandworm e seus pedidos para uma dissuasão antecipada, Bossert argumentou, ignoraram o peso gigantesco dessa política imaginada e o número de conflitos que os Estados Unidos estariam comprando caso se impusessem unilateralmente. "Eles estão levando a responsabilidade de polícia mundial dos Estados Unidos a um extremo ridículo", disse ele calmamente, como se amansasse sua fúria. "Imagine a captação de recursos que nós teríamos que impor aos contribuintes dos Estados Unidos para fornecer um cobertor de defesa contra toda as ciberatividades maliciosas."

Mas os críticos da administração não estão pedindo uma política que requer uma resposta a "todas as ciberatividades maliciosas", sugeri. E quanto a uma política mais simples e estreita: uma norma que nós estabelecemos para o mundo, que até em tempos de guerra ninguém deve usar ciberataques para apagar as luzes de civis?

Bossert pausou. "Eu teria que pensar se quero dizer isso", respondeu ele, desacelerando. "Acho que eu não acredito nisso. Eu não acreditaria nessa política."

"No caso de guerra, nós reservamos o direito de fazer o que for de nosso interesse próprio dentro da lei do conflito armado", continuou, ecoando o ponto que Michael Daniel me havia dito meses antes. "Se nos colocarmos na cadeira do Capitão América e decidirmos ir à guerra com alguém, podemos desligar a eletricidade e a comunicação para ter vantagem tática e estratégica. Na verdade, é até mesmo tolerado na lei da guerra conduzir todo tipo de sabotagem contra o inimigo."

Mas esses apagões não tinham o objetivo de atingir ganhos militares táticos, apontei. Eles tinham uma mira que ia muito além das linhas de frente e a intenção de intimidar civis.

"Concordo e não os tolero", disse Bossert. "Mas coloque-se na perspectiva de Putin." Putin estava disposto a enviar pequenos homens verdes para a Ucrânia, derrubar aviões, hackear a rede elétrica, Bossert comentou. Tudo isso era justificado, na visão de Putin, por seu raciocínio original e duvidoso para invadir a Ucrânia.

"Se uma situação similar hipotética confrontasse os Estados Unidos, e se da mesma maneira nós não nos importássemos com a opinião internacional, significando que concluímos que esse era nosso interesse de defesa nacional, poderíamos facilmente fazer o mesmo", disse Bossert. "*Nós* derrubaríamos aviões se estivéssemos em guerra com alguém. *Nós* derrubaríamos a rede elétrica. Nós faríamos todas essas coisas. A diferença aqui é se Putin tinha justificativa militar para estar na Ucrânia. Todos nós acreditamos que não."

Só depois que Bossert terminou seu almoço, apertou minha mão e entrou no táxi em direção à Estação Penn é que eu consegui desembrulhar as camadas políticas que ele havia oferecido: a invasão de Putin na Ucrânia quebrou as regras. Assim como a destruição irresponsável e descuidada que o NotPetya infligiu como parte dessa invasão, mas em terrenos diferentes. No entanto, essas regras desenharam linhas vermelhas que ainda preservavam a habilidade de executar todo tipo de ciberataque em infraestrutura crítica civil.

Se qualquer nação, em vez disso, mirasse seus ciberataques cuidadosamente e iniciasse uma guerra pelos motivos corretos, contra o país certo, essas linhas vermelhas não ofereceriam impedimento algum. Nessa futura ciberguerra, em outras palavras, os fins justificariam os meios.

■

No dia 9 de novembro de 2017, o presidente da Microsoft, Brad Smith, ficou de pé na frente de uma multidão no prédio das Nações Unidas em Genebra e os lembrou de um assunto em particular da história da cidade. Há um século e meio, uma dúzia de países havia se encontrado em Genebra para decidir um acordo de que eles não mais matariam os médicos uns dos outros no campo de batalha. Ao longo do século seguinte, um grupo crescente de nações se encontraria mais três vezes, culminando na assinatura da Quarta Convenção de Genebra naquele mesmo local, estabelecendo as proteções básicas para não combatentes em tempos de guerra que o mundo acata, em sua maioria, até hoje.

"Foi aqui em Genebra, em 1949, que os governos do mundo se uniram e se comprometeram de que protegeriam civis mesmo em tempos de guerra", disse Smith.[1] "E, ainda assim, vejam o que está acontecendo. Estamos vendo nações atacando civis mesmo em tempos de paz."

Smith discorreu sobre os desastres de cibersegurança que haviam sacudido o globo nos meses anteriores: primeiro o WannaCry, então o NotPetya. Atos, um após o outro, de hacking patrocinado por Estados colocaram em cheque a segurança fundamental da infraestrutura humana no mundo — de hospitais a fabricação e transporte marítimo —, assim como os horrores de rifle e artilharia da Batalha de Solferino em 1859 chamou a atenção para a necessidade de criar o que ultimamente se tornaria a Cruz Vermelha, e a Segunda Guerra Mundial mostrou a necessidade de proteger civis.

"Nós vivemos em um mundo onde a infraestrutura de nossas vidas é vulnerável para o elo mais fraco", Smith disse à multidão, notavelmente omitindo o fato de que alguns dos elos mais fracos em ambos os ciberataques que ele mencionou foram falhas de segurança no próprio sistema operacional Windows da Microsoft. "Está claro para onde o mundo está indo. Estamos entrando em um mundo onde cada termostato, cada aquecedor elétrico, cada ar-condicionado, cada semáforo, cada automóvel será conectado à internet. Pense no que isso significará para o mundo quando esses dispositivos se tornarem o alvo de ataques."

Então ele fez o seu pitch. "O mundo precisa de uma nova Convenção de Genebra digital. Precisa de novas leis de trânsito", disse Smith, entoando as palavras lentamente para lhes dar ênfase. "O que precisamos é de uma abordagem que governos adotarão e que diga que eles não vão atacar civis em tempos de paz. Que não vão atacar hospitais, não vão atacar a rede elétrica e não vão atacar os processos políticos de outros países."

O discurso de Smith foi, talvez, a articulação mais ampla e pública do ideal que eu ouvi durante anos, mais notavelmente de Richard Clarke, um ex-conselheiro de contraterrorismo e segurança nacional de três presidentes cujo livro *Guerra Cibernética*, de 2010, advogava por um "Tratado de Limitação de Ciberguerra". O tratado imaginado por Clarke baniria ciberataques de "primeiro uso" em infraestrutura crítica e até proibiria a implantação de malware de sabotagem em alvos como redes elétricas, ferrovias e instituições financeiras.[2]

A posição de ciberguerra se resumia à máxima de Rob Lee: ninguém, em lugar algum, deveria hackear a infraestrutura crítica civil do outro. Para aqueles que estavam nas trincheiras dos ciberataques recentes transbordando da Ucrânia, isso parecia óbvio. O mundo precisa de novas linhas vermelhas além das que eu ouvi de oficiais como J. Michael Daniel e Tom Bossert. Precisa de novas normas diretas, consagradas na lei internacional, limitando o uso de uma nova classe poderosa e perigosa de armas, antes que custe vidas humanas ou prejudique sociedades inteiras.

Mas não seria tão simples. "Acho que há espaço para um conjunto de regras acordadas sobre o ciberespaço", Bossert me contou em uma conversa posterior por telefone, quando eu mencionei a ideia da Convenção de Genebra. "Mas é difícil imaginar todas as ressalvas que eu teria que colocar nisso."

Países frequentemente sondam a infraestrutura uns dos outros ou até mesmo a infectam com malware, mas param antes de apertar o gatilho da sabotagem, Bossert apontou. Essas sondagens violariam a letra dessas novas regras hipotéticas? "Eu só quero ter certeza de que quem escreve as regras entenda o que estão tentando fazer", disse Bossert. "Se eles interpretarem 'ataque' como varredura e tomada de controle, mas sem de fato apagar as luzes, podemos ir à guerra sem necessidade. Eu já vivi muito nessa área cinzenta."

Mas havia um obstáculo mais fundamental no caminho de uma Convenção de Genebra digital, de acordo com Joshua Corman, que na época do discurso de Smith era o diretor da Cyber Statecraft Initiative do Atlantic Council: países como os Estados Unidos ainda pensam que se beneficiam mais de sua própria habilidade de fazer ciberguerra do que se beneficiariam ao privar seus inimigos desse poder. "Não há apetite para ir direto à Convenção de Genebra. Nenhum", Corman me disse. "O discurso da Microsoft já chegou morto, porque não há chance de desistirmos dessa liberdade de movimento."

Oficiais norte-americanos, Corman explicou, ainda olham para as capacidades superiores da NSA e acreditam que a ciberguerra favorece aqueles com a melhor defesa. O que eles não consideram é o grau no qual o Ocidente se tornou dependente da internet e da automação — imensamente mais do que adversários como a Coreia do Norte ou mesmo a Rússia. "Como uma das nações mais conectadas, somos mais dependentes e mais expostos", disse Corman. "E podemos perder muito mais."

Em vez de uma resposta ao estilo de Genebra, porém, Corman defende um conjunto mais estreito de regras: sem ciberataques em hospitais, por exemplo — o que ele chama de uma "zona de exclusão cibernética" ao redor de alvos médicos. "Tudo bem, apenas diga que hackear hospitais, deliberadamente ou não, constitui crime de guerra", disse Corman. "O mundo cibernético continuará agindo, mas é bom você ser assertivo na execução. Se fizer merda e atingir um hospital, configura crime de guerra internacional e vai a Haia."

Claro, qualquer debate sobre essas medidas diplomáticas permanece no âmbito acadêmico. Rússia, China, Coreia do Norte e Irã não têm intenção de entregar suas ciberarmas. A administração Trump também parecia determinada a se mexer na direção oposta do pacifismo hacker. Em 2017, Trump anunciou que ele elevaria a autoridade do Cyber Command do Pentágono e então, no ano seguinte, aumentou silenciosamente o mandato dessa força de ciberguerra para atacar preventivamente alvos estrangeiros se acreditassem que estavam planejando um ataque aos Estados Unidos.[3] Três meses mais tarde, Trump inverteu uma diretiva da administração Obama que exigia que um conjunto complexo de agências federais assinassem qualquer operação hacking ofensiva.[4]

Tudo isso cumpria com uma promessa de campanha que Trump havia feito em outubro de 2016, antes de sua eleição. "Como forma de dissuasão contra ataques em nossos recursos críticos, os Estados Unidos devem ter a capacidade inquestionável de lançar contra-ataques cibernéticos paralisantes", Trump disse à multidão em um discurso a veteranos militares em Virginia.[5] "Eu quero dizer paralisantes. *Paralisantes.*"

Uma Convenção de Genebra digital permanece um sonho agradável. Enquanto isso, o governo norte-americano parece mais propenso a seguir a resposta mais primitiva e instintiva a uma corrida armamentista de ciberguerra: o agravamento.

41

BLACK START

Em um dia úmido no começo de novembro de 2018, o engenheiro de uma companhia elétrica chamado Stan McHann estava caminhando ao longo de uma estrada no litoral sudeste da Ilha Plum, um pequeno pedaço de terra de 3,4km^2 próximo à ponta de North Fork, em Long Island. Ele olhou para a esquerda, em direção à expansão do Oceano Atlântico, e sentiu um raro momento de paz no que havia sido uma semana intensamente dura.

McHann e seus colegas estavam lutando com uma equipe de hackers desonestos que provou estar ferozmente determinada a derrubar sua rede — e mantê-la fora do ar. Ele esteve preso nesse combate com os intrusos durante dias, lutando entre subestações de distribuição, às vezes no meio de ventos de 110km/h e chuva lateral, para desviar do equipamento digital corrompido e diagnosticar os problemas. Cada vez que os hackers pareciam ter sido expulsos, eles encontravam outra maneira de injetar uma nova leva de caos, enviando McHann de volta para a tempestade.

Logo antes das 9h naquela manhã, todas as subestações pareciam finalmente estar conectadas de volta. Graças à sua paranoia, McHann decidiu conferi-las assim mesmo, caminhando até o centro de expedição da companhia perto do norte da ilha e depois da estrada costeira. Foi quando ele ouviu um som muito particular.

"Foi um *bam bam bam bam bam bam bam*", como McHann me descreveria mais tarde. Sete estouros como a explosão de uma arma de baixo calibre, soando em sucessão por toda a paisagem da ilha. Cada "bam", ele soube imediatamente, era um disjuntor se abrindo. Um engenheiro assustado da Con Edison que andava com ele perguntou o que era o ruído estranho e terrível. McHann respondeu: "Isso é toda a sua eletricidade caindo."

O desastre não era, felizmente, o que parecia ser. McHann e seus colegas engenheiros não estavam lutando contra o primeiro ciberataque a deflagrar um apagão em solo norte-americano. Em vez disso, eles estavam no meio de uma simulação perturbadoramente realista desse temido cenário, defendendo uma rede elétrica isolada e personalizada de um "time vermelho", composto de habilidosos hackers contratados do Departamento de Defesa, projetado para deixar seu "time azul" sentir a dor de um ciberataque focado na companhia sem infligir essa dor a vítimas civis norte-americanas.

A rede de teste da Ilha Plum foi construída pela Agência de Projetos de Pesquisa Avançada de Defesa, ou DARPA, o braço experimental do Pentágono projetado para desenvolver tecnologias para guerras futuras. A DARPA é notoriamente creditada com a invenção da internet e, em décadas recentes, ajudar a desenvolver outras tecnologias que mudaram o mundo, como o GPS e veículos aéreos não tripulados. Na Ilha Plum, a agência se estabeleceu para encontrar as ferramentas que permitiriam que as companhias elétricas lutassem contra hackers altamente sofisticados. E, para testá-las, a agência deixou esses engenheiros da companhia no pior cenário possível: eles tinham a tarefa de não só manter a energia, mas de *religá-la* depois de adversários digitais já terem apagado a rede por dias.

Enquanto os hackers do time vermelho arrastavam sua companhia de volta ao estado de apagão, McHann estava descobrindo o quão dolorosa a recuperação podia ser. "Seu coração aperta e seu estômago afunda até o chão", ele diz, descrevendo o sentimento de começar tudo outra vez. "Então você engole a dor e volta ao trabalho."

■

Alguns dias antes de McHann ouvir esses sete estouros na Ilha Plum, a DARPA havia iniciado seu jogo de guerra cibernética com uma configuração elaborada: duas companhias foram montadas na ilha com um centro de expedição remoto e dezesseis subestações de transmissão abrigadas em contêineres de transporte marítimo pontilhando o cenário. Uma companhia começou o exercício completamente no escuro; no cenário de dar pânico do jogo, os hackers haviam desligado a energia por tempo suficiente — semanas ou até mesmo meses — para que todos os geradores estivessem desligados e até as baterias de backup, completamente esgotadas.

A segunda companhia começou a semana com um gerador a diesel conectado apenas a um "ativo crítico", que o time azul ouviu que deveria manter ligado o tempo inteiro. Esse ativo, um edifício em ruínas próximo do sul da Ilha Plum que já foi usado pelo Pentágono como laboratório de uma guerra bacteriológica, representava no mundo da simulação da DARPA algo como um hospital ou um centro de comando de defesa — um consumidor imaginário e não negociável de energia, que é necessário para salvar vidas ou vencer uma guerra. Para permitir que os participantes pudessem ver a distância se o ativo crítico estava ligado ou não, uma série de bonecos infláveis e dançantes foi conectada do lado de fora do edifício, dando a ele um ar mais próximo de uma concessionária de carros usados do que o de um hospital em perigo.

Os participantes, engenheiros recrutados de companhias ao redor do país e pesquisadores de cibersegurança que enviaram propostas à DARPA, ouviram que deveriam realizar um chamado black start, ou início escuro. Isso significava improvisar a rede de uma companhia apagada do zero ao ligar seu gerador a diesel, então construir um caminho de distribuição elétrica de ambos os geradores das companhias para suas subestações, e finalmente sincronizar as duas companhias da ilha para criar uma fonte de energia redundante para o ativo crítico.

No primeiro dia do exercício, os engenheiros da companhia logo descobriram o quanto teriam que repensar sua abordagem sobre rodar uma rede elétrica depois de ela ter sido completamente sequestrada por sabotadores digitais. Alguns operadores mais experientes da companhia começaram a contar a seus amigos de time que recomeçariam a rede "pelos números", disse McHann. Esses engenheiros acreditavam que eles poderiam usar suas leituras remotas de equipamento digital em rede para alimentar a rede assim, como fariam depois de um desastre natural. "Eles tinham muita certeza de que seria outro cenário de treinamento para furacões", disse ele secamente.

Em 24 horas, de acordo com McHann, esses operadores ingênuos aprenderam que a abordagem direta não funcionava quando todos os computadores mentiam para você. O software do sistema de controle industrial que os operadores da companhia estavam acostumados a usar fazia a leitura da corrente e da voltagem do equipamento de energia, mostrando-os nos computadores do centro de expedição conhecidos como interfaces humano-máquina. Mas esse software agora havia sido inteiramente penetrado pelos hackers e oferecia apenas respostas ridiculamente imprecisas ou enganosas.

Pior ainda, os operadores logo descobriram que não só essas leituras remotas, mas até os painéis nos equipamentos não poderiam ser confiados. "Eles derrubaram roteadores, bagunçaram os dados nas telas, mexeram nos disjuntores, desviaram a energia de modo errado", disse McHann sobre os hackers fantasmas que os atormentaram. "Tudo o que poderia acontecer de ruim estava acontecendo."

Os defensores da companhia tentaram empurrar os hackers para fora de seus sistemas e reconstruí-los, apenas para se deparar com os atacantes tenazmente cavando seu caminho de volta. "Enquanto arrumávamos as coisas, o adversário estava contrariando nossos movimentos", um pesquisador de cibersegurança, Stan Pietrowicz, contou à minha colega da *Wired*, Lily Hay Newman, que visitou a ilha durante o exercício, no meio de uma de suas tempestades castigantes.[1] No terceiro dia, assim que os defensores haviam quase reiniciado a rede inteira, os atacantes derrubaram uma subestação chave, arremessando-os de volta no caos. "Até aquela pequena vitória foi tirada de nós", lamentou Pietrowicz.

Assim que os engenheiros da companhia admitiram aos colegas pesquisadores de cibersegurança que seus computadores tradicionais não tinham jeito, eles recorreram a ferramentas experimentais projetadas para desviar da rede hackeada. Os engenheiros finalmente andaram até cada subestação e conectaram sensores com grampos diretamente no equipamento de energia. Eles conectaram esses sensores a uma rede "mesh" construída de computadores portáteis — caixas-pretas do tamanho de um computador de mesa — que se comunicavam uns com os outros por meio de canais criptografados e protegidos do resto das infecções da companhia.

Comunicando-se por meio daquela rede criptografada e com comandos de voz por telefone, os operadores da companhia finalmente conseguiram fazer algum progresso em direção à estabilidade. Nas últimas horas do exercício, com duração de uma semana, finalmente sincronizaram brevemente as duas instalações, apesar de não existir garantia de que os hackers não as derrubariam de novo se o jogo continuasse.

Enquanto isso, o time vermelho marcou um tipo diferente de vitória: duas vezes eles conseguiram derrubar a energia do "ativo crítico" que o time azul foi ordenado a proteger. Em ambas as ocasiões, os bonecos infláveis caíram flácidos na rampa de concreto do lado de fora do edifício, baixas de um conflito contra um inimigo insidioso e altamente persistente.

■

Ouvindo a experiência das cobaias da DARPA, eu me lembrei de algo que Rob Lee havia me dito um ano e meio antes, pouco depois do segundo apagão ucraniano. A gente havia acabado de se encontrar pela primeira vez na sede básica de Baltimore da sua nova startup, a Dragos. Do lado de fora da janela de seu escritório, erguia-se uma série de pilões segurando linhas de transmissão que carregavam energia por 29 quilômetros ao sul até Washington, D.C.

"Derrubar a rede elétrica norte-americana seria mais difícil do que a ucraniana", Lee me disse na época. "*Mantê-la* derrubada pode ser mais fácil."

O exercício da DARPA parecia confirmar esta ideia: operadores de companhias norte-americanas, mais do que aqueles das companhias ucranianas, aprenderam a administrar a geração e o fluxo de energia primariamente por computadores e sistemas automatizados. Sem essas ferramentas modernas, eles estavam cegos. Operadores ucranianos, em contraste, são muito mais acostumados às falhas dessas ferramentas e, portanto, preparados para depender de uma opção analógica.

Quando o Sandworm abriu os disjuntores das companhias no centro e no oeste da Ucrânia, os funcionários delas estavam preparados a horas para dirigir caminhões e manualmente virar os interruptores nessas subestações. Quando perguntei a Stan McHann por que o time azul na simulação da DARPA não havia simplesmente desconectado os dispositivos como disjuntores da automação e os operados manualmente, ele me disse que isso, para alguns equipamentos modernos, não era nem mesmo uma opção. "Alguns disjuntores se tornaram tão automatizados que são controlados apenas por software", disse ele, triste.

Mas ainda mais do que essa falta de uma reserva analógica em companhias norte-americanas, o exercício da DARPA ilustrou um ponto mais amplo que Lee havia me mostrado: os ataques em redes elétricas ou outros sistemas de controle industrial poderiam ser muito, muito piores do que o mundo havia visto até então.

Uma intrusão futura pode mirar não uma estação de transmissão ou distribuição, mas uma usina elétrica. Ou pode ser projetada para não simplesmente desligar o equipamento, mas destruí-lo, como o experimento Aurora, de Mike Assante, demonstrou em 2007. O enorme gerador rotativo que morreu naquele ataque de prova de conceito, afinal, era protegido pelos mesmos relés de proteção que são encontrados em todos os sistemas elétricos dos Estados Unidos, incluindo estações de transmissão como o alvo do ataque do Sandworm em Kiev. Com a exploração certa do relé de proteção, é possível que alguém possa desativar permanentemente equipamentos de geração de energia ou transformadores gigantescos e multimilionários feitos sob encomenda, que servem de espinha dorsal do sistema de transmissão elétrica norte-americano.

Adicione essa capacidade destrutiva e os cenários distópicos começam a se expandir para muito além dos breves apagões que a Ucrânia experimentou, como Lee me contou. "Washington, D.C.? Um Estado-nação poderia derrubá-lo por dois meses sem muitos problemas", disse ele calmamente.

Um incidente isolado de destruição física pode nem ser o limite dos danos que os hackers podem infligir. Quando a comunidade de cibersegurança fala sobre hackers patrocinados por Estados, muitas vezes se referem a eles como "ameaças persistentes e avançadas" — intrusos sofisticados que não simplesmente se infiltram em um sistema para um único ataque, mas permanecem lá, silenciosamente mantendo o controle sobre o alvo. Se a vítima tem sorte o suficiente para descobri-los e expurgá-los de seus sistemas — como o time azul da

DARPA havia tentado —, muitas vezes descobre que os hackers deixaram um backdoor para eles mesmos em algum canto obscuro da rede e o usaram para, silenciosamente, fazer sua morada mais uma vez, como uma infestação de baratas superinteligentes.

Em seus pesadelos, Lee havia me contado, a infraestrutura norte-americana é hackeada com esse tipo de persistência: redes de transportes, oleodutos ou redes elétricas derrubados várias vezes por adversários profundamente infiltrados. "Se eles fizessem isso em múltiplos lugares, você pode ter até um mês de apagões em uma região inteira", disse. "Diga-me o que *não* muda dramaticamente quando cidades importantes ao longo de metade dos Estados Unidos não têm energia por um mês."

■

Um ano e meio depois, quando visitei a Dragos de novo, a empresa de cibersegurança de infraestrutura crítica de Rob Lee havia se mudado para o outro lado da cidade, para um espaço industrial reluzente. Em um canto do escritório novo havia um pequeno sistema de "tubulação" com encanamento e bombas, junto com um armário cheio de controladores lógicos programáveis. Em outro canto havia uma configuração completa de fabricação de cerveja industrial. Tudo isso tinha a intenção de servir como alvos para as demonstrações de hacking da Dragos e sessões de treinamento — assim como um fornecimento virtualmente ilimitado de cervejas IPA e Stout. O negócio de proteger clientes de ataques em sistemas de controle industrial parecia estar fazendo sucesso: desde minha última reunião com Lee, sua empresa havia aumentado de 22 empregados para 84 e levantado mais de 48 milhões de dólares de investidores.

Eu me sentei com Lee em uma mesa de conferência que ele mandou fazer de um único tronco de carvalho. Ele parecia mais velho e rechonchudo do que nas fotografias de seus dias na força aérea, com a barba ruiva espessa de um viking. Sua transição de um militar dissidente para um CEO excêntrico e confiante parecia estar completa. E ele logo deixou claro que o combustível de sua prosperidade e da Dragos era um agravamento muito real no hacking de infraestrutura crítica ao redor do mundo.

"Nada melhorou", ele resumiu. "Na última vez que eu te vi, estávamos rastreando três grupos diferentes que miravam especificamente setores industriais. Agora estamos rastreando dez."

Essas dez equipes de hacking de infraestrutura, acreditavam os analistas da Dragos, trabalham a serviço de seis governos distintos, apesar de Lee se recusar a listar quais exatamente. "Rússia, China, Irã e Coreia do Norte não são os únicos agentes nesse espaço", sugeriu. "Estamos rastreando um Estado africano que mira setores industriais. Tudo isso sai completamente do que as pessoas tendem a pensar." E Lee estimou que, apesar da extensa coleção de inteligência da Dragos — agora como a maior equipe de resposta a incidentes de cibersegurança do mundo focada em sistemas de controle industrial —, eles haviam encontrado menos da metade das operações de infiltração em alvos como redes elétricas, fábricas, oleodutos e instalações de tratamento de água ao redor do mundo.

O final de 2017, na verdade, registrou outro marco nesse conflito quase invisível: hackers de origem desconhecida atingiram a refinaria saudita de petróleo Petro Rabigh com um pedaço de malware chamado Triton ou Trisis, projetado para desativar os chamados sistemas instrumentados de segurança, que monitoram equipamento em busca de condições que possam levar a uma explosão ou vazamento químico.[2]

O resultado poderia ter sido um acidente letal catastrófico. Por sorte, o malware simplesmente deflagrou um desligamento da usina. Apesar da grande suspeita de que os hackers trabalhassem para o Irã, no outono de 2018 a FireEye ligou outro malware que os sabotadores usaram em um laboratório no Instituto Central de Pesquisa Científica de Química e Mecânica da Rússia, sugerindo que a Rússia também pode ter atuado no ciberataque. "A ameaça está ficando mais ousada", Lee me contou. "Estamos vendo mais ações numerosas e agressivas do que eu já vi em mais de dez anos fazendo isso."

A razão principal para esse agravamento é a que Lee tem insistido há anos, tempo o suficiente para sua fúria ter endurecido em um tipo de raiva cínica e estática: o governo norte-americano e o Ocidente como um todo falharam em estabelecer normas que possam manter a marcha em direção à ciberguerra em cheque.

A mesma inação, negligência e foco em ofensa que o estimularam a deixar a comunidade de inteligência e o levaram a queimar tantas de suas pontes com contatos governamentais, agora estavam abastecendo uma corrida armamentista digital global. Na verdade, elas haviam se tornado a fonte primária de crescimento para sua startup muito bem-sucedida. E ele ainda estava infeliz com isso. "O governo, na maior parte, abdicou de sua responsabilidade", Lee concluiu. As linhas vermelhas ainda não haviam sido desenhadas. "Nossos adversários pensam que podem se livrar sem consequências."

Mas Lee também via a subida contínua no hacking de infraestrutura como um tipo de ciclo que se autoperpetua: as agências de inteligência de todo país que testemunham as capacidades de hacking de outro país, ele explicou, imediatamente buscam se igualar ou ultrapassar seus inimigos. E a Rússia havia demonstrado seu malware de apagão conhecido como Crash Override ou Industroyer há mais de dois anos. Desde então, era seguro presumir, os hackers do Sandworm desenvolveram novas maneiras de causar estragos no mundo físico.

"Estados gostam de ter paridade uns com os outros. Qualquer outro Estado que não seja a Rússia ou os Estados Unidos a essa altura sente que está muito atrasado", disse Lee. "Haverá uma corrida para todo mundo construir essas habilidades. E os perdedores serão os proprietários de infraestrutura civil."

Os poderes de disrupção que o Sandworm demonstrou com tanta irresponsabilidade, em outras palavras, não foram uma aberração. Eles são apenas o modelo mais visível de uma caixa de ferramentas que toda nação militarizada e todo Estado desonesto do mundo podem cobiçar ou ter em breve: o novo arsenal padrão para um impasse de ciberguerra global.

42

RESILIÊNCIA

Dan Geer mora em uma casa branca de um andar próximo à fronteira entre o Tennessee e o Alabama, rodeado por duzentos acres de fazenda. Junto com a esposa, ele trabalha nessa terra cultivando uma cepa de milho heirloom, alho, flores de dália, sementes para ervilhas e um tipo particular de feijão branco chamado *tarbais* que, ele me explicou, qualquer chef que se respeite exige para fazer um cassoulet decente.

Em outras partes de sua vida profissional, ele trabalha como o oficial-chefe de segurança da informação para a In-Q-Tel, uma organização sem fins lucrativos que funciona como um tipo de investidor de capital de risco para agências de espionagem dos Estados Unidos. "Eu acho que é produtivo ter um pé na terra e outro na comunidade de inteligência", ele me diz.

A In-Q-Tel possui a tarefa de investir em empresas que fazem dinheiro e avançam a agenda da CIA, da NSA e do FBI e outras agências de três letras. O trabalho de Geer, como supervisor do portfólio de cibersegurança da empresa, é ver o futuro da segurança, em nome das agências de inteligência que se orgulham de ver tudo.

Ele se encaixa no papel de um profeta profissional: aos 69 anos, a idade descoloriu suas costeletas para o branco, e ele arruma o cabelo mais escuro para trás em um rabo de cavalo. Sua reputação na comunidade de cibersegurança autoriza essa imagem de mestre Jedi. Josh Corman, do Atlantic Council, o descreveu para mim em um tom reverente como "o velho político e filósofo" da cibersegurança. Geer emerge semianualmente do interior para dar palestras vigorosas na frente de plateias em silêncio nas maiores conferências de segurança do mundo, como a Black Hat e a RSA. Ele testemunhou cinco vezes perante o Congresso em audiências sobre segurança nacional e risco tecnológico.

Mas, para um futurista, Geer age demais como um ludita. Quando consegui falar com ele depois de algumas semanas de tentativas, foi por meio da linha de cobre de um telefone fixo que se conecta ao telefone de fio espiral da sua casa. Seu único celular é desligado e guardado no porta-luvas de seu Ford F-150 2001 enferrujado. Ele não tem TV e nenhum rádio em casa, exceto um de corda para emergências. Até mesmo seu trator, um antigo modelo coreano, foi escolhido para minimizar automação e software. "Se você não pegar a última moda, depois de um tempo parece que você descartou a vida moderna, mas não, você só não a adotou", Geer explicou. "Eu não tenho exposição."

Essa última frase em particular captura por que procurei por Geer e sugere um fato-chave sobre seu ascetismo digital: não é meramente o resultado dos hábitos inflexíveis de um eremita. É também seu modo de viver pelos seus princípios de segurança. Em um artigo curto publicado no começo de 2018 pelo think tank sediado em Stanford, a Instituição Hoover, e intitulado "Um Rubicão", Geer argumentou a favor de examinar uma variável muitas vezes esquecida na equação da segurança de uma sociedade contra o ciberataque: resiliência.[1]

Muito antes e depois do NotPetya, intelectuais de cibersegurança, especialistas e vendedores ofereceram estratégias para desviar de ciberataques catastróficos: escrever mais software seguro e atualizá-lo conscienciosamente. Monitorar redes com ferramentas lapidadas por aprendizado de máquina, projetadas para identificar intrusos ou seu software malicioso. Punir agentes maus, como a Rússia e a Coreia do Norte.

Mas, assim como o exercício da Ilha Plum da DARPA, Geer não está focando prevenir o próximo fiasco gigantesco e em cascata de segurança. Em vez disso, ele está determinado a descobrir como se recuperar disso rapidamente e limitar os prejuízos. "Pode ser a hora de não mais investir em aumentar o tempo entre os fracassos, mas em diminuir o tempo de reparo", como ele me explicou.

A chave para essa resiliência, Geer argumentara em seu artigo, é um tipo de independência. "Uma vez que a nascente do risco é a dependência, o risco agregado é uma função monotonicamente crescente de dependência agregada", Geer havia escrito. Dito de modo mais simples, um sistema complexo como uma civilização digitalizada está sujeito a falhas em cascata, em que uma coisa depende da outra, que depende de outra coisa. Se a fundação falha, a torre inteira desaba. Se os sistemas de controle são hackeados, a energia é desligada, as bombas de gás não funcionam, os caminhões do correio param e o pão não é entregue — ou milhares de consequências imprevisíveis desse tipo jorrando de uma miríade de interdependências alucinantes e complexas demais para computar.

Geer argumentou que o problema de potenciais falhas em cascata em sistemas de computador pode ser, em certa medida, mais ameaçador à vida humana como a conhecemos do que até mesmo o aquecimento global. "A interdependência na sociedade de hoje é centrada na internet além de todas as outras dependências, exceto o clima, e a internet tem uma constante de tempo de mudança cinco ordens de magnitude menor do que a do clima", escreveu. Ou, como ele traduziu para mim no telefone, a dependência em um clima estável apresenta pelo menos tanto risco existencial para a humanidade quanto a dependência em uma rede de computadores estável. Mas um agente malicioso fazendo o seu melhor para mudar o clima precisaria de décadas de liberação de carbono para causar danos sérios, enquanto uma equipe de hackers maliciosos poderia causar o caos na internet em uma questão de minutos.

E como proteger a sociedade dessas dependências perigosas? "Extinguir falhas em cascata, como se extingue um incêndio florestal, requer que uma área não envolvida seja limpa de mecanismos de trânsito, ou seja, requer o oposto da interdependência", escreveu Geer.

De algum modo, ele argumentou, as sociedades precisam construir ou manter sistemas de backup desconectados de redes modernas interdependentes e frágeis. Muitas vezes, isso significa uma alternativa analógica. Telefones fixos, quando redes de celulares falham. Votos impressos, que possam ser contados manualmente se a eleição for hackeada. Operadores de companhias como as da Ucrânia, preparados para mudar para o controle manual e ligar a energia de volta manualmente, um disjuntor por vez. O controlador de domínio de backup em um data center sem energia, em Gana, desconectado da rede global de transporte marítimo que foi devastada.

■

O artigo de Geer me lembrou de uma conversa que tive alguns meses antes, acompanhando o CEO do serviço de correio ucraniano enquanto seu motorista pessoal o levava ao aeroporto de Boryspil, em Kiev. Esse CEO, Igor Smelyansky, havia me impressionado com o modo franco que falava sobre os efeitos paralisantes do NotPetya no serviço de correio, que queimou milhares de seus computadores. Ele não tinha ilusões sobre isso acontecer de novo. "Eu não acho que podemos realmente prevenir algo assim", ele disse calmamente. "Podemos nos preparar. E podemos tentar minimizar os danos."

E quanto ao controle de danos para o próximo ciberfiasco, Smelyansky tinha ideias. Para cada elemento de sua empresa de 74 mil pessoas, Smelyansky disse que ele e seus executivos estavam fazendo um plano para como eles poderiam depender de um conjunto mínimo de serviços básicos no evento de outro desastre tecnológico. Eles estavam calculando o custo de reservas de combustível para seus caminhões e sistemas de backup de emergência para escritórios importantes. Cada caminhão de entrega receberia um pacote de papel que explicaria como prosseguir no caso de as redes de celulares serem derrubadas. "Teremos centros de distribuição onde haverá geradores de backup para que o sistema ainda possa funcionar em uma escala menor", Smelyansky disse no inglês com forte sotaque norte-americano que ele absorveu depois de trabalhar por anos em Nova York. "O motorista sabe que precisa ir até lá. Se não puder se comunicar conosco, é isso que ele faz: um, dois, três."

Para os cruciais pagamentos de aposentadoria dos correios, Smelyansky propôs um sistema de backup, por meio do qual, no caso de um apagão prolongado em massa de computadores, todo mundo simplesmente recebe uma pensão mensal de mil hryvnias, um empréstimo médio de mais ou menos 36 dólares. Quando os computadores voltassem, eles adicionariam ou subtrairiam do próximo pagamento. Mas, enquanto isso, ninguém passaria fome.

De certa forma, o serviço de correios ucraniano já havia se saído muito melhor no surgimento do NotPetya do que o serviço de um outro país mais modernizado poderia ter se saído. Quando a base de dados de assinaturas de jornais foi destruída, escritórios locais pegaram caixas de cartões de assinatura de jornal para recriar as listas de distribuição. Os aposentados da Ucrânia ainda pegaram seus benefícios em dinheiro, em vez de pagamentos eletrônicos. Muitos escritórios, particularmente em regiões remotas da Ucrânia, ainda usavam sistemas em papel para processar os pagamentos; alguns empregados nem mesmo tocavam em computadores em seu trabalho diário.

"Nós tivemos os maiores problemas nas cidades grandes. Nas cidades pequenas, alguns empregados ainda lembram como trabalhar com papel", Smelyansky me disse. "Em Kiev, nós tínhamos empregados que não se lembravam de um tempo anterior aos computadores. Tivemos que dizer a eles para encontrarem alguém mais velho que os ensinasse."

Apesar do fato de que o serviço de correio da Ucrânia tinha um pé firmemente plantado no passado analógico, o NotPetya ainda fez um estrago enorme, assim como para tantas outras organizações na Ucrânia e ao redor do mundo. Preparar-se para o próximo não seria fácil, Smelyansky admitiu quando chegamos ao aeroporto Boryspil, para seu voo. Mas ele estava otimista. "É um problema de dependências. Você precisa trabalhar em cima das dependências o caminho inteiro até o fim", disse ele. "Estamos trabalhando nelas."

■

Quando eu perguntei a Dan Geer se ele esperava que outro NotPetya atingiria a internet, ele respondeu antes mesmo que eu terminasse a questão. "Sim. Sim, sim. Por que não? Há um motivo para acreditar que a Coreia do Norte faria algo assim? Sim, eles fizeram. A China? Sim. O número de países capazes de fazer isso está subindo? Eu diria que sim."

Mas uma lição do último desastre de cibersegurança — que uma geração mais antiga de trabalhadores do correio ucraniano tinha habilidades analógicas para manter o sistema rodando enquanto a geração mais nova não tinha — é o pensamento que particularmente incomoda Geer. Essas reservas analógicas estão se dissolvendo na história, substituídas por novos sistemas digitalizados, automatizados e, por fim, frágeis. Geer enxerga sua própria desconexão da tecnologia moderna como uma preferência pessoal e uma contribuição a uma população "carga de base" que mantém os sistemas estáveis e de reserva do passado rodando.

"A vantagem social de ter uma alternativa pronta, que funcione e conhecida por trabalhar se a opção atual explodir não é fácil de medir, mas acredito que isso é importante", disse ele. "Mas onde você encontra a carga de base para manter a coisa analógica rodando? Precisa existir algum corpo de pessoas que, deixadas sozinhas, continuariam a usá-la. Senão, no futuro, teremos que recriá-la, e isso será muito mais difícil do que mantê-la funcionando agora."

Sem essa carga de base analógica, a humanidade terá se inovado até o precipício de uma nova e perigosa era, na qual imensas interdependências decidirão nosso destino e as redes de segurança terão sido retiradas. Apartar uma parcela dos recursos da sociedade dessa inovação terá o seu preço, Geer reconhece. Mas o preço de abandonar o passado pode ser maior. "Eu não quero parecer o Chicken Little, mas estou tentando achar um equilíbrio", Geer insistiu. "Quero pelo menos *escolher* se teremos uma dependência irreparável em algo."

O tempo que nos resta para fazer essa escolha está acabando. "Nós nunca teremos um mundo mais analógico do que temos agora", Geer escreveu nos parágrafos de conclusão do seu artigo "Rubicão":

> Países que constroem instalações físicas completamente analógicas têm vantagem sobre países que saltam diretamente para a digitalização completa. Os primeiros países têm corta-fogo preventivos e preserváveis que os últimos não têm, mas os primeiros países aproveitam o dividendo de sua resiliência se, e apenas se, eles preservarem suas instalações físicas. O fato de essa preservação poder fornecer resiliência para os digitalizados e liberdade continuada para aqueles que escolhem não participar da digitalização é único desse momento histórico.
>
> Nós estamos nas margens de nosso rubicão.

EPÍLOGO

A Ucrânia permanece verdadeira ao homônimo concedido por seus vizinhos russos: "fronteira". Poucos lugares sentiram a pressão nas fronteiras da Ucrânia tanto quanto Maryinka. A minúscula cidade, com menos de 10 mil habitantes, está situada ao lado de um lago pitoresco, a 563 quilômetros a sudeste de Kiev na região do país devastada pela guerra conhecida como Donbas. A rede de Maryinka, com ruas alinhadas por árvores e prédios cinzentos, como tantas cidades ucranianas, é pontilhada por catedrais ornamentadas e memoriais soviéticos. Mas, em direção às bordas sul e leste da cidade, a arquitetura parece ruir, exibindo as cicatrizes de anos de batalhas que pegaram a cidade no fogo cruzado — marcas de explosões, prédios queimados e abandonados e fachadas espetacularmente detonadas, derramando tijolos em estruturas vazias.

Então, ainda dentro dos limites da cidade, aparece um posto de controle, gerenciado por soldados e protegido por um labirinto de blocos de concreto. Isso é o que os locais chamam de "ponto zero". Do outro lado, é terra de ninguém. A linha de frente entre as forças pró-ucranianas e pró-russas atravessa a própria cidade.

Ainda assim, a menos de um quilômetro dessa linha de frente, no centro de Maryinka, senhoras de meia-idade estão trabalhando dentro de um prédio pintado de laranja que um dia já foi um supermercado, assando pães e empacotando-os ainda quentes em caixas de plástico coloridas patrioticamente de azul e amarelo.[1] Essa é a padaria de Oleg Tkachenko, um padre, empreendedor e refugiado da invasão russa.

Em Slovyansk, uma cidade no extremo norte de Donbas, Tkachenko estava construindo uma casa de oito quartos para sua família em 2014, quando soldados liderados por um ex-oficial militar russo sequestraram a estação de polícia local. Eles atiraram em sua vizinha na sacada de seu apartamento — a primeira civil morta na tomada da cidade. "Quando você vive no século XXI e de repente uma guerra chega à sua cidade, alguém está atirando e as pessoas estão morrendo, é difícil acreditar no que está acontecendo", recorda Tkachenko. Hoje ele vive com a esposa e quatro de seus filhos ao norte de Maryinka, apertados em um apartamento de dois quartos com menos de 46m².

Oleg e a esposa, Eugenia, passam a maior parte do tempo viajando pela região ao longo da linha de frente de Donbas. Ele atua como capelão para soldados ucranianos, e o casal costuma distribuir pães frescos de trigo e centeio que sua padaria produz; o negócio gera mais caridade do que lucro. A economia local colapsou em maior parte desde o início da guerra e quase metade da população de Maryinka fugiu para o Oeste. "As pessoas não têm nem dinheiro suficiente para comprar pão", Tkachenko lamenta.

Em suas viagens ao longo da zona de guerra da Ucrânia, os Tkachenkos testemunharam incontáveis cenas de uma sociedade destruída. Vilarejos marcados por crateras de 4,5 metros de profundidade criados pela artilharia. Famílias em choque, que vivem em seus porões por semanas ou meses. Idosos dos vilarejos que escolheram se suicidar em vez de enfrentar a desolação da guerra. Uma viúva forçada a enterrar o marido no próprio quintal. Uma família que se mudou de Donbas para a cidade de Pripyat depois do desastre de Chernobil em 1986, deixando todas as posses para trás, apenas para ter sua casa destruída pelo fogo durante a guerra, trinta anos depois.

Mas uma das condições mais terríveis, dizem Oleg e Eugenia, pode ser encontrada ao sul de sua padaria, na própria Maryinka. Na cidade-fantasma do outro lado do posto de controle do exército, a maioria dos prédios está profundamente danificada, alguns obliterados ao ponto de só restar uma chaminé. Poucos jornalistas, equipes de auxílio ou até mesmo policiais se atrevem a atravessar essa terra arrasada. Mas doze famílias ainda vivem por lá, teimosas em deixar o local ou simplesmente sem condições de começar vida nova em outro lugar.

Essas famílias, como os Tkachenkos me descreveram, transformaram suas casas em bunkers, com sacos de areia empilhados do lado de fora de suas janelas e ícones religiosos pintados nas paredes como uma última forma desesperada de proteção. Um homem foi morto recentemente por uma mina terrestre, e a luta continuava tão perigosa que ele não pôde ser enterrado por duas semanas. Um garoto de doze anos que morava na vizinhança foi atingido com estilhaços na cabeça e, após várias cirurgias, permanece com danos cerebrais.

Mas, como a maioria dos ucranianos presos na zona de guerra de seu país, as famílias continuam a prolongar sua existência. "No primeiro estágio, houve pânico e medo. Esses nunca vão embora, mas as pessoas se acostumam a eles. Elas vivem no estresse", diz Tkachenko, com os olhos marejados. "As pessoas se acostumam a absolutamente tudo."

■

Guerras baixas e intermináveis continuam a ser a realidade distópica de um país que se equilibra sobre o limiar entre civilizações. A Ucrânia ainda precisa escapar da crueldade de sua geografia.

A história do Sandworm mostra como essa geografia também ajudou a fazer da Ucrânia um posto fortificado para a ciberguerra — há pouca chance de o Ocidente ter tolerado a mesma escala de ataques digitais se eles fossem infligidos além das fronteiras em apuros da Ucrânia, contra a OTAN ou a UE. Mas, diferentemente da opressão centenária e torturante da Rússia contra seu vizinho, não há motivo para acreditar que essa nova forma de conflito será confinada pelos contornos da geografia. A ciberguerra, de modo diverso de tantas outras atrocidades distantes que o Ocidente ignorou por séculos, acontece não a uma distância confortável, mas na rede global que alcança nossas casas, empresas, governos e infraestrutura.

Em 2010, Michael Hayden, o ex-diretor da NSA e da CIA, fez um argumento sombrio e presciente em uma palestra na conferência de segurança Black Hat em Las Vegas, falando para um público de programadores, engenheiros de segurança e hackers. "Vocês fizeram o domínio cibernético parecer a planície do norte da Alemanha. Então, reclamam e gemem quando são invadidos", falou. "Na internet, somos todos a Polônia. Todos somos invadidos na web. Na geografia inerente a esse domínio, tudo joga pela ofensiva."

Quase uma década depois, as palavras cínicas de Hayden ainda soam verdadeiras — mesmo que ele tivesse errado a localização por algumas centenas de quilômetros. Na internet, somos todos a Ucrânia. Em uma dimensão de conflito sem fronteiras, todos vivemos na linha de frente. E se falharmos em ouvir os avisos da terra da fronteira, poderemos todos compartilhar de seu destino.

APÊNDICE

A CONEXÃO DO SANDWORM COM O HACKING DA ELEIÇÃO FRANCESA

As conexões que Michael Matonis fez entre o Olympic Destroyer e os ataques nos conselhos eleitorais estaduais norte-americanos em 2016 representam a prova verificável mais pública da responsabilidade do GRU pela sabotagem das Olimpíadas. Mas, perto da mesma época, Matonis descobriria outra conexão distinta — ainda que complicada — entre o Sandworm e uma operação diferente focada na eleição, uma conexão que merece sua própria explicação.

Em maio de 2018, três meses depois de começar a investigar o Olympic Destroyer, Matonis começou a escavar outra pista nas backdoors que o Sandworm havia usado na sua preparação para o NotPetya. A ESET encontrou uma dessas backdoors, a ferramenta VBS que havia ajudado a ligar o NotPetya aos ataques antigos do Sandworm, foi controlada por um certo servidor na Bulgária.[1] E a configuração desse computador sempre pareceu estranha para Matonis. Ele rodava um pedaço de software chamado Tor, projetado para esconder a fonte do tráfego de internet ao criptografar triplamente e distribuí-lo através de três servidores voluntários escolhidos ao redor do mundo, conhecidos como nódulos Tor. O servidor de comando e controle do Sandworm também estava se voluntariando como um desses nódulos Tor, distribuindo o tráfego de estranhos pela internet. Talvez fosse uma tentativa de criar uma inundação confusa de tráfego de cobertura, como um ladrão tentando se perder na multidão.

Mas, conforme Matonis examinava a configuração do servidor Tor do Sandworm, ele descobriu que a configuração podia servir como um tipo de impressão digital — não para identificar os hackers por trás, mas para identificar outros servidores similares que eles haviam configurado para operações diferentes. Em vez de permitir que os servidores desaparecessem no anonimato, o uso do Tor os destacou.

Matonis se recusou a revelar os detalhes dessa impressão digital, assim como se recusou a detalhar as pistas que o levaram à conexão do Olympic Destroyer com o software Malicious Macro Generator. Mas, usando essa impressão digital do Tor como um tipo de modelo, ele escavou mais vinte servidores similares pela internet que pareciam compartilhar suas características, todos ficaram online em 2017. Parecia a ele que alguém dentro do Sandworm ou trabalhando a seu serviço recebeu a tarefa de criar uma nova coleção fresca de servidores back end para os ataques do grupo.

Assim que ele identificou essa coleção de máquinas back end do Sandworm, Matonis começou o mesmo processo de vasculhar o sistema de nome de domínio da internet em busca de domínios que fossem hospedados nos endereços de IP desses servidores. E quando ele pesquisou um dos primeiros domínios que esse processo mostrou, o link de phishing de falsificação do Google drive. googlmail.com.verification.security.login-service.ml, um único e extraordinário resultado apareceu. Era uma mensagem dentro do despejo de e-mails hackeados do partido político do presidente francês, Emmanuel Macron.

Pouco antes das eleições francesas de 2017, o WikiLeaks publicou essa coleção de e-mails roubados, assim como havia feito com a campanha de Hillary Clinton nas eleições dos Estados Unidos no ano anterior. A mensagem que continha o domínio falso "googlmail" era um e-mail de phishing — provavelmente o mesmo que os hackers usaram para invadir os servidores da campanha de Macron e vazar seu conteúdo. Parece que os hackers se esqueceram de remover esse e-mail de isca antes de despejar a coleção inteira de mensagens roubadas. Ao vazar o baú de tesouros completo de e-mails com o domínio de phishing incluso — um domínio que Matonis agora havia ligado ao NotPetya —, parecia que os hackers do Sandworm vazaram seus próprios segredos junto com os do então presidente eleito da França. E eles definitivamente revelaram que estavam envolvidos naquele incidente de hacking das eleições de 2017.

NOTAS

Muitos capítulos deste livro, particularmente os capítulos históricos, dependeram muito de fontes secundárias, e sou especialmente grato aos autores dos trabalhos que listei na bibliografia. A história central de *Sandworm*, porém, foi largamente baseada em centenas de horas de entrevistas, cujos entrevistados eu tentei não nomear no texto sempre que possível. Com a exceção de fatos isolados que posso ter falhado em citar por engano — minhas desculpas antecipadas por quaisquer omissões —, o que não estiver incluído nas notas finais a seguir deve ser atribuído ao meu próprio trabalho de reportagem.

As epígrafes para cada parte do livro são de *Duna*, de Frank Herbert.

CAPÍTULO 2 BLACKENERGY

1 "BlackEnergy DDoS Botnet Analysis", Arbor Networks, out. 2007, arquivado: bit.ly/2D0qzQ0.

2 Ibid.

CAPÍTULO 3 ARRAKIS 02

1 Ariana Eujung Cha e Ellen Nakashima, "Google China Cyberattack Part of Vast Espionage Campaign, Experts Say", *The Washington Post*, 14 jan. 2010, www.washingtonpost.com.

CAPÍTULO 4 MULTIPLICADOR DE FORÇAS

1 "Ongoing Sophisticated Malware Campaign Compromising ICS", ICS-CERT website, 10 dez. 2014, ics-cert.us-cert.gov/.

CAPÍTULO 6 DE HOLODOMOR A CHERNOBIL

1 Reid, *Borderland*, 1.

2 Ibid. 13.

3 Ibid. 97.

4 Ibid. 99.

5 Applebaum, *Red Famine*, xxvi.

6 Ibid. 25.

7 Ibid. 31.

8 Ibid. 64.

9 Ibid. 123.

10 Ibid. 223.

11 Ibid. 236.

12 Ibid. 202.

13 Ibid. 257.

14 "Coining a Word and Championing a Cause: The Story of Raphael Lemkin", *Holocaust Encyclopedia,* United States Holocaust Memorial Museum website, www.ushmm.org/.

15 Raphael Lemkin, "Soviet Genocide in the Ukraine", em *Holodomor: Reflections on the Great Famine of 1932–1933 in Soviet Ukraine,* ed. Lubomyr Y. Luciuk (Kingston, Ontário: Kashtan Press, 2008).

16 Reid, *Borderland,* 150.

17 Ibid. 151.

18 Ibid. 162.

19 Ibid. 161.

20 Vadim Erlikhman, *Poteri narodonaseleniia v XX veke: Spravochnik* (Moscou: Russkaia Panorama, 2004), 21–35, via Wikipédia.

21 Reid, *Borderland,* 205.

22 Ibid. 194.

23 "New Study Rewrites First Seconds of Chernobyl Accident", *Sci News,* 21 nov. 2017, www.sci-news.com/.

24 "Sequence of Events", Chernobyl Accident Appendix 1, World Nuclear Association website, nov. 2009, www.world-nuclear.org.

25 Reid, *Borderland,* 197.

26 Lev Golinkin, "The Lasting Effects of the Post-Chernobyl Parade", *Time,* 30 abr. 2016, time.com.

CAPÍTULO 7 DE MAIDAN A DONBAS

1 Reid, *Borderland,* 216.

2 Ibid. 244.

3 Ibid. 246–47.

4 Ibid. 252.

5 Ibid. 253–57.

6 Glib Pakharenko, "Cyber Operations at Maidan: A Firsthand Account", *Cyber War in Perspective: Russian aggression against Ukraine,* 24 mai. 2014, ccdcoe.org/.

7 Plokhy, *Gates of Europe,* 340.

8 Reid, *Borderland,* 268.

9 Plokhy, *Gates of Europe,* 340.

10 Reid, *Borderland,* 268.

11 Ray Furlong, "Investigators Say Missile from Russian Unit Downed MH17", Radio Free Europe/Radio Liberty, 24 mai. 2018, www.rferl.org/.

12 Margaret Coker e Paul Sonne, "Ukraine: Cyberwar's Hottest Front", *The Wall Street Journal,* 9 nov. 2015, www.wsj.com.

13 Andy Greenberg, "Russian Hackers Are Using 'Tainted' Leaks to Sow Disinformation", *Wired,* 25 mai. 2017, www.wired.com.

CAPÍTULO 9 A DELEGAÇÃO

1 Robert M. Lee, "The Failing of Air Force Cyber", *Signal,* 1 nov. 2013, www.afcea.org.

2 Michael J. Assante, "Current Reporting on the Cyberattack in Ukraine Resulting in Power Outage", SANS Industrial Control Systems Security Blog, 30 dez. 2015, ics.sans.org/, arquivado em bit.ly/2WCU0jt.

3 Robert M. Lee, "Potential Sample of Malware from the Ukrainian Cyber Attack Uncovered", SANS Industrial Control Systems Security Blog, 1 jan. 2016, ics.sans.org/, arquivado em bit.ly/2t1l9ib.

4 Andy Greenberg, "Watch Hackers Take Over the Mouse of a Power-Grid Computer", *Wired,* 20 jun. 2017, www.wired.com/.

CAPÍTULO 10 FLASHBACK: AURORA

1 "Aurora Test Footage", publicado por MuckRock, 9 nov. 2016, www.youtube.com.

CAPÍTULO 11 FLASHBACK: MOONLIGHT MAZE

1 Stoll, *Cuckoo's Egg,* 3.

2 Ibid. 28.

3 Ibid. 370.

4 Rid, *Rise of the Machines,* 316.

5 Ibid. 330.

6 Ibid.

7 Ibid. 331.

8 Kaplan, *Dark Territory,* 87.

9 Rid, *Rise of the Machines,* 333.

10 Ibid. 301.

11 "Interview with John Arquilla", *Frontline,* entrevista conduzida no dia 4 de março de 2003, www.pbs.org.

12 John Arquilla e David Ronfeldt, "Cyberwar Is Coming!", em *In Athena's Camp: Preparing for conflict in the information age* (Santa Monica, Calif.: Rand, 1997), www.rand.org/.

13 Pierre Thomas, "Experts Prepare for 'an Electronic Pearl Harbor'", CNN, 7 nov. 1997, cnn.com.

14 Robert H. Anderson e Anthony C. Hearn, "The Day After... in Cyberspace II", em *An Exploration of Cyberspace Security R&D Investment Strategies for DARPA* (Santa Monica, Calif.: Rand, 1996), www.rand.org/.

15 "Transcript: Clinton Remarks on Cyberterrorism on January 7, 2000", *USIS Washington File,* 7 jan. 2000, fas.org.

CAPÍTULO 12 FLASHBACK: ESTÔNIA

1 Joshua Davis, "Web War One", *Wired,* set. 2007, www.wired.com/.

2 Eneken Tikk, Kadri Kaska e Liis Vihul, "International Cyber Incidents: Legal Considerations", 2010, 20, ccdcoe.org/.

3 Davis, "Web War One."

4 "Putin's Prepared Remarks at 43rd Munich Conference on Security Policy", *The Washington Post,* 12 fev. 2007, www.washingtonpost.com.

5 Guy Faulconbridge, Reuters, 9 mai. 2007, uk.reuters.com.

CAPÍTULO 13 FLASHBACK: GEÓRGIA

1 Ariel Cohen e Robert E. Hamilton, "The Russian Military and the Georgian War: Lessons and Implications", Strategic Studies Institute, jun. 2011, ssi.armywarcollege.edu.

2 Ibid. 45.

3 Jose Nazario e Andre Dimino, "An In-Depth Look at the Russia-Georgia Cyber Conflict of 2008", www.shadowserver.org/.

4 Joseph Menn, "Expert: Cyber-attacks on Georgia Websites Tied to Mob, Russian Government", *Los Angeles Times,* 13 ago. 2008, latimesblogs.latimes.com/.

5 Luke Coffey, "10 Years After Putin's Invasion, Russia Still Occupies Parts of Georgia", *Daily Signal,* 1 mar. 2018, www.dailysignal.com.

6 Eneken Tikk, Kadri Kaska e Liis Vihul, "International Cyber Incidents: Legal Considerations", 2010, 68, ccdcoe.org/.

CAPÍTULO 14 FLASHBACK: STUXNET

1 Sanger, *Confront and Conceal,* 201.

2 David Sanger, "Obama Order Sped Up Wave of Cyberattacks Against Iran", *The New York Times,* 1 jun. 2012, www.nytimes.com.

3 Zetter, *Countdown to Zero Day,* 70.

4 Ibid. 81.

5 Ibid. 83.

6 Sanger, *Confront and Conceal,* 191.

7 Ibid. 198.

8 Kaplan, *Dark Territory,* 206.

9 Ivan Oelrich e Ivanka Barzashka, "How a Centrifuge Works", Federation of American Scientists, fas.org/.

10 Sanger, *Confront and Conceal,* 199–200.

11 Zetter, *Countdown to Zero-day,* 3.

12 Ibid. 6–11.

13 Ibid. 28–30.

14 Ibid. 177.

15 Sanger, *Confront and Conceal,* 196.

16 Ibid. 198.

17 Ibid. 203.

18 Sanger, "Obama Order Sped Up Wave of Cyberattacks Against Iran".

19 Sanger, *Confront and Conceal*, 206.

20 Ibid. 207.

21 Zetter, *Countdown to Zero-day*, 361.

22 Sanger, "Obama Order Sped Up Wave of Cyberattacks Against Iran".

23 Paul D. Shinkman, "Former CIA Director: Cyber Attack Game-Changers Comparable to Hiroshima", *U.S. News & World Report*, 20 fev. 2013, www.usnews.com.

CAPÍTULO 15 AVISOS

1 Peter Elkind, "Inside the Hack of the Century", *Fortune*, 25 jun. 2015, fortune.com/.

2 Andy Greenberg, "FBI Director: Sony's Sloppy North Korean Hackers Revealed Their IP Addresses", *Wired*, 7 jan. 2015, www.wired.com.

3 "Remarks by the President in Year-End Press Conference", 19 dez. 2014, www.obamawhitehouse.archives.gov.

4 "U.S. Charges Five Chinese Military Hackers for Cyber Espionage Against U.S. Corporations and a Labor Organization for Commercial Advantage", Departamento de Justiça dos Estados Unidos, 19 mai. 2014, www.justice.gov.

5 Andy Greenberg, "Obama Curbed Chinese Hacking, but Russia Won't Be So Easy", *Wired*, 16 dez. 2016, www.wired.com.

6 Joseph Berger, "A Dam, Small and Unsung, Is Caught Up in an Iranian Hacking Case", *The New York Times*, 25 mar. 2016, www.nytimes.com.

CAPÍTULO 16 FANCY BEAR

1 Ellen Nakashima, "Russian Government Hackers Penetrated DNC, Stole Opposition Research on Trump", *The Washington Post*, 14 jun. 2016, www.washingtonpost.com/.

2 Huib Modderkolk, "Dutch Agencies Provide Crucial Intel About Russia's Interference in US-Elections", *Volksrant*, 25 jan. 2018, www.volkskrant.nl.

3 Dmitri Alperovitch, "Bears in the Midst: Intrusion into the Democratic National Committee, Opposition Research on Trump", *CrowdStrike*, 15 jun. 2016, www.crowdstrike.com.

4 Guccifer 2.0, "Guccifer 2.0 DNC'S Servers Hacked by a Lone Hacker", 15 jun. 2016, guccifer2.wordpress.com, arquivado em at bit.ly/2FOMwEE.

5 Matei Rosca, "Exclusive: Jailed Hacker Guccifer Boasts, 'I Used to Read [Clinton's] Memos and Then Do the Gardening'", *Pando*, 20 mar. 2015, pando.com.

6 Guccifer 2.0, "FAQ from Guccifer 2.0", 30 jun. 2016, guccifer2.wordpress.com, arquivado em bit.ly/2Mwo3V6.

7 Thomas Rid, "How Russia Pulled Off the Biggest Election Hack in U.S. History", *Esquire*, 20 out. 2016, www.esquire.com.

8 Lorenzo Franceschi- Bicchierai, "Why Does DNC Hacker 'Guccifer 2.0' Talk Like This?", *Motherboard*, 23 jun. 2016, motherboard.vice.com.

9 Sam Biddle e Gabrielle Bluestone, "This Looks Like the DNC's Hacked Trump Oppo File", 15 jun. 2016, gawker.com.

10 Kristen East, "Top DNC Staffer Apologizes for Email on Sanders' Religion", *Politico,* 23 jul. 2016, www.politico.com; Mark Paustenbach, "Bernie Narrative", via WikiLeaks, enviado 21 mai. 2016, wikileaks.org, arquivado em bit.ly/2FoysLh.

11 Jordain Carney, "Wasserman Schultz Called Top Sanders Aide a 'Damn Liar' in Leaked Email", *Hill,* 22 jul. 2016, thehill.com; "'This Is a Silly Story. (Sanders) Isn't Going to Be President'", *Boston Herald,* 24 jul. 2016, www.bostonherald.com; Dan Roberts, Ben Jacobs e Alan Yuhas, "Debbie Wasserman Schultz to Resign as DNC Chair as Email Scandal Rocks Democrats", *Guardian,* 25 jul. 2016, www.theguardian.com.

12 Lee Fang e Zaid Jilani, "Hacked Emails Reveal NATO General Plotting Against Obama on Russia Policy", *Intercept,* 1 jul. 2016, theintercept.com/.

13 Sean Gallagher, "Candid Camera: Dutch Hacked Russians Hacking DNC, Including Security Cameras", *Ars Technica,* 26 jan. 2018, arstechnica.com.

14 Andy Greenberg, "Russian Hackers Get Bolder in Anti-Doping Agency Attack", *Wired,* 14 set. 2016, www.wired.com.

15 Raphael Satter, "Inside Story: How Russia Hacked the Democrats' Email", Associated Press, 4 nov. 2017, www.apnews.com.

16 "HRC Paid Speeches", e-mail via WikiLeaks, enviado 25 jan. 2016, wikileaks.org, arquivado em bit.ly/2RRtcNA.

17 "Threat Group 4127 Targets Hillary Clinton Presidential Campaign", 16 jun. 2016, www.secureworks.com, arquivado em bit.ly/2RecMtu.

18 Mark Hensch, "Trump: 'I Love WikiLeaks,' " *Hill,* 10 out. 2016, thehill.com.

19 Andy Greenberg, "A Timeline of Trump's Strange, Contradictory Statements on Russian Hacking", *Wired,* 4 jan. 2017, www.wired.com.

20 Jake Sherman, "POLITICO/Morning Consult Poll: Only One-Third of Americans Say Russia Influenced 2016 Election", *Politico,* 20 dez. 2016, www.politico.com.

21 Andy Greenberg, "Trump's Win Signals Open Season for Russia's Political Hackers", *Wired,* 9 nov. 2016, www.wired.com.

22 Bill Whitaker, "When Russian Hackers Targeted the U.S. Election Infrastructure", CBS News, 17 jul. 2018, www.cbsnews.com.

23 "Joint Statement from the Department of Homeland Security and Office of the Director of National Intelligence on Election Security", 7 out. 2016, www.dhs.gov.

24 Andy Greenberg, "Obama's Russian Hacking Retaliation Is Biggest 'Since the Cold War'", *Wired,* 29 dez. 2016, www.wired.com.

CAPÍTULO 17 FSOCIETY

1 Anton Cherepanov, "The Rise of TeleBots: Analyzing Disruptive KillDisk Attacks", *We Live Security* (ESET blog), 13 dez. 2016, www.welivesecurity.com, arquivado em bit.ly/2B6Lgc3.

2 Chris Bing, "Early Indications Point to Sandworm Hacking Group for Global Ransomware Attack", *Cyberscoop,* 30 jun. 2017, www.cyberscoop.com.

CAPÍTULO 18 *POLIGON*

1 The Grugq, "Cyberwar via Cyberwar During War", *Risky Business,* 6 mar. 2017, www.risky.biz.

CAPÍTULO 19 INDUSTROYER/CRASH OVERRIDE

1 Anton Cherepanov, "Win32/Industroyer: A New Threat for Industrial Control Systems", documento da ESET, 12 jun. 2017, www.welivesecurity.com, arquivado em bit.ly/2Tan4N2.

2 "CRASHOVERRIDE: Threat to the Electric Grid Operations", relatório da Dragos, 12 jun. 2017, dragos.com/, arquivado em bit.ly/2HyuTuB.

3 Maria Cantwell, Ron Wyden, Brian Schatz, Sherrod Brown, Tammy Baldwin, Martin Heinrich, Chris Van Hollen, Christopher Coons, Al Franken, Bernard Sanders, Richard Durbin, Jack Reed, Edward Markey, Tammy Duckworth, Mazie K. Hironc, Thomas Carper, Patty Murray, Christopher Murphy, Jeanne Shaheen, Carta Aberta ao presidente Trump, 22 jun. 2017, www.energy.senate.gov.

4 "Advisory (ICSA-15-202-01) Siemens SIPROTEC Denial-of-Service Vulnerability", ICS-CERT advisory, 21 jul. 2015, ics-cert.us-cert.gov.

CAPÍTULO 21 SHADOW BROKERS

1 Shadow Brokers, "Equation Group Cyber Weapons Auction—Invitation", 13 ago. 2016, publicado originalmente em www.pastebin.com, arquivado em bit.ly/2TfpEBt.

2 Andy Greenberg, "The Shadow Brokers Mess Is What Happens When the NSA Hoards Zero Days", *Wired,* 17 ago. 2016, www.wired.com.

3 David Sanger, "'Shadow Brokers' Leak Raises Alarming Question: Was the N.S.A. Hacked?", *The New York Times,* 16 ago. 2016, www.nytimes.com.

4 "Cisco Adaptive Security Appliance SNMP Remote Code Execution Vulnerability", Cisco Security Advisories and Alerts, 17 ago. 2018, www.tools.cisco.com, arquivado em bit.ly/2CnkJAv.

5 Andy Greenberg, "No One Wants to Buy Those Stolen NSA-Linked Cyberweapons", *Wired,* 16 ago. 2016, www.wired.com.

6 Ibid.

7 Edward Snowden, publicação no Twitter, 16 ago. 2016, twitter.com, arquivado em bit.ly/2RdZGwc.

8 Shadow Brokers, "Message#5—Trick or Treat?" *Medium,* 30 out. 2016, Medium.com, arquivado em bit.ly/2MvthQW.

9 William M. Arkin, Ken Dilanian e Robert Windrem, "CIA Prepping for Possible Cyber Strike Against Russia", NBC News, 14 out. 2016, www.nbcnews.com.

10 Shadow Brokers, "REPOST: TheShadowBrokers Message#6", Steemit, dez. 2016, Steemit.com, arquivado em bit.ly/2FPu4vt.

11 Shadow Brokers, "Message Finale", TheShadowBrokers bit, 12 jan. 2017, arquivado em bit.ly/2CJn4wv.

12 Kevin Poulsen, "Mystery Hackers Blow Up Secret NSA Hacking Tools in 'Final F——k You'", *Daily Beast,* 13 jan. 2017, www.thedailybeast.com/.

13 Joseph Cox, "NSA Exploit Peddlers the Shadow Brokers Call It Quits", *Motherboard,* 12 jan. 2017, www.motherboard.vice.com.

14 Shadow Brokers, "Don't Forget Your Base", *Medium,* 8 abr. 2017, medium.com, arquivado em bit.ly/2CKzBQ5.

15 Jake Williams, "Russia 'Crosses the Rubicon' with Newest Shadow Brokers Dump", *Peerlyst,* 9 abr. 2017, www.peerlyst.com, arquivado em bit.ly/2CJTlDG.

16 Shadow Brokers, publicação no Twitter, 9 abr. 2017, arquivado em bit.ly/2B38u2T.

CAPÍTULO 22 ETERNALBLUE

1 Shadow Brokers, "Lost in Translation", Steemit.com, 14 abr. 2017, www.steemit.com, arquivado em bit.ly/2FQ7Auy.

2 Lily Hay Newman, "The Leaked NSA Spy Tool That Hacked the World", *Wired,* 7 mar. 2018, www.wired.com.

3 Ellen Nakashima e Craig Timberg, "NSA Officials Worried About the Day Its Potent Hacking Tool Would Get Loose. Then It Did", *The Washington Post,* 16 mai. 2016, www.washingtonpost.com.

4 Dan Goodin, ">10,000 Windows Computers May Be Infected by Advanced NSA Backdoor", *Ars Technica,* 21 abr. 2017, arstechnica.com.

5 "DoublePulsar", *Binary Edge* (blog), 21 abr. 2017, blog.binaryedge.io, arquivado em bit.ly/2RNPiAq.

6 Jakub Křoustek, "WannaCry Ransomware That Infected Telefonica and NHS Hospitals Is Spreading Aggressively, with over 50,000 Attacks So Far Today", *Avast* (blog), 12 mai. 2017, blog.avast.com, arquivado em bit.ly/2FXxbRz.

7 Amyas Morse, "Investigation: WannaCry Cyber Attack and the NHS", U.K. National Audit Office, 24 out. 2017, www.nao.org.uk.

8 Agamoni Ghosh e India Ashok, "WannaCry: List of Major Companies and Networks Hit by Ransomware Around the Globe", *International Business Times,* 16 mai. 2017, www.ibtimes.co.uk.

9 Marcus Hutchins, publicação do Twitter, 12 mai. 2017, twitter.com, arquivado em archive.is/9CkQn.

10 Samuel Gibbs, "WannaCry: Hackers Withdraw £108,000 of Bitcoin Ransom", *Guardian,* 3 ago. 2017, www.theguardian.com.

11 Andy Greenberg, "The WannaCry Ransomware Hackers Made Some Real Amateur Mistakes", *Wired,* 15 mai. 2017, www.wired.com.

12 Andy Greenberg, "The WannaCry Ransomware Has a Link to North Korean Hackers", *Wired,* 15 mai. 2017, www.wired.com.

13 "Press Briefing on the Attribution of the WannaCry Malware Attack to North Korea", Whitehouse.gov, 19 dez. 2017.

14 Sean Gallagher, "NSA Employee Who Brought Hacking Tools Home Sentenced to 66 Months in Prison", *Ars Technica,* 25 set. 2018, arstechnica.com.

15 Gordon Lubold e Shane Harris, "Russian Hackers Stole NSA Data on U.S. Cyber Defense", *The Wall Street Journal,* 5 out. 2017, www.wsj.com.

16 "Preliminary Results of the Internal Investigation into Alleged Incidents Reported by US Media (Updated with New Findings)", Kaspersky blog, 25 out. 2017, www.kaspersky.com, arquivado em bit.ly/2B4xnLn.

17 Josh Gerstein, "Suspect's Twitter Messages Played Role in NSA Hacking-Tools Leak Probe", *Politico,* 31 dez. 2018, www.politico.com; e Kim Zetter, "Exclusive: How a Russian Firm Helped Catch an Alleged NSA Data Thief", *Politico,* 9 jan. 2019, www.politico.com.

CAPÍTULO 23 MIMIKATZ

1 Kim Zetter, "Diginotar Files for Bankrupty in Wake of Devastating Hack", *Wired,* 20 set. 2011, wired.com.

CAPÍTULO 24 NOTPETYA

1 "Car Bomb Kills Senior Intelligence Officer in Central Kyiv", *NTD,* 27 jun. 2017, mb.ntd.com.

2 Christopher Miller, "Colonel in Ukrainian Military Intelligence Killed in Kyiv Car Bombing", Radio Free Europe/Radio Liberty, 27 jun. 2017, www.rferl.org.

3 Alec Luhn, "Ukrainian Military Intelligence Officer Killed by Car Bomb in Kiev", *Guardian,* 27 jun. 2017, www.theguardian.com.

4 Matt Suiche, "Petya.2017 Is a Wiper Not a Ran- somware", Comae blog, 28 jun. 2017, blog.comae.io/, arquivado em bit.ly/2UjSdxI.

5 Eduard Kovacs, "NotPetya Attack Costs Big Companies Millions", *SecurityWeek,* 17 ago. 2017, wwwsecurityweek.com.

6 "Информационная система Evraz подверглась хакерской атаке", *РИА Новости,* 27 jun. 2017, www.rbc.ru/; Yuri Zoria, "Ukrainian Banks, Enterprises, Media and Energy Companies Under Powerful Cyber Attack, Including Chornobyl NPP—LiveUpdates", *Euromaidan Press,* 27 jun. 2017, euromaidanpress.com/; "Malicious Malware: Lessons Learned and What to Expect from Cyber Crime in 2018", *Tass,* 1 jan. 2018.

CAPÍTULO 25 DESASTRE NACIONAL

1 "The New Safe Confine-ment Made Simple", Chernobil NPP website, chnpp.gov.ua/.

2 Raphael Satter, "Ukraine Official: Worm Likely Hit 1 in 10 State, Company PCs", Associated Press, 6 jul. 2017, dailyherald.com.

CAPÍTULO 27 O CUSTO

1 Richard Chirgwin, "IT 'Heroes' Saved Maersk from NotPetya with Ten-Day Reinstallation Bliz", *Register,* 25 jan. 2018, www.theregister.co.uk.

2 Hamza Shaban e Ellen Nakashima, "Pharmaceutical Giant Rocked by Ransomware Attack", *The Washington Post,* 27 jun. 2017, www.washingtonpost.com.

3 "Merck & Co. (MRK) Q3 2017 Results—Earnings Call Transcript", *Seeking Alpha,* 17 out. 2017, seekingalpha.com.

4 Alex Keown, "Recent Cyberattack on Merck & Co. Could Lead to Drug Shortage", Biospace.com, 25 set. 2017, www.biospace.com.

5 Chelsea Leu, "The Cost of NotPetya", barra lateral de "The Code That Crashed the World", *Wired,* ago. 2017, www.wired.com.

6 Kate Fazzini, "The Landmark Ransomware Campaign That Crippled Atlanta Last March Was Created by Two Iranians, Says DoJ", CNBC, 28 nov. 2018, www.cnbc.com/.

7 "Heritage Valley Health, Drugmaker Merck Hit by Global Ransomware Cyberattack", Associated Press, 27 jun. 2017, www.post-gazette.com.

8 Anupam B. Jena et al. "Delays in Emergency Care and Mortality During Major U.S. Marathons", *New England Journal of Medicine,* 13 abr. 2017, www.nejm.org.

CAPÍTULO 29 DISTÂNCIA

1 Philip Bump, "What Trump Was Saying About Russia and Putin—and What the Campaign Was Doing", *The Washington Post,* 14 dez. 2017, www.washingtonpost.com/.

2 Nick Wadhams e John Follain, "Tillerson Asks Why U.S. Taxpayers Should Care About Ukraine", *Bloomberg,* 11 abr. 2017, www.bloomberg.com.

3 David Maynor et al. "The MeDoc Connection", *Talos* (blog), Cisco, 5 jul. 2017, blog.talosintelligence.com, arquivado em bit.ly/2S6UpuU.

CAPÍTULO 30 GRU

1 "NotPetya and WannaCry Call for a Joint Response from International Community", Cooperative Cyber Defence Centre of Excellence da OTAN, 30 jun. 2017, ccdcoe.org.

2 Steve Evans, "Mondelez's NotPetya Cyber Attack Claim Disputed by Zurich: Report", *Reinsurance News,* 17 dez. 2018, www.reinsurancene.ws.

3 Ellen Nakashima, "Russian Military Was Behind 'NotPetya' Cyberattack in Ukraine, CIA Concludes", *The Washington Post,* 12 jan. 2018, www.washingtonpost.com/.

CAPÍTULO 31 DESERTORES

1 Suvorov, *Inside Soviet Military Intelligence,* 8.

2 Ibid. 39.

3 Ibid. 3.

4 Ibid. 162.

5 Hart, *CIA's Russians,* 18.

6 Richard C. S. Trahair e Robert L. Miller, *Encyclopedia of Cold War Espionage, Spies, and Secret Operations* (Nova York: Enigma Books, 2009), 342.

7 Hart, *CIA's Russians,* 51.

8 Schecter e Deriabin, *Spy Who Saved the World,* 59.

9 Ibid. 87.

10 Ibid. 179.

11 Jerrold Schechter, "A Very Important Spy", *The New York Review of Books,* 24 jun. 1993, www.nybooks.com.

12 Hart, *CIA's Russians,* 123.

13 Schecter e Deriabin, *Spy Who Saved the World,* 75.

14 Suvorov, *Inside the Aquarium,* 241.

15 Dimitri Simes, "A Soviet Defector Cashes In on His Story", *The Washington Post,* 11 mai. 1986, www.washingtonpost.com.

16 "*The Aquarium* GRU Headquarters", Federation of American Scientists Intelligence Resource Program, fas.org.

17 Suvorov, *Inside the Aquarium,* 92, 131, 148.

18 Suvorov, *Inside Soviet Military Intelligence,* 105, 124.

19 Suvorov, *Inside the Aquarium,* 143.

20 Suvorov, *Inside Soviet Military Intelligence,* 60.

21 Suvorov, *Inside the Aquarium,* 193.

22 Ibid. 33.

23 Ibid. 38.

24 "Torture and Ill-Treatment—Comments on the Second Periodic Report Submitted to the United Nations Committee Against Torture", Amnesty International, 1 out. 1996, www.refworld.org.

25 Viktor Suvorov, *Spetsnaz: The inside story of the soviet special forces* (Nova York: Norton, 1987), 98.

26 Lunev, *Through the Eyes of the Enemy,* 32.

27 Nicholas Horrock, "FBI Focusing on Portable Nuke Threat", UPI, 21 dez. 2001, bit.ly/2TiKvDO.

28 Alexander Kouzminov, "False Flags, Ethnic Bombs, and Day X", *California Literary Review,* 25 abr. 2005, arquivado em bit.ly/2B7yn1w.

29 Lunev, *Through the Eyes of the Enemy,* 32.

30 Luke Harding, "The Skripal Files by Mark Urban: Review—the Salisbury Spy's Story", *Guardian,* 17 out. 2018, www.theguardian.com.

31 Richard Galpin, "Russian Spy Poisoning: Why Was Sergei Skripal Attacked?", BBC, 25 out. 2018, www.bbc.com.

32 John Lauerman e Caroline Alexander, "Novichok, Russian Nerve Agent Spooking Britain", Bloomberg QuickTake, *The Washington Post,* 5 jul. 2018, www.washingtonpost.com.

33 Vikram Dodd e Stephen Morris, "Novichok That Killed Woman Came from Bottle, Police Believe", *The Guardian,* 13 jul. 2018, theguardian.com.

CAPÍTULO 32 *INFORMATSIONNOYE PROTIVOBORSTVO*

1 S.J. "What Is the GRU?" *Economist,* 11 set. 2018, www.economist.com.

2 Mark Galeotti, "Putin's Hydra: Inside Russia's Intelligence Services", European Council on Foreign Relations Policy Brief, mai. 2016, 6, www.ecfr.eu.

3 Mark Galeotti, "Putin's Secret Weapon", 7 jul. 2014, foreignpolicy.com.

4 Mark Galeotti, "We Don't Know What to Call Russian Military Intelligence and That May Be a Problem", *War on the Rocks,* 19 jan. 2016, warontherocks.com.

5 "What Is the GRU? Who Gets Recruited to Be a Spy? Why Are They Exposed So Often?" *Meduza,* 6 nov. 2018, meduza.io/.

6 Galeotti, "Putin's Secret Weapon".

7 Galeotti, "Putin's Hydra", 6.

8 Galeotti, "Putin's Secret Weapon".

9 Ibid.

10 "MH17—Russian GRU Commander 'Orion' Identified as Oleg Kannikov", *Bellingcat,* 25 mai. 2018, www.bellingcat.com; e "Third Suspect in Skripal Poisoning Identified as Denis Sergeev, High Ranking GRU Officer", *Bellingcat,* 24 fev. 2019, bellingcat.com.

11 Valery Gerasimov, "The Value of Science Is in the Foresight: New Challenges Demand Rethinking the Forms and Methods of Carrying Out Combat Operations", *Military-Industrial Courier,* 27 fev. 2013, traduzido para o inglês e reimpresso em *Military Review,* jan./fev. 2016, usacac.army.mil/.

12 Mark Galeotti, "The 'Gerasimov Doctrine' and Russian Non-linear War", *In Moscow's Shadow,* 27 fev. 2013, inmoscowsshadows.wordpress.com, arquivado em bit.ly/2G2NsEK.

CAPÍTULO 33 A PENALIDADE

1 Sarah Huckabee Sanders, "Statement from the Press Secretary", Whitehouse.gov, 15 fev. 2018, www.whitehouse.gov.

2 "Russian Military 'Almost Certainly' Responsible for Destructive 2017 Cyber Attack", website da National Cyber Security Centre, 15 fev. 2018, www.ncsc.gov.uk; "CSE Statement on the NotPetya Malware", website do Communications Security Establishment, 15 fev. 2018, www.cse-cst.gc.ca; "New Zealand Joins International Condemnation of NotPetya Cyber-attack", Government Communications Security Bureau, 16 fev. 2018, www.gcsb.govt.nz; "NotPetya Malware Attributed", website do CERT Austrália, 16 fev. 2018, www.cert.gov.au.

3 "Kremlin Slams 'Russophobic' Allegations That Pin NotPetya Cyber Attack on Russia", *TASS,* 15 fev. 2018, tass.com/.

4 "Treasury Sanctions Russian Cyber Actors for Interference with the 2016 U.S. Elections and Malicious Cyberattacks", website do Departamento do Tesouro dos Estados Unidos, 15 mar. 2018, home.treasury.gov.

5 "Russian Government Cyber Activity Targeting Energy and Other Critical Infrastructure Sectors", website US-CERT, 15 mar. 2018, www.us-cert.gov.

6 Blake Sobszak, "DHS on Russian Grid Hackers: 'They Are Doing Research,' " *EnergyWire,* 3 out. 2018, www.eenews.net.

7 Andy Greenberg, "Hackers Gain Direct Access to U.S. Power Grid Controls", *Wired,* 6 set. wired.com.

CAPÍTULO 34 BAD RABBIT, OLYMPIC DESTROYER

1 Dan Raywood, "The Rabid Ransomware Bunnies Behind #BadRabbit", *Infosecurity,* 25 out. 2017, www.infosecurity-magazine.com.

CAPÍTULO 35 BANDEIRAS FALSAS

1 Andy Greenberg, "Hackers Have Already Targeted the Winter Olympics—and May Not Be Done", *Wired,* 1 fev. 2018, www.wired.com.

2 Joe Sterling, Sheena McKenzie e Brian Todd, "Kim Jong Un's Sister Is Stealing the Show at the Winter Olympics", CNN, 10 fev. 2018, www.cnn.com.

3 Ivan Watson, Stella Ko e Sheena McKenzie, "Joint Korean Ice Hockey Team Plays for First Time Ahead of Olympics", CNN, 5 fev. 2018, www.cnn.com.

4 Rebecca R. Ruiz e Tariq Panja, "Russia Banned from Winter Olympics by I.O.C.", *The New York Times*, 5 dez. 2017, www.nytimes.com.

5 "Olympics Officials Confirm There Was a Cyber Attack During the Opening Ceremony—and Russia's Already Denying They Did It", Reuters, *Business Insider*, 11 fev. 2018, www.businessinsider.com.

6 Juan Andres Guerrero-Saade, Priscilla Moriuchi e Greg Lesnewich, "Targeting of Olympic Games IT Infrastructure Remains Unattributed", Recorded Future blog, 14 fev. 2018, www.recordedfuture.com, arquivado em bit.ly/2CXNGdd.

7 Paul Rascagneres e Martin Lee, "Who Wasn't Responsible for Olympic Destroyer?" *Talos* (blog), 26 fev. 2018, blog.talosintelligence.com, arquivado em bit.ly/2UuAyDs.

8 "2018 Winter Cyber Olympics: Code Similarities with Cyber Attacks in Pyeongchang", *Cybersecurity DNA* (blog), 12 fev. 2018, www.intezer.com, arquivado em bit.ly/2WvQFCD.

9 "Advanced Persistent Threat Groups: Who's Who of Cyber Threat Actors", FireEye, www.fireeye.com, arquivado em bit.ly/2MG27qI.

10 Ellen Nakashima, "Russian Spies Hacked the Olympics and Tried to Make It Look Like North Korea Did It, U.S. Officials Say", *The Washington Post*, 24 fev. 2018, www.washingtonpost.com/.

11 Kaspersky GReAT Team, "OlympicDestroyer Is Here to Trick the Industry", SecureList blog, 8 mar. 2018, securelist.com, arquivado em bit.ly/2GcHdhR.

12 Kaspersky Lab, "Surprise Keynote", YouTube, 2 abr. 2018, www.youtube.com.

CAPÍTULO 37 A TORRE

1 Acusação, Caso 1:18-cr-00215-ABJ, Departamento de Justiça dos Estados Unidos, 13 jul. 2018, www.justice.gov.

2 "Aleksandr Vladimirovich Osadchuk", Mais Procurados, website do FBI, www.fbi.gov.

3 "Investigative Report: On the Trail of the 12 Indicted Russian Intelligence Officers", Radio Free Europe/Radio Liberty, 19 jul. 2018, www.rferl.org.

4 "Aleksey Aleksandrovich Potemkin", Mais Procurados, website do FBI, www.fbi.gov.

5 "Anatoliy Sergeyevich Kovalev", Mais Procurados, website do FBI, www.fbi.gov.

6 Kevin Poulsen, "This Hacker Party Is Ground Zero for Russia's Cyberspies", Daily Beast, 3 ago. 2018. www.dailybeast.com.

CAPÍTULO 39 O ELEFANTE E O INSURGENTE

1 "Reckless Campaign of Cyber Attacks by Russian Military Intelligence Service Exposed", website do National Cyber Security Centre, 4 out. 2018, www.ncsc.gov.uk.

2 Anton Cherepanov e Robert Lipovsky, "GreyEnergy: Updated Arsenal of One of the Most Dangerous Threat Actors", *We Live Security* (ESET blog), 17 out. 2018, welivesecurity.com, ar-

quivado em bit.ly/2D5atDU; e Kaspersky ICS-CERT, "GreyEnergy's Overlap with Zebrocy", *SecureList* (blog), 24 jan. 2019, securelist.com, arquivado em bit.ly/2DdFEwK.

3 Armedforces.eu, "Compare Armed Forces: Military Power of USA and Russia", armedforces.eu/.

CAPÍTULO 40 GENEBRA

1 "Brad Smith Takes His Call for a Digital Geneva Convention to the United Nations", blog oficial da Microsoft, 9 nov. 2017, blogs.microsoft.com, arquivado em bit.ly/2t0Ft3c.

2 Clarke e Knake, *Cyber War* (Nova York: HarperCollins, 2010), 242.

3 David Sanger, "Pentagon Puts Cyberwarriors on the Offensive, Increasing the Risk of Conflict", *The New York Times,* 17 jun. 2018, www.nytimes.com.

4 Dustin Volz, "Trump, Seeking to Relax Rules on U.S. Cyberattacks, Reverses Obama Directive", *The Wall Street Journal,* 15 ago. 2018, www.wsj.com.

5 Daniel White, "Read Donald Trump's Remarks to a Veterans Group", *Time,* 3 out. 2016, time.com.

CAPÍTULO 41 BLACK START

1 Lily Hay Newman, "The Hail Mary Plan to Restart a Hacked US Electric Grid", *Wired,* 14 nov. 2018, www.wired.com.

2 Blake Sobczak, "The Inside Story of the World's Most Dangerous Malware", *E&E News,* March 7, 2019, https://www.eenews.net.

CAPÍTULO 42 RESILIÊNCIA

1 Daniel E. Geer Jr. "A Rubicon", National Security, Technology, and Law, 5 fev. 2018, www.hoover.org.

EPÍLOGO

1 Lily Hyde, "A Bakery in a War Zone", *Roads and Kingdoms,* 6 out. 2017, https://roadsandkingdoms.com.

APÊNDICE A CONEXÃO DO SANDWORM COM O HACKING DA ELEIÇÃO FRANCESA

1 Anton Cherepanov, "TeleBots Are Back: Supply Chain Attacks Against Ukraine", *We Live Security* (ESET blog), 30 jun. 2017, www.welivesecurity.com, arquivado em bit.ly/2UEDQEo.

BIBLIOGRAFIA

Applebaum, Anne. *Red Famine.* Nova York: Doubleday, 2017. [No Brasil: *A Fome Vermelha.* Rio de Janeiro: Record, 2019]

Clarke, Richard, e Robert Knake. *Cyber War.* Nova York: HarperCollins, 2010. [No Brasil: *Guerra Cibernética.* Rio de Janeiro: Brasport, 2015]

Hart, John Limond. *The CIA's Russians.* Annapolis, Md.: Naval Institute Press, 2003.

Herbert, Frank. *Dune.* reimpressão anotada, Nova York: Penguin, 2005. Publicado Originalmente em Filadélfia: Chilton Books, 1965.

Kaplan, Fred. *Dark Territory.* Nova York: Simon & Schuster, 2016.

Lunev, Stanislav. *Through the Eyes of the Enemy.* Com Ira Winkler. Washington, D.C.: Regnery, 1998.

Plokhy, Serhii. *The Gates of Europe.* Nova York: Basic Books, 2015.

Reid, Anna. *Borderland.* Nova York: Basic Books, 1997.

Rid, Thomas. *Rise of the Machines.* Nova York: W. W. Norton, 2016.

Sanger, David. *Confront and Conceal.* Nova York: Crown, 2012.

Schecter, Jerrold L. e Peter S. Deriabin. *The Spy Who Saved the World.* Nova York: Macmillan, 1992.

Stoll, Clifford. *The Cuckoo's Egg.* Nova York: Pocket Books, 1990.

Suvorov, Viktor. *Inside the Aquarium.* Nova York: Macmillan, 1986.

———. *Inside Soviet Military Intelligence.* Nova York: Macmillan, 1984.

Zetter, Kim. *Countdown to Zero Day.* Nova York: Crown, 2014. [No Brasil: *Contagem Regressiva até Zero Day.* Rio de Janeiro: Brasport, 2017]

ÍNDICE

Projetos corporativos e edições personalizadas dentro da sua estratégia de negócio. Já pensou nisso?

Coordenação de Eventos
Viviane Paiva
viviane@altabooks.com.br

Assistente Comercial
Fillipe Amorim
vendas.corporativas@altabooks.com.br

A Alta Books tem criado experiências incríveis no meio corporativo. Com a crescente implementação da educação corporativa nas empresas, o livro entra como uma importante fonte de conhecimento. Com atendimento personalizado, conseguimos identificar as principais necessidades, e criar uma seleção de livros que podem ser utilizados de diversas maneiras, como por exemplo, para fortalecer relacionamento com suas equipes/ seus clientes. Você já utilizou o livro para alguma ação estratégica na sua empresa?

Entre em contato com nosso time para entender melhor as possibilidades de personalização e incentivo ao desenvolvimento pessoal e profissional.

PUBLIQUE **SEU LIVRO**

Publique seu livro com a Alta Books. Para mais informações envie um e-mail para: autoria@altabooks.com.br

/altabooks /alta-books /altabooks /altabooks

CONHEÇA OUTROS LIVROS DA **ALTA BOOKS**

Todas as imagens são meramente ilustrativas.

ALTA LIFE EDITORA · ALTA NOVEL · ALTA CULT EDITORA · ALTA BOOKS EDITORA · alta club

Este livro foi impresso nas oficinas gráficas da Editora Vozes Ltda.,
Rua Frei Luís, 100 – Petrópolis, RJ.